D1866126

Wir danken unseren lokalen Partnerorganisationen und transnationalen Netzwerken, die sich vor Ort für die Rechte von Migrant_innen und Flüchtlinge einsetzen. Im Besonderen: Association Mauritanienne des Droits de l´Homme – AMDH (Nouakchott), Mission Catholique Nouadhibou (Nouadhibou), Mülteci-Der (Izmir), Helsinki Citizens´ Assembly (Istanbul), Watch the Med, Boats4 People, Beginning of Life (Chisinau)

Brot für die Welt, Medico International, PRO ASYL (Hg.)

Im Schatten der Zitadelle

Der Einfluss des Europäischen Migrationsregimes auf „Drittstaaten“

Redaktion:
Stephan Dünnwald, Martin Glasenapp, Judith Kopp, Karl Kopp,
Francisco Marí, Sophia Wirsching

VON LOEPER LITERATURVERLAG

Bibliographische Information der Deutschen Bibliothek:
Die Deutsche Bibliothek verzeichnet diese Publikation in der Deutschen Nationalbibliographie; detaillierte bibliographische Daten sind im Internet unter http://dnb.ddb.de abrufbar.

Gehen Sie uns „ins Netz"!
Besuchen Sie uns im Internet unter www.vonLoeper.de
Gerne senden wir Ihnen kostenlos ausführliche Informationen zu unserem Verlagsprogramm zu und informieren Sie regelmäßig über wichtige Neuerscheinungen zum Thema (Adresse siehe unten).

Wichtiger Hinweis:
Ausführliche Zusatzinformationen zu diesem Buch, Hinweise zu den Autoren, wichtige Links und weiteres Bonus-Material finden Sie im Internet unter
www.vonLoeper.de/proasyl

Titelbild: Giorgos Moutafis

Originalausgabe
1. Auflage 2014 3H-0614-ww
© 2014 by von Loeper Literaturverlag
im Ariadne Buchdienst, Karlsruhe

Alle Teile dieses Buches dürfen ohne ausdrückliche schriftliche Genehmigung weder mechanisch, elektronisch oder fotografisch vervielfältigt oder in elektronischen Systemen oder Kommunikationsmitteln eingespeichert werden. Dies gilt insbesondere für Fotokopien, Auszüge für Lehrmaterialien, Nachdrucke, Speicherungen auf CD-ROM oder anderen Trägern und Speicherung oder Veröffentlichung im Internet.

Gesamtherstellung und Vertrieb:
Ariadne Buchdienst,
Daimlerstr. 23, 76185 Karlsruhe
Tel. (0721) 46 47 29 0 29
Fax (0721) 46 47 29 0 99
E-Mail: Info@vonLoeper.de
Internet: www.vonLoeper.de

ISBN 978-3-86059-326-4

Fallstudie im Rahmen des Gemeinschaftsprojektes von Brot für die Welt, medico international und Pro Asyl: „Im Schatten der Zitadelle. Der Einfluss des europäischen Grenzregimes auf Drittstaaten"

Vorwort

Liebe Leserinnen und Leser,

Wenn Flüchtlinge und Migrant_innen an den äußeren europäischen Grenzen stehen, werden die humanistischen Werte, auf die sich das gemeinsame Europa beruft, schnell zu Makulatur. Obwohl die Menschenrechte in Europa gleichsam unantastbar und universell gültig sind, werden sie an Grenzen jener Staaten, die zur Europäischen Union gehören oder eng mit ihr assoziiert sind, systematisch missachtet und insbesondere Schutzsuchenden vielfach verweigert.

Nicht erst seit dem tragischen Tod von 360 Menschen vor der Küste Lampedusas am 3. Oktober 2013 wirkt die europäische Außengrenze wie ein grausamer Sperrwall: Seit 1988 haben über 19.000 Menschen an Europas Außengrenzen ihr Leben verloren, davon allein 14.500 im Atlantik, im Mittelmeer und in den Küstengewässern der französischen Insel Mayotte im Indischen Ozean. Zahllose Menschen verdursten zudem auf dem Weg nach Europa in den vorgelagerten Wüsten, ertrinken in Flüssen oder werden Gewaltopfer von verbrecherischen und korrupten Netzwerken.

Die Regierungen des europäischen Rechtsraums verweigern Schutzsuchenden die Aufnahme und schicken die Unglücklichen zurück. Flüchtlinge werden kriminalisiert und in Haft genommen, der Zugang zum Arbeitsmarkt und zu garantierten Gesundheitsleistungen wird ihnen versperrt. Auch diejenigen, die Europa nur einen kurzen Besuch abstatten wollen, sind vielfach unerwünscht. Eine rigide Handhabung der Visa-Politik erschwert es vor allem Menschen aus ärmeren Zonen der Welt, zu uns zu kommen. Das alles ist dramatischer Ausdruck der europäischen Migrations- und Flüchtlingspolitik.

Die europäische Kontrolle der Flucht- und Migrationsbewegungen beginnt jedoch nicht erst an den europäischen Außengrenzen, sondern reicht weit darüber hinaus. Indem die Europäische Union die Ein- und Auswanderungspolitik in den Anrainerstaaten zu regeln und zu steuern versucht, hat sie gleichsam eine exterritoriale Zone zur Isolierung und Eindämmung von Flucht und Migration jenseits ihrer Grenzen abgesteckt.

Die hier dokumentierten exemplarischen Studien aus dem Senegal, aus Mauretanien, Tunesien, der Türkei und der Republik Moldau bezeugen, was im Schatten der europäischen Zitadelle vor sich geht. Sie führen vor Augen, wie die Vorgaben und exterritorialen Eingriffe der europäischen Migrationsabwehr bislang offene Räume des Transits und des Verweilens schließen, wie sich diese Räume für Flüchtlinge und Migrant_innen in gefängnisähnliche Orte verwandeln, und wie die betroffenen Gesellschaften sozialen Zusammenhalt und nachhaltige Entwicklungspotenziale verlieren.

Migration ist ein Bestandteil der menschlichen Entwicklung. Mobilität und Bewegungsfreiheit sind gerade im Zeitalter der Globalisierung universelle Errungenschaften, für die es einzutreten gilt. In der ersten Hälfte des 19. Jahrhunderts wanderten ca. 500.000 Menschen aus Deutschland nach Amerika in die „Neue Welt" aus. Viele von ihnen suchten nicht nur ein besseres Leben ohne Armut und Entbehrungen, sondern flüchteten auch aufgrund religiöser und politischer Unfreiheit oder infolge der gescheiterten Revolution von 1848 aus Deutschland. Wir sollten diese historische Erfahrung nicht vergessen, wenn wir heute jene Schutzbedürftigen sehen, die über das Meer zu uns fliehen. Der Suche nach einem sicheren Leben geht meist die Erfahrung von Gewalt, Entmündigung oder Entbehrung voraus.

Europa muss in der Migrations- und Flüchtlingspolitik beginnen, seine Verpflichtung für die Menschenrechte tatsächlich und effektiv einzulösen. Das Sterben an den europäischen Außengrenzen muss aufhören und das gezielte Zurückdrängen in die sogenannten „Drittstaaten" beendet werden.

Ein erster Schritt, um einen menschenrechtlichen Standard zu ermöglichen, wäre das gleichberechtigte Aushandeln tatsächlich fairer Migrationsbedingungen und -möglichkeiten. Dazu bedarf es aber nicht nur einer anderen Politik, sondern auch einer streitbaren und engagierten Zivilgesellschaft die ihrerseits bereit ist, die europäische Grenze durchlässiger zu machen. Es ist dies ein Gebot der Solidarität, das im Besonderen auch für uns als Menschenrechts- oder Hilfsorganisationen gilt, die sich in ihrer Arbeit für die gerechte Teilhabe der Ausgegrenzten einsetzen.

Flüchtlinge und Migrant_innen vor unseren Toren sind nicht nur häufig Opfer von Ungerechtigkeiten und Gewaltverhältnissen. Sie sind zugleich auch Akteure weltweiter Forderungen nach Teilhabe. Sie folgen dem Traum, als Fremde überall auf der Welt zuhause sein zu können. Folgen wir ihnen, begleiten wir sie, lernen wir von ihnen.

Brot für die Welt
Pfarrerin
Cornelia Füllkrug-Weitzel
Präsidentin

medico international
Thomas Gebauer
Geschäftsführer

Stiftung PRO ASYL
Günter Burkhardt
Vorstand

Die hier zusammengestellten Beiträge sind Ergebnis des langjährigen Engagements der herausgebenden Organisationen in den untersuchten Ländern. Die Studien wären nicht möglich gewesen ohne die lokalen Partnerorganisationen und transnationalen Netzwerke der Solidarität, die sich vor Ort engagiert für die Rechte von Migrant_innen und Flüchtlingen einsetzen und ihnen vielfach mit praktischer Hilfe und Unterstützung zur Seite stehen. All ihnen gilt hier unser besonderer Dank.

Zusammenfassung

Die Europäische Union und ihre Mitgliedstaaten haben in den vergangenen 14 Jahren große Anstrengungen unternommen, die Befestigung der Außengrenzen der Union auszubauen. Dazu zählt nicht nur die technische Aufrüstung und Sicherung der Grenzräume durch Frontex und Eurosur, sondern zunehmend eine Verlagerung der Sicherungsmaßnahmen in die Anrainerstaaten, Transit- und Herkunftsländer. Diese Einbeziehung von Drittstaaten in europäisches Migrationsmanagement führte dazu, dass die Beziehungen zu diesen Staaten um ein wichtiges Element erweitert wurden. In manchen Fällen dominierte sogar zumindest temporär das Thema Migrationsbekämpfung die Beziehungen.

Die Mitwirkung von Drittstaaten bei der Ausweitung europäischer Migrationssteuerung gibt es nicht umsonst. Sie wurde eingehandelt gegen Zugeständnisse in einer Reihe anderer Felder, so zum Beispiel in der Entwicklungszusammenarbeit, durch Wegschauen bei Menschenrechtsverletzungen, bei der internationalen Anerkennung autoritärer Herrschaft und über die weitgehende Finanzierung von Sicherheitsmaßnahmen durch die Europäische Union oder einzelne Staaten. Schließlich haben Maßnahmen zur Externalisierung europäischer Migrationssteuerung in Anrainer- und Transitstaaten gesellschaftliche Veränderungen bewirkt, die sich negativ auf die Situation von Migrant_innen und Flüchtlingen, aber auch auf die Gesellschaften dieser Länder selbst auswirken. Die folgenden Ergebnisse unserer Studien verweisen auf solche Effekte des Europäischen Grenz- und Migrationsregimes in Drittstaaten.

Visaregime

Mit Schengen begann eine breit angelegte Systematisierung der Kontrolle der europäischen Außengrenzen. Die zunehmende Homogenisierung von Kontrollpraktiken, Visavergabe und Einreisebestimmungen, verbunden mit einer Tendenz zur Erhöhung der Auflagen und der Überwachung, führt insgesamt zu einer Immobilisierung der nicht ganz so Vermögenden, der nicht ganz so hoch Qualifizierten, derjenigen, die nicht in die statistisch erstellten Wunschprofile Europas passen und die nicht „dazugehören“ sollen. Die „Schwarze Liste“ der Union für visumpflichtige Staaten umfasst vor allem Länder Afrikas und Asiens. Diese Blockierung von Migration und Flucht findet inzwischen nicht mehr nur in Europa und an seinen Grenzen statt, sondern wird weit nach Afrika und in Staaten Osteuropas hinein getragen. Europa versucht, seine Schwarze Liste auch den Transitstaaten aufzuzwingen. Lediglich die Türkei fühlt sich stark genug, europäischen Interessen eine eigene Visapolitik entgegenzusetzen. Das europäische Grenz- und Visaregime unterbindet mit den hohen Hürden für die Einreise eine transnationale Mobilität und hemmt damit die soziale, politische und auch wirtschaftliche Dynamik und Innovationskraft in den Herkunfts-

und Transitstaaten, aber auch in der EU selbst. Flüchtlinge und Schutzsuchende haben selbst unter hohen Risiken kaum mehr die Chance, europäisches Territorium zu erreichen. Vielfach bleiben gerade die Schwächsten unter den Schutzsuchenden wortwörtlich auf der Strecke, weil sie nicht die Kraft und das Kapital haben, die europäischen Grenzen zu überwinden.

Vasallenstaaten

In den Papieren und Vereinbarungen, die Ergebnisse einer ganzen Kette von Konferenzen zwischen der Europäischen Union und ihren Nachbarstaaten festhalten, ist vom „Diskurs auf Augenhöhe“ und „geteilter Verantwortung“ die Rede. Tatsächlich lassen sich Zugeständnisse in der gemeinsamen „Bekämpfung“ von Migration nicht verordnen, sondern müssen ausgehandelt werden. Floskeln wie „Diskurs auf Augenhöhe“ dienen faktisch nur dazu, das bestehende Machtgefälle zu verschleiern. Schwache Staaten wie Moldau, deren Regierungen vom Wunsch getrieben werden, möglichst engen Anschluss an die Europäische Union zu bekommen, oder Tunesien, das sich in großer wirtschaftlicher Abhängigkeit von Europa sieht, werden in diesen Verhandlungen zu Vasallenstaaten degradiert. Ihnen werden für Leistungen bei der Migrationsbekämpfung nur vage Möglichkeiten in Aussicht gestellt. In den meisten Anrainer-, Herkunfts- und Transitstaaten investieren die Europäische Union und einige Mitgliedstaaten vor allem in die Aufrüstung der Sicherheitsapparate dieser oft autokratischen Systeme, um sich deren Mitwirkung zu erkaufen.

Konditionalisierung von Hilfe

Zentraler Hebel der europäischen Steuerung der Migration unter Einbeziehung von Transit- und Herkunftsstaaten ist es, die Abhängigkeit der Drittstaaten von der Entwicklungszusammenarbeit auszunutzen: migrationspolitisches Wohlverhalten der „Kooperationspartner“ wird mit Entwicklungszusammenarbeit verknüpft. Dabei sind nicht nur Rückübernahmeklauseln fester Bestandteil vieler Vereinbarungen mit Drittstaaten. Besorgnis erregt vor allem, in welchem Ausmaß die Kollaboration bei Grenzüberwachung und der Kampf gegen unerwünschte Migration als Voraussetzung für Entwicklungszusammenarbeit verlangt werden. Entwicklungspolitik und -zusammenarbeit werden so ihrer eigenen Legitimation beraubt und als Verhandlungsmasse in der Migrations- und Sicherheitspolitik eingesetzt. Zweifelhaft ist zudem die Praxis, Migrationssteuerung direkt aus Entwicklungsfonds zu finanzieren. Dies reduziert die Leistungen, die Ländern zum Beispiel zur Bekämpfung der Armut zur Verfügung gestellt werden und erweckt Zweifel bezüglich der Wertmaßstäbe und Ausrichtung von Entwicklungszusammenarbeit.

Blockade der Migration

Das von der EU exportierte rigide Überwachungssystem führt dazu, dass Migrant_innen und Flüchtlinge, die in Transitländern blockiert sind, kaum ihren Lebensunterhalt verdienen können, verzweifeln und krank werden. Viele Migrant_innen und Flüchtlinge sind ihrer letzten Mittel beraubt und fristen ein elendes Dasein in der Fremde. Migrant_innen, die es nach Europa geschafft haben, können wegen des Sperrklinkeneffekts nicht zurück, weil sie dann wohl nie mehr in die EU hineinkämen. Die Folgen sind in extremer Weise in Moldau zu erkennen: auseinandergerissene Familien, zahllose verwahrlosende Kinder und Jugendliche während ihre Eltern in Europa das Geld für ihr Überleben erarbeiten. Das Recht auf Bewegungsfreiheit wird ersetzt durch biometrisierte Kontrolle. Die Interessen der Migrant_innen, ihre Bedürfnisse und der Wunsch nach einem besseren Leben werden nicht respektiert, sondern schon weit außerhalb der Europäischen Union abgewiesen.

Menschenrechte ohne Priorität

Die Wahrung der Menschenrechte steht im Selbstverständnis der Europäischen Union ganz weit oben. In Verhandlungen mit Drittstaaten aber, verkümmern sie zum reinen Lippenbekenntnis, wenn sie überhaupt Teil von Vereinbarungen werden. Um Maßnahmen zur Migrationsbekämpfung durchsetzen zu können, wird in der Zusammenarbeit mit autoritären und diktatorischen Regimen wie Tunesien oder Mauretanien über Menschenrechtsverletzungen hinweggesehen. Diktaturen werden für den Grenzschutz in Dienst genommen und europäisch finanziert. Kommt es zu Menschenrechtsverletzungen an Migrant_innen oder Flüchtlingen, wird auf die Verantwortung des Drittstaates verwiesen.

Zivilgesellschaftliche Organisationen, die sich in den betreffenden Ländern für Menschenrechte und Flüchtlingsschutz einsetzen, werden von der Europäischen Union höchst selten und mit geringen Mitteln unterstützt. Vergleicht man die Summen, die von Europa in die Sicherheitsapparate der Grenzanrainer-, Herkunfts- und Transitstaaten fließen mit der Unterstützung von Organisationen zum Schutz vor Menschenhandel, für Menschen- oder Flüchtlingsrechte, werden die Prioritäten schnell sichtbar. In Mauretanien finanzierten die EU und Spanien zwischen 2005 und 2010 mit 20 Millionen Euro Projekte der Migrationssteuerung, nur ein geringfügiger Anteil von lediglich 160.000 Euro floss über den UNHCR an zivilgesellschaftliche Organisationen im Bereich Flüchtlingsschutz.

Flüchtlinge und Asyl

Flüchtlinge sind die ersten Opfer europäischer Migrationspolitik. Die Abwehrmaßnahmen gegen so genannte irreguläre Migration unterscheiden nicht zwischen Migrant_innen und Flüchtlingen. Schutzbedürftige Personen werden wie andere Migrant_innen in Transitstaaten blockiert, in denen sie in der Regel keinen oder nur unzulänglichen Schutz vorfinden. In vielen Transitstaaten bestehen keine Regelungen für Asylsuchende und Flüchtlinge. Der UNHCR ist in vielen dieser Länder nur schwach vertreten und verfügt über unzureichende Handlungsfreiheit und Mittel.

Das Flüchtlingskonzept der Europäischen Union setzt auf „Regionale Schutzprogramme“. Die Erfahrungen mit den Konflikten in Libyen oder Syrien machen es deutlich: Flüchtlinge sollen die Krisenregion nicht verlassen, die Länder in der Region sollen sich dieser Flüchtlinge annehmen, nicht aber Europa. Nur wenige der in Folge des Libyenkrieges gestrandeten Migrant_innen konnten in europäischen Staaten Aufnahme finden. Lediglich die USA antwortete mit großzügiger Aufnahme auf die von UNHCR so dringend gesuchten Resettlementplätze zur Umsiedlung von Flüchtlingen in sichere Aufnahmeländer. Europa hingegen finanziert die Internationale Organisation für Migration (IOM) die sich auf die Durchführung von Rückführungsprogrammen in die Herkunftsländer spezialisiert hat. Anhaltende Konflikte führen zu langjähriger Lagerunterbringung ohne Perspektive. Das europäische Engagement bei Resettlement-Programmen ist zu gering. Es kann lediglich einem Bruchteil der Flüchtlinge einen Ausweg bieten. Europa verabschiedet sich weiter als je zuvor vom Flüchtlingsschutz.

Förderung von Ausgrenzung, Stigmatisierung und rassistischen Strömungen

Zentral für die gesellschaftlichen Auswirkungen der Verschiebung europäischer Migrationspolitik in die vorgelagerten Staaten ist die von Europa exportierte Diffamierung von Migration als „illegal" oder „irregulär", auch wenn Migration – wie in der Türkei oder in weiten Teilen Westafrikas – völlig rechtmäßig ist. Dies fördert die Kriminalisierung von Migrant_innen und Flüchtlingen und nährt somit xenophobe und migrationsfeindliche Stimmungen. Im gesamten Maghreb hat die europäische Indienstnahme der autokratischen Regierungen dazu geführt, dass Stereotype gegenüber „schwarzen" Migrant_innen aus dem subsaharischen Afrika verstärkt wurden. Pauschal werden Migrant_innen in Mauretanien krimineller Machenschaften verdächtigt: der Vorwurf der irregulären Migration führt dazu, dass Einwanderer und „schwarze" Einwohner Mauretaniens ausgegrenzt werden und Übergriffe zu erleiden haben. Dies nährt Spannungen innerhalb des labilen Bevölkerungsgefüges Mauretaniens und führt zur Abwanderung von Migrant_innen, die nun als Arbeitskräfte fehlen.

Zählen, Kontrollieren, Blockieren

Die zentrale Metapher für den Umgang mit Migrant_innen und Flüchtlingen ist der Fluss. Von „Zustrom" zu „mixed flows", werden Migrant_innen als eine amorphe, heranfließende Masse betrachtet. Die europäischen Instrumente zur Migrationssteuerung gleichen deshalb auch Maßnahmen gegen Flutkatastrophen. Aufwändig wird in die Entwicklung von Meßinstrumenten und Frühwarnsystemen investiert, in den Bau von Dämmen an den Grenzen und Rückhaltebecken in den Transitstaaten. Dies wird nicht nur materiell-technisch angegangen. Gezielte Schulung der Behörden in Herkunfts- und Transitstaaten, die Einführung geeigneter Gesetze und Aktionspläne; die Etablierung von Begriffen wie irreguläre Migrationströme dienen dazu, ein ideologisches Fundament und eine Legitimationsfigur für die Schleusenwärter an den Außengrenzen der Europäischen Union zu schaffen.

Die Fixierung auf Kontrolle und Blockade verhindern eine Sichtweise auf Migrant_innen, die in ihnen mehr als nur geldgesteuerte Automaten sieht, die mechanisch auf push und pull-Reize reagieren. Diese Einseitigkeit verhindert, die Dynamiken der Migration und migrantischer Netzwerke in den Blick zu nehmen. Die Sperrung der Grenzen verhindert eine Zirkulation, die den Migrant_innen und ihren Familien, aber auch den Herkunfts- und Transitländern zu Gute käme.

Insbesondere die Internationale Organisation für Migration (IOM) und das Internationale Zentrum für die Entwicklung von Migrationspolitik (ICPMD) sehen das Messen und Zählen der Migration als wesentlich an. Die von der IOM erstellten Migrationsprofile beklagen durchweg die fehlenden Zahlen und ihre mangelnde Belastbarkeit. ICMPD ist federführend in der Visualisierung von Migrationsbewegungen in der sogenannten i-map, die wiederum die Grundlage für weitere Projekte darstellt. ICMPD und IOM begleiten und kanalisieren die Umsetzung europäischer Interessen in der Migrationspolitik von Transitstaaten: Hinter beinahe jedem moldauischen Bürokraten steht ein europäischer Berater. Es wird beraten, koordiniert, zusammengeführt, die Ausarbeitung und die Umsetzung von Gesetzen und Verordnungen geschieht im Auftrag und unter den Augen der EU, die Interessen der Drittstaaten können sich so kaum entfalten.

Schmutzige Zurückweisungen

Die Folge der ausgehandelten Rückübernahmeabkommen sind Rückschiebungen und Zurückweisungen von Migrant_innen und Flüchtlingen, oft ohne dass Schutzbedürftigkeit geprüft wird, und ohne in Betracht zu ziehen, was in den Anrainerstaaten mit diesen Flüchtlingen geschieht. Frontext koordiniert Push-back Operationen, in denen Flüchtlinge und Migrant_innen unterschiedslos an die Küsten von Drittstaaten zurückgetrieben werden. Das Verbot solcher Push-backs durch den Europäischen Gerichtshof für Menschenrechte wird nicht nur vor türkischen Küsten ignoriert. Im Senegal und in Tunesien wurden Flüchtlinge nach Zurückweisungen inhaftiert. Häufig werden sie weiter abgeschoben, im schlimmsten Fall bis in die Herkunfts- und Verfolgerstaaten. Das Interesse der Europäischen Union und ihrer Mitgliedstaaten, das Schicksal und die Behandlung von Zurückgeschobenen in Transitstaaten zu untersuchen, ist gering. Die Einhaltung von Menschenrechten ist hier nicht mehr Sache der Europäischen Union. Dagegen erscheinen die Mahnungen des Menschenrechtsrats der Vereinten Nationen (UN) geradezu hilflos, Rückführungsabkommen mit Klauseln zum Schutz der Menschenrechte auszustatten, und keine Verträge abzuschließen, solange eine menschenrechtlich unbedenkliche Behandlung von Flüchtlingen und Migrant_innen in den Transitstaaten nicht garantiert ist.

Immobilitätspartnerschaften: Eigennutz ist Trumpf

Auch bei den von der EU inzwischen mit mehreren Staaten geschlossenen Mobilitätspartnerschaften spielen Menschen- und Flüchtlingsrechte nur eine untergeordnete Rolle.

Bezeichnend ist der nicht bindende Charakter der Partnerschaften. Grenzschutz und Migrationskontrolle wird als Vorbedingung für in Aussicht gestellte Erleichterungen der Einwanderung in die EU verlangt. Erleichterungen hängen jedoch vom

Willen einzelner Mitgliedstaaten ab, die frei nach ihren Partikularinteressen Migrationswege öffnen können. Dies führte bislang hauptsächlich dazu, dass kleine und kleinste Projekte in den Drittstaaten durchgeführt wurden, die aber insbesondere die Rückwanderung stärken sollen. Einwanderungsangebote, auch temporäre, gibt es hingegen nicht, ausgenommen wenige Nachfrage gesteuerte Angebote im Rahmen von Saisonarbeit und für Hochqualifizierte. Dieser Brain Drain, so sieht es durchaus auch die Europäische Kommission, hat ausgesprochen negative Effekte für die Herkunftsländer, die Fachkräfte, die ihnen zu Hause fehlen, für den europäischen Markt teuer ausbilden. Das Modell Mobilitätspartnerschaft erweist sich als eine Hülle für Projekte, die vor allem auf die Immobilisierung von Migrant_innen abzielen.

Forderungen

- Europas Migrationspolitik darf nicht länger in Kauf nehmen, dass jährlich Tausende Menschen an den Außengrenzen sterben. Der Schutz von Flüchtlingen und die Wahrung der Menschenwürde von Schutzsuchenden und Migrant_innen müssen an erster Stelle stehen. Anstatt die Abwehr von Flüchtlingen und Migrant_innen weiter auszudehnen, müssen die Räume des Schutzes und die Rechte von Migrant_innen erweitert werden. Europa darf die Verantwortung für Flüchtlinge und Migrant_innen nicht länger an andere Staaten abschieben.

- Nur die Existenz legaler Fluchtwege kann das Massensterben beenden. Europa muss gefahrenfreie Wege für Migrant_innen und Flüchtlinge öffnen. Bei zunehmender Verringerung der Einreisemöglichkeiten fehlen Alternativen für Flüchtlinge und Schutzbedürftige. Der Schutz von Flüchtlingen darf nicht in Transiträume verschoben werden, sondern die Europäische Union und ihre Mitgliedsländer müssen verbindlich Verantwortung für Schutzsuchende übernehmen.

- Europa braucht dringend ein funktionierendes Seenotrettungssystem. Alle Möglichkeiten müssen genutzt werden, um Menschenleben zu retten. Gerettete Schutzsuchende müssen in einen europäischen Hafen gebracht werden, in dem ein faires Asylverfahren unter Einhaltung von europäischen Normen entsprechenden Aufnahmebedingungen durchgeführt werden kann. Frontex und Eurosur haben das Mandat, so genannte „illegale Einreisen" zu verhindern, nicht die Seenotrettung und nicht, den Asylsuchenden die Chance auf ein Verfahren zu ermöglichen. Die Seenotrettung durch Fischerboote und andere private Seefahrende darf nicht länger kriminalisiert werden.

- Praktiken völkerrechtswidriger Zurückweisungen (Push Backs) und illegaler Abschiebungen von Flüchtlingen und Schutzsuchenden müssen sofort beendet werden. Sie verstoßen gegen fundamentale Flüchtlings- und Menschenrechte.

- Die Staaten Europas brauchen ein in die Zukunft gewandtes, menschenwürdiges Einwanderungsrecht. Dazu gehören auch die Möglichkeit der Verfestigung des Aufenthalts sowie die Ermöglichung des Nachzugs von Familienangehörigen.

- Das Recht auf Bewegungsfreiheit muss gestärkt, nicht beschnitten werden. Migrationsabwehr unterstützt eine Atmosphäre der Bedrohung und fördert Ausschluss und Rassismus in und außerhalb Europas. Migrant_innen unterstützen durch Rücküberweisungen die Bevölkerung und den Staatshaushalt in ihren Herkunftsländern und tragen in relevantem Umfang zu unseren Sozialversicherungssystemen und zur Mehrung unseres Wohlstandes bei. Dennoch sollten sie nicht vorrangig unter dem Aspekt der Wirtschaftlichkeit betrachtet werden, sondern als Bürger_innen mit Rechten, Interessen, Wünschen und Bedürfnissen.

- Mit der derzeitigen Ausgestaltung von Instrumenten wie Mobilitätspartnerschaften oder der Hochqualifizierten-Richtlinie orientiert sich die europäische Migrationspolitik nicht ausreichend am Wohl und den Bedürfnissen von Migrant_Innen. Die Programme müssten mit Inhalten und Angeboten gefüllt werden, die den Interessen von Migrant_innen Rechnung tragen. Eine grundlegende Überarbeitung dieser politischen Instrumente ist unerlässlich. Flüchtlinge und Migrant_innen sind an der Gestaltung von Migrationspolitiken zu beteiligen.

- Die EU-Asylpolitik muss grundlegend geändert werden. Die bisherige Dublin-Regelung schiebt die Verantwortung für Flüchtlinge auf EU-Randstaaten ab, die dieser nicht gerecht werden. Verweigerte Seenotrettung, illegale Push-Back-Operationen, die Inhaftierung von Asylsuchenden, unfaire Asylverfahren und das bedrückende Flüchtlingselend in vielen EU-Staaten zeigen, dass das bisherige System versagt hat und Menschenrechte verletzt. Europa braucht eine solidarische Aufnahmeregelung, die die Bedürfnisse der Schutzsuchenden in den Mittelpunkt stellt und eine Migrationspolitik, die den Rechten von Migrant_innen und den Verantwortlichkeiten und Realitäten in den Herkunfts- und Transitländern sowie der EU gerecht wird.

- Die Verlagerung europäischer Migrationsabwehr in Regionen mit zumeist schwachen Ökonomien und einer nicht selten völlig fehlenden demokratischen Kontrolle staatlicher Repressions- und Verfolgungsorgane erhöht zusätzlich die Gefahr der Misshandlung und willkürlichen Behandlung von Schutzsuchenden und Migrant_innen an den Grenzen und im jeweiligen Transitland. Europa darf den dort stattfindenden Menschenrechtsverletzungen durch seine eigene Grenzpolitik nicht weiteren Vorschub leisten. Zivilgesellschaftliche Organisationen, die sich in Transit- und Herkunftsstaaten für Menschenrechte und Migrant_innen engagieren, gilt es zu unterstützen. Ihre Rolle des kritischen Monitorings der Auswirkungen europäischer Migrationspolitik gilt es zu stärken.

- Entwicklungshilfe darf nicht als Zahlungsmittel für Hilfsdienste eines ausgelagerten Grenzschutzes missbraucht und nicht konditioniert werden, um Kooperationsbereitschaft bei der Migrationskontrolle zu erzwingen. Stattdessen gilt es einerseits, entwicklungsfördernde Aspekte der Migration zu unterstützen und den Ursachen von erzwungener Migration entgegenzutreten. Wirtschafts-, Finanz- und Handelspolitik ist so zu gestalten, dass sie den Schutz der ökologischen und ökonomischen Lebensgrundlagen respektiert und die Vernichtung der Lebensgrundlage von Menschen nicht länger billigend in Kauf nimmt. Handelsverzerrende und umweltschädliche Agrar- und Fischereisubventionen der Europäischen Union müssen abgebaut werden. Zugleich müssen die europäischen Handelsbarrieren für die Länder des Südens fallen und ungerechte Schulden gestrichen werden.

- Alle EU-Staaten, auch Deutschland, sollten die Internationale Konvention zum Schutz der Rechte aller Wanderarbeitnehmer und ihrer Familienangehörigen, in der die Rechte aller Arbeitsmigrant_innen, Saison- und Gelegenheitsarbeiter_innen und ihrer Familienangehörigen niedergelegt sind, ratifizieren und somit zum aktiven Schutz ihrer Rechte beitragen.

- Ein Europa, das sich der Demokratie und Humanität verpflichtet fühlt, muss sich auch daran messen lassen, wie es mit Flüchtlingen und Migrant_innen umgeht. Alle Migrant_innen und Flüchtlinge sind Bürger_innen dieser Welt. Ihnen sind damit all jene unveräußerlichen Rechte zuzubilligen, wie sie in der Allgemeinen Erklärung der Menschenrechte formuliert sind: „Jeder hat das Recht auf Leben, Freiheit und Sicherheit der Person.“ – überall, auch innerhalb der Europäischen Union und an den europäischen Außengrenzen.

Die Ausdehnung der europäischen Flüchtlings- und Migrationspolitik auf Staaten außerhalb der Europäischen Union

Mehr als 360 ertrunkene Flüchtlinge in Lampedusa: Diese Katastrophe hat am 3. Oktober 2013 das massenhafte Sterben an Europas Außengrenzen mit einem Schlag zurück in das öffentliche Bewusstsein gebracht. Die Zahl der dokumentierten Grenztoten Europas seit 1988 liegt damit bei weit über 19.000. Das europäische Grenzregime gründet auf tödlichen Katastrophen, doch die Forderungen nach einer radikalen Neuausrichtung der europäischen Flüchtlings- und Migrationspolitik verhallen nach nur wenigen Tagen medialer Bestürzung.

Bereits im Oktober 2005 rückte die brutale Realität an den europäischen Außengrenzen sehr abrupt in das öffentliche Bewusstsein Europas. Hunderte Migrant_innen und Flüchtlinge aus Subsahara-Afrika versuchten die Grenzzäune der spanischen Enklaven Ceuta und Melilla zu überwinden. 16 Menschen kamen dabei ums Leben, viele wurden durch die Schüsse spanischer Guardia Civil und marokkanischer Polizei verletzt. Diese Zäsur bewirkte einen Politikwechsel: Die Europäische Union setzte sich nach den Ereignissen in Ceuta und Melilla an die Spitze der Bemühungen zur Vorverlagerung der Grenzkontrollen. Schutzsuchende sollten erst gar nicht europäisches Territorium betreten, sondern bereits in Herkunfts- oder Transitländern aufgehalten werden. Der Kampf gegen Migration sollte unsichtbar gemacht werden.

Mittlerweile hat die Einbeziehung von Drittstaaten in die europäische Migrations-, Flüchtlings- und Grenzpolitik bedeutende Ausmaße angenommen. Auf unterschiedlichen Ebenen wird dabei Verantwortung ausgelagert. Das Recht bleibt auf europäischem Boden, die Flüchtlingsabwehr findet außerhalb der europäischen Grenzen statt. Die Auslagerung und Verstärkung von Grenzkontrollen verhindert nicht, dass Menschen ihr Land verlassen. Sie werden vielmehr gezwungen, immer riskantere Fluchtwege auf sich zu nehmen, die nicht selten tödlich enden. Schon weit vor den europäischen Grenzen werden Flüchtlinge zum Spielball von korrupten Sicherheitskräften und kriminellen Profiteuren der Migration. Externalisierung von Grenzkontrollen bedeutet, dass immer mehr Flüchtlinge und Migrant_innen in Transitländern blockiert werden, wo ihre Menschenrechte häufig verletzt werden und ihnen der Zugang zu einem Schutzsystem verwehrt bleibt. Einige Stationen sind für die Politik der Externalisierung und Einbeziehung von Drittstaaten in die europäische Grenz- und Migrationspolitik besonders entscheidend. Sie sollen die folgenden Fallstudien in ihrem politischen Entstehungskontext einbetten.

Die Grenze beginnt vor der Grenze

Visa zählen zu den ältesten extraterritorialen Kontrollmechanismen. Die meisten Menschen, die nach Europa einreisen wollen, kommen während ihrer Visa-Beantragung zum ersten Mal mit den europäischen Grenzen in Kontakt. Entscheidungen darüber, wer europäisches Territorium betreten darf, werden so im Vorfeld getroffen – bevor überhaupt die europäischen Landesgrenzen erreicht werden. Seit Mitte der 1970er-Jahre und erneut nach den Anschlägen vom 11.

September 2001, wurden die Visabestimmungen in Europa systematisch verschärft. Restriktivere Sicherheitsprüfungen werden durchgeführt, neue Registrierungsprogramme entwickelt und biometrische Daten erfasst. Die Kontrolle von Reisedokumenten ist privatisiert und an Fluggesellschaften ausgelagert. Während einige Mitgliedstaaten, darunter auch Deutschland, bereits Ende der 1980er Gesetze erließen, die den Personentransport ohne Einreisegenehmigung unter Strafe stellen, zog die EU-Ebene im Jahr 2001 durch den „Schengener Besitzstand" nach (Rat der Europäischen Union 2001). Die sogenannte „schwarze Liste" der EU, auf der alle Nicht-EU-Länder aufgeführt sind, deren Staatsbürger visumpflichtig sind, wurde kontinuierlich ausgeweitet und umfasst fast alle afrikanischen und asiatischen Staaten. 2011 führte die Europäische Kommission außerdem eine Verschärfung ein, die vorsieht, dass auch Länder der „weißen Liste" kurzfristige Visa-Auflagen erhalten können.

Als direkte Reaktion auf die Ereignisse von Ceuta und Melilla entwickelte die Europäische Union den Gesamtansatz für Migration, GAM. Der GAM steht für die Einbeziehung von Drittstaaten in ein System der Abwehr und Kontrolle von Migration. Er sieht multisektorielle Strategien vor, mit denen Migrationspolitik außen- und entwicklungspolitisch verankert wird. Entwicklungspolitische Ziele wie die Bekämpfung der Armut werden ergänzt um die Komponente der Bekämpfung von Flucht- und Migrationsursachen. Legale Migration und die Förderung von Entwicklungspotenzialen durch Migration werden als Anreize für Drittstaaten gesetzt. Eine Reihe von ad hoc Maßnahmen sehen eine verstärkte extraterritoriale Sicherung der Außengrenzen und eine Stärkung der Rolle der Europäischen Grenzschutzagentur Frontex vor.

Die 2004 geschaffene Agentur für die operative Zusammenarbeit an den Außengrenzen mit Sitz in Warschau spielt bei der Militarisierung der europäischen Außengrenzen und der Vorverlagerung europäischer Grenzkontrollen eine zentrale Rolle. Frontex ist befugt, sogenannte Arbeitsabkommen mit Drittstaaten zu schließen. Bestandteil dieser Abkommen ist beispielsweise das Training von Grenzbeamten in den Drittstaaten zur Verbesserung der Kontrollkapazitäten. 2011 wurde eine neue Frontex-Verordnung verabschiedet, die eine Mandatserweiterung der Agentur enthält. Unter anderem soll Frontex künftig auch Projekte zur technischen Unterstützung in Drittstaaten selbst durchführen und Verbindungsbeamte in die Länder entsenden können. Mit dem Grenzüberwachungssystem Eurosur, das im Dezember 2013 operativ wurde, soll die Überwachung der europäischen Außengrenze und des „vorgrenzlichen Bereichs" weiter perfektioniert werden. Hauptquartier des Netzwerkes nationaler Koordinierungszentren ist die Frontex-Zentrale in Warschau. Ziel ist das möglichst frühzeitige Aufspüren von Flüchtlingsbooten, insbesondere entlang der nordafrikanischen Küsten.

Im Jahr 2008 hat der Europäische Rat den Pakt zu Einwanderung und Asyl angenommen. Der Pakt ist eine Bekräftigung der zunehmenden Vergemeinschaftung und damit Europäisierung der Migrations- und Asylpolitik der Mitgliedstaaten der Europäischen Union (EU). Mit dem Europäischen Pakt sind die Mitgliedstaaten Verpflichtungen eingegangen, die sich auf die folgenden fünf Aspekte beziehen:

- Gestaltung der legalen Einwanderung unter Berücksichtigung der Prioritäten der Mitgliedstaaten
- Bekämpfung „illegaler Einwanderung", besonders durch Sicherstellung, dass sich irregulär in der EU aufhaltende Ausländer in ihre Herkunftsländer oder ein Transitland zurückgeführt werden, und durch
- Stärkung der Wirksamkeit von Grenzkontrollen
- Schaffung eines einheitlichen Asylsystems in Europa
- Aufbau einer umfassenden Partnerschaft mit Herkunfts- und Transitländern, die diese in die Bekämpfung irregulärer Migration einbezieht und Synergien zwischen Migration und Entwicklung fördert.

Migration wird in diesem globalen Kontext verstanden als eine Antwort auf den Wunsch nach höherem Einkommen und besseren Chancen, die eigenen Fähigkeiten und Kenntnisse anzuwenden. Gleichzeitig ist Migration auch das Ergebnis von extremen Lebensbelastungen und -bedrohungen. Ungerechte Ressourcenverteilung, verstärkt durch rasante Urbanisierungsprozesse, den Mangel an Arbeitsmöglichkeiten, Naturkatastrophen, die Folgen des Klimawandels, Ernährungsunsicherheit, Hungersnöte und gewaltsame Konflikte lassen vielen Menschen keine andere Wahl, als ihr Heimatland zu verlassen. Die international bestehenden Disparitäten hinsichtlich Einkommen, Wohlstand und der Geltung von Menschenrechten und Sicherheit werden auch von der EU als Migrationsursachen angeführt.

Ein von der EU zunehmend genutztes Instrument des Gesamtansatzes sind die sogenannten Mobilitätspartnerschaften, die im Sommer 2008 erstmals mit Moldau und Kap Verde geschlossen wurden und seit Ende 2009 auch mit Georgien, seit November 2011 mit Armenien und seit Juni 2013 mit Marokko bestehen. Die Mobilitätspartnerschaft mit Tunesien wurde im März 2014 unterzeichnet und derzeit ausgesetzt sind die Verhandlungen mit Ägypten. Es sind politische Vereinbarungen zwischen der Europäischen Union und einem Drittstaat, die das Dach bilden für konkrete Projekte der EU und einzelner Mitgliedstaaten mit diesem Drittstaat. Eine strikte Verpflichtung auf die Bekämpfung irregulärer Migration und einen verbesserten Grenzschutz ist die Voraussetzung für Entwicklungsinitiativen und Erleichterungen im Bereich legaler Migration. Mobilitätspartnerschaften sind völkerrechtlich nicht bindend und vermutlich gerade deshalb so attraktiv für EU-Mitgliedstaaten.

Konkrete, verpflichtende Maßnahmen zur Umsetzung und Ausgestaltung der europäischen Migrationspolitik sind dagegen im Stockholmer Programm festgehalten, das Ende 2009 beschlossen wurde und bis 2014 gültig ist. Es ist das dritte Fünfjahresprogramm zu Migration der EU. Das Programm soll Rechte und die Freizügigkeit von EU-Bürger_innen stärken, während es die Einwanderung von Drittstaatsangehörigen weiterhin beschränkt und sogar einen weiteren Ausbau der „externen Dimension" vorsieht - durch Rückübernahmeabkommen, regionale Flüchtlingsschutzprogramme und eine Ausweitung der Kompetenzen der EU-Grenzschutzagentur Frontex außerhalb des EU-Territoriums.

Rückübernahmeabkommen

Rückübernahmeabkommen sind ein wichtiger Bestandteil der Externalisierungs-Strategie. Sie wurden zunächst bilateral verhandelt, seit 1999 werden sie zusätzlich auf europäischer Ebene abgeschlossen. Rückübernahmeabkommen sollen die „rasche Rückführung irregulärer Zuwanderer" erleichtern und gelten als wirksamstes Mittel zur „Bekämpfung irregulärer Einwanderung", wie es im amtlichen EU-Jargon heißt (Europäische Kommission 2011a). Insbesondere nach dem EU-Gipfel von Sevilla 2002 kam es vermehrt zum Abschluss von Rückübernahmeabkommen. Diese Abschiebeverträge decken den Rücktransport von Drittstaatsangehörigen in ihre Herkunftsländer oder in Staaten, die sie lediglich durchreist haben. Dort leben die rückgeschobenen Flüchtlinge und Migrant_innen dann unter oft katastrophalen Bedingungen. Außerdem droht die Gefahr, dass sie in ihren Verfolgerstaat abgeschoben werden. Aktuell sind 13 von der EU abgeschlossene Rückübernahmeabkommen in Kraft. Spitzenreiter in den Abschlüssen sind Frankreich, Deutschland, Griechenland, Italien und Spanien (Cassarino 2007: 186).

Rückübernahmeabkommen laufen nicht nur den individuellen Interessen der Schutzsuchenden und Migrant_innen zuwider, verletzten ihre Menschenrechte und ihr Recht auf Bewegungsfreiheit. Sie treffen auch die Gesellschaften der Herkunftsstaaten, weil sie auf Rücksendegelder verzichten müssen. Entsprechend ist die Bereitschaft zum Abschluss solcher Verpflichtungen nicht besonders hoch und die EU bemüht sich um besondere wirtschaftliche Anreize, um die Kooperationsbereitschaft in den betroffenen Herkunftsstaaten zu fördern. Die Europäische Kommission kam 2011 zu dem Schluss, dass die von der EU angebotenen Anreize noch nicht ausreichend seien, um eine effektive Rückübernahmepolitik zu gewährleisten. Der Rahmen, in dem zukünftige Rückübernahmeübereinkommen verhandelt werden, sollte ausgeweitet und institutionalisiert werden und Europa solle „Rückübernahmeverpflichtungen zum festen Bestandteil ihrer Rahmenabkommen mit Drittländern machen. Dabei sollte die Rückübernahme von Drittstaatsangehörigen mit weiteren Anreizen verbunden werden" (Europäische Kommission 2011a: 8). Das heißt Lockerung der Visapolitik, Einsatz von Finanzhilfen und sogenannter „Instrumente des Gesamtansatzes zur Migrationsfrage und legale Zuwanderung".

Das Stockholmer Programm erkennt zwar an, dass die Zuwanderung von Arbeitskräften zu größerer Wettbewerbsfähigkeit und wirtschaftlicher Dynamik beitragen kann und zuwanderungspolitische Maßnahmen vor dem Hintergrund der demographischen Herausforderungen in Europa notwendig sind. Der Europäische Rat bestätigt außerdem, dass Europa eine flexible, kohärente Politik benötigt, die es Migrant_innen ermöglicht, ihr Potenzial auszuschöpfen. Aber im Stockholmer Programm und in den Vorschlägen der Europäischen Kommission zu Migration und Entwicklung wird die Förderung der zirkulären Migration, der zeitlich befristeten, möglicherweise wiederholten Aufenthaltsmöglichkeit von Drittstaatsangehörigen in der EU, gegenüber der dauerhaften Einwanderung klar favorisiert. In der praktischen Umsetzung wurden bislang kaum Vorhaben der zirkulären Migration realisiert. EU Richtlinien regeln ein einheitliches, kombiniertes Verfahren zur Aufenthalts- und Arbeitsgenehmigung, mit der Bürger aus Drittstaaten, die legal in der EU arbeiten, im Hinblick auf Arbeitsbedingungen, Sozialversicherung und öffentliche Dienstleistungen vergleichbare Rechte wie EU-Bürger_innen genießen sollen. Richtlinien zur Saisonarbeit und konzerninternen Versendung stehen kurz vor dem Abschluss.

Dass insgesamt nur wenige Projekte zu „zirkulärer Migration" umgesetzt werden, mag auch daran liegen, dass bislang immer noch nicht präzise definiert worden ist, was innerhalb der EU darunter verstanden werden soll. Viele Ziele, Instrumente und Folgen werden kontrovers diskutiert. Dabei ist zirkuläre Migration keine neue Idee. Wissenschaftler_innen verwenden den Begriff, um regionale Migrationsprozesse zu erklären und um transnationale Migrationsnetzwerke zu beschreiben. So weist die empirische Realität internationaler Migrationsbewegungen im Kontext der Globalisierung ohnehin zunehmend auf Zirkularität und Pendelmigration hin. Die politischen Vorstöße in der Europäischen Union zielen jedoch primär darauf, Migration in Richtung Europa möglichst flexibel regulierbar zu machen.

In der Theorie soll zirkuläre Migration sowohl den Migrant_innen selbst, ihren Herkunfts- als auch den Zielländern dienen. Durch die Zirkularität werde dem dauerhaften Verlust von Humankapital und Kompetenzen entgegengewirkt, die Entwicklung der Herkunftsstaaten begünstigt (wenn die Migrant_innen mit neu gewonnenen Kenntnissen und Erfahrung in ihre Herkunftsländer zurückkehren), die sozialen Kosten von Migration würden sinken, weil Familien und Kinder nicht dauerhaft zurückgelassen werden müssen und irreguläre Migration würde seltener, wodurch auch die Verletzlichkeit von Migrant_innen abnehmen würde. Empfängerländer könnten ihren Bedarf an Fachkräften stillen und sektorale Arbeitsengpässe leicht ausgleichen. Allerdings wird von Seiten Europas der Bedarf auf den eigenen Arbeitsmärkten prioritär behandelt. Dies wird unter anderem ersichtlich, wenn sich die Bemühungen hauptsächlich auf die Anwerbung hochqualifizierter Migrant_innen fokussieren. In der Europastrategie 2020 unterstreicht die EU diesen Ansatz erneut.

Während die EU Kommission und das Parlament ein Interesse an erleichterter internationaler Mobilität und daraus resultierenden Entwicklungspotenzialen zeigen, verhalten sich die Justiz- und Innenminister der Mitgliedstaaten restriktiv und konzentrieren ihre Bemühungen auf Migrationskontrolle und -begrenzung. Auch in der Öffentlichkeit konzentriert sich die Debatte im Wesentlichen auf den Aspekt der Migrationskontrolle. Nichtsdestotrotz hat die EU den Dialog und die operative Zusammenarbeit mit Ländern außerhalb der EU um die Bereiche Migration und Mobilität in den letzten Jahren stark vorangetrieben: Neben Mobilitätspartnerschaften gibt es mittlerweile auch „Gemeinsame Agenda für Migration und Mobilität" genannte Kooperationen mit Drittstaaten. Wenn auch die Migrationskontrolle und die Sicherung der Grenzen im Fokus stehen, werden zudem die Möglichkeiten legaler Migration insbesondere für gut ausgebildete Arbeitskräfte und gekoppelte Entwicklungsinitiativen thematisiert.

Kriminalisierung irregulärer Ausreise

Artikel 13.2 Allgemeine Erklärung der Menschenrechte vom 10. Dezember 1948: „Jeder hat das Recht, jedes Land, einschließlich seines eigenen, zu verlassen und in sein Land zurückzukehren.“

Europa regiert in die nationalen Gesetzgebungen außereuropäischer Anrainerstaaten hinein. Zunehmend erlassen Drittstaaten Gesetze und Verordnungen, die an die europäischen Normen der Migrationskontrolle angepasst sind. Um ihre Funktion als Grenzwächter Europas noch besser erfüllen zu können, erließen die Länder des Maghreb Anfang der 2000er Jahre Gesetze, die das irreguläre Verlassen des Landes unter Strafe stellten. Während auch die Einreise und der Aufenthalt in den nordafrikanischen Ländern über sehr restriktive Gesetzgebungen geregelt sind, ist die Kriminalisierung des Verlassens des Landes aus menschenrechtlicher Sicht besonders anstößig. In manchen Ländern wird nur die irreguläre Ausreise von eigenen Staatsangehörigen bestraft, in anderen wie in Marokko und Tunesien gilt dies auch für Drittstaatsangehörige (EMHRN 2010: 29). Zahlreiche junge Menschen sind inhaftiert mit Verdacht auf „illegale Ausreise“ oder Beihilfe dazu. Entsprechende Gesetze wurden in Marokko (2003), Algerien (2008), Tunesien (2004) und Libyen (2010) erlassen (vgl. auch Guild 2013: The right to leave a country).

Bei der Gestaltung von Migrationspolitik in Drittstaaten greifen sowohl die Europäische Union als auch einzelne Mitgliedstaaten häufig auf Organisationen wie IOM (International Organisation for Migration) und ICMPD (International Centre for Migration Policy Development) zurück. Diese zwischenstaatlichen Organisationen sind globale Player im Bereich Migration, sowohl was die Expertise betrifft als auch hinsichtlich der Vermittlung und Durchführung von Projekten. Während das ICMPD sich auf die Politikberatung und die Organisation von Dialogforen konzentriert, ist die IOM in beinah allen praktischen Bereichen der Migrationspolitik vertreten. IOM finanziert sich über Zuwendungen der Mitgliedstaaten, und führt in der Regel Projekte durch, die von Mitgliedstaaten bzw. der Europäischen Union finanziert werden. Dies impliziert a priori keinerlei humanitären Auftrag oder humanitäre Verpflichtung.

Das Internationale Zentrum für Migrationspolitikentwicklung, ICMPD, ist ähnlich wie IOM eine zwischenstaatliche Organisation und versteht sich ebenfalls als Dienstleister zugunsten seiner Mitgliedstaaten. Sie ist ein Instrument der Migrationsaußenpolitik und agiert weitgehend im Rahmen von seitens der EU oder einzelner Mitgliedstaaten finanzierter Programme. Mit Ausnahme der Schweiz sind alle Mitgliedstaaten gleichzeitig Mitglieder der EU. ICMPD ist tätig in der operativen Umsetzung der europäischen Migrationspolitik und bildet vor diesem Hintergrund die Verantwortlichen der Partnerländer im Migrationsmanagement aus. Spezielle Projektförderung gibt es auch für den Aufbau von Kapazitäten bei Rückkehr von Migrant_innen, Rückübernahmen und der Visavergabe im Einklang mit europäischen Standards. In Drittstaaten reicht die Einflussnahme des ICMPD bis in nationalstaatliche Gesetzgebungsprozesse hinein.

Extraterritoriale Inhaftierung

Die Inhaftierung Asylsuchender und papierloser Migrant_innen ist die sichtbarste und massivste Praktik an der Grenze. Sowohl die Gründe für die Inhaftierung wie auch die Haftbedingungen gehen oftmals mit eklatanten Menschenrechtsverletzungen einher. In der EU wurde das Konzept der extraterritorialen Inhaftierung von Migrant_innen zu Beginn der 2000er Jahre kontrovers diskutiert. Großbritannien legte 2003 seine „New Vision for Refugees" vor, in der die Inhaftierung von Flüchtlingen in Herkunftsregionen vorgesehen war.[1] Vorgeschlagen wurden sogenannte „Regional Processing Areas", Zonen, in denen Asylverfahren möglichst nahe an der Krisenregion durchgeführt werden sollten, und „Transit Processing Centres" – also Haftzentren für Flüchtlinge in Drittstaaten, wo diese bereits vor Erreichen Europas einen Asylantrag stellen sollten. Die öffentliche Kritik verhinderte die Umsetzung, aber die Europäische Union und einzelne Mitgliedstaaten kooperieren dennoch mit Transitstaaten und finanzieren dort den Bau von Lagern für die Internierung von Flüchtenden, wie etwa in Libyen, Mauretanien, der Ukraine (ECRE 2010) und der Türkei (Pro Asyl 2012).

Insbesondere die Umbrüche in Nordafrika im Jahr 2011 stärkten innerhalb der EU die Erkenntnis, ein kohärentes und umfassendes Politikprogramm für Migration zu benötigen, obwohl die politischen Reaktionen klar in der bereits bekannten Abschottungslogik verblieben. Im Mai 2011 präsentierte die Kommission neue Maßnahmenvorschläge und erneuerte den GAM zu einem Gesamtansatz Migration und Mobilität, GAMM. Diese erweiterte Version nimmt am Rande auch die Rechte und Bedürfnisse von Migrant_innen auf. Mobilität und Sicherheitsaspekte werden zusammengeführt, indem Partnerländer aufgefordert sind, von der EU vorgeschriebene Standards in den Bereichen Asyl, Grenzmanagement und Bekämpfung „irregulärer Migration" zu erfüllen, um auf dieser Grundlage einen Dialog über Mobilität führen zu können. Erst die wirksame Sicherung der eigenen Grenzen erlaube eine regulierte Mobilität. Der Gesamtansatz zielt auf Politikkohärenz, indem die Entwicklung von Strategien gefordert wird, die Migration und Mobilität mit Außenpolitik und Entwicklungszielen verknüpfen. Die vierte Säule innerhalb des GAMMs bezieht sich auf internationalen Schutz und Asylpolitik. Nach dem Prinzip der Differenzierung geht die EU engere Partnerschaften mit jenen Drittstaaten ein, die den Interessen der EU am ehesten folgen. Die Belohnung einer guten Kooperation, vor allem bei der Mobilitätskontrolle mit der Europäischen Union, soll auch den Wettbewerb zwischen Drittstaaten in den Grenzregionen der Europäischen Union befördern.

[1] Die „New Vision" war nicht der erste Vorschlag in diese Richtung, jedoch der erste, der öffentlich diskutiert wurde. Noll beschreibt, dass bereits 1986 Dänemark einen ähnlichen Vorschlag bei der UN einreichte, dafür jedoch nicht genügend Unterstützung erhielt. Siehe: Noll 2003.

Perspektivisch gesehen sind diese Politikinstrumente auch künftig wohl nicht in der Lage, Ereignisse wie das Sterben im Mittelmeer zu verhindern, und Migrant_innen und Flüchtlinge mehr Sicherheit und mehr Rechte zu bieten. Die Bewegungsfreiheit der Menschen innerhalb der Europäischen Union führt zur Ausweitung und zur Externalisierung von Kontrollmechanismen in die Länder außerhalb der Europäischen Union. Auch wenn Rechte und Bedürfnisse von Migrant_innen und Flüchtlingen inzwischen auch in politischen Papieren erwähnt werden, so stehen sie in der Hierarchie der Interessen deutlich an allerletzter Stelle.

Quellen

Cassarino, Jean-Pierre 2007: Informalising Readmission Agreements in the EU Neighbourhood. International Spectator 42: 179-96

ECRE 2010: Detention of Migrants in Ukraine: http://bordermonitoring-ukraine.eu/files/2011/12/ECRE-Detention-of-Migrants-in-Ukraine.pdf

EMHRN/ Véronique Planes-Boissac/ Mathieu André, Sara Guillet, Nejla Sammakia 2010: Study on Migration and Asylum in Maghreb Countries: http://www.refworld.org/pdfid/515018942.pdf

Europäische Kommission 2011a: Mitteilung der Kommission an das Europäische Parlament und den Rat. Evaluierung der EU-Rückübernahmeabkommen.

Guild, E. 2013: The Right to Leave a Country. Council of Europe https://wcd.coe.int/com.instranet.InstraServlet?command=com.instranet.CmdBlobGet&InstranetImage=2401714&SecMode=1&DocId=2082060&Usage=2

Noll, Gregor 2003: Visions of the Exceptional: Legal and Theoretical Issues Raised by Transit Processing Centres and Protection Zones, 5(3) European Journal of Migration & Law. 303 (2003).

Pro Asyl 2012: Überleben im Transit. Zur Situation von Flüchtlingen in der Türkei: http://www.proasyl.de/fileadmin/fm-dam/NEWS/2012/12_03_16_BHP_PA_Tuerkei__2__03.pdf

Rat der Europäischen Union 2001: Richtlinie 2001/51/EG des Rates vom 28. Juni 2001 zur Ergänzung der Regelungen nach Artikel 26 des Übereinkommens zur Durchführung des Übereinkommens von Schengen vom 14. Juni 1985

Widersprüchliche Türkei

Neues Einwanderungsland, Transit- oder Pufferstaat für Flüchtlinge?

Autor_innen: Franck Düvell, Judith Kopp, Karl Kopp, Alex Stathopoulos

Einleitung

In den letzten drei Jahrzehnten hat sich die Türkei grundlegend gewandelt von einem armen, weitgehend ländlich und landwirtschaftlich geprägten Staat zu einem modernen und industriell entwickelten Land mit einer starken Mittelklasse. Heute steht die Türkei auf Platz 17 der größten Ökonomien weltweit.

Das Ziel der Studie, den Einfluss des europäischen Grenzregimes darzustellen, erweist sich im Fall der Türkei als sehr komplex. Denn die Aushandlungsprozesse im Politikfeld Migration und Flucht zwischen Europa und der Türkei werden durch zahlreiche Faktoren geprägt. Dazu zählen die besondere Beziehung des Landes zur Europäischen Union (EU), die stockenden Beitrittsverhandlungen, die neue Stellung der Türkei als aufstrebende Wirtschaftsmacht in der Region bei gleichzeitig anhaltenden Finanz- und Wirtschaftskrisen in Europa sowie die geographische Lage des Landes und die Tatsache, dass eine zentrale Flucht- und Migrationsroute durch die Türkei nach Europa verläuft. All dies schlägt sich in der Lebensrealität von Schutzsuchenden und Migrant_innen nieder: im türkischen Transit, wo sie konfrontiert sind mit den brutalen Grenzpraktiken an der griechisch-türkischen Grenze, oder in den Lebensumständen als Flüchtlinge ohne Schutzperspektive vor den Toren Europas. Die Rechte und Bedürfnisse von Flüchtlingen und Migrant_innen werden im politischen Tauziehen zwischen Europa und der Türkei zur Verhandlungsmasse degradiert.

Die Einflussnahme der Europäischen Union auf die Migrations-, Grenz- und Flüchtlingspolitik der Türkei verstärkte sich insbesondere in den letzten zehn Jahren. Allerdings lässt sich nicht behaupten, dass der Türkei einseitig europäische Interessen aufgezwungen wurden. Dafür ist die Türkei ein zu selbstbewusster und mächtiger Akteur in der Region. Vielmehr handelt es sich um einen komplexen Aushandlungsprozess zwischen beiden Seiten, unter Beteiligung anderer internationaler Akteure, der je nach Machtkonstellation zu Anpassungs- und Abgrenzungstendenzen der Türkei gegenüber Europa führt. Zwar setzten die Beitrittsverhandlungen die Türkei dem Druck aus, die eigene Migrations- und Asylgesetzgebung dem EU-Recht – dem sogenannten *Acquis Communautaire* inklusive des Schengener Besitzstands – anzupassen. Im Zuge dessen verabschiedete die türkische Regierung 2005 einen Aktionsplan für Asyl und Migration. Zugleich wehrte sich das Land immer wieder gegen eine Anpassung, die im Interesse Europas lag, und widersetzte sich auch aus regional- und wirtschaftspolitischem Kalkül in entscheidenden Punkten europäischen Forderungen. Dazu gehören die Beibehaltung des geographischen Vorbehalts in der Asylgesetzgebung und liberale Visa-Abkommen mit Drittstaaten, die auf der Liste visumpflichtiger Staaten der EU stehen. Es lässt sich feststellen, dass auch das Flüchtlingskommissariat der Vereinten Nationen (UNHCR) durchaus Einfluss auf die Ausgestaltung migrations- und asylpolitischer Entwicklungen in der Türkei hat. Ebenso spielen internationale Organisationen wie die Internationale Organisation für Migration (IOM) und das International Centre for Migration Policy

Development (ICMPD) eine wichtige Rolle bei der Implementierung von türkisch-europäischen Projekten im Land. Inzwischen erkennt die Türkei an, dass sie auch ein Zielstaat für Flüchtlinge und Einwanderungsland für Migrant_innen ist und beginnt, sich dieser neuen Realität zu stellen. Das heißt, dass der Politikwandel nicht allein externem Druck, sondern zunehmend auch internen Prozessen geschuldet ist.

In einem ersten Schritt soll der allgemeine Rahmen der europäisch-türkischen Kooperation abgesteckt werden, die mit den Beitrittsverhandlungen eine neue Dynamik erhalten hat. Anschließend wird die Türkei im Hinblick auf ihre Migrationsbewegungen als Herkunfts-, Transit- und zunehmend auch Zielland von Flüchtlingen und Migrant_innen beschrieben. Seitens der EU wird die Türkei insbesondere als Transitland von Migrant_innen und Flüchtlingen wahrgenommen. Dahinter steht das Interesse, Weiterwanderungen in Richtung Europa zu verhindern. Doch diese Perspektive stellt nicht nur Abwehr über Aufnahme und die Rechte von Schutzsuchenden und Migrant_innen, sondern verkennt auch die Realität: Denn die Türkei ist längst ein Zielland von Migrationsbewegungen geworden. Sodann widmen wir uns den vielfältigen Einflüssen des europäischen Grenzregimes auf die Türkei: Nicht nur die neue türkische Gesetzgebung im Bereich Migration und Asyl ist von europäischen Interessen durchdrungen, auch die Auslagerung von europäischen Grenzkontrollen in die Türkei ist weit fortgeschritten; ein Rückübernahmeabkommen wurde im Dezember 2013 verabschiedet und internationale Organisationen wie IOM und ICMPD drängen darauf, dass sich die Türkei die europäische Agenda des Migrationsmanagements zu eigen macht. Anschließend wird die griechisch-türkische Grenze in den Blick genommen. Die Kooperation der beiden Staaten ist zentral für das Verständnis der Dynamiken von Externalisierungsstrategien in der Region. Dazu gehören brutale Abwehrpraktiken wie Push Backs, mit denen Griechenland nicht zuletzt auf die Asylzuständigkeitsregelung der EU - Dublin III - reagiert, Rückübernahmevereinbarungen und die Präsenz der europäischen Grenzschutzagentur Frontex. Der nächste Absatz geht auf die unterschiedlichen Gruppen von Migrant_innen in der Türkei ein und zeigt, warum viele Transitmigrant_innen unfreiwillig De-Facto-Einwanderer in der Türkei werden. Abschließen wird betrachtet, wie sich die europäische Politik der Externalisierung auf den Flüchtlingsschutz auswirkt - die Auslagerung von Verantwortung für den Schutz von Flüchtlingen wird nicht zuletzt am Beispiel der syrischen Flüchtlingskrise deutlich.

Beziehungen EU – Türkei

Seit dem Abschluss des Assoziierungsabkommens von 1963 in Ankara steht die EU (resp. die damalige Europäische Wirtschaftsgemeinschaft, EWG) mit der Türkei in engen politischen Beziehungen. Migrationsfragen waren von Beginn an ein wichtiges Element der Kooperation; so wurde bereits im Ankara-Abkommen in Artikel 12 die schrittweise Einführung der Freizügigkeit von Arbeitnehmer_innen als Ziel formuliert.[1] Auch wurde bereits in diesem ersten Abkommen der Beitritt der Türkei zur EWG in Aussicht gestellt. Zwar scheiterte der im April 1987 gestellte Antrag der Türkei auf eine Vollmitgliedschaft in der damaligen Europäischen Gemeinschaft im Jahr 1989; zehn Jahre später wurde dem Land jedoch der Status als Beitrittskandidat der Europäischen Union zugesprochen. Als 2002 die konservative Partei für Gerechtigkeit und Aufschwung (AKP) an die Macht kam, wurde ein beschleunigter EU-Beitritt zu einem zentralen politischen Ziel der Partei.

In 2005 begannen schließlich die Beitrittsverhandlungen, in denen Fragen bezüglich Freizügigkeit und Niederlassungsfreiheit wesentlich die Diskussionen prägten. Stärkere Bedenken der EU hinsichtlich dieser Punkte führten von Beginn an zu der Formulierung von Schutzklauseln und Übergangsregelungen in Bezug auf den freien Personenverkehr im Fall eines EU-Beitritts der Türkei. In der Zwischenzeit sind zwölf andere Staaten, die später als die Türkei zu Beitrittskandidaten wurden, Mitgliedstaaten der EU. Staatsbürger_innen aller anderen Beitrittskandidaten haben zu einem bestimmten Zeitpunkt visafreien Zugang nach Europa erhalten, türkische Bürger_innen jedoch nicht. Dies wird in der Türkei als ungerecht wenn nicht gar als Beleidigung empfunden und führt immer wieder zu Spannungen. Die öffentliche Meinung richtet sich zunehmend gegen die EU und eine EU-Mitgliedschaft, was nicht alleine darauf zurückzuführen ist, dass Europa die Türkei auf Distanz hält. Auch die aktuelle Wirtschaftskrise und die Diskriminierung von türkischen Migrant_innen in der EU festigen diese Stimmung weiter (Üstübici 2012). Die Beziehungen zwischen Europa und der Türkei im Bereich Migration und Grenzkontrollen müssen nicht zuletzt vor diesem Hintergrund verstanden werden.

Stand der Beitrittsverhandlungen

Bis 2013 wurden von den 35 Kapiteln, in denen die Türkei die eigene Gesetzgebung an EU-Recht - den Besitzstand der EU - anpassen soll, erst 14 Kapitel verhandelt („geöffnet“) und nur eines, der Bereich Wissenschaft und Forschung, bereits abschließend behandelt. Im Juni 2013 sollten Gespräche über die Regionalpolitik im Rahmen einer Regierungskonferenz aufgenommen werden. Wegen der blutigen Niederschlagung der Gezi-Park-Proteste im Sommer 2013 wurde die Konferenz jedoch vertagt.

Die Europäische Kommission drängt darauf, dass die Mitgliedstaaten die Verhandlung der Kapitel 23 und 24 über die Grundrechte und die Justiz initiieren sollen. Diese beiden Verhandlungskapitel sind, wie viele andere auch, durch den Ministerrat blockiert. Zumindest aber sollte man mit den Vorbereitungen zur Eröffnung der beiden Kapitel beginnen, argumentierte die EU-Kommission bei der Vorstellung des Fortschrittsberichtes Mitte Oktober 2013. Noch im Jahr 2013 kam es zur Unter-

[1] Auf Grundlage des Zusatzprotokolls von 1970, zweier Beschlüsse des Assoziationsrates von 1976 und 1980 sowie der Rechtsprechung des Gerichtshofs der Europäischen Union genießen türkische Arbeitnehmer_innen und ihre Familienangehörigen mittlerweile weitgehende Rechte im Bereich der Freizügigkeit von Arbeitnehmern (Bundesamt für Migration und Flüchtlinge 2013: 21).

zeichnung des Rückübernahmeabkommens mit der Türkei. Die EU initiierte im Gegenzug einen Dialog über Visumfragen, der zur Visumfreiheit für türkische Staatsangehörige bei der Einreise in die EU führen könnte.

Türkei als Herkunfts-, Ziel- und Transitland für Flucht und Migration

In der Europäischen Union wird die Türkei primär als Auswanderungsland gesehen – lange Zeit auch als wichtiges Hauptherkunftsland von Asylsuchenden. Eine Wahrnehmung, die mit dem Gastarbeiterregime (1950 bis 1973)[2], dem anschließenden Familiennachzug (1970 bis 2000) und den Fluchtbewegungen aus der Türkei zusammenhängt. Zwischen 1981 und 2005 stellten über 664.000 türkische Staatsangehörige in verschiedenen Ländern Europas einen Antrag auf Asyl. Von 2007 bis heute suchten noch knapp 10.000 Menschen aus der Türkei Schutz in Deutschland.

Nach wie vor migrieren türkische Staatsbürger_innen und wandern unter anderem nach Europa aus, allerdings in sehr geringem Umfang. 2011 lebten über 2,3 Millionen türkische Staatsbürger_innen in der EU und davon rund 1,6 Millionen in Deutschland (Bundesamt für Migration und Flüchtlinge 2013: 10). Während Mitte der 1990er Jahre noch rund 86 Prozent der türkischen Diaspora in Deutschland lebte, waren es 2011 nur noch 80 Prozent. Wichtigere Migrationsziele wurden unterdessen die Golfstaaten, die Länder der ehemaligen Sowjetunion, Nordafrika, die USA und Kanada (Bundesamt für Migration und Flüchtlinge 2013: 15).

Die Türkei war jedoch immer auch ein Einwanderungsland. Migrations- und Fluchtbewegungen in die Türkei reichen zurück bis in die Zeit des Osmanischen Reichs (ca. 1299 bis 1923). Im frühen 20. Jahrhundert kam es zu bedeutenden Einwanderungsbewegungen hauptsächlich aus dem Balkan, vor allem im Zuge von Migration zwischen der neuen türkischen Republik und den ehemaligen Territorien des Osmanischen Reiches. Zwischen 1933 und 1945 fanden außerdem hunderte Verfolgte des Nationalsozialismus Zuflucht in der Türkei. Von 1923 bis 1997 wanderten insgesamt über 1,6 Millionen Menschen in die Türkei ein und ließen sich langfristig nieder (Kirisci 2012: 65). In den späten 1970er-Jahren erreichten große Flüchtlingsgruppen aus dem Iran (viele Angehörige der religiösen Minderheit der Baha´i) die Türkei, heute umfasst diese Gruppe rund 100.000 Menschen. 1991 flohen rund 460.000 irakische Kurden in die Türkei, von denen die meisten allerdings innerhalb von sechs Monaten wieder zurückkehrten. 1992 fanden rund 20.000 bosnische und andere Flüchtlinge aus dem Balkan Zuflucht in der Türkei und 1999 folgten 18.000 Schutzsuchende aus dem Kosovo (Düvell 2013).

[2] Zwischen 1961 und 1973 wanderten rund 750.000 Personen im Rahmen von Anwerbeabkommen nach Deutschland ein (Bundesamt für Migration und Flüchtlinge 2013: 13).

Während sich die Auswanderung aus der Türkei heutzutage auf einem historischen Tief der Nachkriegszeit befindet – geringere Fluchtbewegungen und hauptsächlich hochqualifizierte Arbeitsmigration -, nimmt das Land aktuell in hoher Zahl Flüchtlinge und Vertriebene aus Syrien, dem Iran und Afghanistan auf.

Die relative politische und ökonomische Stabilität der Türkei im Vergleich zu ihren Nachbarländern im Balkan, dem Kaukasus, dem Mittleren Osten und den Ländern des östlichen Mittelmeers hat das Land in den letzten Jahren zu einem Ziel von Einwanderung und Flucht gemacht. Aktuell leben mehrere zehntausend Arbeitsmigrant_innen aus Georgien, Armenien oder kleinere Gruppen aus Moldawien, Schutzsuchende aus Usbekistan und Kirgistan sowie Händler_innen und Arbeiter_innen aus vielen nord- und westafrikanischen Staaten in der Türkei. Insgesamt lässt sich feststellen, dass 2010 4,2 Millionen Personen türkischer Nationalität im Ausland (Bundesamt für Migration und Flüchtlinge 2013: 13) und mindestens 1,4 Millionen Zuwanderer_innen in der Türkei lebten.

Seit Langem ist die Türkei jedoch auch ein wichtiges Transitland für Migrant_innen und Flüchtlinge auf ihrem Weg nach Europa. Einige reisen von Beginn an mit der Intention durch das Land, in die EU zu gelangen. Andere halten sich einige Zeit in der Türkei auf, um schließlich aufgrund ausbleibender Perspektiven das Land weiter in Richtung Westen zu verlassen. Eine Ursache für die große Zahl (häufig undokumentierter) Transitflüchtlinge und -migrant_innen in der Türkei ist die relativ gute Erreichbarkeit des Landes; aus Gründen internationaler Beziehungen und eines starken Wirtschaftswachstums hat die Türkei mit rund hundert Ländern Abkommen zur Visafreiheit abgeschlossen. Die Türkei bietet insbesondere Flüchtlingen nur schlechte Aufenthaltsbedingungen. So besteht sie bei der Aufnahme von Schutzsuchenden nach wie vor auf dem sogenannten „geographischen Vorbehalt", d. h. sie hat zwar die Genfer Flüchtlingskonvention (GFK) von 1951 mit dem Protokoll von 1967 unterzeichnet, dabei jedoch gemäß Artikel 1B Nr. 1 der GFK erklärt, dass sie die Anwendung auf Flüchtlinge aus europäischen Staaten beschränkt. „Europäische Staaten" sind nach der Definition der Türkischen Republik alle Mitglieder des Europarats sowie Belarus. Schutzsuchende aus anderen Staaten haben somit in der Türkei kein Anrecht auf Asyl. Fakt ist: Der größte Teil der Schutzsuchenden kommt aus nicht-europäischen Ländern. Ihnen bleibt nur die Möglichkeit, sich bei UNHCR als Flüchtlinge registrieren zu lassen, was mit zermürbenden Wartezeiten verbunden ist. Nur wenigen wird - häufig nach Jahren des Wartens - eine Perspektive über Resettlement in einem Drittstaat eröffnet. Erschwert wird die Lage von Flüchtlingen auch durch die Zuweisung in sogenannte Satelliten-Städte, überfüllte Flüchtlingslager, sowie durch die schwierigen Bedingungen bei der Arbeits- und Wohnraumsuche.

Auch die Statistiken untermauern die Probleme im Schutzsystem der Türkei: Im September 2013 waren 61.749 Asylanträge beim türkischen Ministerium des Innern registriert. Das bedeutet eine Steigerung um über 600 Prozent gegenüber dem Ende des Jahres 2010. Beim UNHCR waren jedoch Ende September 2013 nur 37.710 Asylgesuche registriert. Über 24.000 Schutzsuchende befanden sich noch in einem sogenannten Vor-Registrierungsverfahren des UNHCR. Dieses hatte UNHCR im

Jahr 2012 initiiert. Diese Schutzsuchenden befinden sich de-facto in einer Limbo-Situation außerhalb des UNHCR Schutzsystems – bis nach monatelangem Warten die Terminvergabe und die volle Registrierung stattfindet. Darüber hinaus registrierte die türkische Regierung rund 700.000 syrische Flüchtlinge (Stand: Dezember 2013).

Resettlement

Im Jahr 2011 sah UNHCR in der Türkei bei 11.908 der anerkannten Flüchtlinge einen „akuten Resettlement-Bedarf" – 4.155 Flüchtlinge konnten deshalb in einen Drittstaat ausreisen. Hauptaufnahmeländer waren die USA (2584), Kanada (703) und Australien (681). Die 27 Mitgliedstaaten der EU stellten 187 Aufnahmeplätze bereit. Angesichts des Anstiegs der Schutzsuchenden in der Türkei in den Jahren 2012 und 2013 wird sich diese Resettlement-Krise verschärfen: Die Zahl der Flüchtlinge, die in der Türkei auf die Aufnahme in ein Drittland warten, wächst kontinuierlich an. Ihr Überleben im türkischen Transit ist äußerst prekär. Im Jahr 2012 hat UNHCR 7.913 Resettlement-Anträge an Drittstaaten gestellt. 5.929 Aufnahmeplätze wurden gewährt. Bei weiterer Zunahme der Schutzgesuche in der Türkei – ohne die syrischen Flüchtlinge – ist es offensichtlich, dass die Mehrheit der Flüchtlinge in der Türkei keine Aufnahme in einem Drittland finden wird. Für Flüchtlinge aus Afghanistan und verschiedenen afrikanischen Ländern gibt es kaum eine Resettlement-Perspektive. Tendenziell hat sich die Anzahl der Schutzgesuche in der Türkei insgesamt seit Jahren immer weiter erhöht, die Anzahl der verfügbaren Resettlement-Plätze ist aber weitgehend gleich geblieben und liegt jährlich bei etwa 5.000. Die Folge: Die Gruppe derjenigen Flüchtlinge, die ohne Aussicht auf Resettlement in der Türkei gestrandet ist, wächst immer weiter.

Während der letzten 15 Jahre sollen rund 800.000 Migrant_innen wegen unerlaubten Aufenthalts oder wegen (versuchten) unerlaubten Grenzübertritts in der Türkei aufgegriffen worden sein, davon im Jahr 2010 11.866 an den türkischen Seegrenzen, 10.644 an den Landgrenzen sowie 32.667 im Landesinneren (Bundesamt für Migration und Flüchtlinge 2013: 15). Die Zahlen variieren jedoch je nach Quelle erheblich. Es wird davon ausgegangen, dass 2009 bis 2010 rund 20.000 Migrant_innen und Flüchtlinge die Grenze zur Türkei irregulär vom Iran, dem Irak und Syrien aus übertraten. Über die iranische Grenze gelangen jährlich rund 8.000 Schutzsuchende in die Türkei, die Hälfte aller Grenzübertritte erfolgt über die Region Van-Kars (EC 2012: 7).

Viele dieser Flüchtlinge versuchen über die Türkei nach Europa einzureisen. Institutionen der EU äußern daher häufig Besorgnis: "illegal immigration flows reaching the EU external borders from Turkey represent a matter of continuing concern for the EU" (Council of the European Union 2012) und "Turkey has become the main country of transit" (PACE 2013: 1). Neue Berichte zeigen aber auch, dass einige Migrant_innen und Flüchtlinge, die über die Türkei nach Europa gelangten und in Griechenland festsaßen - mit Arbeitslosigkeit, Obdachlosigkeit, Hunger und rassistischer Gewalt konfrontiert - nun zurückkehren nach Istanbul, wo sie bessere Bedingungen vorfinden. Zahlreiche Gruppen von Flüchtlingen und Migrant_innen, die ursprünglich in die EU weiterreisen wollten, haben außerdem ihre Pläne aufgrund der sich verschlechternden Situation in der EU geändert. Beispielsweise Iraner_innen, Afghan_innen und Menschen aus dem subsaharischen Afrika gehören zu diesen Gruppen, wie ein aktueller Forschungsbericht aufzeigt (Suter 2012). Die Türkei kann derzeit somit zugleich als Herkunfts-, Einwanderungs- und Transitland für Migrant_innen und Flüchtlinge charakterisiert werden.

EU Einflussnahmen auf türkische Migrationspolitik

Politikprozess Migration Türkei-EU

Die EU und die Türkei kooperieren im Rahmen von unterschiedlichen Politikmechanismen und Prozessen. Der wichtigste Kooperationsrahmen ist der Beitrittsprozess der Türkei. Daneben existieren zweitens regionale Konsultationsprozesse, insbesondere der Budapester und der Prager Prozess sowie drittens internationale Organisationen, die türkisch-europäische Kooperationen implementieren. Viertens wirkt sich der Politikrahmen von EUROSUR (European Border Surveillance System)[3] aus, worin die Kooperation mit Nachbarstaaten vorgesehen ist. Schließlich besteht seit 2005 das "Black Sea Littoral States Border/Coast Guard Cooperation Forum" (BSCF), in dem Beamte von Grenz- und Küstenwache aus Bulgarien, Rumänien, Ukraine, Russland, Georgien und der Türkei Informationen zu illegalen Aktivitäten über das Black Sea Border Coordination and Information Center (BBCIC) in Bourgas/Bulgarien austauschen (EC 2011b: 17). Es existieren auch Kooperationen zwischen den Agenturen Frontex, Europol und Eurojust mit ihren türkischen Ansprechpartnern.[4]

Die EU unterstützt und finanziert die türkische Migrations- und Grenzkontrollreform im Rahmen unterschiedlicher Instrumente wie dem Instrument für Heranführungshilfe (IPA), dem Instrument für Informationsaustausch und technische Unterstützung der Generaldirektion Erweiterung der Europäischen Kommission (TAIEX), dem Budapester und Prager Prozess, in denen Rahmenprogramme entstehen, oder durch Operationen von IOM oder UNHCR.

---

[3] Das Grenzüberwachungssystem EUROSUR soll die Grenzüberwachung der mitgliedstaatlichen Behörden und Frontex entlang der südlichen und östlichen Außengrenze der EU verbessern. Zweck von EUROSUR ist laut Verordnungsentwurf die „Aufspürung, die Verhinderung und Verfolgung illegaler Einwanderung und grenzüberschreitender Kriminalität". Zur Seenotrettung heißt es lediglich, die Verordnung „trägt dazu bei" den „Schutz und die Lebensrettung von Migranten zu gewährleisten." Dennoch wurde EUROSUR immer wieder damit legitimiert, es würde die Seenotrettung verbessern. Frontex betreibt das Netzwerk, dessen Knotenpunkte nationale Koordinierungszentren in den Mitgliedstaaten bilden, die teilweise bereits eingerichtet wurden. Die Grenzschutzagentur ist außerdem für die Überwachung des „vorgelagerten Grenzbereichs" zuständig - also für die Überwachung des Mittelmeers sowie der Küsten der nordafrikanischen Länder. Eine technische Aufrüstung ist geplant, unter anderem der Einsatz von Drohnen. Im Dezember 2011 veröffentlichte die EU-Kommission einen überarbeiteten Vorschlag für das Europäische Grenzüberwachungssystem. Am 10. Oktober 2013 wurde die EUROSUR-Verordnung schließlich durch das Europäische Parlament verabschiedet. Im Dezember 2013 nahm das System den Betrieb auf.

[4] Schließlich versucht die EU weitere Agenturen in ihren Migrations- und Grenzkontrollapparat zu integrieren, wie beispielsweise die Europäische Agentur für die Sicherheit des Seeverkehrs (EMSA) und das Satellitenzentrum der Europäischen Union (EUSC) (EC 2011a: 19).

Der Budapester und Prager Prozess

Der Budapester Prozess wurde 1993 initiiert und ist einer der ältesten regionalen intergouvernementalen Migrations-Konsultationsprozesse, an dem EU- und Nicht-EU-Staaten beteiligt sind. Das Sekretariat befindet sich im International Centre for Migration Policy Development (ICMPD), einer internationalen Organisation, die ebenso mit Frontex und Europol bei der „Bekämpfung illegaler Migration" kooperiert. Ursprünglich sollte das Ziel des Budapester Prozesses darin bestehen, das Phänomen irregulärer Migration anzugehen. Er wurde jedoch um die Politikbereiche Asyl, Visa, Grenzmanagement, Menschenhandel und Schleuserkriminalität, Rückübernahme und Rückführung sowie legale Migration erweitert. Es handelt sich um einen Grundpfeiler der europäischen Externalisierungspolitik. Im EU-Jargon zielt der Prozess darauf ab „verantwortungsbewusste Regierungsführung" zu fördern (ICMPD 2013), was so viel heißt wie EU-Politiken und Technologien in Transit- und Herkunftsländern zu implementieren (vgl. Hess 2013). Zu Beginn nahmen nur zentral- und osteuropäische Länder am Budapester Prozess teil. Später wurde er auf die Gemeinschaft Unabhängiger Staaten (GUS) ausgeweitet und schließlich auf Länder südlich und östlich der EU, so dass er aktuell die Migrationsroute von Bangladesch, Pakistan und Afghanistan – die sogenannten Länder der Seidenstraße - umfasst. Es ist kein Zufall, dass das Seidenstraßenprojekt, welches sich der asiatischen Transitmigrationsroute widmet, von der Türkei geleitet wird. Im Jahr 2013 nahmen 50 Regierungen und zehn internationale Organisationen am Budapest Prozess teil. Aktuell hat die Türkei den Vorsitz des Budapester Prozesses sowie der Arbeitsgruppe der Seidenstraßenstaaten inne. Dies bedeutet, dass die Türkei eine führende Rolle in den gängigen Aktivitäten wie Informationsaustausch, Ausbildung von Kapazitäten, Technologietransfer und Training sowie Rückübernahmen übernimmt.

Im Jahr 2009 wurde mit dem Prager Prozess ein weiterer regionaler Prozess initiiert, der ebenso bei ICMPD angesiedelt ist. Im Rahmen dieses Prozesses werden ministerielle Konferenzen, Treffen zwischen höheren Beamt_innen und Expertenrunden durchgeführt (Prague Process 2011a), wobei die Treffen äußerst intransparent verlaufen. Die Ziele sind ähnliche wie diejenigen des Budapester Prozesses: „Bekämpfung illegaler Migration" und Förderung von „Rückübernahmen", aber auch Arbeitsmigration und Entwicklung, mit dem Ziel, mehr Mobilitätspartnerschaften umzusetzen. Diese kombinieren die Mitarbeit bei der „Bekämpfung irregulärer Migration" mit Möglichkeiten temporärer Migration oder, in anderen Worten, mit neuen Gastarbeitersystemen. Am Prager Prozess nehmen nur zehn Staaten teil, hauptsächlich EU- und GUS-Staaten,[5] aber auch die Türkei.[6]

Beide Prozesse zielen darauf ab, eine Daten- und Wissensgrundlage zu schaffen (Prague process 2011b), wenn auch leicht nachvollziehbar ist, dass mächtigere

[5] Überraschend ist auch die Teilnahme von Russland - neben der Europäischen Union mächtigster Akteur in der Region –,das bisher nicht mit der EU im Bereich Migration kooperiert hat.

[6] Einige türkische Akteure gehen davon aus, dass der Prager Prozess gegenüber dem Budapester Prozess bevorzugt umgesetzt wird und dass der aktuell von der Türkei angeführte Budapester Prozess etwas nebensächlicher geworden ist.

Akteure wie die EU mehr Vorteile aus der Datengewinnung über Migrationsbewegungen ziehen können als kleinere Randstaaten. Beide Prozesse gehen von der Prämisse der Bekämpfung irregulärer Migration aus. Die EU bot zunehmend als Anreiz an, dass diejenigen Staaten, die bei der Umsetzung dieses Ziels mitwirken, die neuesten Grenzkontrolltechnologien erhalten sollten (Biometrie oder andere Technologien können Regierungen zugleich Instrumente zur Kontrolle der eigenen Bevölkerung an die Hand geben) sowie das notwendige Know-how. Bei erfolgreicher Umsetzung der Anforderungen können ihnen - begrenzte - Visaliberalisierungen zuteilwerden. Gewöhnlich profitieren davon allerdings nicht alle Staatsbürger_innen gleichermaßen, sondern eher die höher Gebildeten und Besserverdienenden.

Migrations- und Asylgesetzgebung

Die bedeutenden Flucht- und Migrationsbewegungen in die Türkei im späten 20. Jahrhundert erhöhten den Druck auf das Land, bestehende rechtliche Grundlagen zu überarbeiten und neue zu schaffen. Bis April 2013 verfügte die Türkei über keine umfassende Gesetzgebung zu Migration, Grenzmanagement und Asyl. Stattdessen existierten eine Vielzahl inkonsistenter und nur teilweise erneuerter Gesetze sowie einzelne Anweisungen. Erst 1994 wurde eine Asylverordnung erlassen, die allerdings unter einem großen Vorbehalt stand. Zwar war die Türkei bereits 1951 der Genfer Flüchtlingskonvention beigetreten, erkennt jedoch nur europäische Staatsbürger_innen als Asylberechtigte an. In den frühen 1990er Jahren gab es keinerlei darüber hinausgehenden Bestimmungen, die den Umgang mit nicht-europäischen Flüchtlingen regelte. Die Verordnung von 1994 schuf mit einer schwachen Kompromisslösung Abhilfe: Auch nicht-europäische Schutzsuchende sollten fortan das Recht haben, einen Asylantrag in der Türkei zu stellen (bei UNHCR oder türkischen Behörden), jedoch ohne Perspektive, mit einem Schutzstatus im Land bleiben zu können. Einzig die Aufnahme in einem Drittstaat über ein Resettlement-Verfahren wurde in Aussicht gestellt. Bis zu einer solchen Aufnahme sollten die Flüchtlinge in einem „temporären Asyl" im Land leben dürfen, ein äußerst prekärer Status, in dem tausende Schutzsuchende über Jahre hinweg in der Türkei ausharren.

Die Türkei hat die zentralen internationalen Menschenrechtsverträge und deren Protokolle unterzeichnet: die Europäische Konvention zum Schutze der Menschenrechte und Grundfreiheiten, die Europäische Sozialcharta, die Europäische Konvention über die rechtliche Stellung der Wanderarbeitnehmer_innen. Außerdem ist die Türkei das einzige OECD-Land, das die Internationale Konvention zum Schutz der Rechte aller Wanderarbeitnehmer_innen und ihrer Familienangehörigen unterzeichnet hat (siehe Crépeau 2012). Andererseits hat die Türkei die zwei Konventionen zu staatenlosen Personen, die 1954er-Konvention über den Status von staatenlosen Personen und die 1961er-Konvention zur Überwindung von Staatenlosigkeit nicht unterzeichnet.

In den Jahren 2002 bis 2005 kam es zu zahlreichen Reformen, die hauptsächlich von den Beitrittsverhandlungen mit der EU beeinflusst waren. Denn als EU-Beitrittskandidat ist die Türkei verpflichtet, die eigene Gesetzgebung in Übereinstimmung mit europäischem Recht, dem „gemeinschaftlichen Besitzstand“ zu bringen. In einem ersten Schritt wurde ein Dokument zur Beitrittspartnerschaft verabschiedet (2001). Es folgte ein Nationales Programm zur Übernahme des Besitzstands (NPAA) 2003, das im selben Jahr von mehreren Strategiepapieren zum Schutz der Außengrenzen, Asyl und Migrationsmanagement flankiert wurde. Das Nationale Programm wurde außerdem durch spezifische Aktionspläne in unterschiedlichen Politikbereichen ergänzt. Im Bereich Migration handelt es sich um den Aktionsplan zur Übernahme des EU-Besitzstandes im Bereich Asyl und Migration (2005) und den Aktionsplan zu Integriertem Grenzmanagement (2007 und 2010), welche den Schengener Besitzstand und die Visa-Politik umfassen. Obwohl das Kapitel 24 des Beitrittsprozesses – Recht, Sicherheit und Freiheit – noch nicht zur Verhandlung geöffnet wurde, reformiert die Türkei bereits etliche Elemente dieses Politikbereichs wie Polizei, Strafrecht, Migration, Grenzkontrollsystem. Abkommen zur Stärkung der Kooperation zwischen der Türkei, Eurojust sowie Europol sind in Vorbereitung. Außerdem hat die Türkei „umfassende bilaterale Sicherheitsabkommen“ mit mehreren Staaten[7] unterzeichnet sowie ein Kooperationsprotokoll zum Kampf gegen Menschenhandel (MEUA 2013). Die erste Phase des Instruments für Heranführungshilfe (IPA) ist 2013 ausgelaufen und wird von der zweiten Phase von 2014 bis 2020 abgelöst.

Im April 2013 hat das Parlament ein neues Migrations- und Asylgesetz verabschiedet (Gesetz Nr. 6458). Es regelt alle migrationspolitisch relevanten Aspekte wie Einreise, Aufenthalt, Integration, Asyl und Rückführung. Im Januar 2011 war der erste Entwurf des Gesetzes in der Türkei veröffentlicht worden. Das Gesetz ist das Ergebnis eines vergleichsweise transparenten Prozesses, der 2008 initiiert wurde. Zwar befanden sich die Beitrittsverhandlungen zwischen der EU und der Türkei zu diesem Zeitpunkt in einer Sackgasse. Dennoch stellte der Gesetzesentwurf einen weiteren Schritt dar zur Erfüllung des Nationalen Programms zur Übernahme der Acquis (NAAP) wie auch des Aktionsplans zu Asyl und Migration, die den Weg für den EU-Beitritt ebnen sollen.

Anders als bisher sollen Asylsuchende eine Arbeitserlaubnis erhalten. Annähernd alle Akteure, darunter die EU und die Vereinten Nationen, begrüßen das Gesetz („ein umfassender rechtsbasierter juristischer und politischer Rahmen für Migration“, Crépeau 2012: 18). Entscheidend wird jedoch die anstehende Umsetzung des Gesetzes, die Organisationskultur in der neuen Verwaltung und ihren regionalen und lokalen Vertretungen sowie die Befähigung der für die Umsetzung verantwortlichen Beamt_innen sein.

Mit dem neuen Gesetz soll eine neue zivile Verwaltung eingerichtet werden, die Aufgaben übernehmen soll, die zurzeit noch in der Zuständigkeit der Polizei liegen (siehe Hurriyet).[8] Diese aktuellen oder bevorstehenden Umstrukturierungen haben

[7] Mit Frankreich, Serbien, Mauretanien, Turkmenistan, Libyen, Tunesien, Italien, Georgien und DR Kongo seit 2011.

[8] Auch die Reform der Gesetzgebung bezüglich Grenzkontrollen („Integriertes Grenzmanagement“) sowie der zuständigen Verwaltung wird derzeit auf den Weg gebracht. Diese würde, wenn sie denn zur Umsetzung gelangt, die aktuell vom Militär geführte durch eine zivile Verwaltung ersetzen (siehe unten).

die Informations- und Leitungsstrukturen zwischen Ankara und der Peripherie zeitlich überholt mit der neuen bereits zivilen Behörde für Migration und internationalen Schutz (General Directorate for Migration and International Protection) und der lokalen Polizei, die weiterhin Migrationsgesetzgebung durchsetzen, bis eine neue zivile Verwaltung in allen Provinzen verankert ist. Tatsächlich könnte die Umsetzung einige Jahre dauern, daher sind einige Komplikationen bei der Implementierung der Migrationspolitik zu erwarten.

Rückübernahmeabkommen EU-Türkei

Ein integraler Bestandteil vieler EU-Politiken sind Rückübernahmeabkommen für die Abschiebung der Staatsangehörigen aus Nachbarstaaten oder Drittstaaten, die in die EU eingereist sind oder dort leben. Grundsätzlich gibt es zwei Arten von Rückübernahmeabkommen in Europa: Bilaterale Abkommen zwischen zwei Ländern sowie EU-Abkommen, die für alle Mitgliedstaaten der EU gelten. Griechenland und die Türkei haben bereits 2001 ein bilaterales Rückübernahmeabkommen unterzeichnet (Icduygu 2011)[9], dennoch kann das Abkommen kaum umgesetzt werden. So bemängelt Frontex (2012b): *„aufgrund von Schwierigkeiten bei der Implementierung des Rückübernahmeabkommens mit der Türkei konnten die meisten Anordnungen zur Abschiebung von Migrant_innen, die illegal die türkische Grenze überquert hatten, nicht ausgeführt werden. So gab es beispielsweise insgesamt 21.542 Abschiebeanordnungen von Afghanen in Griechenland, aber nur 745 tatsächliche Abschiebungen."*

Auch deshalb bemühte sich die EU, die Türkei zur Unterzeichnung eines zusätzlichen europäisch-türkischen Rückübernahmeabkommens zu bewegen. Zu offiziellen Verhandlungen über ein Rückübernahmeabkommen wurde die Türkei von Seiten der EU 2003 eingeladen. Mit dem Vorstoß hatte die EU darauf reagiert, dass der türkisch-griechische Korridor zu einer der wichtigsten Flucht- und Migrationsrouten nach Europa geworden war. Schon bald wurden die Gespräche in den Kontext der Verhandlungen über den EU-Beitritt der Türkei gestellt. Die Verpflichtung des Landes zur Rückübernahme von Flüchtlingen und Migrant_innen, die über türkisches Territorium irregulär in die Europäische Union eingereist sind, wurde zu einer Hauptforderung Europas im Tauziehen um den Beitritt der Türkei. Die türkische Regierung zeigte zwar Bereitschaft, die Rückübernahme eigener Staatsbürger_innen sowie Menschen mit einem türkischen Aufenthaltstitel zu akzeptieren, jedoch nicht Migrant_innen, welche die Türkei nur im Transit durchreist hatten.

So wurde erst im Januar 2011 ein Abkommen vereinbart (MPG 2011), das im Dezember 2013 von beiden Seiten unterzeichnet wurde. Es regelt, dass die Türkei der Rückübernahme „der eigenen Staatsbürger" zustimmt (Art. 3) und aller sich irregulär auf dem Territorium eines EU-Staates aufhaltenden Drittstaatsangehörigen oder staatenlosen Personen, wenn sie (a) ein gültiges von der Türkei ausgestelltes Visum

[9] Icduygu (2011) impliziert, dass dies im Zusammenhang mit dem zeitgleich geschlossenen Rückführungsabkommen zwischen der Türkei und Syrien stand und damit potenziell den Weg für Kettenabschiebungen bereitet.

haben und direkt von der Türkei aus in die EU eingereist sind, (b) über eine von der Türkei ausgestellte Aufenthaltsbewilligung verfügen oder (c) wenn sie „illegal und direkt das Territorium von einem EU-Mitgliedstaat betreten haben, nachdem sie sich auf türkischem Territorium aufgehalten haben oder dieses durchquert haben“ (Art. 4) (Crépeau 2012: 9). In dem Abschiebeabkommen fehlt nicht nur der Verweis auf Flüchtlingsrechte (ebd.: 10), sondern es verschiebt im Grunde auch die Regulierung und Kontrolle von Flucht und Migration im Interesse Europas von der EU in die Türkei.

Lange weigerte sich die Türkei, das Abkommen zu ratifizieren. Die türkische Regierung war nicht bereit, eine Politik zu akzeptieren, die einseitig die Interessen der EU widerspiegelt, ohne dass die EU auf ein zentrales Interesse der Türkei eingeht: Die Visaliberalisierung für türkische Bürger_innen. Die türkischen Minister für Äußere und Europäische Angelegenheiten bestanden darauf, dass parallel zu dem Rückübernahmeabkommen auch die geforderte Visa-Liberalisierung eingeführt werden sollte: *„Unsere Bürger werden täglich beleidigt in den Konsulaten von EU-Staaten (wenn sie Visa beantragen). Man könnte die Frage stellen, warum wir der EU mit ihren Problemen helfen sollten, wenn wir auf diese Weise behandelt werden“ (Egeman, Minister for Europe 2011, zitiert in MPG 2011).*

In diesen Verhandlungen zwischen der EU und der Türkei um die Rückführungen sowie die Visaliberalisierung für türkische Staatsbürger_innen kamen Flüchtlinge und Migrant_innen allerdings nur als Verhandlungsmasse vor. Entgegen der Versicherung der EU-Innenkommissarin Malmström, dass die Abschiebung ausländischer Staatsbürger_innen in ihr Herkunftsland „in vollem Respekt des internationalen Rechts und der Grundrechte“ erfolgen würde, zeigt die Umsetzung bereits abgeschlossener Abkommen zwischen der EU, EU-Mitgliedstaaten - die schließlich für die praktische Umsetzung des Rückübernahmeabkommens verantwortlich sind - und Drittstaaten, dass substanzielle Menschenrechtsverletzungen sowohl auf europäischer als auch auf Seite des Kooperationsstaates erfolgt sind (Verletzung des Rechts auf Asyl oder des Non-Refoulement-Gebots).

Die Menschenrechtsorganisation Euro-Mediterranean Human Rights Network identifiziert (EMHRN 2013: 8ff.) drei besonders problematische Punkte der Ausgestaltung des Abkommens: Erstens fehlten substanzielle menschenrechtliche Garantien hinsichtlich der Behandlung von Drittstaatsangehörigen nach ihrer Abschiebung in die Türkei. Es lasse sich nicht ausschließen, dass sie Opfer von willkürlicher Inhaftierung oder von Abschiebung werden, auch wenn sie Anspruch auf einen Flüchtlingsstatus oder „temporäres Asyl“ haben. Zweitens lasse das Abkommen Raum für eine willkürliche Handhabung von Schutzgesuchen durch die Mitgliedstaaten und sei inkonsistent in Bezug auf internationale Verpflichtungen in Zusammenhang mit der Behandlung von aufgegriffenen irregulären Migrant_innen, die über das Rückübernahmeabkommen abgeschoben werden sollen. Und drittens mangle es dem Abkommen an Maßnahmen zur Förderung von Transparenz, Beobachtung und Rechenschaftspflicht. Die Implementierung eines Rückübernahmeabkommens mit der

Türkei zu diesem Zeitpunkt birgt also die Gefahr, dass das Recht auf Asyl in Europa unterlaufen wird und Misshandlungen und Kettenabschiebungen von Drittstaatsangehörigen in der Türkei zu begünstigen.

Der vereinbarte Text des Abkommens sieht eine Übergangsfrist von drei Jahren vor, in denen noch keine Drittstaatsangehörigen im Rahmen des Abkommens in die Türkei abgeschoben werden sollen. Dennoch sind davon Personen aus Drittstaaten ausgenommen, „mit denen die Türkei (bereits) bilaterale Abkommen oder Vereinbarungen zur Rückübernahme getroffen hat“ (Helsinki Citizens´ Assembly 2012). Dazu gehören Syrien, Griechenland, Kirgistan, Rumänien, Ukraine, Pakistan, Russland, Nigeria, Jemen, Moldau und Bosnien-Herzegowina. Die Verhandlungen mit Serbien, Montenegro und Weißrussland wurden abgeschlossen (MEUA 2012: 176). Die Gefahr von Kettenabschiebungen ist bei dieser Konstellation evident, und etliche Fälle aus der jüngsten Vergangenheit (siehe unten) belegen, dass diese Befürchtung auch berechtig ist.

Am 16. Dezember 2013 wurde das Rückübernahmeabkommen zwischen EU-Innenkommissarin Cecilia Malmström und dem türkischen Innenminister Muammer Güler in Ankara unterzeichnet. In den schriftlichen Erläuterungen zu dem Rückübernahmeabkommen machte Ankara noch einmal deutlich, dass die visafreien Einreiseregelungen mit Staaten wie Russland, verschiedenen arabischen und afrikanischen Staaten bestehen bleiben und zwar bis die Türkei die volle EU-Mitgliedschaft erhalte. Das gleiche gelte für den geographischen Vorbehalt (Hürriyet , Daily News vom 16. Dezember 2013). Darüber hinaus hat der türkische Europaminister, Egemen Bagis, klargestellt, dass die Türkei sich das Recht vorbehält, die Umsetzung des Rückübernahmeabkommens auszusetzen oder zu verschieben, wenn die Befreiung von der Visumpflicht nach “reasonable time” nicht gewährt werde (Today‘s Zaman, 15. Dezember 2013).

Nicht überraschend war die Reaktion im Nachbarland Bulgarien auf das Abschiebeabkommen. Der Bulgarische Außenminister Kristian Vigenin zeigte sich sehr zufrieden mit dem Abkommen und stellte fest: “*The agreement is important for us, as it will give us new opportunities to deal with the influx of refugees*“ (Novinite, 16. Dezember 2013).

Türkisches Visa-Regime in der Kritik

Die Türkei hat ihre Migrationspolitik und -gesetzgebung zunehmend liberalisiert, die Visumpflicht für rund hundert Länder aufgehoben und im Grunde einen Ansatz der offenen Tür verfolgt. Staatsbürger_innen dieser Länder können entweder ohne Visum einreisen oder je nach Land ein Visum an der Grenze für unterschiedliche Zeitspannen erwerben. Diese Politik führte zu einer starken Zunahme an internationalen Reisetätigkeiten, Tourismus und Handel zwischen der Türkei und vielen anderen Ländern der Region und weltweit, wie etwa Russland, der Ukraine, dem Iran oder Marokko. Die türkische Visa-Politik war aufgrund nationaler und internationaler Faktoren vielen Veränderungen unterworfen. So beeinflussten beispielsweise die außenpolitische Liberalisierung durch Turgut Özal, türkischer Premierminister von 1983 bis 1989 und Präsident von 1989 bis 1993, sowie der Regimewechsel im Iran in den 1980er- und 1990er-Jahren die Visumpolitik der Türkei. Diese steht in klarem Gegensatz zu den politischen Interessen der EU, die eine selektive Schließung der Grenzen favorisiert. Tatsächlich fordert die EU daher von der Türkei, ihre Visumpolitik zu ändern und im Grunde die Liste visumpflichtiger Staaten der EU zu übernehmen.

Das türkische Visaregime beruht bis heute auf drei Kategorien von Visa: Die erste betrifft Länder, deren Staatsangehörige ohne Visum in die Türkei einreisen und sich für eine bestimmte Zeit im Land aufhalten können (gewöhnlich für drei Monate). Staatsangehörige der zweiten Kategorie müssen vor der Einreise in die Türkei ein Visum beantragen. Die dritte Kategorie wird von der EU stark kritisiert: Staatsangehörigen dieser Länder gibt die Türkei gegen eine je nach Land variable Gebühr Visa an der Grenze aus. Einige dieser Staaten stehen auf der EU-Liste für visapflichtige Länder, weshalb die Kritik von Seiten der EU in diesem Punkt vehement ist.

Um die eigenen Grenzen effektiver zu kontrollieren, drängte die EU darauf, dass die Türkei den visafreien Zugang von Menschen abschafft, deren Staaten auf der europäischen schwarzen Visa-Liste stehen. Die Türkei verpflichtete sich auf Druck der EU hin schließlich, entsprechende Änderungen bis 2004 vorzunehmen, unter Ausnahme von Bosnien-Herzegowina und Mazedonien, aufgrund der engen historischen und kulturellen Verbindungen zu diesen Ländern. Während 2002 noch 13 Länder von der Liste visumpflichtiger Staaten der EU den liberaleren Bedingungen der Türkei unterlagen, waren es 2005 nur noch fünf Länder.

Nach dieser ersten Phase des Entgegenkommens schaffte die Türkei allerdings die Visumpflicht für eine Reihe von Staaten ab, die auf der schwarzen Liste der EU standen, darunter Syrien, Jordanien, Libanon, Russland und Serbien. Weitere Visa-Liberalisierungen werden mit Katar, Malaysia, Bahrain und Kirgistan angestrebt. Die Liberalisierung des Visa-Regimes wird als Kernthema des derzeitigen türkischen Außenministers Ahmet Davutoglu angesehen, der insbesondere mit den Nachbarländern verbesserte Beziehungen aufbauen will. Dies wird als Teil der allgemeinen Tendenz der AKP-Regierung gesehen, sich von Europa weitgehend abzuwenden und die Beziehungen zu den nicht-europäischen Nachbarn sowie die Rolle als Regionalmacht im Mittleren Osten zu stärken. Im Mai 2011 ließ Davutoglu verlauten, dass während der letzten acht Jahre mit über fünfzig Ländern Abkommen zur Visa-Freiheit unterzeichnet wurden (Tolay 2012: 46). Die Handhabung der Visa-Liberalisierung fungiert als wichtiger Verhandlungspunkt in den Beitrittsverhandlungen der EU mit der Türkei: Einmal wird sie als Druckmittel eingesetzt, um eine bestimmte Politik der EU zu blockieren, ein anderes Mal als Zugeständnis gestaltet, um aufeinander zuzugehen.

Grenzmanagement gegen Beitrittsperspektive

In den Beitrittsverhandlungen zwischen der Europäischen Union und der Türkei war von Beginn an die Forderung der EU nach einem verbesserten Grenzmanagement der Türkei zentral. Einigen Anforderungen ist das Land bereitwillig nachgekommen, andere verzögern sich. Obwohl die Grenzkontrolle in der Verantwortung des Innenministeriums liegt, wird die östliche und südöstliche Landgrenze der Türkei durch die Landeinheiten des Militärs kontrolliert. Die Einrichtung einer zivilen, nicht-militärischen Grenzüberwachungsbehörde wird zwar angestrebt, ist aber bisher nicht erfolgt. Die Küstenwache, die dem Innenministerium untersteht, ist wiederum für die Patrouillen entlang der Küste verantwortlich (Soyaltin 2013). Um den europäischen Gesetzgebungen und Praktiken im Bereich Grenzmanagement zu entsprechen, aber auch in Entgegnung auf die neuen Migrationsrealitäten und somit aus einem starken Eigeninteresse hinaus, richtete die Türkei ein Büro für Integriertes Grenzmanagement unter dem Dach des Innenministeriums ein und verabschiedete 2006 eine nationale Strategie zum Schutz der Außengrenzen der Türkei. Die institutionelle Infrastruktur wurde verbessert und die technischen Kapazitäten an den Grenzen verstärkt. Darüber hinaus beteiligte sich die Türkei an dem Projekt CIREFI (Center for Information, Discussion and Exchange on the Crossing of Frontiers and Immigration) Early Warning System und begann in dessen Rahmen, regelmäßig statistische Daten zu erheben.

Der Migrations-Kontrollapparat

Ab 2013 werden "die kurz- und langfristigen Migrationspolitiken und -strategien der Türkei vom Migration Policy Board festgelegt“ (MEUA 2012b: 175). In letzterem sollen alle relevanten hochrangigen Institutionen repräsentiert sein. Bis April 2013 wurden alle Aspekte der Implementierung türkischer Migrationspolitik vom Department für Ausländer, Grenzen und Asyl der türkischen Nationalpolizei um- und durchgesetzt. Dieses wurde nun ersetzt durch die neue Generaldirektion für Migration und internationalen Schutz unter dem Dach des Innenministeriums. Bisher existiert lediglich ein Hauptquartier in Ankara, und es wird lange dauern, bis entsprechende Verwaltungsstrukturen in den Provinzen funktionsfähig sind. Eine begrenzte parlamentarische Kontrolle wird durch die „Sub-Kommission für Flüchtlinge, Asylsuchende und illegale Migranten“ ausgeübt, die unter der Inspektionskommission für Menschenrechte der Großen Nationalversammlung der Türkei arbeitet.

Im Jahr 2009 wurde ein Gremium zum „Kampf gegen illegale Migration“ eingerichtet unter der Koordination des Innenministeriums, in dem alle Behörden, die mit Migration und Grenzkontrolle beauftragt sind, vertreten sind. Dazu gehören der Generalstab, Heeresleitung, das Außenministerium, das Innenministerium, die Leitung der Gendarmerie (Militärpolizei), die Leitung der Küstenwache und die türkische Nationalpolizei, das Department gegen Schmuggel und organisiertes Verbrechen und das Department für Ausländer, Grenzen und Asyl (TNPA/UTSAM 2013: 34). Die Bezeichnung der Departments verweist ebenso wie die beteiligten Institutionen darauf, dass der Fokus auf Repression liegt und nicht auf Prävention oder der Verhinderung von Irregularität. Ein Nationaler Aktionsplan zu irregulärer Migration wird zurzeit unter Beteiligung von IOM und anderen Akteuren ausgearbeitet.

Bisher werden die Grenzen der Türkei von unterschiedlichen Agenturen kontrolliert und organisiert. Grenzübergänge werden von der dem Innenministerium unterstehenden Nationalen Polizei (TNP) und dem Ministerium für Zollwesen und Handel kontrolliert, während die Landgrenzen von den Türkischen Landkräften (Militär) und der Gendarmerie (Jendarma, eine militärische Einheit unter dem MfI) überwacht werden. An den Seegrenzen patrouilliert die Küstenwache (siehe Sert 2013). Es existiert also eine „sehr fragmentierte Struktur“, wie Crépeau (2012: 8) feststellte, ein verwirrender Grenzkontrollapparat von Agenturen mit unterschiedlichen Mandaten und Organisationskulturen und somit eine Konstellation, die die „inter-institutionelle Kooperation eher erschwert“ (ebd.: 177). Die Militarisierung der Grenzkontrollen resultiert vor allem aus den vergangenen Spannungen mit Griechenland, der anhaltenden Gewalt in Syrien sowie der Präsenz der kurdischen Guerillas im Irak.

Eingang zum Haftzentrum in Edirne.
© Friedrich Vetter

Insgesamt werden die Grenzen und das Territorium der Türkei stark kontrolliert. An der Ägäis-Küste befinden sich viele Gendarmerie-Posten, die häufig über Hafteinrichtungen verfügen. Die Landgrenze wird von Wachtürmen gesäumt und teilweise wurde ein neues Überwachungssystem installiert. Die östliche Grenze ist nach wie vor vermint, was zu zahlreichen Todesfällen führt. Die Minenräumung wird jedoch vorangetrieben. Außerdem gibt es auch hier Wachtürme, Stacheldrahtzaun, Patrouillen und Wärmebildkameras (EC 2012). Insgesamt waren 2006 “ungefähr 50.000 Kräfte speziell für Grenzschutz und Kontrolle eingesetzt“ (Ministry for EU Affairs 2006: 20). Es gab 390 Grenzkontrollstationen, die fünf bis zehn Kilometer auseinanderliegen; Grenzkontrollen werden in zwei “militärischen Verbotszonen“ durchgeführt, die “primäre Zone“ ist ein 30 bis 300 Meter breiter Grenzstreifen, die “sekundäre Zone“ ist ein 5 bis 10 Kilometer breiter Streifen (ebd.). Insbesondere die Zahlen der Aufgriffe von Migrant_innen und Schutzsuchenden an der Grenze – 48.264 im Jahr 2012, 44,415 im Jahr 2011, 34.345 im Jahr 2009, 56.219 im Jahr 2003 und 94.514 im Jahr 2000, knapp eine Million seit 1998 – zeigen, dass die Türkei die Kontrolle der eigenen Grenzen durchaus ernst nimmt. Hin und wieder wird von Razzien in der Grenzregion berichtet, was auf einen neuen Ansatz der türkischen Behörden hinzuweisen scheint. So führten die Behörden im April 2012 eine Reihe von Razzien in der Region um Ipsala und Meric nahe der Landgrenze zu Griechenland durch und nahmen rund 110 Migrant_innen und Flüchtlinge fest (Radikal 2012). Dies lässt vermuten, dass der Polizei die Aufenthaltsorte der Schutzsuchenden, Migrant_innen und Schleuser bekannt waren. In beiden Fällen beendeten die Razzien anscheinend die Schleuseraktivitäten in diesen Regionen. Franck Düvell wurde bei seiner Recherchereise berichtet, dass einige Schmuggler auf andere Regionen auswichen, oder sich dem Schmuggel konventioneller Waren widmeten.

Der Fortschrittsbericht zum EU-Beitritt von 2012 besteht darauf, dass „die Türkei weiter ihre Bemühungen zur Bekämpfung irregulärer Migration (…)“ verfolgt (MfEU 2012: 174). Quellen aus Ankara legen in diesem Sinne die Ansicht nahe, dass türkische Behörden nicht länger bereit sind zu akzeptieren, dass das Land von Flüchtlingen und Migrant_innen als Transitzone genutzt wird. Ob dies eine realistische Annahme ist, ist jedoch fraglich.

Die Kombination verschiedener Einflussgrößen wie die geographischen Eigenheiten der Grenzen – ihre Länge, gebirgige Gebiete und unübersichtliche Seegrenzen –, die ärmlichen und damit den Schmuggel begünstigenden Lebensbedingungen in den Grenzregionen, die sicherheitszentrierte Rhetorik bezüglich Grenzkontrollen, die boomende türkische Wirtschaft sowie der praktizierte Ansatz der offenen Türen für Einreisewillige führt zu einem erheblichen Dilemma in der Gestaltung von Politik. Im Polizeiakademiebericht (TNPA/UTSAM 2013) wird dies deutlich. Er bezieht sich auf die schwer zu kontrollierenden Grenzen und betont die Strafverfolgung als zentrales Element in der Tradition eines eher autoritären Militär- und Polizeiapparats, während gleichzeitig das Schicksal von Flüchtlingen Erwähnung findet. Die Realität bestätigt, dass diese verschiedenen politischen Zielsetzungen aus Sicht des türkischen Staates schwer zu vereinbaren sind.

Europäische Gelder zur Bekämpfung der Migration

Sogenannte Twinning-Projekte sollen „die Angleichung des türkischen Verwaltungsapparates an EU-Standards“ fördern (Bundesamt für Migration und Flüchtlinge 2013: 5). Es handelt sich dabei um Projekte zur technischen Unterstützung von EU-Beitrittskandidaten durch die Kooperation mit Mitgliedstaaten. Damit bietet das Instrument Möglichkeiten zur Finanzierung konkreter Maßnahmen im Sinne europäischer Prioritäten und zum anderen zur direkten Einflussnahme durch die Präsenz von Expert_innen und europäischen Grenzbeamten für Trainings und Schulungen von türkischem Personal.

Zur Unterstützung der Anpassungen der türkischen Migrations- und Asylpolitiken an europäische Anforderungen wurden zwischen 2003 und 2004 acht „Twinning-Projekte“ durchgeführt, konkret zur Stärkung von Institutionen im Kampf gegen Menschenhandel, Visapolitik und -praxis, Asyl, Grenzkontrolle, Strafverfolgung und Migrationsfragen. Seit 2010 werden mindestens zwei Twinning-Projekte im Bereich Asyl und Migration umgesetzt, eines davon zur „Unterstützung der Kapazitäten der Türkei bei der Bekämpfung irregulärer Migration durch die Einrichtung von Abschiebezentren", das andere zur Einrichtung eines Systems zu Aufnahme, Screening und Unterbringung von Asylsuchenden und Flüchtlingen.

In Van werden zwei „Twinning"-Projekte mit Großbritannien, Dänemark und Tschechien als Partner durchgeführt. Sie sollen der Türkei Kontrolltechnologien zum Management von Migrationsbewegungen liefern. Im Rahmen der Projekte sollten bis 2013 zwei neue Zentren in Van errichtet werden (European Public Law Organization 2011): Ein Aufnahmezentrum für Asylsuchende und ein Haftzentrum, um die Abschiebungen in den Iran zu erleichtern. Im Frühling 2011 wurde mit dem Bau des Aufnahmezentrums bei Kurubas, ca. 30 Kilometer von Van entfernt, begonnen (Migreurop 2011: 27). Die Aufnahmekapazität liegt bei 750 Personen. Im Juni 2010 war bereits mit dem Bau des geschlossenen Zentrums in Van begonnen worden. 308 Männer und 64 Frauen können hier inhaftiert werden. 2011 kam es zur Neueröffnung eines Haft- und Abschiebezentrums für Migrant_innen in Edirne, welches ein altes und inzwischen geschlossenes Haftlager ersetzte und das über ein britisch-türkisches Twinning-Projekt teilweise durch die EU finanziert wurde.

Exemplarische EU-Türkei Projekte im Bereich Migration und Grenzkontrolle

- Twinning-Projekt: *Integriertes Grenzmanagement Phase 1*, 2007-2010, 10.963.000 Euro, davon 9.8 Millionen von der EU, Großbritannien, Frankreich und Ungarn mit dem Zweck, das „aktuelle Grenzmanagement zu transformieren ( ) um die Weiterentwicklung von High-Level-Grenzmanagement und Grenzüberwachungsarchitektur sowie Standards in Übereinstimmung mit den Politiken und Strategien der EU zu Integriertem Grenzmanagement" zu befördern (EC 2007).
- Twinning-Projekt: *Integriertes Grenzmanagement Phase 2*, bis 2012, 21.880.000 Euro von 28.880.000 Euro werden von der EU finanziert. Allgemein zielt das Projekt darauf ab, „genügend Informationen bereitzustellen und die technischen Kapazitäten der türkischen Behörden zu verbessern, damit diese die notwendigen Reformen vornehmen können" (Ripert 2012, Leiter der EU-Delegation in der Türkei beim Abschluss der Phase 2 des Projektes).
- Twinning-Projekt: *Unterstützung der Entwicklung eines Aktionsplans zur Implementierung der türkischen Strategie des Integrierten Grenzmanagements*. Beteiligt daran sind Großbritannien und Frankreich.
- Twinning-Projekt: *Entwicklung eines Trainingssystems für Grenzpolizei*, 2006, unter Beteiligung von Spanien und Ungarn.
- Twinning-Projekt: *Entwicklung eines Trainingssystems für Grenzpolizei*, Ungarn.
- Twinning-Projekt: *Unterstützung der Kapazitäten der Türkei zur Bekämpfung illegaler Migration und bei der Einrichtung eines Abschiebezentrums für illegale Migranten*, Griechenland.

- Twinning-Projekt: *Einrichtung von Aufnahme-, Screening- und Unterbringungszentren für Flüchtlinge/Asylsuchende*, unter Beteiligung von Großbritannien, den Niederlanden. Mindestens sieben Zentren sind vorgesehen.
- Twinning-Projekt: *Unterstützung der Kapazitäten der Türkei zur Bekämpfung illegaler Migration und bei der Einrichtung von Abschiebezentren für illegale Migranten*, 2009 bis 2011, 19,5 Millionen, 15 Millionen von der EU, unter Beteiligung von Großbritannien und den Niederlanden, mindestens zwei Abschiebezentren sind vorgesehen (EC 2009).
- Projekt: *Sozioökonomische Entwicklung durch Minenräumung und Zunahme der Grenzüberwachungskapazitäten an der Ostgrenze der Türkei*, 2012 fortlaufend, 52,45 Millionen Euro, EU-Beitrag: 39,45 Millionen Euro. Dabei geht es um „Grenzüberwachungsinstrumente für ein technologisch unterstütztes modernes Grenzüberwachungssystem." Damit verbunden ist das „Physische Grenzsicherheitssystem entlang der syrischen Grenze" (MEUA 2013: 178).

Die Türkei war an weiteren EU-finanzierten Forschungs- und Entwicklungsprojekten beteiligt. Beispielsweise am Europäischen Grenzschutzsystem TALOS (Transportable Adaptable Patrol for Land Border Surveillance), das Expert_innen von 14 Institutionen aus acht Mitgliedstaaten[10], die Türkei als EU-Beitrittskandidat und Israel als assoziiertes Land entwickelten. 2009 bis 2012 investierte die EU 19,9 Millionen Euro in das TALOS-Projekt (TALOS 2012). Neben anderen Rüstungsunternehmen war das türkische Rüstungsunternehmen Aselsan beteiligt.

Weitere Projekte zielen explizit oder implizit auf Problemstellungen in der Türkei bzw. auf die türkischen Grenzen, ohne dass türkische Partner involviert sind, wie z. B. SeaBILLA (European Sea Border Surveillance Systems, das mit 9,8 Millionen Euro von der EU im Zeitraum 2010 bis 2013 finanziert wurde), I2C (Integrated System for Interoperable sensors & Information sources for common abnormal vessel behaviour detection & Collaborative identification of threat) zur frühen Identifikation und Berichterstattung zu EUROSUR-Bedrohungen (9,8 Millionen von der EU), Perseus (Protection European Seas and Border through Intelligent Use of Surveillance, Projekt zur Unterstützung von EUROSUR, 43,6 Millionen Euro, 27 Millionen Euro von der EU), Closeye (Collaborative Evaluation of Border Surveillance Technologies in Maritime Environment), Detecter (Border control and internal security in the European Union - Informationen, Technologie und Menschenrechtsauswirkungen für Drittstaatsangehörige).[11]

Andere Projekte beziehen sich auf die Modernisierung des Zollwesens, Menschenrechtstraining für Beamte der Gendarmerie, Bewährungs- und Gefängnisbeamte oder Projekte im Rahmen bilateraler Übereinkommen wie unter der niederländischen MATRA-Vereinbarung (Training von Grenzbeamten).

---

[10] Belgien, Estland, Finnland, Griechenland, Polen, Rumänien und Spanien.

[11] Frühere Grenzüberwachungsprojekte waren AMASS, GLOBE, OPERAMAR und WIMASS, spätere Projekte beinhalten OPARUS.

Internationale Organisationen in der Türkei

Internationale Organisation für Migration

Die Internationale Organisation für Migration (IOM) ist seit 1991 in der Türkei aktiv, erst 2004 wurde die Türkei jedoch offizielles Mitglied der IOM. Die Organisation verfügt über ein regionales Büro in Ankara und eine Zweigstelle in Istanbul. Die Aktivitäten der IOM unterteilen sich in fünf Programmbereiche: 1) Arbeitsmigration und Entwicklung, 2) Menschenhandel, 3) technische Kooperation, 4) Rückkehr und 5) Migrationspolitik. Darin finden sich Projekte wie „Konsolidierung und Erweiterung technischer Kooperation zu Migration über das türkische Territorium", das unter anderem auf irreguläre Migration fokussiert und von Großbritannien finanziert wird. Oder „Migrationsmanagement in der Türkei: Der Prozess der EU-Annäherung" (2009), „Bekämpfung illegaler Migration durch Aufspürung von Fälschungen", „Grenzmanagement" zur Modernisierung von Grenzkontrollen, „Stärkung des Integrierten Grenzmanagements im Westbalkan und in der Türkei", „Unterstützung bei der Entwicklung einer Roadmap für Integriertes Grenzmanagement in der Türkei im Rahmen der Anforderungen für den EU-Beitritt" (alle von IOM, ohne Datum c). Eines der letzten Projekte ist die „Unterstützung der Bemühungen der Türkei, einen Nationalen Aktionsplan zu irregulärer Migration zu entwickeln" (2012-2013). Diese Liste zeigt, dass die meisten Projekte auf die Verhinderung irregulärer Migration und Grenzkontrolle fokussieren. IOM Türkei ist unterschiedlich in die oben aufgeführten EU-Projekte involviert. Zusätzlich beteiligt sich die IOM beim Resettlement von Flüchtlingen in andere Staaten.

Die IOM führt auch ein Programm zur „geförderten freiwilligen Rückkehr" (Assisted Voluntary Return, AVR) durch. In der Vergangenheit hat IOM Türkei „geförderte freiwillige Rückkehr" unter verschiedenen Projekten angeboten wie dem SMIT (Stranded Migrant in Transit), das von Großbritannien finanziert wurde, dem TREP (Turkish Return Programm), Rückführung von Kosovar_innen, Rückführung von Bosnier_innen etc. Im Jahr 2009 beteiligte sich IOM Türkei an einem AVR-Projekt von IOM zu Schutzsuchenden aus Sri Lanka, die vermeintlich oder tatsächlich in der Türkei gestrandet waren. IOM Türkei beteiligte sich auch in Einzelfällen an der begleiteten „freiwilligen" Rückführung abgelehnter Asylsuchender (IOM, kein Datum, b). Diese wird sogar auch aus Haftzentren heraus durchgeführt (siehe Düvell 2005) – die Freiwilligkeit von Rückkehrentscheidungen ist in solchen Fällen mehr als fragwürdig. Die Gesamtzahl von „begleiteten freiwilligen Rückführungen" ist jedoch sehr klein, höchstens ein paar hundert pro Jahr. „Seit 2005 hat IOM Türkei über 15 Projekte zur Bekämpfung von Menschenhandel in der Türkei durchgeführt" (IOM, kein Datum, a). Auch hier ist die Anzahl von Opfern und betreuten Personen klein, einige hundert Fälle und weniger als einhundert jährlich.

Aktuell ist die IOM auch an den humanitären Maßnahmen bezogen auf die syrische Flüchtlingskrise beteiligt. Die Organisation „fährt damit fort, die grenzüberschreitenden Bewegung ausländischer Staatsangehöriger in enger Kooperation mit dem Außenministerium zu beobachten.“ Gleichzeitig stellt IOM materielle Unterstützung in den syrischen Flüchtlingslagern in der Türkei und anderen Nachbarstaaten Syriens zur Verfügung (IOM 2012).

International Centre for Migration Policy Development (ICMPD)

Beim ICMPD sind die Sekretariate der beiden Konsultationsprozesse ansässig, an denen die Türkei beteiligt ist, des Budapester und des Prager Prozesses. Die Türkei ist zwar nicht unter den 14 Mitgliedstaaten des ICMPD, hat aber eine bilaterale Übereinkunft mit der Organisation. Insofern ist das ICMPD gegenwärtig stark in der Türkei engagiert und führt dort etliche Projekte durch wie etwa zur "Verbesserten Erkennung und Schutz von gehandelten Personen in der Türkei“ (ITP) (2011-13), zum "Kampf gegen Menschenhandel“ (2013-2014), zur "Institutionellen Entwicklung des neuen Generaldirektorates für Migrationsmanagement (DG MM) unter dem Innenministerium und Unterstützung bei der Planung“ (2013-2014), zur „Prager Prozess Zielinitiative“ (PPTI), welche "die Vorbeugung von und den Kampf gegen illegale Migration“ beinhaltet (2012-16, EU-finanziert) (ICMPD Webseite). Die Aktivitäten des ICMPD in der Türkei müssen in einem breiteren Zusammenhang betrachtet werden, insbesondere weil das ICMPD Übereinkünfte zur Zusammenarbeit mit Frontex und Europol hat. Insofern wäre es durchaus denkbar, dass die Aktivitäten des ICMPD in der Türkei auch diese beiden Agenturen entweder direkt oder indirekt einbeziehen.

Türkei-Griechenland: Kooperation im Grenzverkehr

Die Flucht- und Migrationsrouten in die EU haben sich mit den Grenzkontrollen entlang der europäischen Außengrenze stetig verschoben. Während die Routen über Marokko, Libyen und die Ukraine in den letzten Jahren weitgehend blockiert wurden, wurde der Grenzabschnitt zwischen der Türkei und Griechenland zum wichtigsten Einreisepunkt nach Europa. Aufgrund der prekären Bedingungen für Schutzsuchende in der Türkei versuchen viele, nach Griechenland zu gelangen, um in der EU einen Asylantrag stellen zu können. Verstärkte Grenzkontrollen führten dazu, dass auch die Flucht über diese Route zu einem gefährlichen Unterfangen wurde. 2008 und 2009 war die ägäische Küste der wichtigste Abfahrtsort von Bootsflüchtlingen, die von der Türkei aus versuchten, auf die griechischen Inseln zu gelangen. In 2010 verlagerten sich die Fluchtrouten in Richtung der nordwestlichen Landgrenze zwischen der Türkei und Griechenland, der Evros-Region. Dort ist die 206 Kilometer lange Grenze durch den Verlauf des Flusses Evros vorgegeben. Nur zwischen der türkischen Stadt Edirne und dem griechischen Dorf Nea Vissa weicht der Grenzverlauf vom Fluss ab, so dass in diesem 12,5 Kilometer langen Abschnitt die Grenze zu Fuß überquert werden konnte. Istanbul wurde damit zum wichtigsten Sammelort von Migrant_innen und Flüchtlingen, die nach Europa gelangen wollten. So haben nach Angaben der griechischen Polizei 47.706 Schutzsuchende im Jahr 2010 die griechisch-türkische Grenze passiert, davon mehr als die Hälfte in der Evros-Region. Dieser Grenzabschnitt ist gefährlich, insbesondere die wechselnden Wasserstände und Strömungen des Evros sind unberechenbar. 2010 wurden laut Angaben der europäischen Grundrechteagentur (FRA 2011) 45 Fälle von Personen bekannt, die bei dem Versuch, die Grenze zu überqueren, starben; meistens durch Ertrinken im Fluss. 2010 kam es aufgrund der zahlreichen Grenzübertritte an der türkisch-griechischen Landgrenze zum ersten Einsatz der Frontex-Schnelleingreiftruppen (RABITs).

Seit Sommer 2012 hat die griechische Regierung einen ihrer repressivsten migrationspolitischen Vorstöße umgesetzt – sowohl auf dem Festland als auch an den Seegrenzen als Reaktion auf wiederholte Drohungen, Griechenland aus dem Schengenraum auszuschließen (Euractiv, 29. März 2012). Griechenland war mehrfach von EU-Mitgliedstaaten für die ungenügende Grenzsicherung an den Grenzen zur Türkei und dem Westbalkan kritisiert worden. Anfang August 2012 initiierte die Regierung in Athen die massive Polizei-Operation „Xenios Zeus". Rund 80.000 Migrant_innen und Flüchtlinge wurden dabei bis heute festgenommen, wovon 5.510 (6,9 Prozent) inhaftiert wurden (Griechische Polizei 2013a), da sie über keine gültige Aufenthaltsbewilligung verfügten. Fünf neue „Abschiebezentren" wurden mit einer Gesamtaufnahmekapazität von 5.000 Personen errichtet. Die Haftdauer für diejenigen, die auf dem griechischen Festland oder an der See- und Landgrenze mit der Türkei aufgegriffen wurden, sowie für Asylsuchende wurde auf 18 Monate verlängert (Crépeau 2013: Paragraph 43, Muižnieks 2013: Paragraph 145, Griechischer Ombudsmann 2013).[12]

Ebenso im August 2012 wurden 1.800 zusätzliche Grenzbeamte in der Evros-Region[13] eingesetzt, um die Kontrolle der Landgrenze weiter zu verstärken. Die Zahl der Polizeibeamten entlang der Evros-Grenze wurde kürzlich jedoch wieder um die Hälfte verringert, nachdem der Grenzzaun Ende 2012 fertig gestellt war und die Grenzüberquerungen infolgedessen abnahmen (PACE 2013).

Während die griechische Regierung den drastischen Rückgang an Überquerungen der Landgrenze als Erfolg erklärte (Ekathimerini, 5. September 2012), erfolgte im Sommer 2012 eine erneute Verlagerung der Migrations- und Fluchtrouten (Frontex 2012e) auf den Seeweg zu den griechischen Inseln. Vermehrt wurden wieder Ankünfte auf den griechischen Inseln Lesvos, Samos, Leros, Chios und Mitilini registriert, ohne dass jedoch annähernd die Zahlen von 2009 erreicht wurden: Während die Festnahmen in der Evros-Region von 6.000 im Juni 2012 auf 65 im Januar 2013 fielen, wurde auf den griechischen Inseln eine Zunahme von Aufgriffen - 161 im August 2011 auf 397 im August 2012 - festgestellt. Eine weniger frequentierte Route führt über Bulgarien. Obwohl die Anzahl derjenigen, die versuchten, über die Ägäis auf griechisches Territorium zu gelangen, nach wie vor relativ niedrig war, wurde der Forderung des ehemaligen Ministers für Schifffahrt und die Ägäis, Herrn Mousouroulis, nachgekommen, zusätzliche Unterstützung durch Frontex im Rahmen der „Gemeinsamen Operation Poseidon" zu erhalten. Frontex lieferte Griechenland zu-

[12] Die Änderungen, mit dem neuen präsidialen Erlass 116/2012, den die griechische Regierung am 19. Oktober 2012 veröffentlichte, legten fest, dass Haft durch einen Beschluss der Polizeiadministration um weitere 12 Monate verlängert werden kann (Griechische Regierung 2012).

[13] Minister of Public Order and Citizens Protection, Nikos Dendias announces the deployment of 1.800 additional border police officers in the Evros region: http://www.alphafm.gr/archives/49901

sätzlich vier Flugzeuge, vier Patrouillenboote, drei mobile Überwachungseinheiten und acht Experten (Frontex 2012e). Trotz der Krise in Syrien blieben die Ankunftszahlen an der Seegrenze 2013 relativ gering im Vergleich zum Vorjahr: Statistiken der griechischen Polizei zeigen, dass es in den ersten neun Monaten 2013 zu 1.329 Festnahmen an der Landgrenze mit der Türkei (Evros-Region) kam sowie zu 8.052 Festnahmen an den Seegrenzen. Im selben Zeitraum 2012 waren in der Ägäis 764 Aufgriffe erfolgt und 30.143 in der Evros-Region (Griechische Polizei 2013c).

Die EU-Grenzschutzagentur Frontex in Griechenland

Frontex, die Europäische Agentur für die operative Zusammenarbeit an den Außengrenzen, wurde im Südosten Europas (Griechenland, Bulgarien) und in der Ägäis ab 2006 aktiv. Inzwischen wurde die griechisch-türkische Grenze zu einer Priorität für die Arbeit von Frontex: „*Die Türkei wird sehr wahrscheinlich eine der Regionen mit der größten Anzahl illegaler Grenzübertritte entlang der Außengrenze bleiben*" (Frontex 2012b: 4).

Seit Juni 2006 führt Frontex die gemeinsame Operation Poseidon (See und Land) an der griechisch-türkischen Grenze durch. Dabei wurden österreichische Helikopter eingesetzt sowie die rumänische Küstenwache, deutsche Grenzbeamte und Fahrzeuge; die Ausgaben dafür belaufen sich von 2006 bis 2012 auf rund 53 Millionen Euro (2012c). Die Operation Poseidon sollte in den Worten von Frontex „illegale Migration über See- (und Land-)grenzen" aus der Türkei nach Griechenland und somit EU-Territorium „bekämpfen".

Am 24. Oktober 2010 forderte der frühere griechische Minister für Bürgerschutz, Christos Papoutsis, den Einsatz von Frontex Rapid Border Intervention Teams (RABITs) in der Evros-Region (Frontex 2010). Von Oktober 2010 bis Februar 2011 wurden so aufgrund der hohen Anzahl von Migrant_innen und Flüchtlingen, die nach Griechenland gelangten, zusätzlich zu der gemeinsamen Operation Poseidon sogenannte RABITs an der griechisch-türkischen Landgrenze stationiert. Die Teams wurden bereits 2007 eingerichtet, „um Mitgliedstaaten zu unterstützen, die einem unvorhergesehenen und außergewöhnlichen Migrationsdruck an ihren Außengrenzen ausgesetzt sind" (Frontex 2011: 7), aber dieser Einsatz war die erste Mobilisierung der Schnelleingreiftruppen. Schon am 2. November 2010 begann die erste RABIT-Operation überhaupt. Mit zunächst 175 Grenzbeamten und High-Tech-Gerätschaften sollte die schnelle Eingreiftruppe der europäischen Grenzagentur bei der Überwachung der griechisch-türkischen Landgrenze helfen und sogenannte irreguläre Migrant_innen abwehren. Von Beginn an wiesen Flüchtlingsorganisationen auf die Gefahr hin, dass durch die Abschottung der Grenzen Schutzsuchende daran gehindert werden können, ihr Menschenrecht auf Asyl wahrzunehmen. Bei einer Recherchereise im November 2010 haben PRO ASYL und Tom Koenigs, der damalige Vorsitzende des Menschenrechtsausschusses des Deutschen Bundestags, den Einsatz ausführlich dokumentiert (PRO ASYL 2010).

Insgesamt waren am RABIT-Einsatz 576 Beamte und Expert_innen aus 26 Ländern beteiligt, die Kosten beliefen sich auf 4,1 Millionen Euro (Frontex 2011). Der RABIT-Einsatz wurde anschließend verstetigt durch den Einsatz von Frontex auf griechischen Inseln und entlang der Seegrenzen mit der Türkei in der Operation Poseidon. Außerdem „erhielt Griechenland zwischen 2011 und 2013 98,6 Millionen Euro aus dem Rückkehrfonds, 132,8 Millionen Euro aus dem Außengrenzenfonds und 19,95 Millionen Euro aus dem Europäischen Flüchtlingsfonds. Der Fokus der Finanzierung lag auf Grenzkontrollen und Haftmaßnahmen auf Kosten von Schutzmaßnahmen“ (PACE 2013: Paragraph 54).

Ausweitung von Frontex-Operationen in die Türkei

Die EU und insbesondere Frontex versuchten spätestens seit 2010 die Reichweite ihrer Aktivitäten über das europäische Territorium hinaus zu erweitern, sowohl durch Überwachungsmaßnahmen als auch durch bilaterale Kooperation. Frontex will unbemannte Fahrzeuge zur Überwachung der EU-Außengrenzen einsetzen. Dies würde jedoch möglicherweise die Souveränität der Nachbarstaaten verletzen. 2010 und 2011 hatte die Türkei bereits kritisiert, dass Frontex-Flugzeuge unbefugt in den türkischen Luftraum eingedrungen seien. Obwohl diese Vorwürfe von Frontex zurückgewiesen wurden, wird deutlich, dass die Türkei ihr Territorium mit großer Aufmerksamkeit kontrolliert, die Frontex-Aktivitäten genau verfolgt und diese als potenzielle Bedrohung für die eigene Souveränität erfährt.

Auf der anderen Seite wurde jedoch im Mai 2012 auch auf Druck der EU, die sich auf den Visa-Liberalisierungsprozess berief (Hürriyet 2012), ein Memorandum of Understanding (MoU) zwischen Frontex und der Türkei verhandelt (Frontex 2012d). Das Memorandum „fördert die Einrichtung *praktischer Kooperation* zwischen Frontex und den für das Grenzmanagement zuständigen türkischen Behörden“. Erwähnt werden Risikoanalysen, Recherche, Training und zukünftig der Austausch von Personal (ebd.). Das Übereinkommen zielt auch auf den Einsatz von türkischen Beamten an Brennpunkten, das heißt an EU-Grenzen, jedoch noch nicht auf den Einsatz von Frontex-Personal an türkischen Grenzen. Auch gemeinsame Abschiebungsflüge stehen auf der Wunschliste der EU (CEU 2012). Schließlich heißt es: „koordinierte Grenzpatrouillen werden bald eingerichtet und gemeinsame Patrouillen werden in Zukunft zur Umsetzung gelangen“ (Crépeau 2012: 9). Entgegen EU-Quellen beziehen sich türkische Quellen in einer weniger enthusiastischen Art nur auf den „Austausch von Erfahrung und Informationen“, während von der EU unterstützte gemeinsame Projekte nicht ausgeschlossen werden (MFA 2012). Letzteres könnte als Hinweis verstanden werden, dass die Türkei bereit ist, sich auch an gemeinsamen Aktivitäten oder gar Operationen zu beteiligen, sofern die EU die Finanzierung übernimmt. Ein ähnliches Memorandum of Understanding wird aktuell zwischen der Türkei und Europol verhandelt (CEU 2012).

Push Backs an der griechisch-türkischen Grenze

2013 fanden zahlreiche Treffen zwischen hohen Regierungsbeamten Griechenlands und der Türkei statt. Im März 2013 wurden 25 bilaterale Abkommen mit der Türkei unterzeichnet (To Vima, 5. März 2013). Eines davon betrifft Themen in Verbindung mit „irregulärer Migration" und Rückübernahme. Der genaue Inhalt des Abkommens wurde jedoch nicht offen gelegt. Beide Seiten bestätigten jedoch in mehreren Stellungnahmen ihre enge Kooperation in Bezug auf migrationspolitische Themen auf operativer Ebene.

Zugleich eskalierte der Krieg in Syrien. Im Dezember 2012 veröffentlichte UNHCR ein Statement (UNHCR 2012) zu den Flüchtlingen aus Syrien und stellte fest: *„Es ist essentiell, dass der Schutz, der Flüchtlingen aus Syrien gewährt wird, eine Behandlung beinhaltet, die ihre grundlegende Menschenwürde respektiert und minimale humanitäre Standards garantiert: Zugang zu Territorium und Sicherheit, Schutz vor Zurückweisung, Zugang zu lebensnotwendigen Dingen (...), die Respektierung der familiären Einheit und wo notwendig besonderen Schutz für Kinder, insbesondere für diejenigen, die unbegleitet/getrennt auf der Flucht sind (...).*" Am 9. April 2013 änderte die griechische Regierung die Politik der Inhaftierung von syrischen Flüchtlingen und der Zustellung von Abschiebeanordnungen durch ein besonderes Rundschreiben (Griechische Regierung 2013), dass Abschiebungsanordnungen für alle Syrer_innen für sechs Monate ausgesetzt werden sollten.

Die Presse (The Guardian, 7. Dezember 2012; BBC, 5. Juni 2013) und Menschenrechtsorganisationen dokumentierten zahlreiche Zeugenaussagen von Menschen, die von Griechenland aus völkerrechtswidrig durch Push-Back Operationen in die Türkei zurückgewiesen wurden. Der UN-Sonderberichterstatter für die Rechte von Migranten, François Crépeau, drängte die griechische Regierung und Frontex nach seinem Recherchebesuch in Griechenland im April 2013, einen menschenrechtsbasierten Ansatz des Grenzmanagements zu implementieren, der als erstes immer die Sicherheit der Migranten beachte (Crépeau 2013: Paragraph 30). Auch UNHCR Griechenland veröffentlichte eine Stellungnahme (UNHCR 2013b) zu Bedenken hinsichtlich der Schutzgewährung für syrische Flüchtlinge und Berichten von Push-Backs an der griechischen Grenze. Darin heißt es, dass „einige Zeugenaussagen, die Syrer gegenüber UNHCR gemacht haben, auf erzwungene Rückschiebungen (Push-Backs) verweisen oder auf Versuche von informellen Rückschiebungen in die Türkei". UNHCR forderte, dass Grenzkontrollmaßnahmen so angewendet werden müssten, dass Menschen aus Syrien Zugang zu Schutz in Griechenland finden können (UNHCR 2013d).

> *„Unser Dogma verändert sich nicht. Es besteht darin, Migranten davon abzubringen, illegal unser Land zu betreten. Ich verstehe die humane Dimension, wenn Menschen in ihren Ländern entwurzelt wurden aufgrund von Krieg und anderen humanitären Krisen. Aber Griechenland kann nicht die „Müllhalde" Europas werden. Unser Land ist finanziell ausgelaugt und kann keine weiteren Migranten in seine sozialen Netzwerke integrieren. Das ist unser klarer Wille*

und auf dieser Grundlage ist unsere Küstenwache wachsam, um unsere Seegrenzen effizienter zu überwachen" (Emprosnet, 31. August 2013).

Miltiadis Varvitsiotis, Minister für Schifffahrt und die Ägäis, August 2013

Im Juli 2013 veröffentlichte Amnesty International einen Bericht (Amnesty International 2013) zu systematischen Push-Back-Operationen in Griechenland. EU-Innenkommissarin Cecilia Malmström formulierte in einer Antwort auf eine parlamentarische Anfrage bezüglich der Vorwürfe von Amnesty International: *„Der Kommission sind die Meldungen über Einsätze des „Zurückdrängens" über die türkische Grenze durch die griechischen Behörden bekannt und sie ist darüber sehr beunruhigt. ( ) Sollten schwere Verstöße gegen die Grundrechte bewiesen werden und anhalten, ist es gemäß Verordnung (EU) Nr.1168/2011 (Frontex-Verordnung) möglich, den Frontex-Einsatz in dieser Region vollständig oder teilweise auszusetzen oder zu beend*en" (Malmström 2013).

Das Resultat der zuvor ausgeführten Politiken und Praktiken wird im Kern von Nikos Dendias, dem Minister für Bürgerschutz und öffentliche Ordnung, bestätigt: *„Im vergangenen Jahr wurden 25.000 illegale Migranten aus Griechenland abgeschoben, während 50.000 der Zutritt verwehrt wurde. Stellen Sie sich vor, was passieren würde, wenn wir jedes Jahr - wie in den vergangenen Jahren - 75.000 Illegale mehr in der griechischen Gesellschaft hätten. Wie lange sollten wir dem standhalten?"* (tvxs, 9. September 2013).

In einem aktuellen Bericht des Recherche-Teams von PRO ASYL in Griechenland werden zahlreiche Fälle von Push-Backs an der griechisch-türkischen Landgrenze, von den griechischen Inseln in türkische Gewässer und auf See dokumentiert. Der Bericht zeigt, dass Flüchtlinge systematisch völkerrechtswidrig in die Türkei zurückgewiesen werden. In fast allen Fällen trugen die an Push-Backs beteiligten Beamten „schwarze Uniformen, Schusswaffen und Gesichtsmasken". Die Push-Back-Operationen werfen Fragen hinsichtlich der Rolle der Türkei auf. So ist es mehr als irritierend, dass die Türkei sich zu den Zurückweisungen in die Türkei nicht äußert und Griechenland in die Verantwortung zieht.

Fall Push-Back von den Inseln 2013

A.B. (27 Jahre alt) und M.B. (28 Jahre alt)[14] aus Syrien[15]: nach Festnahme auf der Insel Chios am 27.8.2013 rückgeführt

M.B: „Es war etwa elf Uhr nachts, als wir die Türkei verließen. Wir waren sechs Leute im Boot, vier Syrer und zwei Sudanesen. Wir kamen auf der Insel Chios an. Wir wussten sicher, dass wir in Chios waren, wir haben es mit Googlemaps auf unserem Mobiltelefon geprüft."

A.B: „Wir kamen nach etwa drei bis vier Stunden auf See an. Ich rannte weg

[14] Das Interview mit den beiden Brüdern wurde am 29. August 2013 in Izmir geführt.

[15] Mitglieder der yezidischen Minderheit

vom Boot in Richtung der Berge. Drei „Soldaten" haben drei Leute aus unserer Gruppe festgenommen. Darunter war auch mein Bruder. Sie waren schwarz gekleidet. Ich hatte mich in den Büschen versteckt. Sie hielten eine Schusswaffe gegen die Schläfe meines Bruders. Er schrie, dass sie mich umbringen würden. Nach 30 Minuten fanden sie mich im Gebüsch und nahmen mich sowie drei weitere Personen fest. Sie brachten uns zurück zum Strand. ( ) Einer von ihnen trug Militärhosen ( ). Die schwarzgekleideten Männer sagten mir, dass sie mich auf eine andere Insel schicken würden. Ich sagte ihnen, dass ich nirgends anders hin wolle: „Hier kann ich die Lichter sehen. Wenn ihr mich umbringen wollt, dann bringt mich um." Einer nahm seine Pistole und hielt sie gegen meine Schläfe. Dann begannen sie, mich zu schlagen und zu treten. Einer schlug mich auf das linke Ohr, seitdem kann ich auf der Seite nichts mehr hören. ( ) Sie brachten uns zurück zu dem Boot, mit dem wir gekommen waren und zwangen uns hinein. Einer von uns hatte ein Loch in das Boot gemacht, damit man uns damit nicht in die Türkei zurückschicken könne. Das Boot begann zu sinken. Ich fiel ins Wasser und sah unser Boot untergehen. Ich kann nicht schwimmen und hatte keine Schwimmweste. Ich habe einfach meine Arme und Beine vor und zurück bewegt. Der eine mit den Militärhosen packte meinen Kopf und drückte mich drei, vier Mal unter Wasser. ( ) Ich konnte nicht atmen. Ich fürchtete um mein Leben. Dann packte er mich und zog mich in Richtung der anderen Flüchtlinge, die Rettungswesten trugen. Sie hielten sich am Boot fest. Ich hielt mich mit einer Hand an der Rettungsweste eines Flüchtlings und mit der anderen Hand an der Halskette des Beamten in Militärhosen fest. ( ) Das Boot war nur fünf Meter vom Strand entfernt, aber das Wasser war wirklich tief. Dann zogen sie mich und einen anderen aus unserer Gruppe auf das Boot der Küstenwache. Die anderen hielten sich immer noch an unserem Boot fest, während sie es zu dem großen Boot zogen. Das große Boot war etwa 20 bis 30 Meter vom Strand entfernt. Es war auch rot. Es war ein Stahlboot, außen rot und innen weiß mit elektronischer Ausrüstung. ( ) Die griechischen Beamten reparierten das Loch in unserem Boot. Es war ein kleiner Schnitt. Sie nahmen unser Geld, unsere Telefone und unsere Taschen. Wir sahen zwei kleine, unbewohnte Inseln. Die Beamten zwangen uns auf unser Gummiboot. Sie überließen uns nur ein Paddel. Einer von uns ging ins Wasser und zog unser Boot an Land. Die Küstenwache verschwand. Es war etwa 6 oder 7 Uhr morgens. Wir landeten auf dieser sehr kleinen Insel und schliefen dort ein. Wir waren völlig durchnässt. Dann kam ein türkischer Helikopter und flog drei Mal über unsere Köpfe. Danach kam die türkische Polizei und brachte uns in ein Krankenhaus auf dem Festland. Dort sagten mir die Ärzte, dass mein Ohr einen bleibenden Schaden habe."

Das griechisch-türkische Rückübernahmeprotokoll

Bereits 2001 unterzeichneten Griechenland und die Türkei ein Rückübernahmeprotokoll. Schutzsuchenden, die den Grenzübertritt nach Griechenland geschafft haben, droht damit die Abschiebung in die Türkei. Dort wird ihnen Schutz weitgehend versagt und ihnen droht die Kettenabschiebung in den Verfolgerstaat.

In 2010 hat Griechenland für etwa 10.200 Personen Rückübernahmegesuche an die Türkei gerichtet, die wiederum etwa 1.450 dieser Gesuche akzeptiert hat (Home Affairs Committee 2011). Zu tatsächlichen Abschiebungen im Rahmen des Abkommen kam es bei insgesamt 501 Personen. Mit 334 Personen sind irakische Flüchtlinge die größte Gruppe innerhalb der Zurückgeschobenen, gefolgt von syrischen, iranischen und türkischen Staatsbürgern.[16]

2012 wurden von 20.464 Anträgen auf Rückführungen in die Türkei nur 113 realisiert - 70 Iraker, 31 Iraner, 6 Georgier, 2 Syrer, jeweils eine Person aus Afghanistan, Marokko, Palästina und Israel. Grund dafür ist die mangelnde Kooperationsbereitschaft der Türkei. 2013 war bis September die Zahl der Anträge gar auf 114 zurückgegangen. Durchgeführt wurden davon 12 Abschiebungen: 7 Iraker, 3 Iraner und 2 Schutzsuchende aus Marokko (ORF, 11. September 2013). Stattdessen, so die Einschätzung der Journalistin Chrissi Wilkens, setze man in Griechenland auf die stark zunehmenden „freiwilligen Rückkehrer" sowie auf die verstärkte Abwehr an der Grenze zur Türkei (ORF, 11. September 2013).

Bei den Zurückschiebungen im Rahmen des bilateralen Rückübernahmeprotokolls fällt auf, dass die Türkei sich vor allem bei Staatsbürgern aus Nachbarländern wie dem Irak oder dem Iran zur Übernahme bereit erklärt. Für diesc Personen besteht die Gefahr, dass sie von türkischen Behörden direkt in die Herkunftsländer abgeschoben werden, ohne dass sie in Griechenland oder der Türkei die Möglichkeit bekommen, ihre Fluchtgründe darzulegen.

Betrachtet man die gemeinsamen Aktivitäten von Frontex und griechischen Grenzbehörden, die hohe Zahl illegaler Push-Backs, bei denen es bislang nicht zu türkischen Protesten kam, und die nach wie vor niedrigen Zahlen realisierter Rückübernahmen von Flüchtlingen in Griechenland durch die Türkei, so zeichnet sich eine Verlagerung der Flüchtlingsabwehr in Richtung der türkischen Seite der Grenze ab. Türkische Kontrollen spielen eine wachsende Rolle in der Unterbindung von Grenzübertritten, und die Push-Back-Operationen von Frontex und griechischem Grenzschutz scheinen mit den türkischen Sicherheitskräften abgesprochen zu sein. Statt einer aufwändigen und unergiebigen Rückführung in die Türkei soll schon die Einreise von Migrant_innen und Flüchtlingen verhindert werden, mit den auf der Hand liegenden Konsequenzen für den Zugang zu Asyl in Europa.

Migrant_innen in der Türkei – Transit und Immobilität

Die Zahl der Einreisen in die Türkei hat sich in den vergangenen zehn Jahren von 10 auf über 30 Millionen verdreifacht. Am stärksten sind Einreisen aus Russland, China, den Golfstaaten, dem Iran und Nordafrika angestiegen. Dies sind mehrheitlich Urlaubs-, Einkaufs- und Geschäftsreisen. In Russland gilt die Türkei als günstiges, in Marokko und in anderen islamischen Staaten hingegen als freies Land, in dem man weniger (religiösen) Reglementierungen ausgesetzt ist.

[16] Nach Statistiken des griechischen Ministeriums für Bürgerschutz.

Die Migrant_innen in der Türkei müssen man nach vier Gruppen unterschieden werden: Türkischstämmige Immigrant_innen aus den ehemaligen Landesteilen des Ottomanischen Reiches sowie aus anderen Staaten (z. B. Bulgarien, Aserbaidschan und Albanien, Turkmenen aus dem Irak und aus verschiedenen zentralasiatischen Republiken), türkischstämmige Rückkehrer überwiegend aus den EU-Staaten (Deutschland, Österreich und Niederlande), EU-Bürger_innen (vor allem deutsche, britische und niederländische Staatsbürger_innen) sowie andere europäische nicht-EU-Bürger_innen (Russen), die hauptsächlich in den östlichen und südlichen Küstengebieten an der Ägäis und dem Mittelmeer leben und weitere Nicht-EU-Bürger_innen. Diese vierte Gruppe von Migrant_innen besteht hauptsächlich aus Staatsangehörigen aus den Nachbarstaaten und generell dem Nahen Osten wie Syrien, Iran, Irak und Palästina sowie Armenien, Georgien und der Ukraine. Kleinere Gruppen kommen aus Ost- und Westafrika (Nigeria, Somalia, Eritrea, Sudan, Senegal, Sierra Leone usw.), aus Süd- und Ostasien (Pakistan, Burma und Bangladesch). Die Migrant_innen unter ihnen konzentrieren sich überwiegend in der Metropole Istanbul, mit 15-17 Millionen Einwohner_innen die größte Stadt der Türkei und Europas, teils auch in den Städten entlang der Mittelmeerküsten, wie Izmir und Antalya. Kleinere Gruppen von Arbeitsmigrant_innen sind aber auch im Osten zu finden, etwa Georgier. Registrierte Asylsuchende und Flüchtlinge werden auf eine der derzeit 51 sogenannten Satellitenstädte umverteilt (eine aktuelle Liste ist zu finden unter UNHCR 2013), von dort ziehen aber viele mangels Unterstützungsstrukturen oder Arbeitsmöglichkeiten unerlaubt nach Istanbul. Viele syrische Flüchtlinge werden in einem der 21 Zeltlager entlang der Südgrenze untergebracht, andere leben in verschiedenen Städten der Türkei.

De facto migrierten zudem jährlich circa 40.000 bis 60.000 Migrant_innen und Flüchtlinge durch die Türkei als Transitland, dies impliziert zumindest die Zahl der aus der Türkei in die EU eingereisten festgenommen Personen. Seit 2000, als die Transitmigration durch die Türkei kulminierte, ist der Trend allerdings eher rückläufig. Tatsächlich waren und sind viele jener, die in westeuropäischen Migrations- und Sicherheitsdiskursen als Transitmigrant_innen auf dem Weg in die EU betrachtet werden, oft und immer häufiger mehr oder weniger freiwillige De-facto-Einwanderer in die Türkei. Einerseits weil die Weiterreise zunehmend versperrt ist, insbesondere weil Griechenland eine Sackgasse geworden ist. Andererseits, weil die ökonomischen Anreize in der EU schwächer geworden sind und sich gleichzeitig die ökonomischen und sozialen Bedingungen in der Türkei verbessert haben.

Nichteuropäische Flüchtlinge und Migrant_innen finden es besonders zu Beginn schwer, einen Job zu finden, allerdings sind die Chancen wohl weitaus besser als gegenwärtig in Griechenland. Vor allem die aktuelle wirtschaftliche Lage – die Türkei verzeichnet ein konstantes und teils hohes Wirtschaftswachstum, 3,8 Prozent 2013 (World Bulletin 2013) – sowie die Struktur des türkischen Arbeitsmarktes (mehr als ein Viertel der Wirtschaftsleistung werden in Schwarzarbeit erbracht, World Finance 2013) – eröffnen regulären und irregulären Migrant_innen Einkommens- und Beschäftigungsmöglichkeiten. Die meisten verrichten zunächst niedere Hilfsarbeiten, andere betreiben kleine Geschäfte (Schmuck, Teehäuser, Restaurants, Telefonshops) und Frauen arbeiten mitunter als Hausangestellte. Jüngsten Beobachtungen von Wissenschaftler_innen zufolge gibt es einen gewissen Trend zum sozialen Aufstieg. Diejenigen, die länger im Lande sind, scheinen zum Teil ihre Lage verbessern zu können, sie finden bessere Jobs, bessere Wohnungen und schließlich auch türkische und kurdische Freunde. Konflikte zwischen Migranten-Communities sind nicht bekannt.

Nicht-europäische Flüchtlinge und Migrant_innen beklagen häufig Polizeikontrollen, mitunter begleitet von rassistischen Kommentaren. Gelegentlich fließen bei Kontrollen Schmiergelder, wenn etwa kein legaler Aufenthaltsstatus nachgewiesen werden kann, oder Asylsuchende werden bei Kontrollen in Istanbul aufgegriffen und in die Satellitenstädte zurückgeschickt. Darüber hinaus werden Polizeioperationen und Festnahmen vor allem aus den östlichen und westlichen Grenzregionen berichtet und richten sich gegen angenommene oder tatsächlich versuchte irreguläre Grenzübertritte. Vor allem in den Hauptwohn- und Arbeitsgebieten von Flüchtlingen und Migrant_innen in Istanbul ist der polizeiliche Verfolgungsdruck eher gering. Dennoch werden jährlich durchschnittlich 40-60.000 Migrant_innen ohne Aufenthaltsstatus festgenommen und um die 15.000 auch abgeschoben (IHAD 2010); hinzu kommt eine unbekannte aber vermutlich hohe Anzahl von Rückschiebungen überwiegend an der Ostgrenze und in die Nachbarstaaten.

Anders als in der EU wird das Thema Flucht in der Öffentlichkeit kaum und das Thema Migration noch weniger diskutiert, und vor allem nicht aufgeheizt. Dementsprechend steht auch die Migrationspolitik nicht im Fokus. Vielmehr stehen andere soziale und politische Themen im Vordergrund, die Verfassungs- und andere Reformen, die Gezi Park-Proteste, die Kurdistanproblematik, die Armenienfrage, der Krieg in Syrien, Palästina und das Verhältnis zu Israel, die Grenzsicherung gegenüber Terrorismus, die Bildungsreform und vieles andere mehr. In den wenigen Fällen, in denen Migration und Flüchtlinge thematisiert wurden, berührte dies die Frage der alewitischen Religionszugehörigkeit von Syrern - Alewiten sind in der Türkei eine religiöse Minderheit, die Diskriminierung erfährt - , oder aber die arabische Ethnizität von Syrern. Araber sind in der Türkei eine kleine ethnische Minderheit, die vor allem im Süden des Landes lebt. Im Zusammenhang mit den Bombenattentaten in südtürkischen Städten, die syrischen Provokateuren zugeschrieben wurden, sowie gelegentlich im Zusammenhang mit der Einführung von Flüchtlingsunterkünften, wie in Izmir in 2012 und 2013, fand das Thema Gehör. Im Großen und Ganzen erfolgt die türkische Migrationspolitik allerdings bislang in einem Raum, der weitgehend frei ist von öffentlicher Aufregung oder kritischer Beobachtung und unterscheidet sich damit maßgeblich von den Bedingungen in der EU. Im türkischen Sprachgebrauch wurden und werden Flüchtlinge und Migrant_innen häufig als „Gäste" bezeichnet, eine Formel, die nicht europäischen Rechtsstandards entspricht und nur eine geringe Rechtssicherheit suggeriert.

Flüchtlinge: Auslagerung des Flüchtlingsschutzes

Zwischen UNHCR und türkischen Behörden: Flüchtlingsschutz unter Vorbehalt

Auch mit dem neuen Gesetz zu Migration und Asyl von 2013 hat die Türkei den geographischen Vorbehalt der Genfer Flüchtlingskonvention beibehalten. Obwohl das Gesetz einige Verbesserungen der aktuellen türkischen Praxis vorsieht, werden diese durch den Vorbehalt unterlaufen, der alle nicht-europäischen Flüchtlinge von den Bestimmungen ausschließt. Die Aufhebung der Beschränkung hat die EU jedoch mehrfach als zentrale Bedingung für einen EU-Beitritt der Türkei genannt.

Auch von Flüchtlingsrechtsorganisationen und Menschenrechtsgruppen wurde die Türkei unter Berufung auf internationale Flüchtlingsrechte stark kritisiert. Auf der anderen Seite haben Expert_innen die Türkei gewarnt, dass die EU eine Aufhebung des geographischen Vorbehalts sogleich ausnutzen würde: Die Türkei würde als sicherer Drittstaat bestimmt und in der EU unerwünschte Migrant_innen und Flüchtlinge würden in die Türkei zurückgeschoben. Das Land würde damit zu einer „Deponie“ und „Pufferzone“ für die EU. Bis ein System geteilter Verantwortung etabliert ist, sei die Türkei gut beraten, den geographischen Vorbehalt nicht aufzugeben.

Dem türkischen Innenministerium zufolge erhielten von 1970 bis 1996 rund 13.500 Asylsuchende einen Schutzstatus auf Grundlage der Genfer Flüchtlingskonvention (Kirisci 2012: 66). 1989 flohen über 310.000 bulgarische Staatsangehörige, teilweise türkischer Herkunft, in die Türkei - über 240.000 wurden daraufhin eingebürgert (Düvell 2013). Rund 40.000 Flüchtlinge aus den Balkankriegen erhielten in den 1990er Jahren temporären Schutz in der Türkei. Viele Flüchtlingsgruppen kehrten jedoch in ihre Herkunftsländer zurück, nachdem sich die Situation dort stabilisiert hatte. Neben diesen größeren Fluchtbewegungen stellten zwischen 1995 und 2010 nur 289 Menschen aus Europa Anträge auf internationalen Schutz, von denen 30 einen langfristigen Aufenthaltsstatus erhielten.

Was Fluchtbewegungen aus Ländern außerhalb Europas betrifft, so wurde eine entsprechende Politik in den 1980er Jahren entwickelt. Die iranische Revolution und politische Instabilität im Mittleren Osten, Afrika und Südostasien führten zu einer steten Zunahme von Menschen aus diesen Regionen, die in der Türkei Schutz suchten. Für eine lange Zeit ließ die türkische Regierung UNHCR weitgehend freie Hand bei der temporären Unterbringung dieser Asylsuchenden mit dem stillschweigenden Einverständnis, dass sie bei einer Anerkennung durch UNHCR in einen sicheren Drittstaat aufgenommen und bei einer Nicht-Anerkennung abgeschoben werden sollten. Dieser Praxis gebot die türkische Regierung Anfang der 1990er Jahre jedoch Einhalt. Die Zunahme irregulär eingereister Migrant_innen und die vielen in der Türkei gestrandeten abgelehnten Asylsuchenden und insbesondere die Flucht von einer halben Million Kurden in den Jahren 1988 bis 1991 waren ausschlaggebend für die Einführung der neuen Asylverordnung von 1994. Damit wurde die erste Gesetzgebung in diesem Bereich auf nationaler Ebene eingeführt. Sie zielte darauf ab, die Anerkennungsverfahren unter die Kontrolle der Regierung zu bringen. Dieser Wechsel war insbesondere aus nationalen Sicherheitsbedenken geboren worden und schenkte den Rechten von Asylsuchenden und Flüchtlingen wenig Beachtung. Die Kritik von westlichen Regierungen und Menschenrechtsorganisationen ließ nicht lange auf sich warten: Die Türkei verwehre den Zugang zum Asylverfahren und gewährleiste keinen hinreichenden Schutz durch die Verletzung des Non-Refoulement-Gebots.[17]

Erst in den 1990er Jahren kam es zu Reformen, die vor allem durch den UNHCR vorangetrieben wurden. Die wohl wichtigste Neuerung bestand in der Entscheidung von 1997, womit die Möglichkeit zur juristischen Beschwerde eröffnet wurde, als zwei lokale Verwaltungsgerichte dem Widerspruch gegen Abschiebeanordnungen zweier von UNHCR anerkannter iranischer Flüchtlinge stattgaben. Auch Gerichtsurteile des Europäischen Gerichtshofs für Menschenrechte (Jabari versus Turkey, 2008) waren wichtig für die Durchsetzung dieser neuen juristischen Entwicklungen. Eine weitere Neuerung bestand in Trainings-Seminaren von UNHCR, um die zuständigen Polizeibeamten mit internationalen Standards vertraut zu machen. Parallel nahm auch die Kooperation von NGOs mit der Regierung in diesem Bereich zu. Insbesondere die Beziehung zwischen UNHCR und der türkischen Regierung wurde intensiver und gipfelte schließlich in der De-Facto-Übernahme der Flüchtlingsanerkennungsverfahren durch den UNHCR – in Kreisen von Menschenrechtsgruppen, die dieser Entwicklung kritisch gegenüberstanden, war die Rede von „Flitterwochen" zwischen UNHCR und der Regierung. Es wurde immer wieder kritisiert, dass UNHCR damit faktisch den türkischen Staat von seiner Verantwortung entband, selber den Schutz von Flüchtlingen im eigenen Land zu gewährleisten. Die Beamten des Innenministeriums übernahmen weitgehend die Entscheidungen von UNHCR; etwaige Differenzen wurden informell gelöst. Der türkischen Regierung zufolge wurden zwischen 1995 und 2008 jährlich 3.500 bis 4.000 Asylanträge gestellt, während die Zahl in den folgenden zwei Jahren auf 9.000 anstieg (Kirisci 2012: 70). Nach einer Anerkennung bleibt den Flüchtlingen eine Aufnahme über Resettlement.

Flüchtlingshochkommissariat der Vereinten Nationen, UNHCR in der Türkei

Das UN-Flüchtlingshochkommissariat (UNHCR) hat seinen Hauptsitz in Ankara und Büros in Istanbul und Van. Die Hauptaufgabe des UNHCR besteht darin, Asylsuchende zu registrieren, das Flüchtlingsfeststellungsverfahren durchzuführen und das Resettlement für die Flüchtlinge in die Wege zu leiten. Punktuell setzt sich UNHCR auch für die humanitäre Versorgung Einzelner ein. Hierfür sind jedoch nur begrenzte Ressourcen vorhanden. Als UN-Organisation ist UNHCR auf die Kooperation mit der türkischen Regierung angewiesen und pflegt einen diplomatischen Austausch mit den türkischen Behörden über flüchtlingspolitisch relevante Entwicklungen. Daher spricht UNHCR Empfehlungen

[17] Die Verordnung hatte festgelegt, dass Asylanträge spätestens fünf Tage nach Betreten des türkischen Territoriums gestellt werden müssten, die Regeln wurden äußerst strikt angewandt und auf negative Entscheidungen folgte unmittelbar die Abschiebung ins Herkunftsland. Selbst von UNHCR anerkannte Flüchtlinge wurden abgeschoben mit der Begründung, sie hätten nie einen offiziellen Antrag auf Schutz bei türkischen Behörden gestellt.

aus, etwa im Hinblick auf eine Verbesserung der Zugänge zu Asylverfahren oder der Lebenssituation und Rechtslage von Schutzsuchenden mit einem temporären Aufenthaltsstatus in den Satellitenstädten (UNHCR 2013c). Die IHAD (Human Rights Research Association) betrachtet die Kapazität von UNHCR, adäquat mit Asylanträgen in der Türkei umzugehen, allerdings eher kritisch: Der „*UNHCR ... sieht sich mit einer enormen Arbeit konfrontiert. Das Recht auf Asyl wahrzunehmen ist praktisch unmöglich, da die Interview-Termine manchmal erst nach Jahren vergeben werden*" (IHAD 2012: 17). Auch Flüchtlingsorganisationen beschweren sich über den mangelhaften Zugang zu Asyl, beispielsweise die Coordination Group of Afghan Refugees in Turkey (CGART 2011).

Die Schwierigkeiten bei der Asylantragstellung sind ein Punkt, der in engem Zusammenhang mit den Grenzkontrollbehörden in der Türkei steht. Rechtliche Inkohärenz, Sicherheits- und Strafverfolgungsrhetorik, ein Mangel an Verbindlichkeit, Leitung und Ausbildung sind nicht zielführend für die Durchsetzung von Menschen- und Flüchtlingsrechten. Ein Thema, das viele Berichte durchzieht, ist die mangelnde Implementierung der Gesetzgebung und die Tatsache, dass insbesondere der Zugang zum Flüchtlingsanerkennungsverfahren ungenügend ist, hauptsächlich an der östlichen Grenze.

In einem Statement von Human Rights Research Association (IHAD 2010: 14) heißt es, an der türkischen Land- und Seegrenze „gibt es nicht genügend Beamte der türkischen Grenzpolizei mit angemessener Ausbildung (…) die Beamten informieren die Schutzsuchenden nicht, wie sie einen Asylantrag stellen können", während im Landesinneren „ein wichtiges Problem im Zugang zum Flüchtlingssystem darin besteht, dass Zivilbeamte ihre Pflichten hinsichtlich der Flüchtlingsanträge nicht oder unzureichend erfüllen" (ebd.: 12). Es wird „angenommen, dass die meisten Schutzsuchenden, die an Grenzübergängen inhaftiert werden, vom Asylverfahren ausgeschlossen werden und stattdessen entsprechend den Bestimmungen der Passgesetze", das heißt als „illegale Einwanderer" (IHAD 2012: 11) behandelt werden.

Vor allem die Zunahme an Asylsuchenden aus dem Irak und Somalia führte schließlich erneut zu einem restriktiveren Vorgehen der türkischen Regierung und einem sicherheitsorientierten Ansatz. Fälle von Zurückweisungen häuften sich sowie Klagen gegen den mangelhaften Zugang zu Asylverfahren. Zahlreiche Menschenrechtsorganisationen wie die Helsinki Citizens´ Assembly und Human Rights Watch (2008) kritisierten die Politik gegenüber Flüchtlingen. Ein Bericht von 2009 des damaligen Menschenrechtskommissars des Europarates, Thomas Hammarberg, verstärkte den Druck auf die Regierung (Hammarberg 2009). Auch das Urteil des Europäischen Gerichtshofs für Menschenrechte von 2009, im Fall Abdolkhani and Karimnia versus Turkey, sprach das Land schuldig, mehrere Artikel der Europäischen Menschenrechtskonvention verletzt zu haben, weil zwei Flüchtlinge aus dem Iran abgeschoben werden sollten, ohne ihnen die Möglichkeit zum Widerspruch gegeben zu haben. Als Reaktion auf die massive Kritik von unterschiedlichen Seiten veranlasste die türkische Regierung die Ausarbeitung einer neuen Asylgesetzgebung, ein Prozess, der bis 2011 andauern sollte.

Aufnahme und Inhaftierung von Flüchtlingen

Asylsuchende können in Flüchtlingsaufnahmezentren untergebracht werden. Mehrere neue Zentren mit einer Aufnahmekapazität von jeweils 750 Personen werden aktuell gebaut (Ankara/Ayaş, Erzurum/Aşkale, Gaziantep/Oğuzeli, İzmir/Çiğli, Kayseri/Kocasinan, Kırklareli/Pehlivanköy und Van/Edremit). Nach einer bestimmten Frist werden die Asylsuchenden auf sogenannte „Satellitenstädte" verteilt, wo sie bleiben müssen, bis ihr Fall entschieden wird. Dies ist problematisch, da häufig keine sozialen Einrichtungen oder NGOs bzw. Einrichtungen der Flüchtlingscommunity vor Ort sind. Außerdem ist die Zuweisung in die Satellitenstädte auch aus normativen Gründen zu kritisieren, da sie die Bewegungsfreiheit im Land und damit auch den Zugang zu Arbeit erschwert.

Migrant_innen können inhaftiert werden in Übereinstimmung mit Artikel 4 des Gesetzes zu Reisepässen (Gesetz Nr. 5683 von 1950) und Artikel 23 des Gesetzes über den Aufenthalt und Mobilität von Ausländern (Gesetz Nr. 5687 von 1950). Einige Quellen geben hingegen an, dass das Gesetz nicht klar sei und keine Grundlage für Inhaftierung biete (Global Detention Project 2010). Bisher verfügt die Türkei über ein großes Netzwerk von Einrichtungen für die Administrativhaft von Asylsuchenden und Migrant_innen ohne Aufenthaltsstatus, die zynisch als „Gästehäuser" bezeichnet werden. Eine vollständige Liste ist jedoch nicht erhältlich; Schätzungen reichen von 10 bis 24 Einrichtungen (Global Detention Project 2010).

Einige alte und teilweise berüchtigte Haftzentren wurden geschlossen (Edirne/Tunca), während andere weiter genutzt werden (Istanbul/Kumkapi) und sieben neue Einrichtungen, die offiziell als „Removal Centres" bezeichnet werden (in Edirne, Ankara/Ayaş und Erzurum/Aşkale), sind unterschiedlich weit umgesetzt (IHAD 2012). Bis Dezember 2012 betrug die Aufnahmekapazität dieser Zentren 2.176 Personen (Edirne: 665, Van: 400) mit weiteren Zentren, die sich noch im Bau befinden (Aydin: 400 und Bitlis: 400) (MEUA 2012: 175). Ein Problem, von dem mehrfach berichtet wurde, ist der Zugang zu den Flüchtlingsanerkennungsverfahren von UNHCR: „*ein sehr geringer Anteil der Asylsuchenden, die in Gästehäusern für Ausländer festgehalten werden, können einen Anwalt oder Personal von UNHCR kontaktieren*" (IHAD 2012: 14). Aktuelle Berichte gehen von einigen Verbesserungen bezüglich der Haftbedingungen aus, während manche Bedenken bestehen bleiben. Dazu gehören insbesondere die massive Überbelegung, die Inhaftierung von Familien und Kindern, die Trennung von Familienmitgliedern, das Fehlen von Ausgangsmöglichkeiten ins Freie, mangelhafter Zugang zu Dolmetschern und Informationen über das Asylverfahren und anhängige Anträge (eigene Beobachtungen Duvell, Crépeau 2012).

Die syrische Flüchtlingskrise

Als im März 2011 der Bürgerkrieg in Syrien ausbrach, flohen die meisten Menschen in die direkten Nachbarstaaten, wie dies bei gewaltsamen Konflikten meist der Fall ist. Die Regierung Erdogan hat von Anfang an erklärt, dass sie die Grenzen offen halten und Flüchtlinge aufnehmen würden. Die Türkei schiebt bisher keine Flüchtlinge ab, lässt ihnen aber ohne gültige Aufenthaltserlaubnis jedoch nur die Option, sich in einem der aktuell 21 Lager zu registrieren. Diese von der Außenwelt weitgehend abgeriegelten Lager im Grenzgebiet - zum Teil in Schussweite - stellen jedoch keine Lösung dar. Mitarbeitende von Flüchtlingsorganisationen erhalten keinen Zugang. Anfangs bezeichnete die türkische Regierung die syrischen Flüchtlinge als „Gäste“, dann als „vorübergehend Geschützte“. Eine rechtliche Regelung existiert zwar nicht im türkischen Gesetz, aber UNHCR Ankara war zufrieden mit diesem Konzept. „In enger Abstimmung mit Ankara“, bearbeitet UNHCR seit November 2011 keine individuellen Schutzgesuche von syrischen Flüchtlingen - alle Flüchtlingsfeststellungs- und Resettlement-Verfahren wurden eingefroren.

Anfang März 2014 verzeichnete UNHCR über 670.000 syrische Flüchtlinge in der Türkei. Rund 220.000 Flüchtlinge sind in Lagern nahe der türkisch-syrischen Grenze untergebracht, rund 450.000 leben außerhalb der Lager (UNHCR 2014). Die türkische Regierung geht aktuell von rund 800.000 Syrer_innen in der Türkei aus. Insgesamt sind über 2,5 Millionen syrische Flüchtlinge in die Nachbarstaaten geflohen (UNHCR 2014). Der Türkische Rote Halbmond und die Direktion für Katastrophen und Notstände des Premierministers (AFAD) stellen Verpflegung, Zelte, Bildungsangebote und medizinische Versorgung zur Verfügung. Bereits bis Januar 2013 hatten die Kosten über 1 Milliarde Euro betragen (Hürriyet, 12. März 2013), die EU hatte bis Dezember 2012 ein Drittel des Betrages – 313 Millionen Euro – an Hilfsgeldern bereitgestellt. Davon erhielt die Türkei lediglich 25 Millionen Euro, womit knapp 2,5 Prozent der Gesamtkosten gedeckt werden konnten (Düvell 2013: 279).

„Management der Flüchtlingskrise“ vor den Toren Europas: Flüchtlingslager im Distrikt Yayladagi in der Region Hatay.
© Helsinki Citizens´ Assembly

Während die Nachbarländer Syriens hunderttausenden Flüchtlingen Schutz gewährten, zeigte Europa keinerlei Bereitschaft zur Flüchtlingsaufnahme. Etwas mehr als 77.000 Flüchtlinge aus Syrien konnten seit März 2011 ein Schutzgesuch in einem EU-Land stellen. Im Rahmen von humanitären Aufnahmeprogrammen oder Resettlement-Verfahren hat Deutschland bis jetzt 10.000 Plätze zugesagt □ die anderen 27 EU-Mitgliedstaaten insgesamt rund 3.450 Plätze (European Resettlement Network 2014). Flüchtlinge aus Syrien versuchen hauptsächlich über die griechisch-türkische Grenze, aber auch von der Türkei aus nach Bulgarien europäisches Territorium zu erreichen. 2012 stellten sie die zweitgrößte Flüchtlingsgruppe dar. Viele von ihnen haben Familienangehörige in Europa. Im Februar 2014 ließen die Vereinten Nationen verlauten, dass Syrer_innen bald afghanische Flüchtlinge als weltweit größte Flüchtlingsgruppe ablösen würden (The Telegraph, 25. Februar 2014).

Die Türkei wird durch die restriktive Haltung Europas so zum Puffer-Staat (Düvell 2013); selbst Flüchtlinge mit Kontakten nach Europa haben kaum die Möglichkeit, EU-Territorium zu erreichen. Es bleibt ihnen nur die äußerst gefährliche Route über die Ägäis.

Abschiebungen

Eine Abschiebung wird in der Türkei normalerweise nach einer Abschiebeanordnung des Innenministeriums nach Artikel 19 des Ausländergesetzes Nummer 5683 vorgenommen. Eine Abschiebeanordnung verfügt, dass die betroffene Person das Land alleine verlassen muss. Nur wenn dies nicht passiert, soll die Abschiebung erzwungen werden (Mol 2005). Bislang sind die Abschiebepolitiken und -praktiken weitgehend widersprüchlich und inkohärent und verletzten häufig internationales Recht. Das idealtypische Verfahren - die Betroffenen zu inhaftieren, die Identität festzustellen, Reisedokumente zu organisieren und Reisetickets auszustellen – „ist bei den meisten illegalen Migranten nicht anwendbar“ (TNPA/UTSAM 2013: 39). Es gab mehrere Berichte, dass Migrant_innen beispielsweise von Edirne oder Istanbul zur Abschiebung in die Vororte von Istanbul gefahren und dort von den Fahrern ausgesetzt wurden. Auf der anderen Seite existieren zahlreiche Berichte über verweigerten Zugang zum Flüchtlingsanerkennungsverfahren von UNHCR, insbesondere an der Ostgrenze, sowie von Zurückweisungen in den Iran und Irak (z. B. IHAD 2009, USCRI 2009 siehe auch EGMR Abdolkhani and Karimnia versus Turkey, 2009 wie berichtet in Bianet 2009) oder nach Syrien (Guardian 2013), sowie über Abschiebungen von „irregulären Arbeitern“ (Messenger 2011), ungewollten Migrant_innen wie beispielsweise die Beteiligten an den Gezi-Park-Protesten von 2013 (Hürriyet 2013) oder westliche Staatsbürger_innen, die gegen das Gesetz verstoßen haben. IHAD (2012: 13) vermutet, dass viele der Personen, die in den Statistiken zu irregulärer Migration erfasst sind, abgeschoben oder – da viele vermutlich De-Facto-Flüchtlinge sind - illegal zurückgewiesen werden. Konkrete Zahlen sind jedoch kaum erhältlich. Ein Bericht von Mülteci-Der (2010) schätzt, dass im Zeitraum von 2004 bis 2008 258.590 von 300.666 aufgegriffenen „irregulären Migranten“ aus der Türkei abgeschoben wurden; ein Medienbericht, der angibt, sich auf Regierungszahlen zu stützen, schätzt, „dass die Anzahl der Ausländer, die aus der Türkei aufgrund krimineller Tätigkeiten abgeschoben werden, 1996 bei 18.558 lag, 1999 bei 31.473, 2004 bei 38.040 und bei 54.692 im Jahr 2007“ (Voices Newspaper 2008), während 2010 von 15.227 Personen berichtet wird, die abgeschoben worden sein sollen (IHAD 2010: 10).

Diese wenn auch nicht konsistenten Angaben legen nahe, dass die Türkei einiges unternimmt, um irregulär eingereiste Migrant_innen und Flüchtlinge abzuschieben. Dies erfolgt in den Grenzen des praktisch und politisch möglichen Rahmens, kombiniert mit einer Haltung des laisser-faire - so finden beispielsweise kaum Razzien in den Städten statt - und einer strengen Strafverfolgung derjenigen, die aufgegriffen werden; dies entspricht durchaus auch der Praxis europäischer Mitgliedstaaten. Besonders besorgniserregend sind die Berichte, denen zufolge die türkischen Behörden auch Menschen abschieben, die nachweislich ein Recht auf internationalen Schutz haben.

NGOs/ Menschenrechtsorganisationen

Einige lokale NGOs sind im Bereich Migration und Asyl aktiv in der Türkei. Sie haben teils einen religiösen (muslimischen oder christlichen) Hintergrund, teils sind sie säkulare Menschenrechts- und Flüchtlingsorganisationen. Es gibt auch einige wenige, manchmal ad hoc entstandene Selbstorganisationen von Flüchtlingen wie die Koordinierungsgruppe von afghanischen Flüchtlingen in der Türkei (2011), die Union of Young Refugees (2010) in Istanbul.

Pro Asyl Partner in der Türkei: Helsinki Citizens´ Assembly

Die Helsinki Citizens´ Assembly (HCA) arbeitete in den 1970er und 1980er Jahren vornehmlich zu gesellschaftspolitischen Themen, wie beispielsweise der Kurdenfrage oder der islamisch-säkularen Spaltung des Landes. Seit 2001 wurden Flüchtlinge und Asylsuchende ein Hauptthema für die Organisation.

2004 gründete Helsinki Citizens‘ Assembly Türkei das Rechtshilfeprogramm für Flüchtlinge, um Schutzsuchenden eine kostenlose Rechtsberatung zur Verfügung zu stellen. Zwei Jahre später wurde das Programm erweitert und umbenannt in Flüchtlingsvertretungs- und Unterstützungsprogramm (Refugee Advocacy and Support Programm - RASP). HCA-RASP bietet unter anderem Informationen zum Anerkennungsverfahren durch UNHCR und zum staatlichen Asylverfahren an und berät Flüchtlinge, deren Anträge nach ihrer ersten Vorstellung bei UNHCR abgewiesen wurden. Die Organisation setzt sich auch dafür ein, dass Flüchtlinge in Abschiebungshaft und in der Transitzone des Flughafens Zugang zum türkischen Asylsystem bekommen. Zusätzlich wird psychologische Beratung angeboten, rechtliche Weiterbildung für lokale Initiativen und Anwälte organisiert sowie rechtspolitische Lobbyarbeit geleistet. 2009 initiierte RASP eine dreijährige flüchtlingsrechtliche Weiterbildung sowie ein Mentoring-Programm für Anwälte im ganzen Land. Um Fälle völkerrechtswidriger Zurückweisungen zu verhindern, konnte Helsinki Citizens' Assembly seit 2008 zahlreiche einstweilige Verfügungen beim Europäischen Gerichtshof für Menschenrechte (EGMR) gegen die türkische Regierung erstreiten. Über Gerichtsverfahren bei türkischen Gerichten sowie beim EGMR versucht die Organisation, die türkische Regierung zur Einhaltung ihrer internationalen Verpflichtungen wie grundlegender Flüchtlingsrechte zu bewegen. Helsinki Citizens' Assembly bezieht kritisch Position zur Flüchtlingspolitik der EU und der Türkei. Bereits im April 2008 veröffentlichte die Organisation einen umfassenden Bericht zur dramatischen Lage in türkischen Hafteinrichtungen. Helsinki Citizens' Assembly fordert von der türkischen Regierung, ihrer Verpflichtung, ein nationales Asylsystem aufzubauen, schnellstmöglich nachzukommen. Faktisch entbindet die Arbeit des UNHCR die türkische Regierung von ihrer Verantwortung, ein tatsächliches Schutzsystem zu schaffen. Mit Blick auf die EU wird ein klares Signal der Bereitschaft zur Flüchtlingsaufnahme gefordert. Die EU-Länder sollten signalisieren, dass sie Flüchtlinge aufnehmen und sie nicht außerhalb der EU, in der Türkei, ihrem Schicksal überlassen. Wenn allerdings die inhumane griechische und italienische Flüchtlingspolitik fortbestehe, so Oktay Durukan von der Helsinki Citizens' Assembly, dann sei dies kein gutes Vorbild für die Türkei, um ein Schutzsystem aufzubauen.

Kooperationspartner Mülteci-Der, Association for Solidarity with Refugees, Izmir

Mülteci-Der wurde 2008 gegründet, als die Zahl der Flüchtlinge in Izmir immer weiter anstieg. Izmir liegt an der ägäischen Küste, dort befindet sich auch ein Abschiebungsgefängnis. Vorläufer von Mülteci-Der war ein 2007 gegründetes Komitee, das humanitäre Hilfen, wie etwa Essensverteilung an Flüchtlinge, anbot. Daraus ging die Organisation Mülteci-Der hervor, die sich heute nicht nur für die humanitären, sondern auch für die sozialen und rechtlichen Belange der Flüchtlinge einsetzt. Mülteci-Der engagiert sich beispielweise bei der Vorbereitung des Interviews zur Flüchtlingsfeststellung bei UNHCR, für die Erleichterung des Schulzugangs für Flüchtlingskinder und beobachtet das Grenzregime in der Ägäis und an der türkischen Landgrenze zu Griechenland. Die Organisation interveniert in Einzelfällen in den verschiedenen Abschiebungshaftlagern. Seit Juli 2011 führt die Organisation ein Projekt in Kooperation mit PRO ASYL durch, in dem sie die Situation von Schutzsuchenden in Haft dokumentiert und in zahlreichen Fällen im Sinne der Betroffenen interveniert. Der Kontakt zu Inhaftierten läuft meist über Telefon.

FAZIT: Tauziehen auf Kosten von Migrant_innen und Flüchtlingen – Mobilität und Rechte von Migrant_innen als Verhandlungsmasse

Der Einfluss der EU auf türkische Politik und Gesellschaft wird wohl ebenso häufig über- wie unterschätzt. Grundsätzlich haben die Staaten Nordeuropas und die Türkei eine lange konfliktreiche Geschichte, die von der ottomanischen Expansion auf den Balkan und nach Südrussland bis zur Aufteilung des Ottomanischen Reiches durch die Alliierten nach dem Ersten Weltkrieg und der anschließenden Invasion der Türkei durch Griechenland 1919 reicht. Einerseits strebt die Türkei seit Jahrzehnten, genau genommen seit ihrer Gründung 1923, nach einem 'modernen' sprich 'westlichen' Staats- und Gesellschaftsmodell. Insbesondere seit dem Antrag auf die EU-Mitgliedschaft 1987 bemüht sich die Türkei um eine Anpassung an die Europäische Union und reformiert dementsprechend sukzessive alle gesellschaftlichen, politischen und rechtlichen Bereiche. Andererseits orientiert sich dieser Wandel nicht allein an der EU, sondern ist auch dem Einfluss von USA, Weltbank, Internationalem Währungsfonds (IWF), Welthandelsorganisation (WTO) und anderen Institutionen geschuldet. Schließlich können diese Transformationsprozesse nicht allein auf äußeren Druck, sondern auch auf eine innere Modernisierungsdynamik zurückgeführt werden (z. B. Piran 2013). Grundsätzlich ist der Wille zur Anpassung an die EU zunächst dem Wunsch der politischen Verantwortungsträger der Türkei geschuldet und geht auf Interessen der türkischen Eliten und der Mittelklasse sowie auf inneren sozialen Druck zurück. Das heißt, der Wille zur Anpassung an europäische und internationale Standards ist zunächst ein originär türkischer, während der Druck zur Anpassung an spezifische Politiken – wie beispielsweise in der Flüchtlings- und Migrationspolitik – insbesondere von der EU, aber auch von anderen internationalen Akteuren kommt. In jüngster Zeit hat die Zustimmung in der Türkei für eine EU-Mitgliedschaft allerdings von 74,4 (2003) auf 51,8 Prozent (2012) abgenommen (Yilmaz 2012). Dies resultiert aus der bislang teils hinhaltenden, teils ablehnenden Politik der EU, den wirtschaftlichen Problemen der EU sowie auch aus der Diskriminierung von türkischen Staatsbürger_innen in der EU. Im Gegenzug betont die Türkei deshalb zunehmend türkische und islamische Werte sowie Ideen einer türkischen regionalen Ordnung. Diese inneren und äußeren Einflüsse sind teils komplementär, teils aber auch gegensätzlich und können dann zu widersprüchlichen oder scheinbar unzusammenhängenden Politiken führen.

Ein gutes Beispiel für die daraus resultierenden Politiken ist die Migrations- und Flüchtlingspolitik. Einerseits hält die Türkei ihre Grenzen für syrische Flüchtlinge weitgehend offen, eine Praxis, die kein EU-Mitgliedstaat in Erwägung ziehen würde. Auch hat die Türkei die visafreie Einreise für Bürger_innen von an die hundert Staaten eingeführt, vor allem basierend auf außenpolitischen und wirtschaftlichen Überlegungen. Zudem hat die Türkei ein neues Migrationsgesetz eingeführt, das auf dem Papier einem (wenn auch begrenzten) humanitären Geist folgt. Zudem verweigerte die Türkei bislang eine effektive Kooperation im Zusammenhang mit der EU Rückführungspolitik und protestiert jedes Mal, wenn Frontex oder andere Aufklärungsflugzeuge den türkischen Luftraum verletzen. Andererseits werden die Grenzen der Türkei durchaus scharf kontrolliert, irreguläre Migrant_innen und Flüchtlinge festgenommen und in großer Zahl auch abgeschoben. Zudem wurden mit EU-Geldern sieben neue Aufnahme- und drei Abschiebelager eröffnet, der Migrationsapparat reformiert, die Ausbildung von Polizei einschließlich des Grenzschutzes verbessert und vieles andere mehr. Die europäische Politik der Vorverlagerung der Migrationskontrolle greift die Türkei auch mit ihrem Seidenstraßenprojekt innerhalb des Budapest-Prozesses auf.

Die allgemeine Situation der Türkei zeichnet sich durch ein Dilemma aus: Ökonomische und außenpolitische Bedenken drängen auf einen Ansatz der offenen Tür, während die Ambitionen auf die EU-Mitgliedschaft nach einer strikten Einwanderungs- und Grenzpolitik verlangen. Die Richtungen, die die Transformation der Türkei einschlägt, werden sowohl durch innenpolitische als auch durch externe Kräfte bestimmt. Bedeutende Bemühungen zur Kontrolle der Grenzen und Strafverfolgung werden unternommen, jedoch nicht immer im Einklang mit nationalem, europäischem und internationalem Recht. Die Situation hinsichtlich irregulärer Migration in der Türkei ist sowohl vergleichbar als auch unterschiedlich zu der vieler EU-Mitgliedstaaten. Die Flucht- und Migrationsroute über das östliche Mittelmeer, die durch die Türkei führt, verlor 2012 deutlich an Relevanz. Dafür waren striktere Grenzkontrollen in Griechenland, aber auch Maßnahmen der Türkei verantwortlich. Auch die sozialen und politischen Bedingungen in der Türkei und in der EU motivierten immer mehr Migrant_innen und Flüchtlinge, die Türkei als Ziel zu wählen. Gleichzeitig nahm die Einreise von Reisenden, Migrant_innen und Flüchtlingen aus Syrien und anderen Ländern in die Türkei stark zu. In der Türkei leben aktuell mehrere Hundertausend Flüchtlinge. Während das Land damit Verantwortung übernimmt, sind die Beiträge der EU zu einer humanen Lösung äußerst begrenzt.

Die EU „fokussierte sich, unter anderem, auf Projekte, die mit der Inhaftierung und Abschiebung von Migranten in der Türkei zusammenhängen sowie mit der stärkeren Überwachung der türkischen Grenzen“ (Crépeau 2012: 17) und nicht auf Maßnahmen, die auf das Teilen von Verantwortung für die syrische Flüchtlingskrise zielen, auf die Erleichterung von Resettlement oder die Verbesserungen der Bedingungen für Flüchtlinge und Migrant_innen in der Türkei. Aus diesen Gründen ist die Türkei schließlich zum „Pufferstaat“ geworden, wie dies oftmals schon antizipiert wurde. Flüchtlinge sitzen in der Türkei fest. Das politische Tauziehen zwischen der EU und der Regionalmacht Türkei wird nicht zuletzt auf dem Rücken von Schutzsuchenden und Migrant_innen ausgetragen: Die aktuelle Situation schadet den Migranten- und Flüchtlingsrechten.

Literatur

Amnesty International 2013: Frontier Europe – Human Rights Abuses on Greece's borders with Turkey: http://www.amnesty.org/en/library/asset/EUR25/008/2013/en/d93b63ac-6c5d-4d0d-bd9f-ce2774c84ce7/eur250082013en.pdf

Ariner, Onur, Acikgöz, Meral 2013, *Turkey's New Law on Foreigners and International Protection: An Introduction*, Turkish Migration studies network, policy brief 2, Oxford: Centre on Migration, Policy and Scociety.

Baldwin-Edwards, Martin & Kraler, Albert (eds.) 2009, *REGINE. Regularisations in Europe*, Amsterdam: Pallas Publications, http://dare.uva.nl/document/154968

BBC, 5. Juni 2013: Syrians accuse Greece of 'pushing back' migrant boats: http://www.bbc.co.uk/news/magazine-22757485

BIANET 2009, *ECHR condemns Turkey for deportation of Iranian refugees*, 24/9/2009, http://bianet.org/english/english/117209-echr-condemns-turkey-for-deportation-of-iranian-refugees

Budapest Process 2013, *Silk road partnership*, Wien: Budapest process, http://www.budapest-process.org/silk-routes-partnership

Bundesamt für Migration und Flüchtlinge 2013: Türkei. Migrationsprofil und migrationspolitische Entwicklungen. Marianne Haase/Johannes Obergfell. Working Paper 54.

Brookings: TURKEY AND SYRIAN REFUGEES: THE LIMITS OF HOSPITALITY, November 2013

Commission of the European Union 2012, *Socioeconomic Development through Demining and Increasing the Border Surveillance Capacity at the Eastern Borders of Turkey*, Brussels, EC, http://ec.europa.eu/enlargement/pdf/turkey/ipa/2011/part2/tr2011.0124.10_socioeconomic_development_through_demining.pdf

Commission of the European Union (EC) 2011a, *Commission staff working paper. Impact Assessment accompanying the Proposal for a Regulation of the European Parliament and of the Council establishing the European Border Surveillance System (EUROSUR), SEC(2011) 1538 final, accompanying document,* Brussels: EC, http://eur-lex.europa.eu/LexUriServ/LexUriServ.do?uri=SEC:2011:1538:FIN:EN:PDF

Commission of the European Union (EC) 2011b, *Commission staff working paper. Impact Assessment accompanying the Proposal for a Regulation of the European Parliament and of the Council establishing the European Border Surveillance System (EUROSUR) SEC/2011/1536*, Brussels: EC, http://eur-lex.europa.eu/LexUriServ/LexUriServ.do?uri=SEC:2011:1536:FIN:EN:PDF

Commission of the European Union (EC) 2009, *Support to Turkey's Capacity in Combating Illegal Migration and Establishment of Removal Centres for Illegal Migrants*, Brussels: EC, http://ec.europa.eu/enlargement/pdf/turkey/ipa/tr_07_02_16_removal_centres_en.pdf

Commission of the European Union (EC) 2007, *Standard Summary Project Fiche. Project number: TR 07 02 15. TWINNING NO: TR 07 IB JH 04*, Brussels, EC, http://ec.europa.eu/enlargement/pdf/turkey/ipa/tr_07_02_15_integrated_border_mgt_ph_en.pdf

Coordination Group of Afghan Refugees in Turkey 2011, Facebook.

Council of the European Union 2012*, Council Conclusions on developing cooperation with Turkey in the areas of Justice and Home Affairs*, 11748/12, 21 June 2012, Brussels: CEU

Crépeau, François, 2012, *Report by the Special Rapporteur on the human rights of migrants*, mission to Turkey (25–29 June 2012), New York: United Nations,

Crépeau, François 2013: Report of the Special Rapporteur on the human rights of migrants, Addendum – Greece, 18 April 2013: http://ap.ohchr.org/documents/dpage_e.aspx?si=A/HRC/23/46/Add.4

Dendidas, Nikos 2013: Answer (9.8.13) to a parliamentary question (18.7.13) "Reported push-backs of illegal migrants and refugees who enter in the country. Accountability, human rights protection, funds for granting international protection" http://www.hellenicparliament.gr/UserFiles/67715b2c-ec81-4f0c-ad6a-476a34d732bd/8174770.pdf

Düvell, Franck 2013: Turkey, the Syrian refugee crisis and changing dynamics of transit migration. In: IEMed. Mediterranean Yearbook 2013. 278-281: http://www.iemed.org/observatori/arees-danalisi/arxius-adjunts/anuari/iemed-2013/Duvell%20Turkey%20Syrian%20Refugees%20EN.pdf

Düvell, Franck/ Vollmer, Bastian 2010, *Improving US and EU migration systems. The European Security Challenge*, Washington, Florence: MPI, EUI.

Düvell, Franck 2005, Die Ethik der Politik der freiwilligen Rückkehr in Europa, *Flüchtlingsrat-Zeitschrift für Flüchtlingspolitik in Niedersachsen*, 1: 61-67.

EU Fundamental Rights Agency (FRA) 2012, *Fundamental rights of irregular immigrants*, Vienna: FRA

Ekathimerini, 6. Dezember 2011: EU will not fund Evros fence: http://www.ekathimerini.com/4dcgi/_w_articles_wsite1_1_06/12/2011_417611

Ekathimerini, 5. September 2012: http://www.ekathimerini.com/4dcgi/_w_articles_wsite1_1_05/09/2012_459907

Elitok, Secil, Straubhaar, Thomas 2011, Turkey as a migration hub in the Middle East, *Turkey Insight* 13(2): 107-128, http://www.hwwi.org/fileadmin/hwwi/Publikationen/Externe_PDFs/Elitok_Straubhaar_Insight_Turkey_2011_2.pdf

EMHRN 2013: An EU-Turkey Readmission Agreement – Undermining the rights of migrants, refugees and asylum seekers?

European Resettlement Network 2014: The Crisis in Syria: http://www.resettlement.eu/news/crisis-syria

Emprosnet, 31. August 2013: http://www.emprosnet.gr/article/49146-o-ypoyrgos-naytilias-kai-aigaioy-miltiadis-varvitsiotis-mila-sto-e

Euractiv, 29. März 2012: Facing Schengen expulsion, Greece locks up immigrants: http://www.euractiv.com/justice/facing-schengen-expulsion-greece-news-511834

European Public Law Organization (2011): Turkey – Twinning: Support to Turkey's Capacity in Combating Illegal Migration and Establishment of Removal Centers for Illegal Migrants

FRA European Union Agency for Fundamental Rights 2011: Coping with a Fundamental Rights Emergency - The Situation of Persons Crossing the Greek Land Border in an Irregular Manner, Thematic Situation Report.

Frontex 2013, *Annual Risk Analysis 2013*, Warsaw: Frontex, http://frontex.europa.eu/assets/Publications/Risk_Analysis/Annual_Risk_Analysis_2013.pdf.

Frontex 2012a, FRAN Q3, *Frontex Warsaw*, http://www.frontex.europa.eu/assets/Publications/Risk_Analysis/FRAN_Q3_2012.pdf.

Frontex 2012b, *Annual Risk Analysis 2012*, Warsaw: Frontex, http://frontex.europa.eu/assets/Attachment_Featured/Annual_Risk_Analysis_2012.pdf.

Frontex 2012c, Operations archive, Warsaw, Frontex, http://www.frontex.europa.eu/operations/archive-of-operations/.

Frontex 2012d, *Frontex signs a memorandum of understanding with Turkey*, News, http://www.frontex.europa.eu/news/frontex-signs-a-memorandum-of-understanding-with-turkey-UBa8Ya).

Frontex 2012e: Situational Update: Migratory situation at the Greek-Turkish Border: http://www.frontex.europa.eu/news/situational-update-migratory-situation-at-the-greek-turkish-border-bvud4C

Frontex 2011, *RABIT Operation 2010. Evaluation Report,* Warsaw: Frontex, http://www.frontex.europa.eu/assets/Attachments_News/fer_rabit_2010_screen_v6.pdf.

Frontex 2010: Frontex deploys Rapid Border Intervention Teams in Greece: http://www.

frontex.europa.eu/news/frontex-deploys-rapid-border-intervention-teams-to-greece-PW-DQKZ
Global Detention Project 2010, *Turkey*, Geneva: GDP, http://www.globaldetentionproject.org/countries/europe/turkey/introduction.html
Griechischer Ombudsmann 2013: Ombudsman findings after a visit in the detention centers: http://content-mcdn.feed.gr/pegasus/Multimedia/pdf/diapist_id28634654.pdf; http://www.synigoros.gr/?i=human-rights.el.maziki-kratisi-allodapon.118221
Griechische Polizei 2013a: Statistiken publiziert am 7. Oktober 2013: http://www.astynomia.gr/index.php?option=ozo_content&lang='..'&perform=view&id=32799&Itemid=1179&lang=
Griechische Polizei 2013b: Statistiken publiziert am 4. Oktober 2013: http://www.astynomia.gr/index.php?option=ozo_content&lang='..'&perform=view&id=32725&Itemid=1179&lang=
Griechische Polizei 2013c: Statistiken für die ersten neun Monate von 2013 im Vergleich zu 2012: 1.329 Festnahmen an den Landgrenzen mit der Türkei (Evros-Region), 8.052 Festnahmen an den Seegrenzen in 2013, während in der selben Zeitspanne 2012 in der Ägäis 764 Aufgriffe erfolgten und 30.143 in der Evros-Region : http://www.astynomia.gr/images/stories//2013/statistics13/stat_allod/etsynora. JPG; Siehe auch vergleichsweise Festnahmen 2012-2013 pro Monat: http://www.astynomia.gr/images/stories//2013/statis- tics13/stat_allod/xersaiatourkika.JPG
Griechische Regierung 2013 : 9/4/13 Protokoll Nummer 71778/13/511278.
Griechische Regierung 2012: Presidential Decree 116/2012, veröffentlicht am 19. Oktober 2012: http://www.nomotelia.gr/photos/File/201a-12.pdf
Guardian 2013, *UN investigating deportation of Syrian refugees from Turkey - Thursday 28 March 2013*, 16/4/2013, http://www.theguardian.com/world/middle-east-live/2013/mar/28/syria-crisis-spilling-into-golan-heights-unsc-live
Hammarberg, Thomas 2009: Report by the Commissioner for Human Rights of the Council of Europe, following his visit to Turkey on 28 June-3 July 2009. Issue reviewed: Human rights of asylum seekers and refugees: https://wcd.coe.int/ViewDoc.jsp?id=1511237&Site=CommDH
Helsinki Citizens´Assembly 2012: *Turkey Briefing Note: Current State of the Negotioations for a Turkey EU Readmission Agreement and Prospects for the Future.*
Hess, Sabine 2013, Das Regieren der Migration als wissensbasierte Netzwerkpolitik. Eine ethnographische Policy-Analyse des ICMPDs, in: *Formationen des Politischen. Anthropologie politischer Felder*. Edited by A. Vonderau and J. Adam, pp. 261-93. Bielefeld: transcript Verlag
Home Affairs Committee 2011: Implications for the Justice and Home Affairs area of the accession of Turkey to the European Union : http://www.publications.parliament.uk/pa/cm201012/cmselect/cmhaff/789/78902.htm
Human Rights Watch 2008: *Stuck in a Revolving Door*. Iraqis and Other Asylum Seekers and Migrants at the Greece/Turkey Entrance to the European Union: *http://www.hrw.org/en/reports/2008/11/26/stuck-revolving-door-0*
Hürriyet 2012, *Turkey signs deal with EU's border agency*, 30/5/2012, http://www.hurriyetdailynews.com/Default.aspx?pageID=238&nid=21912
Hürriyet 2013, *Turkey to deport foreigners for alleged role in protests*, 6/6/2013, http://www.france24.com/en/20130606-turkey-deport-foreigners-alleged-role-protests-french-german-iranian-greek-us
Icduygu, Ahmet 2011, *The irregular migration corridor between the EU and Turkey: is it possible to block it with a readmission agreement?*, EU-US migration systems report 2011/14, Florence, EUI, http://cadmus.eui.eu/bitstream/handle/1814/17844/EUUS%20Immigration%20Systems%202011_14.pdf?sequence=1

International Catholic Migration Commission (ICMC) 2013, *Facilitating refugee resettlement from Turkey and the Middle East to the United States*, Geneva: ICMC
ICMPD 2013, *Budapest process*, Vienna: ICMPD, http://www.icmpd.org/Budapest-Process.1528.0.html.
İnsan Hakları Araştırmaları Derneği (IHAD) 2012, *2012 Monitoring Report of Turkey on Right to Asylum*, Ankara: IHAD, http://www.ihad.org.tr/file/reports/2013/ihad_EN.pdf
İnsan Hakları Araştırmaları Derneği (IHAD) 2010, *2010 Monitoring Report of Turkey on Right to Asylum*, Ankara: IHAD, http://www.ihad.org.tr/file/reports/2011/2010%20TURKEY%20MONITORING%20REPORT%20ON%20RIGHT%20TO%20REFUGE%20&%20ASYLUM.pdf
İnsan Hakları Araştırmaları Derneği (IHAD) [Human Rights Research Association (HRRA)] 2009, *Turkiye Iltica ve Siginma Hakki Izleme Raporu* [The right to seek asylum in Turkey], Ankara: IHAD, http://www.ihad.org.tr/multeci-raporlari.php
IOM 2012, IOM Turkey, in UNHCR 2013, *Syria regional refugee response*, http://data.unhcr.org/syrianrefugees/partner.php?OrgId=19
IOM 2008, M*igration in Turkey: a country profile*, Geneva: IOM, http://www.turkey.iom.int/documents/migration_profile_turkey.pdf
IOM no date a, *Counter trafficking in human beings*, Ankara: IOM, http://www.turkey.iom.int/pa2.htm
IOM no date b, *Assisted voluntary return program*, Ankara: IOM, http://www.turkey.iom.int/pa4.htm
IOM no date c, *Technical cooperation on migration*, Ankara: IOM, http://www.turkey.iom.int/pa3.htm
IOM no date d, *Refugee and migrant resettlement*, Ankara: IOM, http://www.turkey.iom.int/operations.htm
Kaya, Ayhan 2012, Turkey as an emerging destination country for immigration: challenges and prospects for the future, in Alpher, Yossi u.a. (Hrsg.), *Europe, Turkey and the Mediterranean*, Gütersloh: Bertelsmann, S. 85-95, http://www.ceeol.com/aspx/getdocument.aspx?logid=5&id=54926e6e775d4788a560bcc32611af79.
Kirisci, Kemal 2012: *Turkey's New Draft Law on Asylum: What to Make of It?*
Leigh, Michael 2012*, Turkey: a New Power in the Mediterranean. Turkey's Role in the Mediterranean. Following the Arab Uprisings, IEMed Yearbook 2012*, Barcelona: IE, 54-58, http://www.iemed.org/observatori-en/arees-danalisi/arxius-adjunts/anuari/med.2012/Leigh_en.pdf-en
Malmström, Cecilia 2013: *Answer to the Parliamentary Question of 11th July 13 by Cecilia Malmström on behalf of the European Commission*: http://www.europarl.europa.eu/sides/getAllAnswers.do?reference=E-2013-008460&language=DE
Messenger 2011, *Illegal Georgian workers arrested in Turkey*, 28/10/2011, http://www.messenger.com.ge/issues/2473_october_28_2011/2473_turkey.html
Migration Policy Group (MPG) 2011, *EU: Substantial progress towards readmission agreement with Turkey*. Migration Newssheet, Brussels: MPG, http://www.migrationnewssheet.eu/eu-substantial-progress-towards-readmission-agreement-with-turkey
Migreurop 2011: Aux bords del l´Europe. L´externalisation des controles migratoires.
Ministry for Foreign Affairs (MFA) 2012, *No: 148, 28 May 2012, Press Release Regarding the Signing of the Memorandum of Understanding on Cooperation with FRONTEX*, http://www.mfa.gov.tr/no_-148_-28-may-2012_-press-release-regarding-the-signing-of-the-memorandum-of-understanding-on-cooperation-with-frontex.en.mfa.
Ministry for EU Affairs (MEUA) 2012b, *Progress report*, Ankara: MEUA, http://www.abgs.gov.tr/files/IlerlemeRaporlari/2012/2012_tr_progress_report_en.pdf
Ministry of Interior (MoI) 2005, *Turkish national action plan for the adoption of the EU acquis in the field of asylum and migration, Ankara: MoI,* http://www.google.de/url?sa=t&rct=-

j&q=&esrc=s&frm=1&source=web&cd=4&ved=0CD4QFjAD&url=http%3A%2F%2F-www.imldb.iom.int%2FviewDocument.do%3Fid%3D%257BB-40DC463-1DF2-4F43-ADC4-E928378E1CB7%257D&ei=LrpDUuq0Fe7c4QTFoI-HwCA&usg=AFQjCNEz4pnpGzF3QKxuHq2ghP9RDTc9ag&bvm=bv.53217764,d.bGE

Mülteci-Der (2010), *A General View of Developments in the Field of Asylum and Migration*, Izmir: Mültici-Der.

Muižnieks, Nils 2013: *Council of Europe Commissioner for Human Rights report following his visit to Greece, from 28 January to 1 February 2013*, 16 April 2013: https://wcd.coe.int/ViewDoc.jsp?id=2053611&Site=COE

Neues Deutschland, 26. August 2011: Karl Kopp: Griechischer Limes: http://www.neues-deutschland.de/artikel/205260.griechischer-limes.html

Novinite, 16. Dezember 2013: Bulgaria FM: EU-Turkey Readmission Deal to Help Us Cope with Refugees

ORF 11. September 2013: Chrissi Wilkens: *Kaum Asyl in Griechenland*: http://fm4.orf.at/stories/1724601/

Parliamentary Assembly of the Council of Europe (PACE) 2013: *Migration and asylum: mounting tensions in the Eastern Mediterranean*, report, Strasbourg: PACE, http://assembly.coe.int/ASP/XRef/X2H-DW-XSL.asp?fileid=19349&lang=en.

Piran, Leyla 2013, *Institutional Change in Turkey. The Impact of European Union Reforms on Human Rights and Policing*, Houndslow: MacMillan.

Prague Process 2011a, Action plan 2012 – 2016, http://www.icmpd.org/fileadmin/ICMPD-Website/ICMPD-Website_2011/Migration_Dialogues/Prague_Process_BMP/Action_Plan/PP_AP_POZNAN__EN.pdf.

Prague Process 2011b, *Prague Process Targeted Initiative. Specific Objective 2 – Knowledge Base,* http://www.icmpd.org/fileadmin/ICMPD-Website/ICMPD-Website_2011/Migration_Dialogues/Prague_Process_BMP/SO2_ppti_research.pdf.

PRO ASYL 2010: *Zu den Folgen des Frontex-Einsatzes an der türkisch-griechischen Landgrenze mit deutscher Beteiligung*: http://www.proasyl.de/fileadmin/fm-dam/a_Startseite_und_Aktionsseiten/Startseite/2010__ab_April_/Evros_Reisebericht_2010.pdf

PRO ASYL 2013: *Pushed back, systematic human rights violations against refugees in the Aegean sea and at the Greek Turkish borders*: http://www.proasyl.de/fileadmin/fm-dam/l_EU_Fluechtlingspolitik/pushed_back_web_01.pdf

Radikal 2012, *Edirne'de 110 kaçak yakalandı*, 16/4/2012, http://www.radikal.com.tr/Radikal.aspx?aType=RadikalDetayV3&ArticleID=1085111&CategoryID=77

Ripert, Jean-Maurice 2012, *Speech outline of Ambassador Jean-Maurice RIPERT, Head of EU Delegation*, closing ceremony, 18/4/2012, http://www.avrupa.info.tr/en/resource/news-archiv/news-single-view/article/speech-outline-of-ambassador-jean-maurice-ripert-head-of-eu-delegation.html

Rumford, Chris 2006, *Rethinking Turkey's relationship with the EU: postwestern Turkey meets postwestern Europe*, working paper 3, London: Royal Holloway, University of London

Sert, Deniz 2013, Turkey's Integrated Border Management Strategy, *Turkish Policy Quarterly* 12(1): 173-179.

Soyaltin, Digdem 2013: *Good news, Bad News or No News: Management of Irregular Migration in Turkey*: http://researchturkey.org/wp/wordpress/?p=3237

Sunday's Zaman 2013, *EP report on readmission agreement harshly criticizes Turkey*, 14 May 2013, http://www.todayszaman.com/news-315447-ep-report-on-readmission-agreement-harshly-criticizes-turkey.html

Suter, Brigitte 2012: *Tales of Transit. Subsaharan Africans' experiences in Istambul*. Linköping.
http://dspace.mah.se/bitstream/handle/2043/14497/FINAL_Brigitte%20Suter_Doktorsavhandling.pdf?sequence=3

TALOS (2012), *European Union Border Protection System. TALOS - Transportable Adaptable Patrol for Land Border Surveillance*, http://talos-border.eu/

The Guardian, 7. Dezember 2012: *Syrian refugees 'turned back from Greek border by police'*: http://www.theguardian.com/world/2012/dec/07/syrian-refugees-turned-back-greek.

The Telegraph, 25. Februar 2014: *Syrians to replace Afghans as largest refugee population:* http://www.telegraph.co.uk/news/worldnews/middleeast/syria/10661773/Syrians-to-replace-Afghans-as-largest-refugee-population.html

The Telegraph 2009, *British teenager deported from Turkey for stripping naked in front of Ataturk statue*, 17/8/2009, http://www.telegraph.co.uk/news/uknews/law-and-order/6043369/British-teenager-deported-from-Turkey-for-stripping-naked-in-front-of-Ataturk-statue.html

Today's Zaman, 15. Dezember 2013: *Readmission agreement Won't Turn Turkey Into EU's 'Depot' For Immigrants*

Tolay, Juliette 2012: *Turkey's "Critical Europeanization": Evidence from Turkey's Immigration Policies.*

To Vima, 5. März 2013: http://www.tovima.gr/politics/article/?aid=501499

Turkish National Police/International Center for Terrorism and Transnational Crime (TNPA/UTSAM) 2013, *Illegal migrants and migrant smugglers in Turkey*, Ankara: TNPA/UTSAM, http://www.TNPA/UTSAM.org/images/upload/attachment/TNPA/UTSAM-%20Illegal%20Migrants%20and%20Smuggling.pdf

Tvxs, 9. September 2013: Minister Dendias preannounces an increase in the policing measures:http://tvxs.gr/news/ellada/ayksisi-tis-astynomeysis-proanaggellei-o-dendias

UNHCR 2014: *Syria Regional Refugee Response*: http://data.unhcr.org/syrianrefugees/regional.php

UNHCR 2013a, *Turkey Syrian daily sitrep*, Ankara: UNHCR.

UNHCR 2013b: *Syrians in Greece: Protection Considerations and UNHCR Recommendations*: http://www.unhcr.gr/fileadmin/Greece/News/2012/Syria/pc/Greece_Syria_Note_for_Pressconference_English.pdf

UNHCR 2013c, *Frequently asked questions*, Ankara: UNHCR, http://info.unhcr.org.tr/faq.php?lang=1

UNHCR 2013d: *UNHCR highlights dangers facing Syrians in transit, urges countries to keep borders open* 18.10.13: http://www.unhcr.org/526114299.html

UNHCR 2012: *International Protection Considerationswith regard to people fleeing the Syrian Arab Republic, Update I*: http://www.unhcr.gr/fileadmin/Greece/News/2012/Syria/Syria_emergency/Syria.pdf

US Committee for Refugees and Immigrants (USCRI) 2009, *World refugee survey 2009: Turkey*, Washington: USCRI, http://www.refugees.org/resources/refugee-warehousing/archived-world-refugee-surveys/2009-wrs-country-updates/turkey.html

Üstübici, Ayşen Ezgiö Korfalı, Deniz Karcıö Sert, Deniz Şenol & De Clerck Helene Marie-Lou 2012, *Within Country Analysis: Turkey,* Antwerp: CEMIS, http://www.eumagine.org/outputs/Project%20Paper%209%20-%20Turkey%20FINAL.pdf

Voices Newspaper 2008, *Deportation for 48,000 'criminal' foreigners*, 27/4/2008, http://www.voicesnewspaper.com/modules.php?name=News&file=article&sid=2880

World Finance 2013, *Top ten: Europe's shadow economies*, http://www.worldfinance.com/wealth-management/top-ten-europes-shadow-economies

World Bulletin 2013, *IMF increases Turkey growth forecast*, http://www.worldbulletin.net/?aType=haber&ArticleID=120207

Yilmaz, Hakan 2012, *Euroskepticism in Turkey. Comparative findings from two national surveys 2003-2012*, Istanbul: Bogayici Universität, http://www.academia.edu/3182200/EUROSKEPTICISM_IN_TURKEY_COMPARATIVE_FINDINGS_FROM_TWO_NATIONAL_SURVEYS_2003_AND_2012

Republik Moldau

Flucht aus dem Armenhaus Europas

Autor_innen: Sophia Wirsching und Stephan Dünnwald

Moldau – Kleinstaat am Rande der Europäischen Union

Die Republik Moldau ist in hohem Maße von kontinuierlicher Auswanderung geprägt. Nach dem Zusammenbruch der Sowjetunion wurde Moldau 1992 unabhängiger Staat, und hatte mit einer zusammengebrochenen Wirtschaft, einem Sezessionskrieg mit der Provinz Transnistrien, und dem Wegzug seiner Bürgerinnen und Bürger zu kämpfen. Anders als der große Nachbar Ukraine orientierte Moldau sich eindeutig in Richtung Europäische Union. Lediglich die Bewohner von Transnistrien suchen Anschluss an Russland, und sie wehren sich gegen die große politische und kulturelle Nähe des übrigen Moldau zum westlichen Nachbarn Rumänien. Rumänien bietet Moldauern sogar die Staatsbürgerschaft, was für viele attraktiv ist, gehört Rumänien doch seit 2007 zur Europäischen Union. Moldau wird bislang keine EU-Mitgliedschaft in Aussicht gestellt. Allein die Assoziierung und die Integration in die Europäische Nachbarschaftspolitik ist der Moldauer Regierung jedoch großer Anreiz, Gesetze und Bestimmungen an europäische Wünsche und Vorgaben anzupassen.

Postsozialistische Tristesse: Plattenbauten in Chisinau. © Brot für die Welt

Mit an erster Stelle auf der europäischen Wunschliste steht die Kontrolle und Regulierung der Migration. Rund ein Viertel der knapp vier Millionen zählenden

Bevölkerung Moldaus ist offiziellen Schätzungen zufolge ausgewandert, sei es nach Russland, in die Ukraine oder in Länder der Europäischen Union. Eine unbestimmte Zahl von Migrant_innen hat auf irregulären Wegen das Land verlassen, oder lebt und arbeitet unangemeldet im Ausland. Schon die offiziellen Rücküberweisungen machen ein Viertel der Wirtschaftsleistung Moldaus aus – hinzu kommen die Gelder derer, die über Boten und Freunde nach Hause transferiert werden und aufgrund dieser informellen Kanäle nicht mitgerechnet werden können. Migration hat viele Gesichter, vom Verlust gut ausgebildeter Arbeitskräfte, den hohen Deviseneinkünften durch Rücküberweisungen über Familientrennung, Menschenhandel und Investitionen.

Wir wollen insbesondere der Frage nachgehen, welchen Einfluss die Europäische Union auf die Migration aus Moldau hatte und hat. Wie wirken sich die Maßnahmen zur Grenzkontrolle, die Mobilitätspartnerschaft, die Unterstützung im Kampf gegen Menschenhandel oder die Hilfen für Rückkehrer auf die Migration und Gesellschaft Moldaus aus? Welche Perspektiven zeichnen sich ab, und welche Möglichkeiten einer verbesserten Antwort auf Migrationsfragen gäbe es?

Pufferstaat zwischen West und Ost

Moldau ist ein kleines Land an der Außengrenze der Europäischen Union, das an Rumänien und die Ukraine grenzt. Seine geographische Ausdehnung umfasst 33.700 km² und ist somit in etwa mit der Größe Nordrhein-Westfalens vergleichbar. Politisch wird die junge Republik seit 2009 von der Allianz für Europäische Integration, einem Bündnis prowestlicher Parteien regiert, das die kommunistische Partei als Regierungspartei abgelöst hatte. Nach knapp drei Jahren ohne Staatsoberhaupt, war es dem Parlament im März 2009 gelungen, sich auf Präsident Timofti zu einigen. Zwar war das Land mit Ministerpräsident Vladimir Filat nicht führungslos gewesen, doch hat das Fehlen eines Präsidenten und die Suche nach einem geeigneten Kandidaten viel parlamentarische Kraft gebunden, die dann nicht für die Umsetzung politischer Vorhaben zur Verfügung stand. In Gesprächen verweisen Interviewpartner auch auf diese nachhaltige Lähmung des politischen Systems, die in der jüngeren Vergangenheit dafür verantwortlich gewesen sei, dass die wirtschaftliche Entwicklung ebenso stagnierte wie sozialpolitische Verbesserungen.

Insgesamt ist das Vertrauen in staatliche Strukturen in vielen Regionen des Landes eher gering ausgeprägt. Wahlkampagnen glänzten durch leere Versprechungen. Nationale Parteiprogramme sind nur schwer mit der Realität vieler marginalisierter Menschen auf dem Land in Einklang zu bringen. Maßnahmen der Korruptionsbekämpfung und Stärkung der Rechtsstaatlichkeit seien oberflächliche Kosmetik und könnten den Patronagestrukturen im Land kaum etwas entgegensetzen, berichten informierte Beobachter. Geld versickere in unsichtbaren Projektvorhaben. Ein offenes Geheimnis ist die Bestechlichkeit vieler Parlamentarier. Die Regierungsarbeit habe sich deutlich verbessert, seit nahezu jedem Minister extern finanzierte, international geschulte Berater zur Seite gestellt wurden. Im Justizbereich gelte aber weiterhin das Sprichwort: „Strenge kein Verfahren an, wenn Du den Richter nicht kennst.“ Im Länderjahresbericht 2012 konstatiert Amnesty International, dass Folter und andere

Misshandlungen in Polizeigewahrsam trotz Nachbesserung der Gesetze nach wie vor an der Tagesordnung seien. Die Behörden leiteten keine zügigen und unparteiischen Ermittlungen zu den entsprechenden Vorwürfen ein. Politisches Programm und Wunsch vieler – vor allem rumänischsprachiger Bürger – ist die Assoziierung, wenn nicht sogar der Beitritt zur Europäischen Union.

Neben der Europäischen Integration ist eine Lösung des Transnistrienkonflikts Schwerpunkt des Regierungsprogramms. Der Streit um den Status der abtrünnigen Region Transnistrien ist ein sogenannter eingefrorener Konflikt. Transnistrien sagte sich nach dem Zerfall der UdSSR 1991 von Moldau los, weil die überwiegend russischsprachigen Bewohner sich Russland näher fühlten als Moldau, das sich Richtung Rumänien orientierte. Moldau wollte auf die Region mit ihrer Hauptstadt Tiraspol, in der vormals wichtige Industriebetriebe liegen, darunter das größte Kraftwerk, und die elf Prozent der Landesfläche ausmacht, nicht verzichten. Es kam zu gewaltsamen Auseinandersetzungen mit mehr als 800 Toten. Alle Versuche der internationalen Gemeinschaft, den Territorialstreit zu lösen, sind bisher gescheitert. Moldau besteht auf dem Recht auf territoriale Integrität und bietet Autonomierechte. Transnistrien verweist auf das Selbstbestimmungsrecht der Völker und besteht auf Unabhängigkeit. Dass Transnistrien mit rund einer halben Million Menschen wirtschaftlich und politisch überlebt, verdankt es im wesentlichen Russland. Die Waffenruhe in der Region wird durch eine gemischte Streitmacht aufrecht erhalten, zu der 402 russische, 492 transnistrische und 355 moldauische Soldaten sowie zehn Militärbeobachter aus der Ukraine gehören. Dass sich Russland 1999 eigentlich zu einem Abzug seiner Truppen verpflichtet hat und gleichzeitig als Vermittler im Konflikt agiert, wird von Moldau immer wieder kritisiert. Im Sommer 2010 beschlossen der damalige russische Präsident Medwedew und Kanzlerin Merkel eine neue Initiative zur Überwindung des Transnistrienkonfliktes. Die Gesprächsrunde 5+2, in der die USA und die EU einen Beobachterstatus einnehmen, wurde bereits 2002 unter dem Dach der OSZE gegründet. Ende November 2011 wurden die lange unterbrochenen Gespräche wieder aufgenommen. Diese Gespräche werden auch als Grundlage für die weitere sicherheitspolitische Zusammenarbeit zwischen der EU und Russland betrachtet und sind daher über den regionalen Konflikt hinaus von politischer Bedeutung.

Das Verhältnis zwischen der Republik Moldau und Russland ist schwierig. Grundsätzlich wird die intensiver werdende Annäherung zwischen der Republik Moldau und der EU von Russland kritisch betrachtet. Zugleich ist Moldau besonders bei der Energieversorgung weiterhin stark abhängig von Russland. Die russische Firma Gazprom deckt mit ihren Lieferungen nahezu den gesamten Erdgas- und Erdölverbrauchs des Landes. Die Gaspreispolitik wird immer wieder als Instrument genutzt, um die politische Orientierung Moldaus zu beeinflussen, wobei der Preis in den vergangenen Jahren kontinuierlich gestiegen ist. Die Androhung von Unterbrechungen der Gaslieferungen wird als Druckmittel eingesetzt. Die Republik Moldau ist auch auf russische Stromlieferungen angewiesen, weil das ihren Bedarf deckende Kraftwerk in Transnistrien der russischen Gesellschaft UES gehört. Hart trifft die moldauische Wirtschaft auch, dass Moskau mehrfach die Einfuhr moldauischer Weine und anderer landwirtschaftlicher Produkte untersagt hatte (Voswinkel 2006). Russland war der größte Abnehmer moldauer Weinprodukte, doch schon ein Embargo 2006 hat die Einfuhr drastisch reduziert. Im Herbst 2013 kam es erneut zu einem Einfuhrstopp. Vermutet wird, dass diese Initiative gegen die Verhandlungen Moldaus mit der EU über ein Freihandelsabkommen gerichtet ist (Heimann 2013). Der Kampf zwischen der Europäischen Union und Russland um eine politische und wirtschaftliche Vormachtstellung geht mitten durch die Republik Moldau.

Die Republik Moldau gilt als das ärmste Land Europas und belegt Rang 111 auf dem Human Development Index 2011. Das Bruttoinlandsprodukt des Landes beträgt nach Angaben der Weltbank 2011 82,3 Mrd. Moldauische Leu (MDL). Das entspricht einem Wert von 3,4 US-Dollar pro Kopf der Bevölkerung, die auf etwa 3,8 Millionen Menschen geschätzt wird. Fast ein Drittel der moldauischen Bevölkerung lebt von weniger als 2 US-$ täglich und etwa die Hälfte der Gesamtbevölkerung muss als arm bezeichnet werden. Das Preisniveau für Kleidung, Nahrung und Baumaterial ist nahe am europäischen Durchschnitt, während gleichzeitig seit dem Ende der Sowjetunion die Wirtschaft Moldaus um 60 Prozent geschrumpft ist (Bundeszentrale 2011). Selbst ohne die massive Abwanderung verzeichnet Moldau ein negatives Bevölkerungswachstum. Dem Land wird – bei einer negativen Bevölkerungsentwicklung von derzeit -1 Prozent – ein weit drastischerer demographischer Wandel vorausgesagt als der Bundesrepublik Deutschland (derzeit -0,2 Prozent, Vereinte Nationen). Die schrumpfende Bevölkerung ist außerdem vom Zerfall sozialer Strukturen gezeichnet. Scheidungsraten nehmen stark zu, Eheschließungen werden seltener. Die Migration ins Ausland verstärkt diese Problemlagen.

„Moldau ist nur noch ein Ferienland für seine eigenen Arbeitsmigranten." Migration als Weg aus der Armutsfalle

Schon unmittelbar nach Ende der Sowjetära und dem Rückzug sowjetischer Schwerindustrie kam es zu einer starken Migrationsbewegung vor allem in Richtung Osten. Russland stellte aufgrund der gemeinsamen Vergangenheit nicht nur ein geographisch naheliegendes Ziel dar. Die Globalisierung und Konsummentalität machen sich auch in Moldau bemerkbar. Grundsätzlich wollen die Migrantinnen und Migranten ihr Land und ihre Familien zwar nicht verlassen. Gleichzeitig aber leiden sie unter der drückenden Armut und Perspektivlosigkeit. Ohne die Arbeitsaufnahme im Ausland können sie ihr Leben, geschweige denn einen erträumten Lebensstil nicht finanzieren. Auf dem Land gehört es zum klassischen Verständnis einer Familie, ein Haus zu haben und den Kindern eine gute Ausbildung zu finanzieren. Weit verbreitet unter der verbliebenen ländlichen Bevölkerung ist daher die Annahme, dass junge Menschen nicht ins Ausland wandern würden, gäbe es gut bezahlte Arbeit im Land.

Russland ist noch immer das Hauptziel von Migrant_innen, weil hier keine Visumpflicht herrscht. Da auch die Reisekosten vergleichsweise gering sind, kehren Arbeitsmigrant_innen aus Russland häufig nach drei Monaten erlaubter Aufenthaltsdauer zurück, oft nur für wenige Tage. Anders ist die Situation für Arbeitsmigrant_innen in Ländern der EU. Angesichts der höheren Reisekosten und der Visumpflicht ist Migration in die EU häufiger auf Dauer angelegt. In vielen Fällen wagen die Migrant_innen die Ausreise auch erst dann, wenn ihnen noch in Moldau eine konkrete Arbeit bzw. Verdienstmöglichkeit in Aussicht gestellt wird. Nach den Daten von EUROSTAT zu den Aufenthaltstiteln handelt es sich bei den legal in der EU tätigen Arbeitsmigrant_innen aus der Republik Moldau in erster Linie um Frauen. In einigen Mitgliedstaaten, vor allem in Polen und Portugal, überwiegt der Anteil der Männer. Moldauische Frauen arbeiten oft im häuslichen Bereich oder in der Pflege. Männer hingegen im Baugewerbe und in der Landwirtschaft, wobei nur ein geringer Prozentsatz der erfassten legalen Migrant_innen einer hochqualifizierten Tätigkeit nachgeht. Insgesamt sind die moldauischen Migrant_innen jung, im Alter zwischen 20 und 49 Jahren. Der Anteil der Migrant_innen mit Hochschulbildung betrug 2010 mindestens 10 Prozent und wächst tendenziell. Wie hoch das Ausmaß nicht nur des Brain Drains, also der Schaden durch die entstehende Abwanderung von Kompetenz und Wissen für Moldau, sondern auch des Brain Waste, also der Verlust durch nicht zur Anwendung kommende Fähigkeiten ist, lässt sich nicht beziffern.

Viele der im Ausland Lebenden würden gerne zumindest zeitweilig zurückkehren, sind aber Opfer des sogenannten Sperrklinkeneffekts. Wer einen Staat der EU wieder verlässt, kommt nur schwer wieder hinein. Die Schwierigkeit und die Kosten einer erneuten Einreise in die EU stehen einer Rückkehr oder einer Pendelmigration entgegen. Dies verhindert gleichzeitig auch, dass die Potenziale der Diaspora für Moldau besser genutzt werden können.

2011 haben die Schengen-Staaten insgesamt 49.296 Visa für kurzfristige Aufenthalte an moldauische Staatsangehörige vergeben. In 2010 waren es etwa 45.600. Hinzu kommen rund zehn Prozent der Anträge, die nicht bewilligt worden waren. Die Zahl der von Bulgarien, Rumänien und Zypern, die nicht im Schengen-Verbund sind, ausgestellten Visa für einen kurzfristigen Aufenthalt belief sich 2010 auf 40.898 von Bulgarien, 92.556 von Rumänien und 539 von Zypern sowie 2011 auf 52.209 von Bulgarien und 50.836 von Rumänien erteilte Visa. Bulgarien lehnte ca. 1 Prozent der Anträge ab und Rumänien gab den Anträgen in rund 7 Prozent der Fälle nicht statt. Schätzungen von IOM und der moldauischen Regierung gehen davon aus, dass derzeit mehr als insgesamt 600.000 moldauische Bürger im Ausland leben.

Rumänien eröffnet für Migrant_innen aus Moldau eine spezifische Möglichkeit der Einreise in die Europäische Union. Zwei Drittel der Bevölkerung Moldaus haben rumänische Vorfahren. Zwar benötigen moldauische Staatsangehörige seit dem EU-Beitritt Rumäniens Visa für Reisen ins Nachbarland. Aufgrund der historischen Verbundenheit beider Staaten war die Freizügigkeit zwischen den beiden Staaten seit 1991 durch das rumänische Staatsbürgerschaftsgesetz deutlich ausgeweitet worden. In diesem Gesetz wurde die Zuwanderung von Moldauern praktisch als

Wiedereinbürgerung definiert, so dass Nachfahren ehemaliger rumänischer Staatsangehöriger die rumänische Staatsbürgerschaft auf Antrag wiedererwerben konnten, auch wenn sie eine andere Staatsbürgerschaft besaßen und sich nicht in Rumänien niederlassen wollten. In der Folge kam es zu einem sprunghaften Anstieg der Anträge von Moldauern auf Wiederherstellung der rumänischen Staatsangehörigkeit. Während der 1990er Jahre haben schätzungsweise mehr als 250.000 Moldauer allein auf Grundlage dieses Gesetzes die rumänische Staatsbürgerschaft erhalten. Nach dem EU-Beitritt Rumäniens hat mehr als eine Million Moldauer einen rumänischen Pass beantragt. Dies entspricht etwa einem Viertel der Gesamtbevölkerung Moldaus. 2010 hatten mehr als 400.000 Staatsbürger Moldaus sich eine zweite, häufig die rumänische, Staatsbürgerschaft gesichert (Roser 2010, vgl. Schmid 2012: 26 f.). Die Auslandsrumänen erhalten neben der rumänischen Staatsbürgerschaft auch das Wahlrecht, was sich innenpolitisch auswirkt. So trugen sie 2009 entscheidend zur Wiederwahl des rumänischen Präsidenten Traian Băsescu bei. Auch diese Möglichkeit der doppelten Staatsbürgerschaft macht es, neben den oft vagen Schätzungen zur irregulären Migration, schwierig, genauere Zahlen der Migration aus Moldau in die Europäische Union zu etablieren (vgl. IOM 2013: 51 ff). Auf das soziale Gefüge in der Republik Moldau hat diese extreme Abwanderung massive Auswirkungen.

Italien als Zielland für Migrant_innen aus Moldau

Italien ist der EU Mitgliedstaat mit der größten Zahl moldauischer Migrant_innen, etwa 150.000 im Jahr 2012 nach Angaben italienischer Behörden (Cheianu-Andrei 2013: 41). Die Einwanderung nach Italien stieg kontinuierlich von 7.000 Personen im Jahr 2003 (Italian Ministry of Labour 2013b). In den letzten Jahren kam es jedoch aufgrund der Wirtschaftskrise auch zu einer Weiterwanderung von Italien nach Frankreich oder Belgien.

Während nach einer Studie rund 40 Prozent der Befragten irregulär eingereist sind, haben viele Moldauer_innen inzwischen ihren Aufenthalt legalisieren können, ein kleiner Teil besitzt die italienische Staatsbürgerschaft. Da die Regularisierung über einen Arbeitgeber erfolgen muss, sind insbesondere informell im Haushaltssektor Beschäftigte weiterhin ohne regulären Status (Cheianu-Andrei 2013: 43 f).

Zu mehr als 40 Prozent sind Migrant_innen aus Moldau im Haushalts- und Pflegebereich beschäftigt, weitere 15 Prozent arbeiten in Haushalt-Service Unternehmen, 11 Prozent im Bausektor und 9 Prozent im Hotel und Gaststättengewerbe, 7 Prozent arbeiten in der industriellen Fertigung. Jeweils etwa 4 Prozent arbeiten in Transport und Kommunikation, Verkauf sowie Gesundheit und Soziale Dienste (2013: 46).

Die Mehrzahl der Migrant_innen in Italien schließt eine Rückkehr nach Moldau nicht kategorisch aus, allerdings geben 63 Prozent an, mit ihrer gesamten Familie in Italien zu leben (2013: 51). Während der ökonomische Gewinn und auch der Erwerb von kulturellen Skills von den meisten Befragten hoch eingeschätzt wird, so wird Migration als eine hohe Belastung für die Ehe und Familie angesehen (2013: 54).

Dabei wird die Erfüllung der Bedürfnisse der Familie an erster Stelle der Gründe für eine Auswanderung angegeben.

Die sozialen Kosten der Migration

Wir fahren in das 116 km nördlich der Hauptstadt Chisinau gelegene Dorf Radoaia. Die Straßen des Dorfes und der Zubringer von der Autobahn sind in einem schlechten Zustand. Die letzten 15 Kilometer können wir wegen der Schlaglöcher nur im Schritttempo fahren. Das Dorf ist nicht komplett an eine Grundwasserversorgung angeschlossen, viele Einwohner sind auf Brunnenwasser angewiesen. Ein Kanalisationssystem ist ebenso wenig vorhanden wie Müllentsorgung. Die Umweltverschmutzung ist insbesondere aufgrund von verrottenden Überresten ehemaliger sowjetischer Schwerindustrie auffällig. Es gibt ganze Landstriche, auf denen seit Abbau der Fabriken Anfang der 1990 Jahre permanente Rauchentwicklungen zu beobachten sind. Mit zunehmender Luftfeuchtigkeit sind die unangenehm scharf riechenden Dämpfe aufdringlicher.

Der Bürgermeister Patrascu Gheorghe empfängt uns in seinem unbeheizten Rathaus, einer alten Villa, in einem computerlosen Büro. Gheorghe berichtet, dass der Kollaps der Sowjetunion zu einem kompletten Zusammenbruch der moldauischen Wirtschaft geführt hat. In Moldau gibt es keine Bodenschätze, deren Abbau lukrativ wäre. Bereits in den 1990er Jahren kam es daher zu einer ersten großen Migrationsbewegung in Richtung Russland, das aufgrund der jüngsten Vergangenheit und der sprachlichen Nähe nicht nur geographisch ein naheliegendes Ziel darstellte. Anfangs wanderte nur ein geringer Teil der arbeitsfähigen Bevölkerung nach Westeuropa ab. Früh jedoch zeichneten sich die negativen Auswirkungen auf Familien und Kinder ab. Jugendliche und Kinder gerieten vermehrt in Alkoholabhängigkeit, Diebstähle und Randale nahmen zu. Während der Herrschaft des sowjetischen Regimes gab es kaum gesellschaftliche Unterschiede zwischen den Dorfbewohnern. Mit der Migration und den daran gekoppelten Rücküberweisungen bildeten sich schnell starke Unterschiede und Milieus heraus. Während zahlreiche Menschen in schwere Armut abdrifteten, gab es auch jene, die mit Unterstützung aus dem Ausland in Konsum investieren konnten.

Da die Rücküberweisungen nicht über Banken erfolgen, sondern von Familienmitgliedern direkt oder über ein Boten- und Fahrersystem überbracht werden, können staatliche Institutionen diese Gelder nicht mit Steuern belasten. Ein Mehrwert für die gesamte Gemeinde bleibt aus, weil auch von der Regierung keine Gelder für eine gemeinsame Infrastruktur in die klammen Kassen fließen.

Die Landwirtschaft bietet keine wirkliche Lebensgrundlage, geschweige denn Arbeitsplätze Der Bürgermeister lobt zwar die gute Bodenqualität, stellt aber fest, es fehle an staatlichen Investitionen in die Bewirtschaftung. Auch seien die Kenntnisse der Subsistenzbauern über Märkte, Marktentwicklung und Wettbewerb lediglich rudimentär. Mit der Unabhängigkeit sei das Land in kleine Parzellen geteilt und den Bürgern als Eigentum überschrieben worden. Doch Unternehmergeist habe sich nicht von selbst herausgebildet. Die Parzellen sind zu klein, um viel mehr als den Eigenbedarf zu decken. Aufgrund der hohen Energiekosten sei die Bewirtschaftung sehr teuer, so dass Menschen oft mehr in ihr Land investierten als sie später wieder herausbekommen. Außerdem schützt der Staat seine Produzenten nicht, und Importprodukte gefährden lokale Märkte.

Die einzige Möglichkeit sein Dorf dauerhaft vor dem Aussterben zu bewahren, seien Investitionen in das Land und seine Bewohner. Wissen und landwirtschaftliche Fähigkeiten müssen erlernt werden. Wirtschaftliche Entwicklung könnte gerade im Weinanbau vielversprechend sein. Die Kooperation mit anderen Kommunen, mit Regionen des Landes, aber vor allem die enge kooperative Anbindung an das – europäische – Ausland wäre wünschenswert. 70 Prozent der Bürger Radoaias, sagt Gheorghe, seien heute ins Ausland migriert. Übrig bleiben Kinder und die ältere Generation. Der Bürgermeister sieht aus wie einer der zupacken kann. Doch er kann die Not seiner Bürger nicht lindern, die Klagen der alleinerziehenden Mütter, die nicht genug haben, um ihre Kinder zu großzuziehen – manche Väter kehren nicht zurück in die Heimat, manche stellen die Zahlungen ein –, die vergessenen Alten, die Menschen mit Behinderung. Im Kindergarten werden 200 Kinder versorgt, 850 Schulkinder müssen teilweise weite Wege in Kauf nehmen, wenn der Schulbus nicht kommt. Die sozialen Probleme können durch die insgesamt sechs Sozialarbeiter nicht im Ansatz aufgefangen werden. Eine österreichische Hilfsinitiative bietet täglich eine Armenspeisung für zurückgebliebene ältere Menschen an, die keine Fürsorge durch Familienangehörige in Anspruch nehmen können. Preise für Kleidung, Nahrung und Baumaterial sind stark gestiegen, aber die lokalen Löhne bleiben weiterhin viel zu niedrig. Das monatliche Salär des Bürgermeisters beträgt etwa 200 EUR - auch er selbst ist auf die Unterstützungsgelder seiner Söhne aus dem Ausland angewiesen. Beide sind in Europa – Portugal und Frankreich – auf Baustellen tätig.

Ebenfalls im Rathaus treffen wir Vladimir Pirogan, 26 Jahre, einen Mitarbeiter der Verwaltung. In seinen Augen haben die Leute ihr Vertrauen in die staatlichen Strukturen verloren. Die Wahlkampagnen böten nur hohle Versprechungen, die Programme der nationalen Parteien sprechen der Wirklichkeit auf dem Land Hohn. Auf lokaler Ebene merke man nichts von Veränderungen, und Maßnahmen zur Korruptionsbekämpfung sind nur oberflächliche Kosmetik und können die Patronagestrukturen in den Regionen kaum angreifen. Geld ist immer knapp und versickert in unsichtbaren Projektvorhaben. Wen wundere es da, dass alle, auch er selbst, sich gezwungen sehen zu gehen. Er habe den Schulkindern Bürgerschaftskunde gelehrt. Dabei habe er erfahren, dass alle Kinder bereit sind, ihre Heimat für Arbeit und Lohn zurückzulassen.

Wir sprechen anschließend mit Katharina, die im Kindergarten arbeitet. Sie ist ca. 50 Jahre alt und für ihre Arbeit bekommt sie monatlich etwa 100 Euro. Ihre 22-jährige Tochter arbeitet in Russland in einem Café. Die zwei Enkelinnen im Alter von drei und vier Jahren leben bei Katharina, und gehen tagsüber in den Kindergarten. Alle drei Monate kommt die Tochter für einige Tage nach Hause und besucht ihre Kinder. Katharinas Sohn arbeitet ebenfalls in Russland, er ist Wachmann in einem

Lager für Baumaterial. Seine Kinder sind bereits in der Schule, und da auch seine Ehefrau in Moskau arbeitet, nehmen sie ihre Kinder in den Ferien mit. Auch sie arbeiten dann in den Sommermonaten. Im Ausland arbeitende Eltern sind der Normalfall, denn selbst wenn es Arbeit in Radoaia gäbe – sie würde doch nie so gut bezahlt, dass eine Familie davon leben könnte. Katharina hat selbst bis vor wenigen Jahren in Russland als Straßenfegerin gelebt. Die Arbeit wurde ihr von einer Bekannten vermittelt. Sie berichtet, dass sie damals natürlich Sehnsucht nach ihren Kindern, nach ihrem Land gehabt habe, dass es ihr allerdings gut erging in Russland. Probleme mit der Polizei habe sie trotz nicht vorhandener Arbeitsgenehmigung nie gehabt: „Ich habe eine Arbeit gemacht, die ich niemandem weggenommen habe.“

Zurückgelassen von den Eltern: Vor allem Kinder und alte Leute bevölkern die Kleinstadt Radoaia. © Brot für die Welt

Olga, die Leiterin des Kindergartens, berichtet, dass Kinder, deren Eltern fortgegangen sind, seltener im Kindergarten erscheinen, als jene, die noch von ihren Eltern versorgt werden. Die Großeltern sind mit der Fürsorge häufig überfordert. Die Kinder wirken schnell vernachlässigt. Auch Olga berichtet, dass sie sozialen Netze im Dorf zerrüttet sind. In neun von zehn Häusern seien keine vollzähligen Familien mehr anzutreffen. Jugendliche und Kinder verlieren den Halt. Wir verabschieden uns von Radoaia und holpern über die marode Straße wieder in Richtung Hauptstadt.

Zurück in Chisinau, sind wir zum Abendessen mit der Psychologin Ludmila Schiopu verabredet. Sie sitzt an einer Doktorarbeit zu den Auswirkungen der Migration auf zurückbleibende Eltern und Kinder von Migrantinnen und Migranten. Sie meint, die Migration aus Moldau heraus entspreche einem gigantischen „Brain Waste". Viele suchten die Arbeit im Ausland, weil selbst für sehr gut ausgebildete Menschen die Arbeitsuche innerhalb des Landes entweder erfolglos oder nur zu niedriger Vergütung möglich ist. Im Ausland arbeitet eine große Zahl der Migrant_innen immer noch informell und schwarz, auch wenn viele Migrantinnen und Migranten mittlerweile mit Hilfe einer rumänischen Staatsbürgerschaft legal das Land verlassen. Der rumänische Pass sei ein Beispiel, wie der Migrationsprozess Familien finanziell unter Druck setzt. Ein rumänischer Pass koste ca. 300 bis 800 Euro, der monatliche Durchschnittslohn liegt bei 100 EUR. Familien verschulden sich. Bis rumänische Papiere erfolgreich vergeben werden, vergeht mindestens ein Jahr. Es sei denn, es wird finanziell oder über Beziehungen nachgeholfen, aber das ist in den letzten Jahren schwieriger geworden. Wer soviel Zeit nicht hat, wählt Schlepper oder gefälschte Dokumente, die wesentlich teurer sind. Eine nachträgliche Legalisierung für moldauische Arbeitsmigrant_innen, die innerhalb der EU arbeiten, bedeutet einen enormen bürokratischen Aufwand, der nicht unbedingt zugunsten der Migrant_innen endet.

Migrant_innen stecken in dem Zwiespalt, dass sie das Land nicht verlassen wollen, aber in Moldau ein gutes Leben nicht erreichbar ist. Auch die Globalisierung und die bis in die letzten Winkel vordringende Konsummentalität macht sich Moldau bemerkbar. Die Ansprüche wachsen. Ein neuer Trend sei, dass Frauen ihre Kinder ins Ausland nachholen und sich dort dauerhaft mit ihnen (und manchmal auch mit dem Partner/Ehemann) niederlassen, weil die Diskrepanz zwischen den Lebensstilen zu krass scheint und die Entfremdung mit der Heimat analog zur Anziehungskraft der wirtschaftlich stärkeren Umwelt wächst. Allein aus der Hauptstadt Chisinau seien etwa 1200 Kinder im letzten Jahr zu ihren Eltern ins Ausland migriert. Für die ländlichen Regionen gibt es keine verlässlichen Daten. Auf dem Land sei der Auswanderungsdruck aber eher noch höher als in der Stadt.

Als Zielländer sind besonders Italien und Frankreich beliebt, wo Frauen im Pflegedienst und als Haushaltskräfte arbeiten. Für die Pflege lassen sie sich zunehmend in Moldau ausbilden, da dann die Arbeitsplatzsuche im Ausland wesentlich erfolgversprechender ist. Zwar hat das College, an dem Frau Schiopu unterrichtet, einen neuen Studiengang für Pflege entwickelt, der insbesondere die moldauische Realität berücksichtigt und aufgreift. Nach einer Rückkehr Arbeit in diesem Bereich zu finden ist jedoch schwierig, weil der Gesundheitssektor in Moldau chronisch unterfinanziert ist. Immer mehr Städte und Gemeinden sehen den wachsenden Bedarf, die alternde Bevölkerung angemessen zu versorgen. Denn die Gelder sind knapp und werden häufig von der nationalen Ebene nicht an die Kommunen weitergeleitet.

Für das Land, so die Psychologin Schiopu, sei dieser Prozess eine Katastrophe. Um die Kinder in ihrer Heimat zu verwurzeln und nicht in die Migration zu drängen, sei es wichtig, ihnen kulturelle und nationale Identität zu geben. Sie sollten die Schönheit ihres Landes sehen, die Potenziale entdecken und stärken, damit sich Moldau entwickeln kann. Ohne die Kinder, die das Land so dringend braucht, gibt es keine Zukunft. Die Jugend müsse dringend in den Blick genommen werden „We cannot lose another generation“.

Meist helfe es auch nicht, wenn Eltern ihren Kindern eine gute Ausbildung ermöglichen. Die Nachwuchsgeneration beginnt den Lebensstil, den ihnen die Eltern ermöglichen, zu genießen und fordert auch Statussymbole ein. Statt sich an den Erfordernissen des Arbeitsmarktes zu orientieren, wählen viele ein Jurastudium oder Betriebswirtschaft und suchen dann ein paar Jahre erfolglos nach Arbeit in Moldau. Wenn die Verzweiflung groß genug ist, gehen sie nach Russland, Italien oder Portugal - und arbeiten dort auf der Baustelle.

Ein besonders düsteres Kapitel der Migration aus Moldau ist der immer noch weitverbreitete Menschenhandel. Junge Frauen aus ländlichen Regionen werden in die Hauptstadt verkauft oder in Europa oder im östlichen Ausland überwiegend als Prostituierte ausgebeutet. Das Phänomen hat sich in den letzten Jahren stark verändert. Junge Frauen werden von ihren Freundinnen rekrutiert. Die jüngsten Opfer sind etwa vierzehn Jahre alt, die ältesten Mitte vierzig.

Typisch sei, dass die Frauen aus besonders vulnerablen Situationen heraus angeworben werden. Sie leben häufig in absoluter Armut in ländlichen Regionen, haben sehr häufig im unmittelbaren familiären Umfeld Gewalterfahrungen gemacht und empfinden die gemachten Angebote als alternativlos. Viele der jungen Opfer leben in zerrissenen sozialen Strukturen. Ihre Eltern sind krank, gestorben oder arbeiten im Ausland. Häufig ist ihnen bewusst, dass sie vermutlich in eine Abhängigkeits- und Zwangssituation eintreten und doch ist ihre eigene Lebenssituation derart perspektivlos, dass sie doch einwilligen. Manipulative Strategien der Menschenhändler befördern die „freie Einwilligung“ in sexuelle Ausbeutung.

Die Geschichte von Valentin

Valentin, 26 Jahre, ist in Radoaia geboren und hat vier Brüder und zwei Schwestern. Seinen Vater hat er während seiner Kindheit kaum gesehen, weil dieser anfangs in Russland und später in Italien als Arbeitsmigrant die Familie aus der Ferne ernährte. Alle drei Monate kam er ein paar Tage aus Russland zu Besuch nach Hause; später aus Italien waren die Besuche seltener. Mehrmals begann der Vater ohne Papiere und konnte seine Aufenthalte später legalisieren. Valentins Vater arbeitete auf Baustellen, erwies sich aber auch als vertrauensvoller Geschäftspartner und baute sich eine eigene Zementfirma in Russland auf. Eines Tages jedoch verursachte ein Kurzschluss ein Feuer, das alles – bis auf die Bibel – vernichtete.

Valentins Vater begann von neuem in Italien – in der Gegend von Milano auf Baustellen, aber auch in anderen Teilen Norditaliens. Eines Tages holt er seine Kinder nach. Für den Jüngsten bekommt er Papiere, die anderen beiden werden in große Taschen gepackt, im Kofferraum und unter dem Sitz des Autos verstaut, damit sie

Grenzen überqueren können. Valentin ist fünfzehn als sein Vater ihn mitnimmt; er möchte seine Mutter und seine Heimat nicht verlassen, sondern Missionar in Moldau werden. Er liest gerne.

In Italien lebt er mit seinen Brüdern meist mit auf den Baustellen, auf denen sie arbeiten. Wenn der Vater kurzfristig für unbestimmte Zeit verschwindet, sind die Kinder auf sich gestellt und in steter Unsicherheit, dass ihr Aufenthalt von den Behörden entdeckt wird.

Sein Bruder wird aufgegriffen und innerhalb weniger Stunden nach Moldau abgeschoben – wenige Wochen später kommt er wieder in Italien an. Das Unternehmen, in dem der Vater arbeitet, hängt in administrativen Prozessen fest, der Vater verlässt das Land und geht nach Russland. Dort „beantragt" (kauft) er einen Pass. Valentin geht zurück nach Moldau.

Valtenin beschreibt sein Leben als Abenteuer: Verfolgungsjagden in der Ukraine, wo ihm sein neues Auto fast abgenommen worden wäre. Er liebt das Motorradfahren. Er fährt eine BMW – neben seinem I-phone sein stolzester Besitz. Er sagt, er kann sich den Luxus, den er während seiner Auslandsarbeiten lebte, heute nicht mehr leisten. Das Geld wird zunehmend knapper. Heute ist er verantwortlich für seinen dreijährigen Sohn Markus und seine Ehefrau. Anders als sein Vater möchte er seine Familie nicht alleine lassen. Erst vor wenigen Wochen verunglückte ein älterer Bruder bei einem Verkehrsunfall in Russland tödlich. Sein Vater bleibt trotz der tragischen Rückschläge in Russland.

Ein anderer Verwandter Valentins erlitt während eines Arbeitsaufenthalts in Italien durch einen Unfall eine Querschnittslähmung. Weil er durch seinen Arbeitgeber krankenversichert war, steht ihm nun eine monatliche Pension zu, mit der er sogar ein kleines Unternehmen in Moldau aufgebaut hat. Eine solche Geschichte ist zwar die Ausnahme, bestärkt aber Auswanderungswillige in ihren Plänen.

Ein migrationspolitisches Experimentierfeld: Migration und Interessen Europas in Moldau

Mit dem Beitritt Rumäniens zur Europäischen Union im Jahr 2007 ist Moldau unmittelbarer Nachbarstaat der EU. Schon vorher allerdings war Moldau in europäische Sicherheits- und Migrationspolitiken und Konsultationsprozesse eingeschlossen. Der Auswanderungsdruck ist sehr hoch. Ursachen liegen in der rückständigen Wirtschaftsentwicklung, dem Mangel an Einkommensmöglichkeiten und reeller Perspektivlosigkeit insbesondere junger Erwachsener in den ländlichen Regionen seit dem Zusammenbruch des Sowjetregimes. Moldau ist vor allem Ursprungsland von Migration. Das Land liegt auf keiner der Transitrouten irregulärer Migration nach Europa. Einwanderung nach Moldau ist gering. Nur wenige Hundert Migrant_innen jährlich ersuchen die moldauischen Behörden um eine Aufenthalts- und Arbeitsgenehmigung in Moldau. Offiziellen Angaben der moldauischen Behörden nach ist auch die Zahl der Asylsuchenden in der Republik Moldau niedrig. Im Jahr 2011 gab es rund 60 Asylanträge, drei Personen erhielten den Flüchtlingsstatus, während zwanzig weitere Personen Schutz aus humanitären Gründen gewährt wurde. 2011 wurden in der EU 3435 moldauische Staatsangehörige erfasst, die sich nicht legal in der EU aufhielten, das waren 15 Prozent weniger als in 2010; weiteren 1571 Moldauern wurde an den EU-Außengrenzen die Einreise verweigert, 7 Prozent weniger als im gleichen Zeitraum 2010. Wie von mehreren Mitgliedstaaten berichtet wird, sind bei der Republik Moldau illegale Grenzüberschreitungen somit ein inzwischen zu vernachlässigendes Problem (IOM 2013: 28). Die meisten irregulären Migrant_innen reisen legal ein und überschreiten anschließend die zulässige Aufenthaltsdauer. Dennoch ist die Migrations- und Grenzsicherungspolitik eine entscheidende Komponente der Beziehungen zwischen der EU und der Republik Moldau.

Ein guter Nachbar? Bilaterale Beziehungen zwischen Moldau und der EU

Die Kooperation der Europäischen Union mit Moldau beruht im Wesentlichen auf der Europäischen Nachbarschaftspolitik (ENP). Die ENP stellt eine Alternative zur Erweiterungspolitik dar, bei der auch der mittelbare EU-Beitritt nicht in den Fokus der Kooperationen rückt. Die EU bespielt vor diesem Hintergrund viele Politikfelder in Moldau, darunter den Aufbau von Good Governance Strukturen, die beispielsweise 2009 in der Unterstützung für freie und faire Parlamentswahlen sichtbar wurden. Nachdem Moldau sich nach der Unabhängigkeit deutlich dem Westen und der EU zugewandt hat, hat der Staat nun ein großes Interesse an einer weiteren Annäherung, von der er sich weitere Unterstützung, Entwicklungsfortschritte und, nicht zuletzt, auch neue legale Migrationsmöglichkeiten verspricht.

Das Interesse der EU an Moldau ist auch vor dem Hintergrund der autoritären Entwicklungen im Nachbarland Ukraine zu sehen. Moldau folgt einem EU-freundlichen Kurs und unterwirft sich einer strengen Reformpolitik, während in der Ukraine, die zunächst als vielversprechender Partner der östlichen Nachbarschaftspolitik schien, nicht erst seit der Inhaftierung der ehemaligen Regierungsführerin Timoschenko politische Rückschritte überwogen. Während andere osteuropäische Staaten im Machtgefüge zwischen Moskau und Brüssel opportunistisch mal zur einen, mal zur anderen Seite neigen, erscheint Moldau dagegen als ein zwar kleiner, aber verlässlicher Partnerstaat.

Europa behandelt Moldau innerhalb der Europäischen Nachbarschaftspolitik vorrangig, da das Land nach dem anreizbezogenen Ansatz „mehr für mehr" den von der EU gesetzten Anforderungen nachzukommen sucht. Moldau zeigt Ambitionen zur Erfolgsgeschichte der EU-Nachbarschaftspolitik zu werden. Besonders das Mobilitätspartnerschaftsabkommen zwischen EU und Moldau hat Pilotcharakter und spielt daher eine große Rolle. Für die EU ergeben sich Erprobungsmöglichkeiten für den *Globalen Ansatz für Migration und Mobilität*, GAMM (Kommission 2011). Die Osterweiterung der Europäischen Union ist an ihre vorläufigen Grenzen gekommen.

Die Kooperation mit Moldau kann praktische und theoretische Alternativen zum Beitritt weisen und bietet der Europäischen Union die Möglichkeit des Experimentierens mit migrations- und sicherheitspolitischen Maßnahmen mit verhältnismäßig geringen Mitteln.

Im März 2012 begannen Verhandlungen zum Assoziierungsabkommen, deren fester Bestandteil die vertiefte und umfassende Freihandelszone (DCFTA) ist. Das Abkommen sieht den schrittweisen Abbau von Handelshemmnissen und die Angleichung der Rechtsvorschriften vor und öffnet Moldau die wirtschaftliche Integration in den europäischen Binnenmarkt. Die Folgen des Freihandelsabkommens für Moldau werden ambivalent eingeschätzt: Die Handelsbarrieren für viele europäische Produkte sind ohnehin schon sehr niedrig, sodass nur für wenige Güter zu erwarten ist, dass sie die einheimischen Produkte noch weiter aus dem moldauischen Markt drängen werden. Allerdings wird sich die Wettbewerbssituation im Baugewerbe, in der Textilindustrie und bei Lederproduktion vermutlich zu Ungunsten Moldaus verschärfen, da die unmodernen Produktionsprozesse nicht mit den effizienteren und damit oft günstigeren Methoden der EU mithalten können. Als Konsequenz ist steigende Arbeitslosigkeit in diesen Sektoren zu erwarten. Auch der Staat wird Einkommenseinbußen hinnehmen müssen, weil zahlreiche Importzölle wegfallen. Moldau selbst muss, um die Vorteile des Zugangs zum EU-Binnenmarkt nutzen zu können, vor allem bei den EU-Standards nachbessern. Noch wird lediglich ein kleiner Teil der Kriterien erfüllt, was einen Export in die EU verhindert.

In der Sicherheitspolitik wird der Kampf gegen internationale organisierte Kriminalität ins Feld geführt. Die wachsende, aber unbefriedigte Nachfrage nach legalen Migrationsmöglichkeiten hat einen Nährboden für Kriminelle und ausbeuterische Arbeitgeber geschaffen, der Korruption, *bad governance* und Schattenwirtschaft in Moldau begünstigt. Moldau, insbesondere die abtrünnige Provinz Transnistrien bieten außerdem beliebte Routen für Drogenschmuggel. Zu Projekten zur Unterstützung des Justizsektors und des Kampfes gegen Menschen- und Drogenhandel kommen auch ECHO Projekte der Nothilfe (z. B. 2007 für Opfer von Dürre, 2008 bei Überflutungen).

Mehr für Mehr: Abkommen und Vereinbarungen zu Migration

Es gibt drei wesentliche Abkommen zwischen der EU und Moldau, die Bestimmungen zum Thema Migration und Asyl umfassend und völkerrechtlich bindend festhalten: Diese sind das Partnerschafts- und Kooperationsabkommen, der Visadialog und das Rückübernahmeabkommen zwischen EU und Moldau. Hinzu kommen zahlreiche Gremien, Foren und vor allem die Mobilitätspartnerschaft zwischen EU und Moldau (vgl. Fargue 2013: 160 ff). In der Mobilitätspartnerschaft wird ohne rechtlich verbindlichen Rahmen eine Vielzahl von Austauschmöglichkeiten und Projekten versammelt, die insgesamt die Kooperation zwischen der EU, einzelnen Mitgliedstaaten und Moldau im Bereich Migration und Migrationskontrolle stärken sollen.

Eingebettet sind diese Verträge und Maßnahmen in eine breitere entwicklungspolitische Dimension der Zusammenarbeit. Das Partnerschafts-und Kooperationsabkommen (PKA) mit der EU ist seit 1998 in Kraft. Ziel ist es, den politischen Dialog zu erleichtern und zur Konsolidierung von Demokratie und marktwirtschaftlicher Entwicklung beizutragen, außerdem Handel und Investitionen zwischen EU und Moldau zu erleichtern und zu intensivieren. Diese Partnerschaft, die die EU auch mit weiteren zentralasiatischen und osteuropäischen Staaten eingegangen ist, sollte eine Grundlage für die Zusammenarbeit in den Bereichen Gesetzgebung, Wirtschaft, Soziales, Finanzen, zivile Wissenschaft und Technik und Kultur schaffen. 2003 hat die EU die Europäische Nachbarschaftspolitik (ENP) auf den Weg gebracht, auch um die Entstehung von Trennlinien zwischen der EU und ihren Nachbarn infolge der EU-Osterweiterung im Jahr 2004 zu vermeiden. Die ENP zielt auf den Aufbau enger Beziehungen zwischen der EU und ihren Partnern ab, so dass „ein Raum der Stabilität, des Wohlstands und der Sicherheit" entstehen kann. Das Partnerschafts- und Kooperationsabkommen mit Moldau wurde in die ENP überführt, deren 2005 beschlossener Aktionsplan auch weiterhin die Richtschnur für Zusammenarbeit ist. Im Rahmen der sogenannten Östlichen Partnerschaft, die 2009 ins Leben gerufen wurde, wurden die finanziellen Zuwendungen der EU an einige osteuropäische Staaten deutlich verstärkt und der Wunsch manifestiert, die Annäherung an die EU zu unterstützen und die multilaterale Dimension weiterzuentwickeln (vgl. http://www.easternpartnership.org/). Statt Moldau und den übrigen osteuropäischen Staaten allerdings einen EU-Beitritt in Aussicht zu stellen, zielen diese Maßnahmen auf die Beschleunigung eines politischen Assoziierungsprozesses und der weiteren, auch regionalen wirtschaftlichen Integration. Wichtige Themen sind auch hier die Förderung der Mobilität der Bürger und der Visaliberalisierung sowie die verstärkte sektorale Zusammenarbeit, z. B. im Bereich Technik. Auch die Zusammenarbeit mit der Grenzsicherungsmission der EU in Moldau und der Ukraine (EUBAM) wird unter der Östlichen Partnerschaft subsumiert.

Der Visadialog wurde am 15. Juni 2010 offiziell begonnen und im Januar 2011 durch einen Aktionsplan der Kommission ergänzt, der eine Vielzahl von Maßnahmen und Wegmarken definiert, die umgesetzt sein müssen, bevor eine erleichterte Reisefreiheit für die Bürger Moldaus in die EU gewährt wird. Ziel der Visagespräche zwischen der EU und der Republik Moldau ist die Vorbereitung der Aufhebung der Visumpflicht für kurzfristige Aufenthalte moldauischer Staatsangehöriger bei der Einreise in den Schengen-Raum. Auch nach der Abschaffung der Visumpflicht für kurzfristige Aufenthalte müssten moldauische Bürger den Zweck und die Bedingungen ihrer Reise in die EU belegen sowie ihre Absicht nachweisen, innerhalb von 180 Tagen die EU wieder zu verlassen. Durch die Visaliberalisierung werden allerdings die Vorbereitungszeit und die mit der Einreise in den Schengen-Raum verbundenen Kosten reduziert. Seit Juni 2013 ist eine Neuregelung in Kraft, die den Kreis der Personen erweitert, bei denen die Visumgebühren nicht anfallen. Dazu gehören Personen mit engen Familienangehörigen in der EU, sowie Personen und Jugendgruppen, die Veranstaltungen, Fortbildungen etc. in der EU besuchen. Ohne Visum einreisen können Inhaber_innen von biometrischen Dienst- und Diplomatenpässen, jedoch nur für die Dauer von 90 Tagen im Zeitraum von 180 Tagen (Kommission und Republik Moldau 2013).

Die Visumerteilung ist nicht mit einer Arbeitserlaubnis in Ländern der Europäischen Union verbunden. Nach dem weiteren Aktionsplan würde die Visumbefreiung generell nur für moldauische Staatsangehörige gelten, die im Besitz eines biometrischen Passes sind. Die erste Phase dieses Aktionsplans, nämlich das Aufsetzen diverser Umsetzungsprogramme, ist von der EU wohlwollend registriert worden. Moldau muss sich nun in der Umsetzung weiterer Politikprogramme beweisen. Die Sicherheit von Dokumenten durch die Einführung biometrischer Pässe wird hierbei als zentraler Baustein gesehen.

Die irreguläre Einwanderung von Moldau in die Europäische Union wird durch die bereits umgesetzte Reform und Umwandlung des Grenzschutzes zur Grenzpolizei angegangen. Abkommen mit Frontex und östlichen Nachbarländern wurden ebenfalls ausgehandelt. Das sogenannte Working Arrangement zwischen Moldau und Frontex wurde 2008 geschlossen und hat vor allem Informationsaustausch, Risikoanalyse und Ausbildungstrainings für den moldauischen Grenzschutz zum Inhalt. Frontex finanziert außerdem die Teilnahme Moldaus an sogenannten *Joint Operations*.

Zu den von Moldau eingegangenen Verpflichtungen gehören Reintegrationsmaßnahmen für Rückkehrer, die Weiterentwicklung der Asylgesetzgebung im Einklang mit den Menschenrechts- und Flüchtlingskonventionen und Maßnahmen zur Vermeidung von Staatenlosigkeit.

Alle Schwerpunktthemen, nämlich: Dokumentensicherheit, Kampf gegen irreguläre Migration einschließlich Rückübernahme, Grenzkontrollen, Öffentliche Ordnung und Sicherheit und Außenbeziehungen und Grundrechte werden im Sinne von Good Governance mit Anti-Korruptionsmaßnahmen flankiert; im Bereich Öffentliche Ordnung und Sicherheit steht der Kampf gegen Korruption im Vordergrund. Neben Gesetzen zur Bekämpfung von Menschenhandel und zur Bekämpfung von Terrorismus wurden Rechtsdurchsetzungsstrategien, grenzüberschreitende Kooperationen bei der Verbrechensbekämpfung und ein Anti-Korruptionszentrum beschlossen.

Das Rückübernahmeabkommen zwischen der EU und der Republik Moldau ermöglicht aus EU Sicht die erleichterte, reibungslose Rückführung irregulärer Migrant_innen und wird als effektives Mittel gegen irreguläre Migration zwischen der Republik Moldau und der EU betrachtet. Das Abkommen trat am 1. Januar 2008 in Kraft. Die Republik Moldau hat damit eindeutige Verpflichtungen und Bedingungen für die Rückübernahme ihrer Staatsangehörigen, die die Bedingungen für die Einreise oder den Aufenthalt im Gebiet der EU-Mitgliedstaaten nicht oder nicht mehr erfüllen, akzeptiert und wendet diese an. Gleiches gilt für Drittstaatsangehörige und Staatenlose, die über die Republik Moldau in das Gebiet der EU Mitgliedstaaten eingereist sind, sowie für die Inhaber eines von der Republik Moldau ausgestellten

Visums oder Aufenthaltstitels. Die EU-Mitgliedstaaten berichten regelmäßig über die insgesamt zufriedenstellende Anwendung des Rückübernahmeabkommens mit der Republik Moldau. Im Rahmen des Rückübernahmeabkommens EU - Republik Moldau hat die Republik Moldau außerdem bilaterale Durchführungsprotokolle mit einzelnen EU-Mitgliedstaaten abgeschlossen. Durchführungsprotokolle mit Österreich, der Tschechischen Republik, Estland, Ungarn, Deutschland, Lettland, Litauen, Malta, Rumänien und der Slowakei sind in Kraft getreten. Die Verhandlungen mit Bulgarien, Italien, Polen und den Niederlanden wurden abgeschlossen.

Nach Angaben der moldauischen Regierung stiegen sowohl die Anfrage an Rückübernahmen an Moldau von 33 in 2008 auf 242 in 2011 als auch die Zahl der zurückgenommenen Migranten von 23 in 2008 auf 126 in 2011. Um die Aufnahme von Drittstaatenangehörigen wurde Moldau bisher nicht ersucht. Im Jahr 2010 schob Moldau 54 Personen auf der Grundlage bilateraler Rückübernahmeabkommen in ihre Herkunftsländer ab; in 2011 stieg die Zahl auf 70.

Moldau ist in mehrere Foren für Dialog und Zusammenarbeit im Bereich Migration involviert. Alle östlichen Partnerländer und einige EU-Mitgliedstaaten nehmen am Söderköping-Prozess teil, der 2001 eingeleitet wurde und darauf abzielt, Erfahrungen in den Bereichen Asyl, internationaler Schutz, Migration und Grenzverwaltung zwischen den EU-Staaten und ursprünglich Moldau, der Ukraine und Belarus auszutauschen. Dieser Konsultationsprozess wird von der EU finanziert und vom UNHCR durchgeführt. Die Internationale Organisation für Migration (IOM) agiert als Partner des Prozesses.

Außerdem ist Moldau Teil des Prager Prozesses, in dem es um intensivere Zusammenarbeit zwischen den beteiligten Staaten in Bezug auf die verschiedenen Aspekte der Migrationssteuerung geht. Mehr als 50 Staaten – neben den EU Mitgliedstaaten vor allem osteuropäische Staaten – nehmen an diesem Prozess teil. Koordiniert wird der Prozess von der ICMPD, dem Internationalen Zentrum für die Entwicklung von Migrationspolitik in Wien. In diesem Prozess sind alle wichtigen Themen der Migration und Migrationskontrolle zusammengefasst und in Aktionsplänen gebündelt.

Wichtig ist, dass Partnerschafts- und Kooperationsabkommen, Rückübernahmeabkommen, Visaerleichterungsabkommen, eine verbindliche Rechtsgrundlage haben; Kooperationsplattformen hingegen dienen der Koordinierung, dem Abstecken von Zielen und der Schaffung einer Ebene des gemeinsamen Dialogs. Sie sind wie Mobilitätspartnerschaften, der Dialog über Visafragen und die Aktionspläne nicht bindend und eher operativ. Durch die Teilnahme demonstrieren Staaten auch ihre Bereitschaft, sich in ein von der EU finanziertes und international gesteuertes Programm des Migrationsmanagements zu integrieren.

Zugrunde liegt den Kooperationen der von der EU 2011 eingebaute Grundsatz „Mehr für mehr“: Je mehr sich ein Partnerland auf dem gemeinsam skizzierten Weg der Demokratisierung, Good Governance, Sicherheit und Wirtschaftsentwicklung bemüht, desto stärker wird es von der EU unterstützt. Dieses Konzept stärkerer Anreize sollte neue Akzente und auch ein kompetitives Element in der Nachbarschaftspolitik setzen, ob dies aber gelungen ist, scheint fraglich (Popescu 2011). Auf Maßnahmen zur Migrationssteuerung bezogen heißt das: Nur wenn Moldau sich mit der Anpassung seiner Gesetzgebung an EU Vorgaben bereit erklärt, und in dem Maße wie eine Umsetzung auch erfolgt, werden weitere Geldmittel und Vergünstigungen, wie zum Beispiel im Visadialog, gewährt.

Geld für Anpassung: EU-finanzierte Projekte in Moldau

Die Europäische Union ist neben Russland der größte Geldgeber für die Republik Moldau und hatte in der Zeit von 1991 bis 2010 mehr als 500 Mio. Euro für die Republik Moldau bereitgestellt. Für den Zeitraum 2010 -2013 ist insgesamt die gleiche Menge von 500 Mio. Euro vorgesehen, womit der intensiveren Kooperation auch finanziell Ausdruck gegeben wurde. Ein Richtbetrag von 273.140.000 Euro wurde Moldau für die Jahre 2011-13 im Rahmen des Europäischen Nachbarschafts-und Partnerschaftsinstrument (ENPI) zugewiesen. Die allgemeinen Ziele der bilateralen Hilfe der EU für die Republik Moldau sind im Länderstrategiepapier (2007-2013) festgeschrieben. Für zahlreiche Projekte stehen außerdem Kredite der Weltbank, der Europäischen Bank für Wiederaufbau und Entwicklung (EBWE) und der Europäischen Investitionsbank (EIB) zur Verfügung.

Die Europäische Union fördert Projekte in den Bereichen Konfliktprävention, Umwelt, Good Governance und Korruptionsbekämpfung, Demokratie, Menschenrechte und Unterstützung wirtschaftlicher und institutioneller Reformen, menschliche Entwicklung, Infrastruktur, Kommunikation und Verkehr, außerdem unterstützt sie die ländliche Entwicklung, Raumplanung, Landwirtschaft und Ernährungssicherheit und Projekte zugunsten von sozialer Kohäsion und Beschäftigung, Handel und regionale Integration, Wasser und Energie. Der Bereich Justiz und Inneres zählt auch in der Förderperiode 2007-2013 zu den wesentlichen Haushaltslinien der Unterstützung. Gelder in Höhe von über 100 Millionen Euro werden hier aufgewendet. Nach Angaben der EU-Delegation in Moldau werden knapp zwei Drittel dieser EU-Unterstützung für die anstehenden Justizreformen (50 Millionen Euro im Rahmen von Budgethilfe und weitere 10 Millionen Euro technische Hilfe) verwendet. Die übrigen Gelder werden für Telekommunikations-Ausrüstung, für Grenzschutz und biometrische Pässe vergeben (20 Mio. Euro), Projekte die sich darüber hinaus mit Migration befassen, werden mit bis zu fünf Millionen Euro ausgestattet. Für den Kampf gegen Korruption sind sieben Millionen Euro im Haushalt eingestellt (Parkes and Villup 2012: 2).

Zusätzlich hat Moldau zwischen 2009 und 2011 etwa eine Million Euro erhalten für den Aufbau von regionalen Schutzprogrammen (Regional Protection Programme) und ein Integrationsprojekt für die wenigen Asylsuchenden im Land.

Moldau als Baustein in der Europäischen Migrationsarchitektur

Moldau ist weder ein attraktives Transit- noch Zielland für Flüchtlinge und Migrant_innen. Gleichwohl hat Moldau eine Reihe von Rückübernahmeabkommen mit Drittländern abgeschlossen oder steht in Verhandlungen. Rückübernahmeabkommen mit Norwegen, der Ukraine und Mazedonien sind bereits seit Ende der 1990er Jahre in Kraft. Rückübernahmeabkommen mit Serbien, Bosnien und Herzegowina sowie Montenegro wurden unterzeichnet. Mit der Türkei, der Ukraine (um das Rückübernahmeabkommen von 1997 zu ersetzen), Albanien, Russland und Aserbaidschan laufen die Verhandlungen noch und mit Libanon sollen sie aufgenommen werden.

Schon bevor die EU den Visadialog mit Moldau aufgenommen hat, bestand die Visapflicht für Staatsangehörige Albaniens, Bosnien und Herzegowinas, Kroatiens, Mazedoniens, Montenegros, Serbiens, der Türkei und Vietnams, ebenso wie Chinas und Turkmenistans. Staatsangehörige Armeniens, Aserbaidschans, aus Belarus, Kasachstan, Kirgisistan, Russland, Tadschikistan, Ukraine und Usbekistan können bis zu 90 Tage ohne Visum in Moldau aufhältig sein. Gegenüber Georgien und Aserbaidschan tritt die Republik Moldau als Vorbild im Hinblick auf Europäische Integration auf. Die Ausgestaltung der Mobilitätspartnerschaft wird durch die Regierung als Best Practice angepriesen und Moldau gefällt sich in der Rolle, Kompetenzen und Wissen hier weiterzuvermitteln um die Mobilitätspartnerschaften, die die EU mit diesen Staaten abgeschlossen hat, in Fahrt zu bringen. Moldau übernimmt so die Aufgabe der weiteren Verbreitung europäischer Normen und Vorstellungen zur Kontrolle von Migration.

Eine Immobilitätspartnerschaft

Seit 2008 gibt es eine Mobilitätspartnerschaft zwischen der EU und der Republik Moldau – Hauptanliegen ist auch hier die Reduzierung der irregulären Zuwanderung nach Europa. Weitere Kernelemente sind ein effizienterer Bezugsrahmen für die legale Migration und Reintegration zurückkehrender Migrant_innen, indem Projekte innerhalb der Mobilitätspartnerschaft u. a. bei Problemen wie Sozialschutz, Grenzschutz, Geldsendungen und der Art von Informationen, die potenzielle und zurückkehrende Migrant_innen erhalten, ansetzen.

Bei der Mobilitätspartnerschaft handelt es sich um einen flexiblen Rahmen für eine Steuerung von Migrationsströmen zwischen einem Drittstaat und der Europäischen Union. Dabei geht es darum, durch Gespräche und praktische Zusammenarbeit im Interesse der Europäischen Union, Drittländern und der Migrant_innen selbst eine Steuerung der Migrationsströme sicherzustellen. Mobilitätspartnerschaften sind ein fester Bestandteil des EU-Gesamtkonzepts für die Migrationsfrage. Fünfzehn EU-Mitgliedstaaten haben die Mobilitätspartnerschaft mit Moldau unterzeichnet: Bulgarien, die Tschechische Republik, Zypern, Frankreich, Deutschland, Griechenland, Italien, Litauen, Polen, Portugal, Rumänien, die Slowakei, Slowenien, Schweden und Ungarn. Die Mobilitätspartnerschaft ist völkerrechtlich nicht bindend, sondern kann lediglich als flankierendes politisches Mittel in Ergänzung zu den vorgestellten Kooperationen gesehen werden.

So hält die Kommission 2011 in einer Mitteilung an das Europäische Parlament über die Zusammenarbeit im Bereich Justiz und Inneres im Rahmen der Östlichen Partnerschaft auch fest, dass die Strukturen der Partnerschafts- und Kooperationsabkommen bzw. Assoziierungsabkommen der Hauptrahmen für die bilaterale Zusammenarbeit bleiben. Mobilitätspartnerschaften sollen den Rahmen für Dialog und operative Zusammenarbeit bilden: „… zu entwickeln wäre ein Instrument zur Überwachung der langfristigen Auswirkungen der Mobilitätspartnerschaften auf Migrationsströme, Migrationssteuerung …“ (Kommission 2011: 4).

Die Mobilitätspartnerschaft wird in einer Vielzahl von Projekten und Initiativen von beteiligten EU-Mitgliedstaaten und Moldau durchgeführt, teilweise aus dem eigenen Haushalt, teilweise aus EU Geldern gespeist (vgl. Ministry of Foreign Affairs). Das Ziel der einzelnen EU Mitgliedstaaten ist

> „… unter Berücksichtigung ihrer jeweiligen Arbeitsmarktlage und ihrer sozioökonomischen Gegebenheiten legale Migration, unter anderem zirkuläre Migration und temporäre Migration, insbesondere für Entwicklungszwecke, zu erleichtern, eine Zusammenarbeit im Bereich Migration und Entwicklung herzustellen, illegale Einwanderung, Menschenhandel und Schleusung zu verhindern und zu bekämpfen sowie eine wirksame Politik im Bereich der Rückkehr und der Rückübernahme unter Achtung der Menschenrechte und der einschlägigen internationalen Rechtsinstrumente für den Schutz von Flüchtlingen zu fördern und dabei die Lage der einzelnen Migranten und die sozioökonomische Entwicklung der Unterzeichner zu berücksichtigen“ (Rat der Europäischen Union 2008: 2).

Aufschlussreich ist die Sprachwahl: Während illegale Einwanderung, Menschenhandel und Schleusung verhindert und bekämpft werden, so soll legale Migration lediglich erleichtert oder berücksichtig werden, anderes gefördert. Die zentrale Einschränkung lautet: *Unter Berücksichtigung ihrer jeweiligen Arbeitsmarktlage und ihrer sozioökonomischen Gegebenheiten.* Diese Konstruktion stellt es den EU-Mitgliedstaaten anheim, nach eigenen Interessen eine Einwanderung zu erlauben oder nicht. Die genannte Einschränkung verweist auf die Diskrepanz zwischen der Rolle der Organe der Europäischen Union und den Interessen ihrer einzelnen Mitgliedstaaten. Zugänge zum Arbeitsmarkt fallen unter die sorgsam gehegte jeweilige nationale Souveränität. Ein europäisches Konzept wie die Mobilitätspartnerschaft ist, will es erfolgreich sein, auf die Bereitschaft der Mitgliedstaaten angewiesen. Fehlt diese Bereitschaft Einwanderung in nationale Arbeitsmärkte zuzulassen, so wird aus einer Mobilitätspartnerschaft eine Immobilitätspartnerschaft.

Da in absehbarer Zeit kaum ein EU-Mitgliedstaat Interesse daran haben wird, Einwanderung aus Moldau zu erlauben, reduziert sich die Partnerschaft im Wesentlichen auf Maßnahmen, die eine Migrationskontrolle in Moldau sicherstellen und kleinere Projekte, zum Beispiel im Bereich Migration und Entwicklung oder Geldtransfer.

Transparenz im Hinblick auf die dafür verfügbaren und umgesetzten Gelder ist nicht gegeben. Die Evaluierung moniert, dass insbesondere bei bilateralen Projekten mit Mitgliedstaaten häufig keine Kosten angeführt werden. So kann lediglich geschätzt werden, dass im Rahmen der Partnerschaft zwischen 2008 und 2011 für Maßnahmen zur Verbesserung legaler Migration und Mobilität zwei Millionen Euro verwendet wurden, während die Bekämpfung irregulärer Migration und des Menschenhandels (Unterstützung für Grenzsicherheit ist in diesem Betrag nicht enthalten) sechs Millionen Euro betrug und dass Initiativen im Bereich Migration und Entwicklung auf maximal 7 Millionen Euro geschätzt werden können. Für den internationalen Flüchtlingsschutz werden 365.000 Euro angenommen.

Die Ziele, die die einzelnen EU Mitgliedstaaten durch ihre Mobilitätspartnerschaft mit Moldau verfolgen sind sehr unterschiedlich. Bislang zeigt sich allerdings mehr als deutlich, dass der Entwicklungsaspekt hinter dem Ziel der Grenzsicherung und Bekämpfung irregulärer Migration zurücksteht. Damit ist die EU ihrer Sicherheitsstrategie treu, in der sie Sicherheit als Vorbedingung für Entwicklung hervorhebt, eine Haltung, die auch die Initiativen der EU Mitgliedstaaten im Rahmen der Mobilitätspartnerschaft mit Moldau teilen.

Bi- und multilaterale Initiativen innerhalb der Mobilitätspartnerschaft konzentrieren sich auf die Konsolidierung des nationalen Migrationsmanagements durch Stärkung institutioneller Voraussetzungen im Staatsapparat. Ein breites Maßnahmenspektrum zielt hier auf den Kampf gegen illegale Migration, Menschenhandel, Migrations- und Grenzmanagement, administrative Vorgänge und Aufnahmeeinrichtungen, internationalen Schutz und die Integration von Flüchtlingen und Ausländern, das Visa System, Niederlassungsmöglichkeiten von Ausländern, Rückkehr und Rückübernahme. Grenzkontrollbehörden wurden evaluiert und reorganisiert und die Ausbildung der Grenzpolizei überprüft. Die Dokumentensicherheit war Gegenstand gleich mehrerer Projekte. An den Grenzen wurden Kooperationen und Abkommen mit Frontex vorgesehen und umgesetzt.

Im Rahmen der Mobilitätspartnerschaft wurden bisher mehr als 90 Projekte initiiert. Eine erste Evaluierung steht seit September 2012 zur Verfügung. Durchgeführt von der moldauischen Koordinierungsstelle für die Mobilitätspartnerschaft im Außenministerium, die ein sehr positives Fazit aus den ersten Jahren der Partnerschaft zieht, aber auch ein durchaus differenziertes Bild über die Wirkung der Initiativen zeichnet. Die wenigen Einzelinitiativen und Pilotprojekte, die sich auf Konzepte zirkulärer Migration konzentrieren, u. a. von Italien, Rumänien, Polen, Zypern und Griechenland angeführt, sind nur für eine sehr geringe Zahl gut ausgebildeter Migrant_innen anwendbar. Die europäische Wirtschaftsentwicklung wird eine Ausweitung auf eine größere Zahl von Begünstigten vermutlich auch weiterhin nicht begünstigen.

Einige Initiativen konzentrieren sich auf die bessere Nutzbarmachung von Rücküberweisungen für Entwicklung oder die Reduzierung von beim Transfer fälligen Bankgebühren. Von besonderer Wichtigkeit für die Interessen der Republik Moldau, so berichten uns Regierungsvertreter, ist das Projekt unter Führung der schwedischen Arbeitsagentur SPES, das auf die Schaffung und Stärkung von Kapazitäten der Behörden im Umgang mit Arbeitsmigration und Rückkehrmigration zielt und von 13 weiteren Unterzeichnerstaaten mit unterstützt wird.

Bei zahlreichen Projekten, die über Politikberatung hinaus in die Breite zielen, muss der Pilotcharakter der Projekte unterstrichen werden. Ein Projekt Italiens mit Moldau, das die negativen Effekte von Migration auf Minderjährige und zurückgebliebene Familien adressiert, stellt in einer Bedarfserhebung fest, dass etwa 168.000 Kinder ohne elterliche Betreuung in Moldau leben. Im Projekt erhielten 100 Jugendliche eine rudimentäre Berufsausbildung und 47 Lehrer wurden fortgebildet. Weitere 219 Jugendliche erhielten einen Kurs in Geschäftsgründung und 48 davon wurden mit Startgeld für die Eröffnung eines Geschäfts ausgestattet. Das Projekt ist mit ca. 2 Millionen Euro bestückt. Von einer Breitenwirkung kann bei etwa 300 Begünstigten nicht ausgegangen werden (Italian Ministry of Labour 2013a).

Moldau bemüht sich zunehmend um die Menschen, die bereits im Ausland sind. Positive Entwicklungen, die sich allerdings in der Praxis noch beweisen müssen, sind die Abkommen über Soziale Sicherheit von Migrant_innen. Ein guter Teil der in der Mobilitätspartnerschaft ausgewiesenen Projekte umfasst Konsultationen zum Abschluss von Vereinbarungen zur Sozialen Sicherheit von Migrant_innen, so den Zugang zu Sozialleistungen und die Übertragung von Renten und Pensionsansprüchen. Tatsächlich können viele Migrantinnen und Migranten, die aus Europa zurückgekehrt sind, auch von Verbesserungen hinsichtlich ihrer Arbeitsvertragsituationen berichten. Von Sozialversicherungsleistungen können jedoch bislang erst wenige Dutzend Arbeitsmigrant_innen profitieren. Mit Griechenland, Frankreich und Portugal gibt es Vereinbarungen zur Legalisierung irregulärer Moldauer. In Italien ist bereits eine weitgehende Regularisierung erfolgt (Cheianu-Andrei 2013: 43 f).

Der größte Mehrwert der Mobilitätspartnerschaft scheint darin zu liegen, dass sie einen Rahmen bietet, innerhalb dessen Transparenz, Koordination, gemeinsames Planen und Synergien zwischen Einzel- und Gemeinschaftsinitiativen gestärkt werden können. Über den Mehrwert, den die Initiativen bisher für die Migrantinnen und Migranten und auf die Entwicklung gehabt haben, lässt sich dagegen kaum etwas sagen. Vielmehr muss die Partnerschaft weiterhin in Bezug auf das allgemeine EU-Ziel der Migrationskontrolle und Begrenzung irregulärer Einwanderung verstanden werden, verbunden mit dem Wunsch einer umfassenden Migrationspolitik, die Außen-, Entwicklungs-, soziale, wirtschaftliche und Sicherheitsprioritäten miteinander verbindet. Das Instrument ist auch der Versuch, flexible Formen menschlicher Mobilität, zeitlich begrenzte und zirkuläre Migration zu regulieren. Indem Moldau die Partnerschaft eingegangen ist, hat sich das Land verpflichtet seine Politiken in Einklang mit diesen EU Prioritäten zu bringen, seine Grenzen zu stärken und Menschenhandel zu bekämpfen. Im Gegenzug hat die EU versprochen diese Bemühungen zu belohnen.

Migrationserfahrungen

Wir treffen in einer Berufsschule vier junge Erwachsene, die alle bereits auf eine mehrjährige Migrationserfahrung zurückblicken und, während das Antragsverfahren auf einen rumänischen Pass läuft, eine Berufsausbildung begonnen haben.

Andrej, 24, hat drei Jahre lang in Zypern bei einem Gemüselieferanten als Fahrer und Lagerist gearbeitet. Den Kontakt zu dem Unternehmen hatte er über eine Nachbarin hergestellt, deren Kinder dort bereits arbeiteten. Nach einer Probezeit von vier Monaten hatte Andrej zwei Jahresverträge. Einen Teil seines Lohns hat er an seine Eltern geschickt, aber den Großteil hat er in den Bau seines eigenen Hauses gesteckt. Nachdem im vergangenen Jahr aufgrund der Wirtschaftskrise keine Arbeit in Zypern möglich war, versuchte Andrej in Russland, wo bereits seine Brüder und sein Schwager arbeiteten, einen Job zu bekommen. Zweimal ist er um seinen Lohn geprellt worden. Einmal hat ihm die Polizei „Gebühren“ abgenommen.

Eugen, 24, arbeitet in der Firma eines russischen Verwandten, der Eugens moldauische Kusine geheiratet hat. Eugen bekommt ordentliche Arbeitsverträge, repariert dort Autos, hat einen Platz zum schlafen mit anderen Arbeitsmigranten, Zugang zu Skype und Internet und keinen schlechten Lohn. Außerdem durften die Arbeiter gemeinsam Fußball spielen und Feste feiern. Dennoch hofft er mit einem rumänischen Pass auf einen besseren Job in Europa. Dort, so ist er sicher, gibt es keinen Ärger mit der Polizei und auch keinen mit Russen.

Sergio ist 20 Jahre alt, auch er ist über die Kontakte eines Freundes nach Moskau gegangen und hat dort drei Jahre lang, sechs Tage in der Woche, für unregelmäßigen, manchmal ausbleibenden Lohn in einer Autowaschanlage gearbeitet. Aufgrund der hohen Lebenshaltungskosten in Moskau konnte er kaum Erspartes zurücklegen. Die Polizei ist mehrmals äußerst brutal gegen ihn vorgegangen. Ein rumänischer Pass steht für die Hoffnung auf ein gewaltfreies Leben mit fairen Arbeitsbedingungen.

Viktor, 21 Jahre, möchte im Gegensatz zu den anderen Jungen bald dauerhaft nach Moskau auswandern. Er ist das erste Mal vor zwei Jahren nach Russland gegangen, seine Eltern haben ihn damals aufgefordert, sie zu begleiten. Nach drei Monaten beantragte er eine Verlängerung für sechs Monate und nun eine Arbeitserlaubnis. Sein Onkel hat eine Reinigungsfirma aufgebaut, in der seine Eltern, seine Schwester und bald er selbst beschäftigt sein werden. Während seine Eltern eines Tages in ihre Heimat zurückkehren möchten, hofft Viktor auf russische Papiere, für die er allerdings eine Wartezeit von fünf Jahren einkalkulieren muss und ein Vermögen von mindestens 60.000 Rubel (gut 1.500 Euro) nachzuweisen hat. Er sagt, dass nicht klar ist, wie hoch die Gebühren für den Pass sein werden. „Ungleich höher als der rumänische Pass, aber vielleicht kann mir mein Onkel helfen“.

Modernisierung oder Anpassung?
Gesetze und Konventionen zum Schutz der Migrant_innen

Moldau hat insbesondere seit dem Eintreten in die Mobilitätspartnerschaft eine Vielzahl von Gesetzen über Asyl und Migration verabschiedet oder bestehende Regularien nach europäischem Standard aktualisiert. IOM und andere Akteure beurteilen ihren Inhalt als weitgehend und fortschrittlich, aber die Umsetzung muss sich erst noch beweisen.

- 2002 wurde ein erstes Rahmenprogramm für Migration durch das Parlament ratifiziert, das dazu diente nationale Gesetzgebungen zum Themenfeld Migration vorzubereiten und an internationale Standards anzupassen. Zahlreiche der zehn Jahre zuvor im Zuge der Unabhängigkeit geschaffenen und mit der Auflösung der Sowjetunion verbundene Gesetze, die vor allem Zuwanderung aus der ehemaligen UdSSR begrenzen sollten, waren zu ändern.

- Das Gesetz über Arbeitsmigration ist seit Jahresbeginn 2009 in Kraft und reguliert Arbeitsemigration als auch Immigration zu Arbeitszwecken und setzt Standards für private Arbeitsagenturen. Nach dem Gesetz kann die Emigration zu Arbeitszwecken unabhängig durch die privaten Arbeitsagenturen oder im Rahmen bilateraler Abkommen – wie es jüngst mit Italien existiert – erfolgen. Um sozialversicherungsberechtigt zu sein, müssen vor Ausreise ein Arbeitsvertrag bei der nationalen Arbeitsagentur vorgewiesen und entsprechende Beiträge entrichtet worden sein. Der Schutz der Rechte von Ausländern in Moldau ist durch das Gesetz über den Rechtsstatus von Ausländern, in Kraft ab 2010, und andere zusätzliche Gesetze gewährleistet. Tatsächlich beantragen nur zwischen 1000 und 2000 Menschen pro Jahr aus dem Ausland Aufenthalt in Moldau, über die Hälfte zu Arbeits- und Ausbildungszwecken. Die meisten aus der EU und USA.

- Der Schutz der Rechte der Opfer von Menschenhandel und Opfern von häuslicher Gewalt wird durch das Gesetz zur Verhütung und Bekämpfung des Menschenhandels von 2006 und das Gesetz zur Verhütung und Bekämpfung häuslicher Gewalt aus dem Jahr 2008 und damit zusammenhängenden Gesetzen und Vorschriften festgeschrieben.

- Die Regierung hat eine Vielzahl von Aktionsplänen auf den Weg gebracht, um die Themen Migration und Asyl in politischen Maßnahmen anzugehen. Ergänzt werden sie von einem nationalen Plan zur Prävention und dem Kampf gegen Menschenhandel und häusliche Gewalt.

- Im Februar 2010 entschied die Regierung außerdem, eine permanente Kommission/Beratungsgremium einzurichten, das die Koordination und das Monitoring für das Zusammenspiel lokaler und zentraler Behörden zum Thema Migration übernehmen sollte.

- Die Visumpflicht ist für EU-Bürger und einige weitere Staaten wie Israel, die

Schweiz oder Monaco abgeschafft, darüber hinaus regelt das Ausländergesetz von 2010 die weiteren Bestimmungen.

- Auch sieben der wichtigsten Menschenrechtsabkommen der Vereinten Nationen hat Moldau ratifiziert. Darunter der Zivilpakt, der Sozialpakt, die Anti-Rassismus Konvention, die Frauenrechtskonvention, die Anti-Folter Konvention, die Kinderrechtskonvention und die Behindertenrechtskonvention. Der Genfer Flüchtlingskonvention ist Moldau 2002 beigetreten, nicht aber der Konvention gegen Verschwindenlassen und der Wanderarbeiterkonvention.

- Moldau hat die Palermo-Konvention, also das Übereinkommen gegen die grenzüberschreitende organisierte Kriminalität und die beiden Protokolle gegen die Schleusung von Migranten auf dem Land-, See- und Luftweg und zur Verhütung, Bekämpfung und Bestrafung des Menschenhandels, insbesondere des Frauen- und Kinderhandels angenommen.

- Außerdem hat Moldau die ILO Konventionen 29 über Zwangs- und Pflichtarbeit, 111 zu Diskriminierung in Beschäftigung und Beruf, und 182 über das Verbot und Maßnahmen zur Beseitigung der schlimmsten Formen der Kinderarbeit ratifiziert.

- Die Regierung der Republik Moldau kommt außerdem ihren Berichtspflichten gegenüber Menschenrechtsgremien nach.

Inwieweit Moldau seine eingegangenen Pflichten im Hinblick auf Staatenlosigkeit, den Umgang mit rassistischer Diskriminierung und irregulären Migrant_innen einlöst, ist nicht feststellbar. Repräsentative Daten fehlen. Nichtregierungsorganisationen aus Moldau haben allerdings auf gravierende Missstände im Hinblick auf Roma hingewiesen.

Gute Gesetze, mangelnde Umsetzung

Die Gesetzgebung, die in den vergangenen Jahren im Kontext des Visadialogs, der Mobilitätspartnerschaften und der Östlichen Partnerschaft entwickelt und verabschiedet wurde, entspricht den von der EU gesetzten Vorgaben. Sie ist daher auch Abbild von Konditionalisierung und Ergebnis externer Beratungen und Konsultationsprozesse sowie der Interventionen von IOM und ICMPD. Gleiches gilt für Aktionspläne und Rahmenprogramme, die jedoch nicht detailliert Auskunft darüber geben, wie genau die Ziele erreicht werden sollen. Eine der zentralen Problematiken ist, inwieweit die moldauische Regierung auch tatsächlich gewillt und fähig ist, die vorliegenden Gesetze umzusetzen, oder sie eher als Mittel zum Zweck der weiteren europäischen Integration betrachtet.

Dies gilt zum Beispiel für Gesetze und Maßnahmen zum Schutz vor Menschenhandel. Die Republik Moldau hat zwar wesentliche UN-Konventionen unterzeichnet, darunter das Palermo-Protokoll, das den Menschenhandel als Verbrechen definiert und einen besseren Schutz der Opfer vorschreibt. Auch besteht seit 2005 ein

Strafgesetz, das Menschenhändlern bis zu lebenslange Haftstrafen androht. Aber die Regierung hat bislang nicht einmal alle innerstaatlichen Rechtsvorschriften in Einklang mit den Bestimmungen des Protokolls gebracht. Nicht legale Migrantinnen und Migranten werden weiterhin kriminalisiert und werden haftbar gemacht, wenn sie sich in die Hände von Schleusern begeben haben.

Frauen und Mädchen sind weiterhin der Gefahr ausgesetzt, Opfer von Menschenhandel zum Zweck der sexuellen Ausbeutung zu werden, während gleichzeitig eine Tendenz zu Menschenhandel zum Zweck der Ausbeutung der Arbeitskraft zu beobachten ist. Dieser Trend gilt insbesondere in der Landwirtschaft und im Baugewerbe. Kinder werden in Nachbarländer verkauft und werden gezwungen dort zu arbeiten oder zu betteln. Auch wenn die Regierung vereinzelt Belege liefert, entschiedener gegen die organisierte Kriminalität vorzugehen, bleibt die Straflosigkeit für Menschenhändler besorgniserregend hoch. Denn während bei der Unterstützung der Opfer von Menschenhandel gewisse Verbesserungen feststellbar sind, bleibt die geringe Quote der Identifizierung von Tätern von Menschenhandel und ihre Strafverfolgung ein Problem.

Nach den Angaben moldauischer Behörden ist die Republik Moldau in erster Linie ein Herkunftsland für Opfer von Menschenhandel. Nach Informationen des Innenministeriums wurden in 2008 158 Opfer von Menschenhandel im Jahr identifiziert, 159 in 2009 und 181 im Jahr 2010. Die überwiegende Mehrheit der identifizierten Opfer waren Frauen für Ausbeutung im Ausland bestimmt. Neben Prostitution als Hauptbestimmung werden zunehmend Fälle von Zwangsarbeit, Organentnahmen und Betteln registriert.

Den Erfahrungen der NGO Beginning of Life (BoL) zufolge zeigt die Tatsache allein, dass immer mehr neue Prozesse gegen Menschenhändler eröffnet werden, noch nicht, dass die Verbrechen erfolgreicher bekämpft werden. Die Zahl der Verurteilungen ist weiter enttäuschend niedrig. In der Praxis werden Fälle von Menschenhandel häufig mit dem Etikett „irreguläre Migration“ versehen und Menschenhändler werden als Schleuser immer noch mit geringeren Strafen versehen als die eigentlichen Opfer von Menschenhandel. Am Ende eines Menschenhandel-Prozesses werden ca. zwei Drittel der Täter nur noch wegen Zuhälterei oder Schleusertum angeklagt. Es gebe in Moldau praktisch keinen Opferschutz. Die Frauen verlieren damit ihre Immunität als Opfer von Menschenhandel, sie werden zu Zeugen und können dann für ihre illegale Ausreise bestraft werden. Also klagen sie lieber nicht. Sie hüllen sich in Schweigen, weil sie die Verachtung in ihrem Dorf oder in der Familie fürchten. Auch die Kompensationszahlung, die Opfern von Menschenhandel per Gesetz zustünde, wird nur in seltenen Fällen zugesprochen.

Die Berichte über verschwundene junge Frauen, so erklärt uns BoL, sind weiterhin hoch, doch die Zahl der Migrantinnen, die aus den Händen von Menschenhändlern befreit werden, nimmt ab. Die internationalen Statistiken fallen oft recht unterschiedlich aus. Von gesicherten Zahlen kann nicht gesprochen werden, da der Menschenhandel ein Kontrolldelikt und die Dunkelziffer sehr hoch ist.

Die OSZE-Sonderberichterstatterin über Gewalt gegen Frauen hat festgestellt, dass in der Republik Moldau Gewalt gegen Frauen ein weit verbreitetes Phänomen bleibt (OSCE 2012). Häusliche Gewalt ist weithin akzeptiert und wird als Teil des Privatlebens von Männern und Frauen wahrgenommen, das ein polizeiliches Einschreiten nicht rechtfertigt. Nach Angaben der IOM ist häusliche Gewalt aber einer der wichtigsten Push-Faktoren für den Handel mit Menschen (90 Prozent der Opfer von Menschenhandel waren zuvor Opfer von häuslicher Gewalt; IOM 2011). Im September 2010 wurden wichtige Änderungen an einer Reihe von Gesetzen vorgenommen, um die Wirksamkeit des rechtlichen Rahmens für die Bekämpfung der häuslichen Gewalt und andere Formen von Gewalt gegen Frauen (zum Beispiel bei der Kriminalisierung von häuslicher Gewalt, etc.) zu erhöhen. Dennoch steht ein wirksamer Schutz für die Opfer in der Hauptsache nicht zur Verfügung, vor allem in ländlichen Gebieten ist es schwierig Rollenbilder aufzubrechen und effektiv gegen Gewalt vorzugehen. Maßnahmen gegen häusliche Gewalt und das Ende der Straflosigkeit in diesem Bereich sind also weiterhin verbesserungswürdig. Hinzukommt, dass – wenngleich im Rahmen des von IOM federführend umgesetzten *National Referral System* durchaus Verbesserungen feststellbar sind – nach Angaben verschiedener Nichtregierungsorganisationen bei weitem nicht genug staatliche Versorgungsmöglichkeiten gegeben sind. So mangelt es weiterhin an Unterkünften für Opfer von häuslicher Gewalt und entsprechend ausgebildeten Fachkräften. Auch in der Sozialen Arbeit und in Curricula der Polizei haben Maßnahmen zum Umgang mit häuslicher Gewalt bislang kaum Eingang gefunden.

In der Zivilgesellschaft wird durchaus registriert, dass es in punkto Gesetzgebung zu vielen Neuerungen und Verbesserungen gekommen ist. Nichtsdestotrotz ist das Vertrauen in die politische Elite gering. Korruption sei weiterhin sehr stark verbreitet, der Korruptionswahrnehmungsindex verortet Moldau auf Rang 94, zusammen mit der Mongolei, Senegal und Dschibuti und hat sich damit seit 2009 auch noch verschlechtert. An der Umsetzungskompetenz und einer tatsächlichen Verbesserung für die Gesellschaft wird gezweifelt. Statistiken könne man leicht fälschen, um sich europäisches Wohlwollen zu sichern. Erlebnisberichte über die Bestechung von Grenzschützern, bei der Beschaffung von Ausweisdokumenten oder Ohnmachtssituationen gegenüber polizeilicher Gewalt sind häufig und bleiben aus Angst vor Patronage und mangelndem Vertrauen in die Gerichtsbarkeit meist anonym.

Diese Beobachtungen zivilgesellschaftlicher Organisationen werden gestützt von Bericht des US-Außenministeriums zu Menschenhandel in der Republik Moldau. Darin werden zahlreiche Anstrengungen der Moldauischen Regierung hervorgehoben, sich stärker in der Bekämpfung von Menschenhandel und sexueller Ausbeutung zu engagieren. Hier seien im letzten Jahr erhebliche Fortschritte erzielt worden. Gleichwohl stellt der Bericht fest, dass sich Anstrengungen nach wie vor auf die Hauptstadt konzentrieren und ländliche Gebiete, wo die Mehrzahl der Opfer lebt, nur wenig abgedeckt seien. Zudem sei Korruption bei den Strafverfolgungsbehörden und Gerichten Usus, ebenso wie die Bestechung und Einschüchterung von Zeugen und Opfern. Verfahren enden so häufig ergebnislos oder mit Strafen, die der Schwere des Vergehens nicht angemessen seien (United States Department of State 2013).

IOM und ICMPD – internationale Akteure im Auftrag der EU

Im Verhältnis zu Drittstaaten greifen sowohl die Europäische Union als auch einzelne Mitgliedstaaten häufig auf die IOM und das ICMPD zurück. Diese zwischenstaatlichen Organisationen sind weltweit Player im Bereich Migration, sowohl was die Expertise betrifft als auch hinsichtlich der Vermittlung und Durchführung von Projekten. Während das ICMPD sich konzentriert auf die Politikberatung und die Organisation von Dialogforen, ist die IOM in beinah allen praktischen Bereichen der Migrationspolitik vertreten. Fälschlicherweise wird die IOM bisweilen den Unterorganisationen der Vereinten Nationen gleichgestellt. IOM finanziert sich über Zuwendungen der Mitgliedstaaten und führt in der Regel Projekte durch, die von Mitgliedstaaten bzw. suprastaatlichen Verbünden wie der Europäischen Union finanziert werden. Dies impliziert a priori keinerlei humanitären Auftrag oder humanitäre Verpflichtung (Georgi 2012).

Die Internationale Organisation für Migration, IOM, ist ein zentraler Akteur bei der Policyentwicklung und Umsetzung in den Feldern Migration und Entwicklung, Asyl und Menschenhandel. Die Organisation ist engster Berater der moldauischen Regierung und Behörden. Viele Vorhaben der Regierung im Rahmen der europäischen Mobilitätspartnerschaft werden durch IOM implementiert, nachdem sie auch von IOM vorgeschlagen und im Rahmen von Workshops entwickelt wurden. IOM hat maßgeblich das sogenannte Extended Migration Profile erstellt, das eine exakte Analyse von Migrationsbewegungen liefern und Grundlage für weitere Policyentwicklungen bilden soll (IOM 2013). IOM berät die Regierung bei der Ausarbeitung von Gesetzen, die mittel- und unmittelbar mit Migration befasst sind. So erarbeitet IOM auch Vorschläge für die Korruptionsbekämpfung als Mittel zur Eindämmung von Menschenhandel.

Über verschiedene Websites und Flyer bewirbt IOM die Mobilitätspartnerschaft und bietet Beratung für Arbeitsmigrant_innen und soziale Sicherheit, Diaspora Engagement und freiwillige Rückkehr. IOM ist außerdem federführend (oder wichtiger Partner) im Bestreben, die Diaspora im Sinne von Ko-Development enger an die Heimat zu binden. So hat IOM ein Projekt realisiert zur kurzzeitigen Unterstützung von 30 im Ausland arbeitenden Akademikern, um Kooperationen und gemeinsame Forschungsprojekte mit dem Heimatland zu initiieren, die langfristige Entwicklungen durch Capacity Building und Fortbildungen nach sich ziehen und insgesamt die Bindung der Forscher nach Moldau stärken sollen. Ein weiteres Projekt widmet sich der Rückwerbung von international Studierenden, die gemeinsam mit dem Ministerium für Jugend und Sport und dem Bildungsministerium, sowie der nationalen Arbeitsagentur umgesetzt wird. Dies soll Brain Drain vorbeugen, indem bei der Reintegration nach Moldau Jobs und zusätzliche Zahlungen in Aussicht gestellt werden. Im Rahmen des Projekts Pare 1+1 bemüht sich IOM um ein verbessertes Investitionsklima und Kenntnisvermittlung, um mit dem Einsatz von Rücküberweisungen das Unternehmertum von Rückkehrern und der Diaspora anzuregen und wirtschaftliche Entwicklung anzukurbeln.

IOM Chisinau hat von 2006 bis 2010 über 630 „freiwillige" Rückkehrer_innen nach Moldau mit Reintegrationsmaßnahmen unterstützt; davon waren 308 aus Österreich. Die dabei angebotenen Leistungen für Rückkehrer sind jedoch in der Regel gering und werden von den jeweiligen Einreiseländern festgelegt. IOM agiert hier lediglich im Auftrag der rückführenden Staaten. Im Rahmen der EU Mobilitätspartnerschaft mit Moldau unterstützt IOM die Umsetzung der EU-Rückübernahmeabkommen mit Moldau, Russland und der Ukraine und engagiert sich nach eigenen Angaben für die nachhaltige Reintegration von freiwilligen Rückkehrern und die wirtschaftlichen und politischen Interessen in Ursprungs- Transit- und Zielländern. Im Rahmen von Rückübernahmeabkommen zurückgeführte Migrant_innen haben in der Regel keine oder nur sehr geringfügige Reintegrationsleistungen zu erwarten.

Das Internationale Zentrum für Migrationspolitikentwicklung, ICMPD, ist ähnlich wie IOM eine zwischenstaatliche Organisation und versteht sich ebenfalls als Dienstleister zugunsten seiner Mitgliedstaaten. Sie ist ein Instrument der Migrationsaußenpolitik seiner Mitgliedstaaten und agiert im Rahmen von seitens der EU oder einzelner Mitgliedstaaten finanzierten Programmen. Mit Ausnahme der Schweiz sind alle Mitgliedstaaten gleichzeitig Mitglieder der EU. ICMPD ist operativ an der Harmonisierung und Umsetzung der europäischen Migrationspolitik beteiligt. De facto funktioniert das ICMPD fast ausschließlich als Partner für die EU in der Umsetzung der europäischen Migrationspolitik und bildet vor diesem Hintergrund die moldauischen Verantwortlichen im Migrationsmanagement aus. Spezielle Projektförderung gibt es auch für den Aufbau von Kapazitäten bei Rückkehr von Migrant_innen, Rückübernahmen und der Visavergabe im Einklang mit europäischen Standards.

Sowohl IOM als auch ICMPD unterstützen die moldauischen Behörden seit 2006 im Kampf gegen Menschenhandel. Als Prestigeprojekt gilt das von IOM entwickelte National Referral System, dass verschiedene zivilgesellschaftliche Akteure, Behörden und Politikvertreter zusammenbringt und in abgestimmten Schritten potenzielle Opfer von Menschenhandel frühzeitig identifiziert und tatsächlichen Opfern von Menschenhandel Unterstützung bietet. Das Programm ist erheblich ausgeweitet worden. So wurden in 2007 34 Opfer und 52 potenzielle Opfer von Menschenhandel betreut, in 2011 erhielten 109 Opfer Unterstützung und weitere 651 Personen wurden mit präventiven Maßnahmen versorgt. Mangels eigener Kapazitäten ist IOM hierbei jedoch auch auf die Zusammenarbeit mit einheimischen NGOs angewiesen.

Andere internationale Akteure haben vergleichsweise wenig Einfluss auf das seitens der Europäischen Union forcierte Migrationsmanagement in der Republik Moldau. Das Hochkommissariat für Flüchtlinge UNHCR und die Internationale Arbeitsorganisation ILO haben keine dominante Rolle bei den Aktivitäten internationaler Organisationen in Moldau. Da Moldau kaum Zielland für Flüchtlinge ist, ist der UNHCR nicht besonders sichtbar. Im Rahmen der Mobilitätspartnerschaft hat

UNHCR einige Workshops zum Flüchtlingsschutz durchgeführt. Die Internationale Arbeitsorganisation ist federführend in ein Projekt zur Stärkung legaler Arbeitsmigration eingebunden.

Die Aktivitäten von ICMPD und IOM sind schwierig einzuschätzen. Zwar betonen mehrere unserer Gesprächspartner, dass die hohe Dichte von internationalen Beratern in der moldauischen Regierung die Korruption dort gesenkt und auch die Effizienz gesteigert habe. Doch diese Aussage nährt gleichzeitig den Verdacht, dass das Migrationsmanagement in erster Linie Sache der Berater und weniger die Herzensangelegenheit der moldauischen Regierung ist.

Parkes und Villup kommen in einer kritischen Betrachtung der EU Aktivitäten im Bereich Inneres und Justiz zu dem Schluss, dass das Verhältnis EU – Republik Moldau sich von einer Partnerschaft in ein Dominanzverhältnis gewandelt habe. Sie konstatieren einen Mangel an lokaler Ownership bei den Maßnahmen sowie ein Defizit bei den Kapazitäten zur Implementierung (Parkes and Villup 2012: 2 f). Statt dass die Europäische Union die Republik Moldau dabei unterstütze, sich vom Policy-taker zum Policy-maker zu wandeln, zementiere die bisherige Praxis einen Zustand, in dem Moldau von Europa vorgeschriebene Reformen übernimmt, ohne dass ersichtlich wird, ob überhaupt der Wille zur tatsächlichen Implementierung vorhanden ist.

IOM und ICMPD kommt dabei als den zentralen Politikberatern eine Schlüsselrolle zu. Dass eine konsequente Einmischung in moldauische Regierungsgeschäfte durchaus im Sinne der Europäischen Union geschieht, macht das folgende Zitat aus der Mitteilung der Kommission die Zusammenarbeit im Bereich Justiz und Inneres im Rahmen der Östlichen Partnerschaft betreffend deutlich:

„Die Intensivierung der Partnerschaft im JI-Bereich [Justiz und Inneres] setzt eine Reihe von Maßnahmen voraus. Die EU und ihre Mitgliedstaaten sollten fortfahren, die östlichen Partnerländer bei der Umsetzung aller notwendigen Maßnahmen zu unterstützen, u. a. durch Maßnahmen zum Aufbau von Kompetenzen und den Austausch von Informationen und beispielhaften Verfahren sowie gegebenenfalls unter Beachtung der jeweiligen Zuständigkeiten durch geeignete legislative und politische Maßnahmen in den Bereichen Migration und Mobilität, Sicherheit, Datenschutz sowie Justiz und Grundrechte“ (Kommission 2011: 6).

Grenzkontrollen durch EUBAM und Frontex

Die *European Union Border Assistance Mission to Moldova and Ukraine* (EUBAM) ist seit 2005 in Moldau präsent. Die Mission begleitet seit 2005 Zollaufgaben und die Grenzüberwachung zwischen Ukraine und Moldau, mit dem Ziel, die Zusammenarbeit zwischen beiden Staaten zu verbessern und auf vertrauensvolle Basis zu stellen. Die Mission wird von der EU-Kommission geführt und durch die EU und das Entwicklungsprogramm der Vereinten Nationen finanziert. Die Mission hat keine exekutiven Befugnisse, sondern fungiert als Ausbildungs- und Unterstützungseinrichtung für moldauische und ukrainische Sicherheitskräfte. Im Rahmen von EUBAM wurden auch Grenzkontrolleinrichtungen beider Staaten modernisiert und mit Überwachungstechnik ausgestattet. Neben der Anpassung der Verfahren an EU-Standards ist EUBAM unmittelbar an der Verhinderung von Schmuggel und der Bekämpfung von Korruption beteiligt. Ferner ist sie auf dem Gebiet der Demarkation der Grenzlinien aktiv und soll zu einer Entschärfung des Transnistrien-Konfliktes zwischen Moldau und der De-facto-Regierung in Tiraspol beitragen. Deutschland stellt von den rund 100 internationalen Mitgliedern der Mission und den weiteren ca. 120 Ortskräften bis zu 15 Missionsmitglieder. Im Wesentlichen manifestiert sich aber in EUBAM das europäische Interesse an einer Kontrolle der wichtigen Grenzen zwischen Moldau, inklusive Transnistrien, und der Ukraine. Europäische Verfahrensstandards und Kontrolltechniken sollen so den Personen- und Warenverkehr zwischen Moldau und Ukraine regulieren.

Weil die EUBAM in Moldau einige der sonst Frontex zugeschriebenen Aufgaben übernimmt, ist die europäische Grenzsicherungsagentur Frontex in Moldau nicht sonderlich präsent. Frontex hat Workshops mit der Grenzpolizei Moldaus durchgeführt und weitere in Aussicht gestellt, mit dem Ziel den Informationsaustausch zu verbessern, Risikoanalyse und Grenzsicherungskompetenzen zu schaffen und technisch zu unterstützen. Die European Union Border Assistance Mission to Moldova and Ukraine (EUBAM) und Frontex haben Kooperationen vereinbart, die etwa Schulungen des EUBAM Grenzpersonals beinhalten. Anlässlich der Fußballeuropameisterschaft wurde die moldauisch-ukrainische Grenze im Rahmen einer gemeinsamen Operation vor irregulären Grenzübertritten geschützt. Die fortwährende Präsenz der EUBAM Beamten in Moldau deutet darauf hin, dass die moldauische Grenzpolizei auch nach acht Jahren EUBAM nicht hinreichend in der Lage scheint, Grenzkontroll- und Zollaufgaben in eigener Regie zu übernehmen.

Gesellschaftliche Auswirkungen des EU Migrationsmanagements in Moldau

Der europäische Konditionalisierungsansatz „mehr für mehr“ und der viele Politikbereiche betreffende Visadialog sollte sich langfristig in der Gesellschaft bemerkbar machen. Einem Mehr an Migrationskontrolle sollte auch ein Mehr an Unterstützung in der sozialen, wirtschaftlichen und politischen Entwicklung des Landes folgen. Bisher haben die vielzähligen Initiativen und Aktionsprogramme jedoch nicht die spürbare Wirkung erzielt, die auf den Papieren angestrebt ist. Zwischen politischer und gesellschaftlicher Ebene macht sich eine weite Kluft auf. Zwischen den jeweiligen politischen Maßnahmen und potenziell Begünstigten, gebe es eine große Schicht von Profiteuren. „Simple people don't get a chance“, heißt es bei einigen unserer Gesprächspartner. Insbesondere außerhalb der Hauptstadt verspüren die Menschen keinerlei Verbesserungen. Die Landflucht hält an. Transnationale Wanderungen nach Europa und Russland verändern sich zahlenmäßig kaum, lediglich die Auswirkungen der Weltwirtschaftskrise und die schlechten Aussichten für Migrant_innen, Arbeit zu finden, führten vorübergehend zu weniger Auswanderungsdruck.

Die Ergebnisse der ersten Evaluierung der Mobilitätspartnerschaft durch das Außenministerium fallen nüchtern aus, was die Resultate für Entwicklung oder den Mehrwert für die Migranten selbst betrifft. Stattdessen sei vor allem wachsendes Vertrauen zwischen der EU und Moldau, aber auch zwischen den moldauischen Institutionen und Behörden zu beobachten, wenngleich auch unter diesen der Informationsfluss noch weiter verbessert werden könnte.

Ebenso ist nachzulesen, dass zwar einerseits noch weitaus mehr Daten gesammelt werden müssten, dass aber gleichzeitig auch noch gelernt werden muss, wie diese Daten in Erkenntnisse und dann in Politikprozesse eingearbeitet werden können (IOM 2013). In Gesprächen wird deutlich, dass auch Druck auf die Behördenmitarbeiter entsteht, die geforderten Datenerhebungen zu liefern. Die Dokumentation und Auswertung des Migrationsgeschehens bindet Ressourcen, Zeit und Kapazitäten, die nicht zusätzlich bereitgestellt werden.

In der Evaluierung heißt es, dass zusätzliche Arbeitskräfte und Finanzhilfen notwendig wären, um regelmäßige Aktualisierungen der unter dem Dach der Mobilitätspartnerschaft gebündelten Aktivitäten zu leisten und um die bislang unzureichende Repräsentation der Migrant_innen zu stärken. Hoffnung wird in das durch IOM konzipierte und als fortlaufenden Prozess an die Ministerien übergebene Extended Migration Profile gesetzt, durch das passgenaue Antworten auf die spezifischen und durch das EMP besser sichtbaren Probleme im Bereich Migration und Entwicklung möglich seien.

Unter den Migrationswilligen, die keine akademische Ausbildung haben und auch sonst nicht in das von der EU im Rahmen der Mobilitätspartnerschaft angesprochene Raster für Arbeitsmigration in Europa passen, haben sich für die Migration nach Europa keine Verbesserungen ergeben. Die Hoffnung, dass es in mittelbarer Zukunft zu Visafreiheit und in der Folge zu erleichterter Arbeitsaufnahme kommen kann, ist nicht gegeben. Neben der Familienzusammenführung scheint der rumänische Pass der einzig naheliegende und gangbare Weg nach Europa. Aber der Migrationsprozess setzt insbesondere Familien mit geringen Einkommen finanziell unter Druck. Familien verschulden sich durch die Beschaffung von rumänischen Pässen und andere Ausreisemodalitäten wie Schlepper oder gefälschte Dokumente.

Zivilgesellschaftliches Engagement

Anders als erhofft haben die Kooperationen mit der Europäischen Union und die Mobilitätspartnerschaft zwischen der EU und Moldau nicht dazu geführt, dass die Zivilgesellschaft gestärkt und umfassend in Projekte und Prozesse eingebunden wird. Zwar gibt es Treffen, zu denen auch zivilgesellschaftliche Organisationen eingeladen werden, doch bleiben viele Akteure außen vor und haben keine Möglichkeit ihre Interessen einzubringen. Auch finanzielle Unterstützung zivilgesellschaftlicher Akteure ist von der EU kaum zu bekommen. Nur ein geringfügiger Teil der europäischen und internationalen Gelder steht Nichtregierungsorganisationen zur Verfügung und es herrscht ein starker Wettbewerb. In vielen Fällen werden moldauische Organisationen von kleineren europäischen oder amerikanischen NGOs finanziell unterstützt. Hinzu kommen ideologische Grabenkämpfe, die es erschweren staatliche Politikvorhaben kritisch und produktiv zu begleiten.

Dabei ist es in der Hauptsache die Zivilgesellschaft, die die negativen Konsequenzen der Auswanderung aufzufangen versucht. Zivilgesellschaftliche Organisationen engagieren sich für die zurückbleibenden Familienangehörigen, die Eltern und Kinder der Arbeitsmigrant_innen. So gibt es zum Beispiel in der nordwestlichen Region Rajon Edinet den Versuch häusliche Pflegedienste auf ehrenamtlicher Basis auf- und auszubauen und um die Einbindung Jugendlicher mit ihren spezifischen Interessen zu ergänzen. Viele ältere Menschen aus den ländlichen Regionen Moldaus fühlen sich isoliert und von der Gesellschaft ausgeschlossen, insbesondere dann, wenn sie alleinstehend sind oder ihre Kinder im Ausland leben bzw. nichts mehr mit ihnen zu tun haben wollen. Grund sind ihre Immobilität aufgrund des Alters und die dadurch geringe Zahl an sozialen Kontakten. Sie brauchen häufig Unterstützung im Haushalt oder Möglichkeiten zur Teilhabe am sozialen Leben der Gemeinde. Vom Auseinanderbrechen der „traditionellen" sozialen Beziehungen sind auch Kinder und Jugendliche betroffen. Oftmals lebt mindestens ein Elternteil im Ausland, die Rollenvorbilder aus den Medien sind in urbanen Milieus beheimatet. Die meisten Jugendlichen auf dem Land fühlen sich in einer marginalisierten Rolle und haben so das Ziel, später in die Stadt zu gehen oder auszuwandern. Da es zudem nur wenige Freizeitmöglichkeiten gibt, setzen sich nur wenige Jugendliche mit ihrer lokalen ländlichen Umgebung auseinander. Die Einbindung Jugendlicher in das Vorhaben stellt eine Herausforderung dar, da diese erst für die Thematik gewonnen werden müssen. Aber die Jugendlichen werden nicht lediglich als personelle Ressource verstanden, sondern als Menschen, die das Gemeinwesen mitgestalten. Eine solche Rolle wird den Jugendlichen im ländlichen Raum sonst nicht angeboten. So sorgt das Projekt dafür, dass in den beteiligten Dörfern neue Sozialbeziehungen auch zwischen den Generationen entstehen.

Auch entsteht Bewusstsein dafür, dass der Abwanderung der Bürger nicht nur aus ökonomischer Perspektive entgegengewirkt werden sollte. Um die Kinder in ihrer Heimat zu verwurzeln und nicht in die Migration zu drängen, ist es wichtig, ihnen kulturelle und nationale Identität zu geben, unter den Bedingungen einer massiven Auswanderung eine schwierige Aufgabe.

Moldauische Initiativen setzen sich auch gegen den enormen Verlust von Humankapital ein, das nicht einmal adäquat im Ausland zum Einsatz kommt. Da selbst für sehr gut ausgebildete Menschen die Arbeitssuche innerhalb des Landes entweder erfolglos oder nur zu extrem niedriger Vergütung möglich ist, wandern sie ab. Doch im Ausland ist ihre Kompetenz häufig entweder nicht gefragt, die Ausbildung formell nicht anerkannt oder es ist aufgrund irregulären Aufenthalts oder fehlender Arbeitsgenehmigung nicht möglich in diesem Feld zu arbeiten. Defizite in der wirtschaftlichen Entwicklung führen weiterhin dazu, dass auch Fachkräfte keine Zukunft im eigenen Land sehen.

Beginning of Life

Die Nichtregierungsorganisation „Beginning of Life“ (BoL) hat ihr Büro im Zentrum von Chisinau, nur wenige Blocks vom Regierungspalast entfernt. Die Organisation entstand 1998 als informelles Projekt der evangelischen Kirche in Chisinau und setzte sich zunächst vor allem gegen Abtreibungen bei Minderjährigen ein. Neben Aufklärungsmaßnahmen zur Schwangerschaftsprävention wurde auch Beratung für schwangere Frauen angeboten. Damals ein Unikum in der Gesellschaft. Viele der schwangeren Frauen sahen und sehen sich überfordert als Alleinerziehende für ihre Kinder zu sorgen, wenn ihre Männer im Ausland arbeiten. Es gibt auch nicht selten Fälle von Frauen, die während sie selbst im Ausland arbeiten, schwanger werden und es nicht wagen, ihre in der Heimat verbliebenen Ehemänner damit zu konfrontieren.

Seit gut fünf Jahren arbeitet BoL schwerpunktmäßig mit Opfern von Menschenhandel. Dazu sucht sie auch die Zusammenarbeit mit der Polizei. Da der Staat nur ein Aufnahmezentren für Opfer von Menschenhandel hat, übergibt er aufgegriffene Frauen unter anderem an BoL. Auch IOM leitet Frauen an BoL weiter, wenn ihre eigenen Einrichtungen ausgelastet sind oder die Frauen weitere Hilfen brauchen. Hier bekommen sie medizinische, psychologische und geistliche Unterstützung, aber auch rechtliche Hilfestellungen, wenn sie sich beispielsweise entscheiden, gegen ihre Zuhälter zu klagen.

In Fällen von Menschenhandel und Zwangsprostitution werden die Opfer meist von der Kriminalpolizei, die die Frauen bei Razzien aufgreift, an BoL vermittelt. Die Betreuung dieser Frauen ist zeitintensiv. Zunächst werden sie sicher in einem geschützten Haus untergebracht. BoL begleitet die Frauen zu den anfallenden Behördengängen (überwiegend, um neue Papiere zu beschaffen), Arzt- und Anwaltsterminen. Zum andern steht die Organisation aber vor allem auch den Opferzeuginnen zur Seite, die häufig durch das Erlebte stark traumatisiert sind.

Während in den Zentren von IOM ein Aufenthalt im Regelfall nur für dreißig Tage möglich ist (Ausnahmen bilden schwangere Frauen), können die Frauen bei BoL bis zu einem Jahr bleiben. Der Aufenthalt der Frauen, die in das geschützte Haus kommen, ist in zwei Phasen gegliedert. Die erste Phase gilt der Rehabilitation der Opfer. In der zweiten Phase wird die Reintegration in ein selbstständiges Leben in der Gesellschaft vorbereitet. Die Frauen werden auf den Arbeitsmarkt vorbereitet, übernehmen Haushaltstätigkeiten, beginnen, sich selbst zu versorgen. BoL bietet unter anderem Handarbeitskurse an, in denen die Frauen eine Tätigkeit erlernen, die ihnen gleichzeitig Ablenkung und die Verarbeitung von Traumata ermöglicht. Außerdem gibt es eine Kooperation mit einem Reinigungsunternehmen, in dem einige Frauen eine Anstellung finden können.

Das Phänomen Menschenhandel hat sich in den letzten Jahren stark verändert. Junge Frauen werden von ihren Freundinnen rekrutiert. Die jüngsten Opfer sind etwa vierzehn Jahre alt, die ältesten Mitte vierzig. Typisch ist, dass die Frauen aus besonders vulnerablen Situationen heraus angeworben werden. Sie leben häufig in absoluter Armut in ländlichen Regionen, haben sehr häufig im unmittelbaren familiären Umfeld Gewalterfahrungen gemacht und empfinden die gemachten Angebote als alternativlos. Viele der jungen Opfer leben in zerrissenen sozialen Strukturen. Ihre Eltern sind krank, gestorben oder arbeiten im Ausland. Häufig ist ihnen bewusst, dass sie vermutlich in eine Abhängigkeits- und Zwangssituation eintreten und doch ist ihre eigene Lebenssituation derart ausweg- und perspektivlos, dass sie dennoch einwilligen. Gerade hier greifen die umfangreichen Aufklärungsmaßnahmen von NGOs und dem Staat nicht. Damit Prävention erfolgreich ist, bedarf es also mehr als Information. Nur 9 Prozent der Opfer, die bei BoL untergebracht werden stammen aus der Stadt. Alle anderen Frauen sind aus ländlichen Regionen.

Fazit: Moldau, treuer Vasall europäischer Interessen?

15 Jahre nach Beginn des Partnerschafts- und Kooperationsabkommens EU - Moldau und fünf Jahre nach dem Vertrag über eine Mobilitätspartnerschaft kann festgestellt werden, dass Moldau zwar einen Großteil der europäischen Forderungen nominell erfüllt hat, dass sich aber an der Auswanderung und ihren negativen Folgen für Migrant_innen und Gesellschaft kaum etwas geändert hat. Im Bestreben nach verbesserten Beziehungen und mehr Unterstützung durch die Europäische Union hat die Republik Moldau insbesondere im Bereich Gesetzgebungsverfahren und Grenzschutz große Anstrengungen unternommen, den Wünschen der EU entgegenzukommen. Inwieweit dies auch in der Praxis zufriedenstellende Auswirkungen hat, ist schwer festzustellen. Dass die Europäische Grenzkontrollmission EUBAM auch nach acht Jahren in unverminderter Stärke präsent ist, kann als ein Indiz gewertet werden, dass das Vertrauen in den moldauischen Grenzschutz nach wie vor zu gering ist, als dass man ihm nicht über die Schulter schauen müsste. Das gleiche Resümee muss für den Kampf gegen Korruption gezogen werden, der insbesondere dort erfolgreich scheint, wo europäische Kontrolleure den Behörden auf die Finger sehen. Auch im Bereich des Menschenhandels ist festzustellen, dass Strafverfolgung und Gerichte bislang wenig Fortschritte im Opferschutz und im Kampf gegen Menschenhändler gemacht haben.

Es stellt sich nun, da Moldau die hohen und weitreichenden EU Anforderungen im Bereich Grenzschutz, Kampf gegen irreguläre Migration und Rückübernahme weitgehend erfüllt hat, die Frage, ob die EU entsprechend des „more for more“ Ansatzes nachhalten wird. Die europäische Perspektive und die Visafreiheit sind in Aussicht gestellt, aber insbesondere letztere scheint auch in Anbetracht jüngster Debatten über eine Einschränkung der Visafreiheit für Serbien anlässlich der Migration von Roma nach Europa wenig wahrscheinlich. Das Inkrafttreten der Visaliberalisierung wäre auch eine Anerkennung der moldauischen Identität, die große Schwierigkeiten hat, sich zwischen der Ukraine und Rumänien als eigenständig zu behaupten. Schließlich bringt die Visaliberalisierung zwar einige Vorteile für Migrant_innen, solange aber damit keine wenigstens befristeten Arbeitsmöglichkeiten in Ländern der Europäischen Union verbunden sind, wird sie wenig Veränderung in das bisherige Migrationsschema bringen. Die Mobilitätspartnerschaften sind derart flexibel, dass kein EU-Mitgliedstaat verpflichtet ist, zirkuläre Migration tatsächlich langfristig zu ermöglichen. Während Moldau sich um die Umsetzung der geforderten Maßnahmen bemüht, bleiben die beteiligten EU Staaten mehr als zurückhaltend, was die Erteilung von Arbeitserlaubnissen betrifft. Es bleibt ungewiss, ob und wann hier Veränderungen zu erwarten sind. Für die große Zahl derer, die in europäischen Staaten irregulär beschäftigt sind, haben europäische Interventionen und die europäisch-moldauische Mobilitätspartnerschaft kaum Verbesserungen gebracht. Nach wie vor werden Migrant_innen in einer unsicheren Rechtslage gehalten und tragen alle Risiken.

Der Mitarbeiterstab der Regierung ist dominiert von externen, internationalen Beratern, die der Regierung die notwendigen Politiken diktieren. Die Europäische Union verhindert durch dominante Konditionalisierung das Entstehen eigenständiger politischer Prozesse und gibt die politische Agenda vor. So ergibt sich der Eindruck, als würde Moldau vorgefasste Politiken der EU und ihrer Akteure EUBAM, Frontex, IOM und ICMPD lediglich übernehmen, aber keine spezifischen Ziele und Visionen für sich selbst als eigenständiges Land entwickeln.

Die statistische Erfassung von Migration kann als Indikator für die wenig überzeugenden Aktivitäten der EU, von IOM und ICMPD dienen. Europa und die genannten Institutionen haben ein zentrales Interesse in der Datenerhebung und Erstellung von Migrationsprofilen und Risikoanalysen. Moldau hat erhebliche Anstrengungen erbracht, das Phänomen Migration und seine Auswirkungen besser zu untersuchen. Immer noch sind allerdings Daten mit Vorsicht zu genießen. Überlastete Behörden, strukturelle Probleme und begrenzte Kapazitäten und Korruption machen es weiterhin schwer von validem Zahlenmaterial innerhalb des Landes auszugehen (vgl. IOM 2013). Andererseits bindet die Datenerhebung erhebliche personelle Kräfte, die an anderer Stelle fehlen.

Tatsächlich stellt sich die Frage, ob der jeweilige Aufwand von Seiten der EU und Moldaus für mehr lohnt, als für europäisches Prestige. Blickt man auf das kleine osteuropäische Land sind Armut und Perspektivlosigkeit zwei der vordringlichsten Probleme. Mobilitätspartnerschaften und Gesetzgebungsprozesse im Feld Migration und Asyl binden allerdings ein hohes Maß an Kapazitäten. Für die entwicklungsbefördernden Bestandteile der EU-Mobilitätspartnerschaft fehlen die notwendigen Voraussetzungen: Migration aus Moldau ist überwiegend vom Zwang regiert, der aus Armut und strukturellen Mängeln resultiert.

Die durchgeführten Maßnahmen zielen in vielerlei Hinsicht an den tatsächlichen Bedürfnissen der Migrant_innen vorbei; neben der akademischen Diaspora sollte es verstärkt um gering qualifizierte und irreguläre Migrant_innen gehen. Die Problematik zurückgelassener Kinder und Älterer ist zwar bemerkt worden und erhält mediale Aufmerksamkeit, bislang greifen aber kaum Maßnahmen um ihre Situation zu verbessern. Offensichtlich ist, dass Investitionen in das Land und seine Bewohner signifikant erhöht und auch tatsächlich umgesetzt werden müssen. Vornehmlich nachhaltige Entwicklungen in Landwirtschaft und Infrastruktur sind notwendig.

Erfolgreiche Armutsbekämpfung wird Migration nicht bremsen, sondern in vielen Fällen erst ermöglichen. Für Vorbereitung, Aufklärung, Startkapital und Netzwerkpflege fallen Kosten an. Aber die Voraussetzungen würden sich ändern, die sozialen Kosten der Migration könnten minimiert werden und Migration könnte stärker als bisher fruchtbar gemacht werden für die soziale und wirtschaftliche Entwicklung des Landes.

Mehr als zwanzig Jahre nach der Unabhängigkeit ist Freiheit aufgrund der grassierenden Armut weiterhin nur ein Traum.

Literatur

Bundeszentrale für politische Bildung (2011) *Ukraine, Belarus und Moldau* http://www.bpb.de/internationales/europa/russland/47982/ukraine-belarus-moldau?p=2.

Cheianu-Andrei, D. (2013) *Mapping of the Moldovan Diaspora in Italy, Portugal, France and the United Kingdom*. IOM http://iom.md/attachments/110_raportfinaleng.pdf.

Europäische Kommission (2011) *Mitteilung der Kommission über die Zusammenarbeit im Bereich Justiz und Inneres im Rahmen der Östlichen Partnerschaft*. Europäische Kommission http://eur-lex.europa.eu/LexUriServ/LexUriServ.do?uri=COM:2011:0564:FIN:DE:PDF.

Europäische Kommission (2011) *The Global Approach to Migration and Mobility* Commission of the European Union SEC(2011) 1353 final http://ec.europa.eu/home-affairs/news/intro/docs/1_EN_ACT_part1_v9.pdf.

Europäische Kommission und Republik Moldau (2013) *Abkommen zwischen der Europäischen Union und der Republik Moldau zur Änderung des Abkommens zwischen der Europäischen Gemeinschaft und der Republik Moldau über Erleichterungen bei der Erteilung von Visa* http://www.migrationsrecht.net/component/option,com_joomdoc/Itemid,209/gid,1871/task,doc_download/.

Fargue, P. Editor. (2013) ÊU Neighbourhood Migration Report 2013. San Domenico di Fiesole, Florence: Migration Policy Centre/European University Institute.

Georgi, F. (2012) „Kritik des Migrationsmanagements. Historische Einordnung eines politischen Projekts," in *Kritische Migrationsforschung? Da kann ja jedeR kommen*. Edited by Netzwerk MiRa, pp. 153-63. online publication.

Heimann, D. (2013) *Russlands Wein-Krieg gegen Moldawien. Rheinische Post*. Düsseldorf: Rheinische Post http://www.rp-online.de/politik/russlands-wein-krieg-gegen-moldawien-1.3683963.

IOM (2011) *Individual Submission for the Compilation prepared by the Office of the High Commissioner for Human Rights*. IOM http://lib.ohchr.org/HRBodies/UPR/Documents/session12/MD/IOM-InternationalOrganisationMigration-eng.pdf

- (2013) *Extended Migration Profile of the Republic of Moldova*. International Organisation for Migration http://iom.md/attachments/110_emp_report.pdf .

Italian Ministry of Labour and Social Policies, D. G. (2013a) "Cooperation between Moldova and Italy in the framework of the EU-Moldova Mobility Partnership," in *Extended Meeting of the European Union- Republic of Moldova Mobility Partnership Local Cooperation Platform*. Chisinau.

- (2013b) "Implementation of the Labour Migration Agreement between Italy and Moldova," in *Extended Meeting of the European Union- Republic of Moldova Mobility Partnership Local Cooperation Platform*. Chisinau.

Ministry of Foreign Affairs and European Integration, Republic of Moldova *Scoreboard Mobility Partnership* http://scoreboard.mfa.gov.md/.

OSCE (2012) *Country Visit: Moldova. Report of the Special Representative of the OSCE Chair-in-Office on Gender Issues, Wendy Patten*. OSCE http://www.osce.org/cio/96652.

Parkes, R., and E. Villup (2012) 'Eastern Partnership? More like Mutual Dependence. The case of EU home affairs cooperation with Moldova'. *Notes internacionals CIDOB* 52.

Popescu, N. (2011) "More for More in the Neighborhood," in *euobserver.com*, 4.04.2011 edition: euobserver.

Rat der Europäischen Union (2008) *Joint Declaration on a Mobility Partnership between the European Union and the Republic of Moldova*. EU Council http://eeas.europa.eu/delegations/moldova/documents/eu_moldova/joint_declaration_2008_en.pdf

Roser, T. (2010) *Emigration: In der Republik Moldau regiert die pure Not. Die Welt*: Axel Springer AG http://www.welt.de/politik/ausland/article11610102/In-der-Republik-Moldau-regiert-die-pure-Not.html.

Schmid, S. (2012) *Das Migrationspotenzial aus der GUS in die Europäische Union*. Bundesamt für Migration und Flüchtlinge.

United States Department of State (2013) *2013 Trafficking in Persons Report - Moldova*. US State Department http://www.refworld.org/cgi-bin/texis/vtx/rwmain?page=printdoc&docid=51c2f3a2d.

Vereinte Nationen *Republic of Moldova*. Vereinte Nationen http://data.un.org/CountryProfile.aspx?crName=Republic%20of%20Moldova.

Voswinkel, J. (2006) *Der Weinkrieg*. Vol. 16/2006. *Die Zeit*. Hamburg http://www.zeit.de/2006/16/Der_Weinkrieg.

Tunesien

Neue Kämpfe um die Wohlstandsgrenze Mittelmeer

Autor_innen: Judith Kopp und Stephan Dünnwald

Das Mittelmeer trennt „Wohlstand von Armut", den „Norden vom Süden der Welt" (Cuttitta 2006): Während Tunesien 2012 auf dem 94. Rang des Human Development Index rangiert, liegt Italien auf Platz 25 von insgesamt 186. Grenzen entlang von Wohlstandsgefällen haben immer wieder Menschen zur Migration oder gar Flucht bewegt, um die eigenen Lebensbedingungen zu verbessern und ein gutes Leben an einem sicheren Ort zu suchen: „*Harragas*" werden sie in Tunesien genannt – „die, die Grenze verbrennen". Nur knapp 140 Kilometer liegen zwischen der tunesischen Küste und Sizilien. Es ist genau das Gefälle zwischen den Lebensrealitäten in den Ländern des Maghreb und Europas, das zu immer neuen Versuchen von Seiten der nördlichen Mittelmeeranrainerstaaten geführt hat, Migration aus Nordafrika abzuwehren. Mit einem hohen menschlichen Preis: Über 14.500 Bootflüchtlinge kamen seit 1988 allein im Mittelmeer und im atlantischen Ozean bei dem Versuch ums Leben, nach Europa zu gelangen. Über eine Million Tunesierinnen und Tunesier, und damit etwa 11 Prozent der Bevölkerung, leben im Ausland. Die Möglichkeiten jedoch, auf legalem Weg nach Europa zu gelangen, wurden seit Mitte der 1970er Jahre kontinuierlich beschnitten.

Die revolutionären Bewegungen, die den arabischen Raum seit Ende 2010 erfasst und radikal umgestaltet haben, führen zu einer neuen politischen Landschaft in Nordafrika. Nach wie vor ist vieles in Bewegung und die Herausforderungen, die aus dem Sturz der diktatorischen Regimes in Tunesien, Ägypten und Libyen erwachsen, sind zahlreich. Die Reaktionen Europas auf die demokratische Transformation in Tunesien sind von Widersprüchen durchzogen und zielen erneut darauf ab, die Wohlstandsgrenze zu festigen und Migrations- und Fluchtrouten zu blockieren. Gerade jetzt bräuchte Tunesien andere Antworten aus Europa.

Tunesien: Vom Herkunfts- zum Transit- und Einwanderungsland für Migrant_innen und Flüchtlinge

Tunesien und Europa verbindet bereits eine Migrationsgeschichte, die seit Mitte des 20. Jahrhunderts hauptsächlich von Süd-Nord-Wanderungsbewegungen geprägt war. Vor allem nach Frankreich führte seit den 1950er Jahren die Arbeitsmigration junger Tunesier_innen, doch bis Mitte der siebziger Jahre bestanden Anwerbeverträge auch mit Belgien, Deutschland und den Niederlanden. Nach der Ölkrise 1973 wurde diese Einwanderung zunehmend durch eine strikte Visapolitik reglementiert und war hauptsächlich über die Familienzusammenführung möglich. Außerdem wandelte sich das Bildungsprofil. War anfänglich die tunesische Migration von ungelernten Arbeitskräften dominiert, so suchten seit den 1980er Jahren vor allem auch junge Akademiker_innen den Weg ins europäische Ausland. Auch diese Migration stand jedoch vor großen Barrieren. Während Europäer_innen die tunesischen Küsten als Urlaubsziele entdeckten, wurde die Migration von Tunesien nach Europa ausgebremst (De Haas 2007, ICMPD/IOM 2010: 3).

Nicht nur Europa, auch das ölreiche Nachbarland Libyen war Ziel tunesischer Arbeitsmigrant_innen. Hier führten Wirtschaftsrezessionen zu großen Schwankungen der Migration und seit den 1980er Jahren kam es zu kollektiven Abschiebungen aus Libyen.

Bis in die 1990er Jahre blieben Flucht- und Migrationsbewegungen aus Subsahara-Afrika nach Tunesien, Marokko oder Algerien relativ gering. Nur wenige Studierende, Händler, Arbeiter_innen oder Flüchtlinge aus der Demokratischen Republik Kongo, Liberia oder Sierra Leone hielten sich in Tunesien auf (De Haas 2008: 27). Erst in den späten 1990er Jahren nahmen Migrationsbewegungen aus Ländern südlich der Sahara in die Maghrebstaaten zu (Boubakri 2004: 17).

Neben der Route über die Straße von Gibraltar und die spanischen Enklaven Ceuta und Melilla versuchten seit etwa 2000 zunehmend sowohl subsaharische Transitmigrant_innen als auch Maghrebiner_innen von Tunesien aus mit Fischerbooten die italienischen Inseln Lampedusa, Pantelleria oder Sizilien zu erreichen. Emigrant_innen aus dem Maghreb hatten sich bereits in den frühen 1990er Jahren diese Routen angeeignet, um irregulär nach Europa zu gelangen. Die wichtigsten Orte, von denen Flüchtlinge und Migrant_innen auch heute von Tunesien aus in Richtung Europa aufbrechen, befinden sich entlang der östlichen Küste des Landes. Von Norden nach Süden sind dies die Verwaltungsbezirke von Nabeul, Sousse, Monastir, Mahdia, Sfax und Medenine an der Grenze zu Libyen (Boubakri 2004: 10).

2013 lebten dem Entwicklungsprogramm der Vereinten Nationen (UNDP) zufolge rund 36.500 ausländische Staatsbürger_innen in Tunesien (UNDP 2013). Die Dunkelziffer liegt wohl bedeutend höher. Zwischen 1998 und 2003 wurden rund 40.000 Menschen aus über 50 Ländern an den tunesischen Küsten aufgegriffen. Tunesier_innen stellten etwa 30 Prozent der Aufgegriffenen, die meisten kamen aus anderen Maghrebstaaten und aus Subsahara-Afrika (Boubakri 2004: 6). Rund 34.000 waren es zwischen 2004 und 2007 (Cuttitta 2010: 33). Zunehmend wurden Transitmigrant_innen auch im Landesinneren aufgegriffen und inhaftiert. Viele Migrant_innen aus Subsahara-Afrika bleiben in Tunesien – manche darauf hoffend, irgendwann das nötige Geld für die gefährliche Überfahrt nach Italien zu erwirtschaften.

Tunesien hat im Gegensatz zu Marokko, Algerien und Libyen die Konvention zum Schutz der Rechte aller Wanderarbeitnehmer_innen und ihrer Familienangehörigen nicht ratifiziert. Es existiert keine spezifische Gesetzgebung in Bezug auf migrantische Arbeitskräfte. Jeder Nichtstaatsangehörige, der in Tunesien arbeiten möchte, muss über einen Arbeitsvertrag und eine Aufenthaltserlaubnis verfügen. Obwohl Arbeiter_innen, die diese Bedingungen erfüllen, eigentlich die gleichen Rechte haben wie tunesische Arbeiter_innen, sieht dies in der Praxis anders aus. Häufig drohen Migrant_innen bei der Einforderung ihrer Rechte Repressalien durch ihre Arbeitgeber und Betroffene müssen beweisen, dass die eigene Benachteiligung aufgrund von Diskriminierung erfolgt. Die zunehmende Transitmigration hat zu einem Anstieg von Migrant_innen ohne Arbeits- und Aufenthaltserlaubnis in Tunesien geführt.

Aufgrund der irregulären Arbeitsverhältnisse können sie keinerlei Arbeitsrechte in Anspruch nehmen und finden sich faktisch in einer rechtlosen Situation wieder.

Bei der Auswanderung der eigenen Staatsbürger_innen verfolgte die tunesische Regierung bis zum Umsturz 2011 in ihrer Migrationspolitik hauptsächlich zwei Strategien: Zum einen sollten die bilateralen Abkommen mit Italien und Frankreich dynamisiert und damit die legale Migration gefördert werden, und zum anderen sollte die Stärkung der Beziehungen zur tunesischen Diaspora zu intensiverer Beteiligung an der Entwicklung im Herkunftsland führen (Bel Haj Zekri 2011a: 1). Ende 2011 lebten insgesamt rund 1,2 Millionen Tunesier_innen im Ausland, was 11 Prozent der Bevölkerung des Landes entspricht (EMHRN 2012: 38). Die Rücksendegelder von Tunesier_innen im Ausland, die von der Tunesischen Zentralbank registriert werden, machen rund 5 Prozent des Bruttoinlandproduktes aus. Etwa die gleiche Summe, so wird geschätzt, kommt über andere Kanäle ins Land (Boubakri 2011: I). Für 2012 schätzt die Weltbank, dass von tunesischen Migrant_innen im Ausland rund 2,198 Milliarden US-Dollar an Rücksendegeldern ins Land geflossen sind. Davon kamen 412 Millionen US-Dollar aus Italien und über eine Milliarde US-Dollar aus Frankreich. Migrant_innen in Tunesien schickten rund 67 Millionen US-Dollar in ihre Herkunftsländer (Weltbank 2012).

Gemeinsam gegen Migration: Europa und das Ben Ali Regime

„Europa hat sich mit der Diktatur Ben Alis arrangiert. Die fehlende Transparenz bezüglich der Regulierung von Migration und das Fehlen eines Asylgesetzes in Tunesien ermöglichte es, (...) Drittstaatsangehörige abzuschieben, die quasi systematisch als Wirtschaftsmigranten behandelt und denen der Zugang zu Europa verwehrt wurde, oder man schob sie direkt in ihre Herkunftsländer ab, nachdem sie in Tunesien rückübernommen und hier als irreguläre Migranten behandelt wurden“ (Chedly Konferenzbericht 2012: 3).

Europa bemühte sich bereits früh darum, zu den nordafrikanischen Staaten solide Partnerschaften aufzubauen, um den Raum rund um das Mittelmeer besser zu kontrollieren. Neben der wirtschaftlichen Einbindung der Maghrebstaaten ging es seit Beginn der Kooperationen um eine Zusammenarbeit bei der Steuerung und Kontrolle von Migration über das Mittelmeer. Die mangelhafte Transparenz dieser Kooperationen ist bezeichnend: Europa versteckt die Externalisierung seiner Grenzkontrollen hinter allgemeinen Begriffen. In diversen Strategiepapieren und Berichten zu der europäisch-tunesischen Kooperation wird beispielsweise Migration als zentrale Komponente einer gemeinsamen Politik definiert. Die Rede ist dabei von der Unterstützung Tunesiens bei der Errichtung eines „wirksamen und umfassenden Grenzverwaltungssystems“ (Europäische Kommission 2004a: 31). Die Regierung Ben Alis hatte einen Diskurs bemüht, der gegenüber den europäischen Staaten klarmachen sollte, dass Tunesien seine Grenzen nicht ohne wirtschaftliche Hilfe aus Europa kontrollieren könne.

Seit März 1998 bildet ein Assoziationsabkommen den Rahmen der bilateralen Beziehungen zwischen der Europäischen Union und Tunesien. Auch Kooperation in Bezug auf politische Fragen (internationale, innerstaatliche, Menschenrechte, Demokratie) sowie Migration ist darin vorgesehen. Zur Weiterverfolgung migrationspolitischer Kooperation wurde eigens eine Arbeitsgruppe eingerichtet (Europäische Kommission 2004b: 4). Das Assoziationsabkommen beinhaltet seit Anfang 2008 ein Freihandelsabkommen für Industrieprodukte und bildet den Rahmen für die politische, wirtschaftliche, soziale, wissenschaftliche und kulturelle Kooperation zwischen den zwei Vertragsparteien. Es wurde im Rahmen des 1995 lancierten Barcelona-Prozesses abgeschlossen, der 2008 in Euro-Mediterrane Partnerschaft (EMP) umbenannt wurde. In der Deklaration von Barcelona verpflichteten sich die europäischen Länder und die zwölf Mittelmeeranrainerstaaten, einen „euro-mediterranen Raum des Wohlstandes, des Friedens und der Stabilität" zu schaffen. Für die nordafrikanischen Länder bedeutete dies unter anderem, dass finanzielle Leistungen und Handelsabkommen konditionalisiert und so von der Zusammenarbeit im Migrationsbereich abhängig gemacht werden sollten (Lavenex 2002). 2008 wurde Tunesien Mitglied der neu geschaffenen „Union für den Mittelmeerraum", die den Kooperationsrahmen der EMP ablöste.

Das Finanzierungsinstrument für die Kooperation mit Tunesien war das MEDA Programm, worin Tunesien einer der wichtigsten Profiteure war. Während der Laufzeit des Programms wurden Gelder auf eine begrenzte Anzahl Prioritätssektoren konzentriert. Von 2000 bis 2006 waren 517,6 Millionen Euro eingestellt worden (Europaid 2013). Bedeutende Budgetposten des MEDA Programms, das durch das Europäische Nachbarschafts- und Partnerschaftsinstrument abgelöst wurde, sahen das Management von Migration vor (De Haas 2007: 53).

Italien und Tunesien: Quoten und Entwicklungshilfe gegen Rückübernahmeabkommen

Rückübernahmeabkommen von 1998 und 2003

Italien und Tunesien verbindet eine lange Kooperation zum Thema Flucht und Migration, was der geographischen Nähe der beiden Länder geschuldet ist und der Absicht Italiens, Einwanderung aus Nordafrika weitgehend zu unterbinden. Italien setzte auf legale Einwanderungsmöglichkeiten als Anreize, um Tunesien zur Unterzeichnung von Rückübernahmeabkommen zu bewegen: 1990 wurde ein Quotensystem in Italien eingeführt. Seither wird jährlich festgelegt, wie viele ausländische Arbeitskräfte nach Italien einreisen können, tatsächlich funktionsfähig wurde das System jedoch erst nach einer Revision 1998. Wie für andere Länder wurde für Tunesien eine feste Quote vereinbart (1.500 Personen pro Jahr) – noch im selben Jahr akzeptierte Tunesien die Unterzeichnung eines ersten Rückübernahmeabkommens mit Italien (Cuttitta 2007: 7). Die Quote wurde im Jahr 2000 auf 3.000 erhöht. Zwar konnten in den ersten beiden Jahren tatsächlich rund 3.000 Tunesierinnen und Tunesier legal nach Italien einreisen. Danach nahm die Anzahl jedoch rapide ab. Eingehalten wurde damit nur die Komponente zur Bekämpfung irregulärer Migration durch Abschiebungen von Italien nach Tunesien.

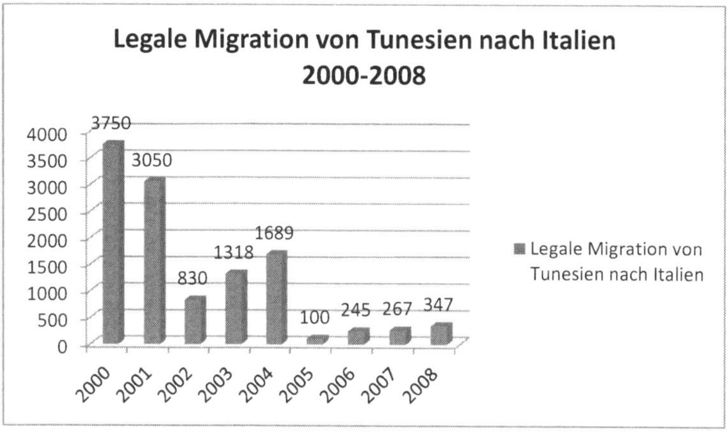

Quelle: Ministère de l'Emploi et de la Formation Professionnelle in: Bel Haj Zekri 2011b:7.

Der Zusammenhang zwischen dem Versprechen Italiens, bessere legale Einwanderungsmöglichkeiten für Tunesier und Tunesierinnen zu schaffen und der Umsetzung effizienter Rückübernahmeabkommen ist damit deutlich erkennbar.

In einem Bündel weiterer Vereinbarungen wurde die Rückübernahmebereitschaft Tunesiens 1998 erneut bekräftigt.[1] Darin verpflichtete sich Tunesien nicht nur zur Rückübernahme eigener Staatsangehöriger, sondern auch von Transitmigrant_innen und -flüchtlingen, die über Tunesien nach Europa gelangt waren. Wohl auch auf der Grundlage dieser Vereinbarung führten Italien und Tunesien seit 2000 außerdem gemeinsame Patrouillenfahrten entlang der tunesischen Küste durch. Sie wurden maßgeblich durch einen italienischen Verbindungsbeamten in Tunis koordiniert. Die tunesischen Behörden haben von Ende 1998 bis Anfang 2003 mehr als 37.000 Personen festgenommen, die im Begriff waren, die tunesischen Seegrenzen zu überschreiten. 20.000 von ihnen besaßen die tunesische Staatsangehörigkeit (Europäische Kommission 2004b: 10). Die italienische Polizei führte außerdem im Rahmen des Abkommens Trainingskurse für tunesische Grenzpolizisten durch und verpflichtete sich, die tunesische Grenzpolizei mit polizeilicher Ausrüstung im Wert von 20,7 Millionen Euro auszustatten (Cuttitta 2007: 15).

[1] Einem Bericht von La Cimade und der marokkanischen Menschenrechtsorganisation GADEM zufolge handelt es sich bei dem Abkommen von 1998 zwischen Italien und Tunesien nicht um ein formelles Rückübernahmeabkommen. Ein Mitarbeiter des tunesischen Innenministeriums bestätigte den Organisationen aber, dass es sich um einen Austausch von Vereinbarungen handle, welche die Einreise und die Rückübernahme von irregulär anwesenden Personen betreffen (La Cimade/GADEM 2011: 41).

Am 13. Dezember 2003 wurde ein neues Rückübernahme- und Polizei-kooperationsabkommen geschlossen. Auf der Grundlage dieses Abkommens beträgt die finanzielle Unterstützung für technische Ausrüstung 7 Millionen Euro pro Jahr. Von 2003 bis 2007 führten bilaterale Polizeikooperationen zwischen italienischen und tunesischen Behörden zu mehreren Push-Back Operationen auf See (Cuttitta 2010: 32f.). Es sind keine Informationen über die Nationalität der zurückgedrängten Migrant_innen und Flüchtlinge erhältlich, so dass ein Verstoß gegen das Non-Refoulement-Gebot nicht auszuschließen ist.

Koppelung von Entwicklungshilfe und Migrationszusammenarbeit

Neben den jährlich festgelegten Einreisequoten schufen italienische Zusagen im Bereich Entwicklungshilfe weitere Anreize, um Tunesien zur Unterzeichnung der Rückübernahmeabkommen zu bewegen. Während der Verhandlungen um das Rückübernahmeabkommen von 1998 beschloss Italien, ein neues Entwickungshilfeprogramm zu starten, in dem Tunesien 80 Millionen Euro für die Jahre 1999 bis 2001 zur Verfügung gestellt werden sollten, die wenig später um weitere 61 Millionen aufgestockt wurden (Cuttitta 2007: 9). Für 2002 bis 2004 wurden 115 Millionen Euro beschlossen und pünktlich zur Unterzeichnung des zweiten Abkommens von 2003 wurde ein Betrag von 182 Millionen Euro für 2005 bis 2007 vereinbart. 1999 kam es zur Entscheidung Tunesiens, der Internationalen Organisation für Migration (IOM) beizutreten. 2001 wurde der IOM die Eröffnung eines Büros in Tunis gestattet. Seither führt die IOM Projekte durch, die weitgehend durch die italienische Regierung kofinanziert werden. Dadurch investierte Italien einen Teil seiner Entwicklungshilfe auch direkt in der Kooperation im Bereich Migrationsmanagement.

Großzügigere Hilfspakete scheinen einer der wichtigsten Gründe für die Unterzeichnung der Abkommen von 1998 und 2003 durch die tunesische Regierung gewesen zu sein.[2]

Bilaterale Abkommen Frankreich-Tunesien

Auch Frankreich und Tunesien unterzeichneten am 28. April 2008 ein Abkommen „zum gemeinsamen Migrationsmanagement und solidarischer Entwicklung" (La Cimade 2009: 17). Das Abkommen beinhaltet vier Ziele:

- Erleichterung der Mobilität von Personen zwischen Frankreich und Tunesien, insbesondere indem mehr Visa an Tunesierinnen und Tunesier vergeben werden, die einen Aufenthalt in Frankreich von ein bis fünf Jahren vorsehen;
- Erleichterung des Zugangs zum französischen Arbeitsmarkt von hochqualifizierten tunesischen Staatsangehörigen oder Personen mit einer Ausbildung, die auf dem französischen Arbeitsmarkt nachgefragt ist;

[2] Das Prinzip konditionalisierter Entwicklungshilfe ist seit September 2002 in Italien sogar gesetzlich festgeschrieben worden (Gesetz 189/2002). Nach Artikel 1 soll die italienische Regierung beim Abschluss von Hilfsprogrammen mit Nicht-EU-Ländern auch die Kooperationsbereitschaft der entsprechenden Länder zur Bekämpfung illegaler Migration und krimineller Organisationen in diesem Bereich prüfen (Cuttitta 2007: 9).

- Unterstützung von migrantischen Aktivitäten zur solidarischen Entwicklung und Rückkehrunterstützung zwischen den beiden Ländern (Co-Développement);

Bekämpfung irregulärer Migration durch materielle Unterstützung sowie eine verstärkte Zusammenarbeit zwischen den französischen Präfekturen und tunesischen Konsulaten in Frankreich, um die Verfahren zur Rückübernahme von Personen ohne regulären Aufenthaltsstatus zu vereinfachen.

Die von Frankreich in Aussicht gestellte Anzahl von Visa wurde jedoch in jedem Jahr weit unterschritten. Auch dieses Abkommen diente somit hauptsächlich der Bekämpfung irregulärer Migration in Richtung Europa.

Europäische Nachbarschaftspolitik (ENP)

Seit 2004 stellt die Europäischen Nachbarschaftspolitik (ENP) einen neuen Rahmen für die Beziehungen der EU mit Tunesien dar. Die Europäische Nachbarschaftspolitik (ENP) wurde 2004 entwickelt und umfasst 16 Partner im Osten und Süden der EU-Grenzen.[3] Unter der ENP bietet die EU ihren Nachbarstaaten eine sogenannte „privilegierte Beziehung" an. Dieser sollen gemeinsame Verpflichtungen hinsichtlich bestimmter Werte und Prinzipien zu Grunde liegen wie Demokratie und Menschenrechte, Rechtsstaatlichkeit, Good Governance, Prinzipien der Marktwirtschaft, Nachhaltigkeit und Klimabewusstsein. Dass es schlecht um die gemeinsamen Werte und Prinzipien in den Diktaturen Nordafrikas stand, schien kein Hinderungsgrund für eine weitreichende Kooperation mit den Regimen zu sein. Die Politiken, so heißt es offiziell, zielten auf politische Assoziierung und tiefere ökonomische Integration, zunehmende Mobilität und verstärkten „People-to-People" Kontakt ab. Finanziert werden die Projekte im Rahmen der ENP durch das Europäische Nachbarschafts- und Partnerschaftsinstrument (ENPI).

Im ersten Aktionsplan der Europäischen Nachbarschaftspolitik für Tunesien von 2005 bis 2010 wurden unter anderem folgende Ziele formuliert:

- Aufnahme eines Dialogs über die Rückführung und Rückübernahme mit Blick auf den Abschluss eines Rückübernahmeabkommens;
- Informationsaustausch und Dialog über die illegale Migration mit dem Ziel der Förderung einer aktiven Zusammenarbeit, Stärkung der Betriebs- und Interventionskapazitäten der Stellen für die Überwachung und Kontrolle der See- und Landgrenzen, auch im Rahmen einer besseren regionalen und subregionalen Zusammenarbeit;
- Entwicklung einer Ausbildungsstrategie für die Grenzverwaltung, Entwicklung der regionalen Zusammenarbeit zwischen den für die Grenzverwaltung zuständigen Behörden;

[3] Dies sind Algerien, Armenien, Aserbaidschan, Weißrussland, Ägypten, Georgien, Israel, Jordanien, Libanon, Libyen, Moldau, Marokko, Palästina, Syrien, Tunesien und die Ukraine.

- Ausbau der Verwaltungskapazitäten des tunesischen Grenzschutzes durch die Verbesserung der Ausrüstungen und Infrastrukturen an den Grenzübergängen (Europäische Kommission 2004a: Ziele 45 bis 48).

Im Fortschrittsbericht der Europäischen Nachbarschaftspolitik in Tunesien von 2006 heißt es, Tunesien biete für die Bevölkerung Subsahara-Afrikas eindeutige Anreize, was zur Einwanderung aus diesen Regionen führe. Auch wird bestätigt, dass Tunesien im Asyl- und Flüchtlingsbereich keinerlei Rechtsvorschriften zur Gewährung der Flüchtlingsrechte erlassen habe und der Dialog mit dem UN-Flüchtlingshochkommissariat, UNHCR, „auf Eis liege" (Europäische Kommission 2006a: 8). Feststellungen, die dennoch von Seiten Europas kein Hinderungsgrund für eine Weiterführung der Kooperation mit Tunesien waren. Stattdessen wurden noch im Strategiepapier für den Zeitraum 2007 bis 2013 die Bemühungen Tunesiens, durch eine äußerst restriktive Gesetzgebung irreguläre Migration zu verhindern, sowie die bilateralen Abkommen mit Frankreich und Italien zur Verhinderung von Migration nach Europa (siehe unten), aufs Höchste gelobt:

„Tunesien (ist) hauptsächlich aus wirtschaftlichen Gründen ein Durchgangsland und Ursprungsland für Migrationsströme in Richtung Europa (Tunesien leidet unter starken Migrationsströmen aus den Ländern Afrikas südlich der Sahara, die über Libyen nach Tunesien führen). Aufgrund einer sehr strengen Gesetzgebung, verschärfter Grenzkontrollen und bilateraler Abkommen mit Frankreich und Italien ist die illegale Einwanderung über und mit Ursprung Tunesien deutlich zurückgegangen. Daher gilt es, die Anstrengungen dieses Landes im Sinne einer noch wirksameren Steuerung der Migrationsströme unter Wahrung der einschlägigen Rechtsgrundsätze zu unterstützen" (Europäische Kommission 2006b: 26).

Auch die Europäische Grenzschutzagentur Frontex war in Tunesien aktiv. Im Juni 2007 fand eine Frontex-Mission nach Tunesien statt, über die keine Informationen vorliegen. Die strategisch wichtige Rolle des Landes für Europa im Bereich Grenzsicherung wird damit weiter unterstrichen. Eine zweite Mission der Grenzschutzagentur war 2009 geplant. Die tunesischen Behörden zogen die Einladung jedoch kurzfristig zurück (Europäische Kommission 2011a: 13).

Nicht nur die Europäische Union, sondern auch einzelne Mitgliedstaaten, allen voran Italien und Frankreich, suchten die tunesische Kooperation bei der Abwehr irregulärer Migrant_innen. Gefördert wurden diese Beziehungen durch multilaterale Diskussionsplattformen wie den 5+5 Dialog. Der informelle 5+5 Dialog wurde 2001 in Lissabon lanciert und umfasst zehn Staaten des westlichen Mittelmeers und des Atlantiks: Mauretanien, Marokko, Algerien, Tunesien und Libyen sowie Portugal, Spanien, Frankreich, Italien und Malta auf der europäischen Seite. Die regionale Initiative zielt auf die intensivierte Zusammenarbeit der Länder in Bezug auf Fragen wie die Sicherheit im Mittelmeerraum, wirtschaftliche und regionale Integration sowie Migration. Von Beginn an lag der Akzent des Dialogs auf der Bekämpfung irregulärer Migration und des Terrorismus. Neben Treffen der Außenminister wurden 2002 bzw. 2003 Konferenzen zum Thema Migration in Rabat und Tunis abgehalten.

Bezeichnend ist, dass der Dialog weitgehend auf die Frage der Herausforderung der Migration und insbesondere der irregulären Migration von Süden nach Norden für die Beziehungen zwischen den Ländern auf beiden Seiten des Mittelmeers beschränkt blieb. Dabei setzten die europäischen Länder zum einen auf bessere Grenzkontrollen, zum anderen auf die Strategie, durch gezielte Entwicklungshilfe in den südlichen Ländern irreguläre Migration zu unterbinden (Bel Haj Zekri 2011b: 4). Entwicklungshilfe wurde so als Anreiz für die südlichen Länder eingesetzt, um diese auf mehr Kontrolle und Verhinderung von Migration in Richtung Europa einzustellen.

Auswirkungen europäischer Politik in Tunesien vor dem Umbruch: Die Kriminalisierung der Migration

Der Druck aus Europa auf Tunesien, „irreguläre Migration" nach Europa zu bekämpfen, führte zu einer weitgehenden Immobilisierung und Kriminalisierung von Tunesier_innen und Transitmigrant_innen bzw. -flüchtlingen, die das Land verlassen wollten. Die Einflussnahme reichte so weit, dass gar ein Gesetz geschaffen wurde, das den Strafbestand der „irregulären Ausreise" in Tunesien schuf.

Gesetz zur Kriminalisierung der „irregulären Ausreise" von 2004

Das Gesetz, das am 3. Februar 2004 durch das tunesische Parlament verabschiedet wurde, bedeutete eine wichtige Zäsur im Umgang Tunesiens mit Migrant_innen und Flüchtlingen. Es wurde zur Ergänzung der Bestimmungen des Gesetzes bezüglich Pässen und Reisedokumenten von 1975 erlassen. Das Gesetz von 2004 ist jedoch ungleich restriktiver, wohl auch, weil es im Zusammenhang mit dem internationalen Kampf gegen Terrorismus und kurz nach der Verabschiedung eines Gesetzes zur Bekämpfung des Terrorismus 2003 erlassen wurde. Diese zeitliche Nähe erlaubte die Verschärfung des rechtlichen Arsenals gegen Migrant_innen in Tunesien (EMHRN 2011: 73). In den Artikeln 38 bis 54 führt das Gesetz harte Strafen für Schleuser von Migrant_innen und Flüchtlingen ein sowie für Personen, die solche Tätigkeiten verdecken oder unterstützen. Die Strafen reichten von 3 bis 20 Jahren Haft und Geldstrafen von rund 8.000 bis 100.000 tunesischen Dinar (ca. 3.500 bis 44.000 Euro) (EMHRN 2012: 40). Selbst wer nur zufällig etwas über Aktivitäten im Zusammenhang mit irregulärer Migration erfahren hat, ist danach verpflichtet, dies zu melden. Tatsächlich wurde das Gesetz auch gegen Migrant_innen selbst angewandt, was das Protokoll von Palermo gegen Menschenhandel, auf dessen Grundlage es erlassen wurde, untersagt. Artikel 5 besagt hier: „Migranten sind auf der Grundlage des vorliegenden Protokolls nicht strafbar zu machen" (Ben Achour/ Ben Jemia 2011: 9). In einigen Urteilen wurde jedoch argumentiert, das bloße Bezahlen für die Überfahrt bedeute die Beteiligung der Migrant_innen an der Organisation klandestiner Migration. Obwohl das Kassationsgericht in Tunis diese Meinung nicht zu teilen scheint, wurden Migrant_innen auf der Grundlage dieses Gesetzes mehrfach zu bis zu sechs oder zehn Jahren Haft verurteilt (ebd.: 9). Strafverfolgungen gegen Schleuser fanden hingegen selten statt. Enge Verbindungen zwischen Schleusernetzwerken und Mitgliedern der Polizei-, Verwaltungs- und Justizbehörden scheinen dafür maßgeblich verantwortlich zu sein.

Tunesien steht mit seiner Gesetzgebung, die faktisch den Strafbestand der „irreguläre(n) Ausreise" geschaffen hat, nicht alleine da. Auch in anderen nordafrikanischen Staaten wurden ähnliche Gesetze erlassen, so beispielsweise in Marokko (2003) und Algerien (2008).

Diese Praxis wurde im Europarat scharf kritisiert. In einem Bericht der parlamentarischen Versammlung des Europarates formuliert die Berichterstatterin Tineke Strik 2010 in einem Arbeitsdokument zu Rückübernahmeabkommen: *„In manchen Ländern, beispielsweise Marokko oder Tunesien, wird das irreguläre Verlassen des Landes kriminalisiert mit dem Resultat, dass die zurückgeschobene Person bei ihrer Ankunft inhaftiert oder hart bestraft wird. Dies bedeutet eine Verletzung des Menschenrechts, jedes Land verlassen zu dürfen, das eigene inbegriffen. In manchen Ländern wird auch die irreguläre Einreise von Ausländern kriminalisiert. Wenn eine solche Person in das Land zurückgeschoben wird, nachdem sie weiter gereist ist, also als Drittstaatsangehöriger, riskiert er oder sie nach ihrer Rückkehr im Transitland bestraft zu werden. Die Berichterstatterin ist der Meinung, dass Abschiebungen nicht in Länder erzwungen werden sollen, in denen solche Szenarien mit Wahrscheinlichkeit vorkommen und dass deshalb Rückübernahmeabkommen nicht für solche Abschiebungen genutzt werden sollten"* (Strik 2010).

Seit der Revolution von 2011 lassen sich erste Veränderungen und Widerstände im Hinblick auf diese repressive Gesetzgebung in Tunesien feststellen. Auf einem Kongress, der von der Fédération Internationale des Droits de l'Homme (FIDH) organisiert wurde, haben tunesische Menschenrechtsorganisationen und -assoziationen die Abschaffung des Gesetzes vom 3. Februar 2004 gefordert (Ben Achour/ Ben Jemia 2011: 9). Seit dem Sturz Ben Alis scheint es zunächst auch keine weitere Strafverfolgung von Migrant_innen mehr gegeben zu haben. Dennoch wurde das Gesetz bisher nicht grundlegend revidiert.

Nachbarschaft mit hohen Zäunen

Was waren die Gründe für Tunesien, ein Gesetz wie dasjenige von 2004 zu erlassen?

Das ist ganz klar: Dafür ist die europäische Nachbarschaftspolitik verantwortlich, die Visapolitik, die Gesetzgebung in den Nachbarstaaten Europas, die sich an der EU orientieren. Das Gesetz von 2004 gleicht stark dem Gesetz Bossi Fini in Italien und dem französischen Gesetz, das die Hilfe zur irregulären Einreise und dem Aufenthalt kriminalisiert. Es ist ein Gesetz, das die europäischen Interessen abbildet und das durch Tunesien im Rahmen der Nachbarschaftspolitik als Gegenleistung für ökonomische Hilfen etc. verabschiedet wurde. Es handelt sich immer um die gleiche Art von Verhandlungen, die tunesische Migration und die Migration von anderen Staatsangehörigen von Tunesien aus nach Europa im Interesse der EU einschränken möchten.

Hat das Forum für Ökonomische und Soziale Rechte Informationen darüber, ob das Gesetz von 2004 aktuell tatsächlich nicht mehr angewendet wird?

Es gibt keine offiziellen Anordnungen, die das Gesetz von 2004 zwingend aussetzen. Es ist eine Ermessensfrage. Das heißt, dass die Richter und die Beamten jeweils im Einzelfall abwägen, ob sie das Gesetz anwenden oder nicht. Aber es gibt keine Anordnung von Regierungsseite, das Gesetz einzufrieren. Ein Richter kann also jederzeit eine Person auf der Grundlage des Gesetzes von 2004 verurteilen, in letzter Zeit ist dies nur nicht geschehen, so viel wir wissen.

Interview mit Nicanor Haon, Forum Tunisien aux Droits Economiques et Sociaux, Oktober 2012

Haftzentren in Tunesien

Weitgehende Unklarheit besteht hinsichtlich der Existenz von Haftzentren in Tunesien, in denen Migrant_innen insbesondere auf der Grundlage des Gesetzes von 2004 inhaftiert wurden. Die europäischen Vorstöße der britischen Regierung Blair und des deutschen Innenministers Otto Schily von 2003 und 2004, geschlossene Zentren für Migrant_innen in Nordafrika zu errichten, wurden nicht umgesetzt. Es bleibt intransparent, inwiefern diese Vorhaben dennoch über hauptsächlich bilaterale Vereinbarungen zur Inhaftierung von Migrant_innen teilweise realisiert wurden. Recherchen in Tunesien haben kaum konkrete Ergebnisse ergeben. Vor dem revolutionären Umbruch im Januar 2011 wurden die Begriffe „Auffangzentrum" („centre d´attente"), „Haftzentrum" („centre de détention" und „centre de rétention") oder gar „Aufnahmezentrum" („centre d´accueil") gebraucht, ohne eine klare Definition und Vorstellung davon zu haben, um welche Art Einrichtungen es sich überhaupt handelt. Das Internationale Komitee des Roten Kreuzes, IKRK, war die einzige internationale Organisation, die Zugang zu allen Gefängnissen und Hafteinrichtungen in Tunesien zwischen 2005 und 2011 im Rahmen eines vertraulichen bilateralen Dialogs mit der Regierung hatte (EMHRN 2012: 42). Das IKRK berichtete, dass es neben anderen gefährdeten Personen auch ausländische Staatsangehörige in Gefängnissen besucht hatte, die aufgrund regulärer Delikte (inbegriffen Verstöße gegen die Gesetzgebung zu Zutritt, Aufenthalt und Ausreise ausländischer Staatsangehöriger) inhaftiert waren. Außerdem seien Besuche in „Haftzentren" erfolgt, was bestätigt, dass solche Einrichtungen existierten. Dem Euro-mediterranen Menschenrechtsnetzwerk zufolge waren Vertreter_innen des IKRK jedoch nicht bereit zu spezifizieren, wie viele solcher Einrichtungen es in Tunesien gibt („über das ganze Land verteilt"), wie viele und welche Menschen dort inhaftiert waren oder wie lange sie dort festgehalten wurden („kurz"). Das *Global Detention Project* spricht von 13 Haftzentren in Tunesien, die teilweise von Italien finanziert worden wären (Global Detention Project 2011). Das *Global Detention Project* kann jedoch mit Sicherheit nur die Existenz eines der Haftzentren bestätigen – das Zentrum in Ouardia, das auch von anderen Quellen als sicher identifizierbar benannt wird und dem Innenministerium unterstellt ist.[4] Der Migrationsforscher Paolo Cuttitta schreibt, Tunesien habe die Finanzierung von Haftzentren in der Höhe von 260.000 Euro abgelehnt, da die Einmischung Italiens in innerstaatliche Angelegenheiten befürchtet wurde (Cuttitta 2007: 16).

Fest steht: Europas Zusammenarbeit mit dem autokratischen Regime von Ben Ali stattete den tunesischen Machthaber mit Geld und Technik aus, die dazu geeignet waren, sowohl Migrant_innen als auch die eigene Bevölkerung zu überwachen und zu disziplinieren. Ben Alis Interesse am Machterhalt und die europäischen Interessen der Unterbindung von Einwanderung ergänzten sich.

Rückblickend beurteilt Stefan Füle, EU-Kommissar für Erweiterung und Europäische Nachbarschaftspolitik, die Zusammenarbeit mit den autokratischen Regimen im Maghreb kritisch. Dennoch verfährt die Europäische Union auch mit der neuen tunesischen Regierung in gleicher Linie weiter.

> *"Europe was not vocal enough in defending human rights and local democratic forces in the region. Too many of us fell prey to the assumption that authoritarian regimes were a guarantee of stability in the region. This was not even Realpolitik. It was, at best, short-termism —and the kind of short-termism that makes the long term ever more difficult to build"* (Füle, Stefan 2011, Speech 28. Februar 2011).

Umbruch in Tunesien

Die „Jasminrevolution"

Entzündet hatten sich die Proteste in Tunesien am 17. Dezember 2010 als Reaktion auf die Selbstverbrennung des 26-jährigen Mohamed Bouazizi, der trotz Abitur als Gemüsehändler in Sidi Bouzid, einer Kleinstadt im Landesinneren Tunesiens, arbeitete. Zahlreiche Provokationen und Demütigung durch die Polizei hatten Bouazizi zu der Verzweiflungstat gedrängt: Da er sich keine Lizenz für den Verkauf seiner Waren leisten konnte, kam es regelmäßig zu Konflikten mit den Behörden. Er starb, nachdem er sich vor dem Amtssitz des Gouverneurs mit Benzin übergossen und angezündet hatte, drei Wochen später an den Folgen seiner Verbrennungen. Proteste von Jugendlichen in Sidi Bouzid waren der erste Ausdruck für Wut und Empörung, die der Tod Bouazizis ausgelöst hatte. Die Nachricht verbreitete sich in den folgenden Tagen in Windeseile, wobei soziale Netzwerke wie Facebook eine große Rolle spielten. Noch vor Weihnachten griffen die Proteste auf rund ein Dutzend weiterer Städte über. Anfang Januar 2011 erreichten die Aufstände schließlich Tunis und verschärften sich nach zwei Fernsehansprachen Ben Alis weiter. Die Bilder von Hunderttausenden von Demonstrant_innen auf der Avenue Habib Bourgiba sowie die äußerst gewaltsame Polizeirepression gingen um die Welt. Ben Ali flüchtet. Der

[4] Auch der Migrationsforscher Hassan Boubakri sagte im Interview, es gäbe nur das Haftzentrum in Ouardia, zu dem derzeit nur die NGO *Tunesisches Forum für Ökonomische und Soziale Rechte* Zutritt habe. Interview mit Hassan Boubakri, Juli 2012.

Umbruch in Tunesien hat den Angaben der UNO zufolge 215 Tote gefordert (Schmid 2011: 25).

Mit der Flucht Ben Alis am 14. Januar 2011 nach Saudi Arabien war der revolutionäre Prozess in Tunesien jedoch nicht an sein Ende gelangt. Die folgenden Wochen und Monate waren von weiteren Protesten, mehrfachen Regierungswechseln[5] und einer bleibenden Frustration, insbesondere der jungen Generation, geprägt. Am 23. Oktober 2011 fanden schließlich die ersten freien Wahlen in der Geschichte Tunesiens statt. Aus den Wahlen ging die islamische *Ennahda*-Partei mit 41 Prozent der abgegebenen Stimmen als Siegerin hervor, die sich zuvor jahrelang im Untergrund organisiert hatte und daher über ein großes Mobilisierungspotenzial verfügte. Gemeinsam mit der zweit- und drittstärksten Partei, dem linksliberalen „*Kongress für die Republik*" (CRP) mit 14 Prozent der Stimmen und der sozialdemokratischen *Ettakatol*, die 10 Prozent der Stimmen erlangt hatte, einigte man sich schnell auf eine Koalition. Für das Amt des Staatspräsidenten wurde im Dezember 2011 Moncef Marzouki, Chef des CPR gewählt, während *Ennahda* mit ihrem Generalsekretär Hamadi Jebali den Ministerpräsidenten stellte.

Aussetzung der Grenzkontrollen und Aufbrüche aus Tunesien

Die Jasminrevolution, die im Sturz des jahrelangen Diktators Ben Ali am 14. Januar 2011 gipfelte, hatte auch zu einer Aussetzung der Grenzkontrollen an den Mittelmeerküsten geführt. Innerhalb von fünf Tagen – vom 9. Februar bis zum 13. Februar 2011 – verließen über 5.000 tunesische Migrant_innen in Booten die tunesischen Küsten, um die italienische Insel Lampedusa zu erreichen. Nach Angaben des UNHCR landeten 2011 rund 28.000 tunesische Bootsflüchtlinge an den italienischen Küsten an (UNHCR 2012a). Die meisten brachen von der Region um Zarzis, nahe der libyschen Grenze auf. Auch Hafenstädte entlang der Ostküste zwischen Sfax im Süden und Cap Bon im Norden gewannen für das Ablegen von Flüchtlingsbooten an Bedeutung. Die Zahl der Ankünfte verdoppelte sich im Zuge des Bürgerkriegs in Libyen, blieb aber dennoch sehr gering im Vergleich mit den Fluchtbewegungen von Libyen in die Nachbarländer.

Aufbrüche von den tunesischen Küsten nach dem Umsturz

„Viele brachen auf nach dem 14. Januar 2011, weil das repressive Sicherheitsdispositiv nach dem Sturz von Ben Ali nicht mehr funktionierte. Die Sicherheitskräfte, die für die Kontrolle der Land- und Seegrenzen verantwortlich waren, verlo-

[5] Die erste Regierung wurde von Ministerpräsident Mohammed Ghannouchi gebildet, der am 27. Februar 2011 sein Amt niederlegte. Er hatte bereits unter Ben Ali elf Jahre lang als Ministerpräsident gedient und konnte somit keine Akzeptanz bei der Bevölkerung finden. Als Nachfolger trat der bereits über achtzigjährige Béji Caid Essebsi an, der zwar unter Ben Ali als Parlamentspräsident gedient hatte, jedoch nicht dessen engstem Zirkel angehörte. Im Dezember 2011 trat Hamadi Jebali (Ennahda) das Amt des Premierministers an. Im März 2013 trat Ali Larayedh nach dem Rücktritt Jebalis seine Nachfolge an – aufgrund zahlreicher Proteste im Jahr 2013 kündigte auch er am 24. Oktober 2013 seinen Rücktritt an. Im Dezember 2013 war der parteilose Mehdi Jomaâ für die Regierungsspitze bestimmt worden. Im Januar 2014 präsentierte er sein Übergangskabinett. Der aktuellen Regierung aus unabhängigen Expert_innen gehören 21 Minister_innen und sieben Staatssekretäre an.

ren zunehmend ihren Rückhalt in der Bevölkerung und waren desorganisiert. Die Armee musste die Sicherheit aufrecht erhalten und schützte die sensibelsten Orte und Funktionen, anstatt sich auf ihre klassische Rolle der Grenzkontrolle und Verteidigung des Territoriums gegen äußere Bedrohungen zu konzentrieren. Die Polizei und die unterschiedlichen Sicherheitsbehörden Ben Alis hatten auch die Grenzen überwacht. Die Aussetzung der Grenzkontrollen ließ nun den Schleppernetzwerken freie Hand. Manche Netzwerke schleusten Migranten aus Tunesien nach Libyen, um nach Europa weiter zu reisen. Die meisten Überfahrten werden im Frühling oder Sommer gewagt, da die Schifffahrt im Winter sehr schwierig ist. Nun hatten jedoch über 25.000 Tunesier zwischen dem 15. Januar und Anfang April 2011 Lampedusa erreicht – also mitten im Winter und Anfang Frühling. Die Schiffsunglücke haben sich vervielfacht in diesen harten Wochen nach der Revolution. Zwischen dem 15. Januar und dem Ende des Monats verließen zwischen 400 und 500 Personen pro Tag das Land. Vieles lief über familiäre oder andere Bekanntschaften zu Schleusernetzwerken und so schafften es insbesondere Leute aus der Region, einen Platz auf einem Boot zu bekommen.“

Interview mit Hassan Boubakri, Sousse Juli 2012

Die Aufbrüche aus Tunesien von hauptsächlich jungen tunesischen Männern in Richtung Italien waren die erste von vier teils parallel verlaufenden Flucht- und Migrationsbewegungen, die Tunesien 2011 erlebte (vgl. EMHRN 2012: 7ff). Die zweite große Fluchtbewegung wurde ausgelöst durch den Ausbruch des libyschen Bürgerkriegs im Februar 2011. Der Internationalen Organisation für Migration (IOM) zufolge flohen rund 250.000 Migrant_innen, davon 62 Prozent Ägypter, über die Grenze nach Ägypten (IOM 2011a). Die meisten Migrant_innen jedoch hielten sich in Westlibyen auf und suchten in Tunesien Zuflucht. Zusätzlich zu rund 5.000 Tunesierinnen und Tunesiern, die bis dahin in Libyen gelebt hatten und nun aufgrund des Konfliktes nach Tunesien zurückkehrten, flohen IOM zufolge 350.000 Migrant_innen aus Drittstaaten nach Tunesien. Die meisten wurden noch vor Sommer 2011 in ihre Herkunftsländer transferiert. Nach dieser ersten Fluchtwelle aus dem Nachbarland Libyen folgte eine zweite, die hauptsächlich aus Libyerinnen und Libyern bestand – oftmals aus ganzen Familien. Zwischen März 2011 und dem Fall des Gaddafi-Regimes im Oktober 2011 überquerten insgesamt 800.000 Libyer_innen die Grenze nach Tunesien (EMHRN 2012: 8). Obwohl die meisten von ihnen nach dem Fall Gaddafis nach Libyen zurückkehrten, verblieben einige regimetreue Vertriebene aus Angst vor Verfolgung in Tunesien. Eine vierte Fluchtbewegung nach Tunesien bestand aus subsaharischen Migrant_innen, die aus Libyen flohen. Während des Krieges hatte das Gaddafi-Regime Berichten zufolge versucht, Migrant_innen zu drängen, nach Italien oder Malta aufzubrechen (The Telegraph, 3. September 2011). Viele der Bootsflüchtlinge ertranken auf dieser riskanten Reise, einige erreichten Italien und einige wenige wurden an die tunesischen Küsten getrieben. Insgesamt suchte 2011 über eine Million Menschen Zuflucht in Tunesien.

Ort des Aufbruchs: Fischerboot im Hafen von Ksibet el Mediouni nahe der Stadt Monastir. © PRO ASYL

„Los, lasst uns aufbrechen!"

„Man stellte sich zu der Zeit die Frage, warum all diese jungen Tunesier_innen, welche die Revolution gemacht hatten, so schnell aufbrachen. Im März 2011 haben wir eine Umfrage gemacht, die ergab, dass die meisten im Tourismussektor, auf dem Bau oder in der Landwirtschaft beschäftigt waren. Das sind alles Sektoren mit prekären Arbeitsbedingungen. Die Leute im Tourismussektor haben beispielsweise erkannt, dass der Tourismus sich mit dem Umbruch nicht sofort erholen wird und auch viele andere Probleme sich nicht von einem Tag auf den anderen lösen werden. Sie haben sich gesagt: „Wir träumen schon seit Langem von Europa, es gibt keine Kontrollen mehr ... los, lasst uns aufbrechen!"

Interview mit Hassan Boubakri, Juli 2012

Verschlechterung der wirtschaftlichen und sozialen Situation

Es ist nicht erstaunlich, dass der Aufstand im Dezember 2010 in Sidi Bouzid, einer Region im Landesinneren rund 260 Kilometer von Tunis entfernt, ausbrach. Im Gegensatz zu der relativ prosperierenden Küstenregion war das Landesinnere

Tunesiens eine marginalisierte und von der Regierung vernachlässigte Region. Der Obst- und Gemüseanbau bietet der lokalen Bevölkerung nur ein niedriges Einkommen und auch die Phosphatförderung nahe der Stadt Gafsa ermöglichte den dort Beschäftigten nur trostlose Lebensbedingungen (bordermonitoring.eu 2011: 23). Vom Aufschwung durch den Tourismus entlang der Küstenregion profitierten die Menschen im Inneren des Landes nicht. Bereits 2008 war es daher zu massiven Streiks und Aufständen in den Phosphatgebieten gekommen. Tunesien kann in diesem Sinne als sozial geteiltes Land mit weit auseinanderklaffenden Lebensbedingungen beschrieben werden.

Die sozial höchst angespannte Situation im Land hatte den revolutionären Umbruch zwar hervorgerufen. Dieser führte jedoch zu einer rapiden weiteren Verschlechterung der wirtschaftlichen Situation des Landes, was bald eine spürbare Frustration nach sich zog. Die moralisierenden und empörten Verlautbarungen aus Europa, nach denen die Tunesier_innen doch gerade jetzt, da sie durch den Umbruch Demokratie und Freiheit erlangt hätten, eigentlich keine Gründe zur Ausreise mehr hätten, wirken absurd, wenn man den Blick auf die sozialen und ökonomischen Turbulenzen nach der Revolution richtet. Internationale Investoren zogen ihr Kapital aus Tunesien ab, da die meisten Geschäfte über die eng mit Regierungskreisen verflochtene Wirtschaftselite des Landes gelaufen waren. Im Vergleich zu 2010 sanken die ausländischen Investitionen um 15,3 Prozent (Businessnews, 18. Dezember 2012). Im ersten Halbjahr 2011 brach die Wirtschaft um 7,4 Prozent ein (Bordermonitoring. eu 2011: 9), der Tourismussektor sogar um 40 Prozent (ebd.: 10). Die registrierte Arbeitslosigkeit lag 2011 bei knapp 19 Prozent und im Mai 2012 noch bei 17,6 Prozent. Mit über 40 Prozent ist die Arbeitslosigkeit unter jungen Tunesier_innen besonders besorgniserregend (Fonds Monetaire International 2012: 1). Die soziale Situation ist der zentrale Grund dafür, dass die Transformation in Tunesien auch nach dem Sturz des Autokraten Ben Ali weiter geht und neue Dynamiken entfaltet, die an bis heute anhaltenden Streiks und Demonstrationen sichtbar werden. Insbesondere im Landesinneren bleibt die Frustration aufgrund der unerfüllten Versprechen auf Arbeit und bessere Einkommen sehr hoch, und es kommt immer wieder zu Aufständen, auf die mit Polizeigewalt reagiert wird: Die Forderungen der Revolution nach Würde und Gerechtigkeit und einem wirtschaftspolitischen Gegenmodell zu den neoliberalen Politiken bleiben aktuell. Die Angebote der EU weisen jedoch in eine andere Richtung, wie die Verhandlungen um neue Freihandelsabkommen zeigen.

Europäische Interventionen: Freier Handel und Hindernisse für die Mobilität der Menschen

Bereits knapp einen Monat nach der Flucht Ben Alis drängte die Europäische Union auf die Unterzeichnung eines neuen Freihandelsabkommens mit Tunesien. EU-Außenkommissarin Catherine Ashton gab Mitte Februar bekannt, man wolle das Abkommen noch möglichst vor den Wahlen in Tunesien unterzeichnen. Das Land solle einen „fortgeschrittenen Status“ in seinen Beziehungen zur EU erlangen, was sich insbesondere in einem erweiterten Marktzugang Tunesiens niederschlagen solle (Euractiv, 15. Februar 2011). Europa ist der mit Abstand wichtigste Handelspartner

Tunesiens. Insgesamt gehen derzeit rund 80 Prozent der tunesischen Exporte in die EU – insbesondere Textilprodukte und Kleidung, Nahrungsmittel, Benzinprodukte, Chemikalien und Phosphat (CIA World Fact Book). Bereits seit den 1980er Jahren wurden Ägypten, Tunesien und Libyen hauptsächlich vom Internationalen Währungsfonds (IWF) und der Weltbank dazu gedrängt, ihre Wirtschaft einer Liberalisierung zu unterziehen und Märkte für ausländische Investoren zu öffnen.[6]

Der Europäische Rat für Auswärtige Angelegenheiten erteilte im Dezember 2011 ein Mandat zur Aushandlung von Abkommen zur „Schaffung von weitreichenden und umfassenden Freihandelszonen" (DCFTA) mit Tunesien, Ägypten, Jordanien und Marokko. Die Liberalisierung von Landwirtschaft und Dienstleistungen werden als Teil des Abkommens verhandelt.[7] Die neuen DCFTA sollen die Handelsvereinbarungen in den Assoziationsabkommen ergänzen und vertiefen. Die EU verlangt damit den Zugang der eigenen Dienstleistungsanbieter zum tunesischen Markt, inbegriffen Gesundheitsversorgung und Tourismusanbieter. Außerdem ist ein Fischereiabkommen mit Tunesien geplant, was insbesondere für die lokalen Fischer vermutlich weitreichende Folgen hätte. Erklärtes langfristiges Ziel ist es, Tunesien weiter in den EU-Binnenmarkt zu integrieren. Um die Verhandlungen zu führen, wurde eine „Taskforce Tunesien" eingesetzt, die bereits mehrere Verhandlungsrunden in Tunesien hinter sich brachte. Der Taskforce gehören auf Seite der EU die Hohe Vertreterin für Außen- und Sicherheitspolitik und die Kommission, die Europäische Entwicklungsbank und die Europäische Bank für Wiederaufbau und Entwicklung an: Beteiligt sind zudem die Weltbank, der Internationale Währungsfonds, die Islamische und die Afrikanische Entwicklungsbank sowie Vertreter privater Unternehmen.[8]

Eine unabhängige Folgenbewertung der euro-mediterranen Freihandelszone hat das Risiko negativer Auswirkungen für die arabischen Länder untermauert. So wird beispielsweise von einem Schrumpfen der Produktionsindustrie um 65 Prozent in Tunesien ausgegangen (Europäische Kommission 2006: 19). Der Verlust von Arbeitsplätzen wird in Tunesien auf acht Prozent geschätzt. Außerdem wird eine Senkung des Lohnniveaus vorhergesagt sowie abnehmende Staatseinnahmen, die zu einer Schwächung der Sozialprogramme führen werden. Auch NGOs kritisieren die

[6] Dies beinhaltete die Entwicklung eines exportorientierten und vom privaten Sektor angetriebenen Wachstums, die Kürzung von Regierungsausgaben, die Öffnung und Deregulierung von Märkten, die Privatisierung von staatlichen Industrien und die Liberalisierung des Handels durch die Senkung von Import- und Exportzöllen (siehe: Transnational Institute/ Centre for Research on Multinational Corporations/ Seattle to Brussels Network 2013: 3.)

[7] Das Abkommen mit Tunesien umfasst darüber hinaus auch Vereinbarungen zu weiteren wirtschaftlichen und handelsbezogenen Themen wie Handelserleichterungen, technische Handelshemmnisse, sanitäre Standards, Investitionsschutz, öffentliches Vergabewesen und Wettbewerbspolitik.

[8] Vertreten waren die folgenden Unternehmen und Institutionen: CIMPOR, Finmeccanica, Maire Tecnimont Group, AFD, Club Méditerranée, British Gas Tunisia, INDRA, ACCIONA, KPMG, Air France, Siemens Tunisia, Prolea-Sofiproteol, Kleinwort Benson, Mouvements des Entreprises de France, Sanofi Aventis, IPEMED, CONECT, Arab Enterprise Institute, Gas de France Suez (Bundestagsdrucksache 17/10107: 10f).

Vorhaben im Zusammenhang mit den geplanten Freihandelszonen scharf (Seattle to Brussels 2012): Die Abkommen bedeuteten eine Bedrohung für die sozialen und demokratischen Bestrebungen der arabischen Umbrüche und stellten die angekündigte Bereitschaft der EU, die Menschen in der Region zu unterstützen, ernsthaft in Frage. Die Durchsetzung der Abkommen werde gravierende soziale, ökonomische und umwelttechnische Folgen für die Menschen in Ägypten, Tunesien, Marokko und Jordanien haben, so die Prognose des Netzwerkes *Seattle to Brussels*: Die Forcierung eines export-orientierten Wachstumsmodells und die Öffnung der eigenen Märkte für europäische multinationale Unternehmen würden zu einer Wettbewerbssituation führen, in der die einheimischen Unternehmen unterliegen würden. Während tunesische Produzenten Schwierigkeiten haben würden, die vielfältigen Bestimmungen für Importe auf den europäischen Markt zu erfüllen, würden sich europäische Unternehmen in Tunesien ungehindert ausbreiten können.

Die DCFTA-Abkommen beinhalten als neues Element auch einen Investitionsschutz. Investitionsabkommen ermöglichen Investoren gewöhnlich das Recht, öffentliche Maßnahmen anzufechten, die ihren erwarteten Profit beeinträchtigen könnten. Schiedsgerichte, die weitgehend hinter verschlossenen Türen agieren, haben Regierungen bereits verpflichtet, Hunderte von Millionen Dollar öffentlicher Gelder als Kompensation an private ausländische Investoren zu zahlen. Investitionsschutzbestimmungen schränken Regierungen auch erheblich ein, soziale oder umwelttechnische Reformen auf den Weg zu bringen. Das Interesse ausländischer Investoren wird über das der lokalen Bevölkerung und die Entwicklungsagenda des Landes gestellt (vgl. Forum Umwelt und Entwicklung/ PowerShift/ attac WTO AG 2013: 2).[9] All dies zeige, so das Netzwerk *Seattle to Brussels*, wie die EU trotz der Lektionen aus der Finanz- und Wirtschaftskrise durch ihre Handelspolitik weiterhin ein exportorientiertes, neoliberales Wachstumsmodell propagiert. Dieses mache die Länder abhängiger von der Volatilität internationaler Märkte, anstatt ihre Entwicklung in der Stärkung der eigenen Produktionsbasis zu verankern.

Emigration war immer auch eine Folge struktureller Arbeitslosigkeit und ist ein Effekt der Rezession der tunesischen Wirtschaft – eine Tatsache, an der die Regierungen auf beiden Seiten des Mittelmeers systematisch vorbei verhandelten (EMHRN 2011: 73). Dieses Problem spiegelt sich in den politischen Kooperationen im Rahmen der Mittelmeerunion, der Europäischen Nachbarschaftspolitik und der Freihandelsabkommen wider. Das politische Ziel der EU ist klar: Freie Mobilität von Waren, Dienstleistungen, Geld und Informationen auf der einen Seite und auf der anderen Seite die Aufrechterhaltung separierter Arbeitsmärkte und Hindernisse für die internationale Mobilität von Personen in Tunesien. Die Expansion neoliberaler Wirtschaftspolitik drängt immer mehr Menschen in eine Migration, die aufgrund der restriktiven europäischen Politik nur irregulär und unter Lebensgefahr erfolgen kann. Hilfsgelder können den Schaden, den die EU durch ihre Doppelstra-

[9] Eine weitere Forderung von Seiten der EU ist der Zugang zum Markt öffentlicher Auftragsvergaben. Letzteres ist insbesondere in Entwicklungsländern ein wichtiges Instrument, um lokale Industrien, Beschäftigung und Weiterverarbeitung von lokal geförderten Rohstoffen zu ermöglichen.

tegie von aggressiver Marktöffnung und weitreichender Migrationsverhinderung in den Anrainerstaaten Nordafrikas bewirkt, nicht aufwiegen. Trotz der Zusage höherer finanzieller Unterstützung hat Europa dabei versagt, eine tatsächliche Unterstützung der Tunesier_innen in Zeiten des Umbruchs zu leisten.

Regionale Grenzaufrüstung zwischen Libyen, Algerien und Tunesien

Am 12. Januar 2013 trafen sich die Premierminister von Tunesien, Algerien und Libyen – Hamadi Jebali, Abdelmalek Sellal und Ali Zeidan – in der libyschen Stadt Ghadames, um über die Intensivierung der Grenzüberwachung in der Region zu diskutieren. Ziel war die effizientere Bekämpfung von Menschen-, Drogen- und Waffenhandel sowie Terrorismus. Zu den beschlossenen Maßnahmen gehören gemeinsame Kontrollpunkte, koordinierte Grenzpatrouillen, zunehmender Informationsaustausch über Bewegungen in Grenzzonen und regelmäßige Treffen von Sicherheitsbeamten (Libya Herald, 12. Januar 2013). Der libysche Premier Zeidan sagte gegenüber Journalisten: „Wir möchten die Botschaft aussenden, dass wir nicht erlauben werden, in unseren Ländern Terrorismus zu dulden oder unsere Grenzen für Waffen- oder Drogenschmuggel oder illegale Migration missbrauchen zu lassen“ (Reuters, 12. Januar 2013). Die Reisefreiheit zwischen Libyen und Tunesien wird aufgrund der neuen Maßnahmen massiv eingeschränkt und führt in der Region zu einem sicherheitszentrierten Ansatz, der nicht zuletzt zu Lasten von Flüchtlingen und Migrant_innen durchgesetzt wird.

Europas flüchtlings- und migrationspolitische Reaktionen

Die ersten Reaktionen Europas auf die Umbrüche in Nordafrika bestanden hauptsächlich in der sofortigen Wiederherstellung der Grenzkontrollen und Überwachung im Mittelmeerraum und dem Druck auf die neuen (Übergangs-)regierungen in Nordafrika, neue Kooperationen zur Bekämpfung „irregulärer“ Migration einzugehen. Die von Europa proklamierte Solidarität mit den Menschen und den neuen Regierungen Nordafrikas zeigte ihre Phrasenhaftigkeit in verspäteter finanzieller humanitärer Unterstützung für Flüchtlinge und Migrant_innen in der südlichen Mittelmeerregion bei gleichzeitiger Bekämpfung von Flucht- und Migrationsbewegungen nach Europa (vgl. Martin 2011). Weil Europa auf Abwehr anstatt auf Rettung und Aufnahme setzte, kamen zahlreiche Flüchtlinge 2011 im Mittelmeer um.

2.000 Tote im Mittelmeer

Im Jahr 2011 gehörte das zentrale Mittelmeer zu den am dichtesten überwachten Regionen weltweit. Nicht nur die Präsenz von Frontex war dafür verantwortlich, sondern insbesondere auch der NATO-Einsatz vor den libyschen Küsten. Dennoch starben über 2.000 Bootflüchtlinge auf ihrem Weg nach Europa. Im April 2012 stellte der Europarat in seinem Bericht die Mitverantwortung der europäischen Staaten an dem Massensterben auf See fest und sprach von „kollektivem Versagen“ (Strik 2012: 22) der NATO, der Vereinten Nationen und einzelner

Mitgliedstaaten: Insgesamt verloren im Jahr 2011 über 2.000 Flüchtlinge ihr Leben im Mittelmeer.

Als Gegenleistung zu einer verbesserten Bekämpfung irregulärer Migration wurde Tunesien eine „Mobilitätspartnerschaft" in Aussicht gestellt, die Anfang 2014 unterzeichnet wurde. Über die Partnerschaft können selektiv Arbeitskräfte dem europäischen Arbeitsmarkt zugeführt werden. Dies ist allerdings davon abhängig, dass Mitgliedstaaten der Europäischen Union konkreten Arbeitskräftebedarf anmelden. In Europa orientiert man sich an für die eigenen Arbeitsmärkte interessanten professionellen Kategorien, anstatt an tatsächlichen Bedürfnissen und der Schaffung von Migrationsmöglichkeiten in den ärmsten Regionen Tunesiens.

Erneute Grenzkontrolle und Überwachung: Frontex

Italiens Innenminister, Roberto Maroni, sprach bereits nach den ersten Ankünften von Flüchtlingsbooten auf Lampedusa von einem „Exodus biblischen Ausmaßes" und forderte schon im Februar 2011 die Unterstützung der europäischen Grenzschutzagentur Frontex an. Die „Operation Hermes" wurde nur vier Tage nach Anfrage Italiens bestätigt. Sie sollte „Italien bei der Kontrolle von Booten, die Migranten und Flüchtlinge mit sich führen, unterstützen" (Malmström 2011) und wurde kurz nach Beginn des Einsatzes am 20. Februar 2011 auf fünf Monate verlängert und geographisch bis auf die griechische Insel Kreta ausgedehnt. Die Operation wurde durch Italien geleitet, das auch Schiffs- und Luftausrüstung zur Verfügung stellte, Unterstützung kam von Frankreich, Deutschland, Malta, Niederlande und Spanien. Im Einsatz waren Expert_innen aus insgesamt 11 Mitgliedstaaten. Die Aktionen zielten hauptsächlich auf das „Aufspüren und Verhindern von illegitimen Grenzübertritten auf die pelagischen Inseln, Sizilien und das italienische Festland" (Frontex 2011), beinhalteten jedoch auch die Untersuchung und Identitätsfeststellung (pre-screening) von durch Frontex-Beamte abgefangenen Flüchtlingen und Migrant_innen sowie die Erhebung von Informationen über die Routen und Ankunftszahlen für Risikoanalysen. Offenbar wurden die von Frontex bzw. den beteiligten Grenzkontrolleinheiten der Mitgliedstaaten auf See aufgegriffenen Migrant_innen auch an Schiffe des tunesischen Militärs übergeben (Bundestagsdrucksache 17/7270: 5). Zusätzlich kam in Süditalien eine Delegation von Europol zum Einsatz. Eine Agentur, deren primäre Rolle in der Koordinierung von Operationen zur Bekämpfung von internationalem Verbrechen und Terrorismus besteht. Das Expertenteam sollte Italien „bei der Identifizierung etwaiger Krimineller unter den irregulären Migranten (...) unterstützen" (Europäische Kommission 2011b: 6).

Im April 2011 kündigte die Kommission an, ein Verfahren zu initiieren, um das Budget von Frontex für 2011 um 30 Millionen Euro zu erhöhen (Europäische Kommission 2011c). Ebenso im April erklärte Frontex, so bald wie möglich ein Arbeitsabkommen mit der neuen tunesischen Regierung mit dem Ziel gemeinsamer Patrouillenoperationen abschließen zu wollen (Security and Defence Agenda, 11. April 2011). Der Rat Justiz und Inneres hatte eine solche Forderung bei seinem Treffen Anfang April 2011 geltend gemacht.

„Crowds in the streets" anstatt Diktatoren

"The crowds in the streets of Tunis, Cairo and elsewhere have been fighting in the name of our shared values. It is with them, and for them, that we must work today - not with dictators who are, as we speak, spilling the blood of their own people with utter disregard for human life."

Stefan Füle, Europäischer Kommissar für Erweiterung und Europäische Nachbarschaftspolitik, März 2011 (EU Observer, 1. März 2011)

Die sicherheitsfokussierten Reaktionen Europas auf den Umbruch in Tunesien, die weit entfernt von einer solidarischen Unterstützung der Bewegungen waren, bezeichnete EU-Innenkommissarin Malmström auf einer Rede in Florenz am 25. Juni 2012 als „historischen Fehler". Ein Eingeständnis, das jedoch keine Auswirkungen auf die weitere Kooperation Europas mit Tunesien hatte: *„Europe made a historical mistake. It missed the opportunity to show the EU is ready to defend, to stand up, and to help"* (Statewatch 2012).

Wiedereinführung der Grenzkontrollen im Schengenraum

Eine weitere Folge der Ereignisse im Jahr 2011 war die von einigen Mitgliedstaaten forcierte Diskussion über die Wiedereinführung der Grenzkontrollen im Schengenraum. Die Ankunft von rund 25.000 tunesischen Flüchtlingen und Migrant_innen vermochte diesen Grundpfeiler des Europäisierungsprozesses ernsthaft ins Wanken zu bringen. Die tunesische Regierung hatte hart verhandelt bei der Verabschiedung des Rückübernahmeabkommens mit Italien Anfang April: Italien hatte den bis dahin angekommenen tunesischen Flüchtlingen und Migrant_innen sechsmonatige Schengenvisa ausgestellt. Einmal angekommen in Italien, wollte das Land zumindest nicht alleine die Verantwortung für die eintreffenden Boatpeople übernehmen und kam so dem Wunsch vieler Tunesier_innen entgegen, nach Frankreich zu gelangen. Es folgte eine europaweite Debatte um die Wiedereinführung von Kontrollen an den Binnengrenzen innerhalb Europas, die von der dänischen Ratspräsidentschaft und der französischen Regierung angeheizt wurde (Carrera et al. 2011). Sie gipfelte in einem Brief, den der damalige deutsche Innenminister, Hans-Peter Friedrich, und sein französischer Kollege Claude Guéant am 17. April 2012 an die dänische Ratspräsidentschaft schickten (Spiegel, 20. April 2012). Darin schlugen sie vor, dass es jedem Mitgliedstaat vorbehalten sein sollte, seine EU-Binnengrenzen während 30 Tagen zu kontrollieren, sofern ein anderer Staat an den europäischen Außengrenzen seinen Verpflichtungen zur Kontrolle der eigenen Grenzen nicht nachkäme.

In ihrer Kommunikation zur Migration vom Mai 2011 kündigte die Kommission an, Vorschläge für die Einführung eines „Notfallmechanismus" in die bestehende EU Gesetzgebung vorlegen zu wollen, um besser auf „außergewöhnlich hohen Migrationsdruck" zu antworten. Forderungen, die direkt durch die Ereignisse des arabischen Frühlings beeinflusst waren. Die Verordnung des europäischen Rates und des Parlaments vom 22. Oktober 2013 zur Änderung des Schengener Grenzkodex legte schließlich gemeinsame Regelungen für die „vorübergehende Wiedereinführung von Kontrollen an den Binnengrenzen unter außergewöhnlichen Umständen" fest. Dort heißt es, dass die Wiedereinführung von Kontrollen an den Binnengrenzen für höchstens 30 Tage möglich sein soll, wenn die öffentliche Ordnung oder die innere Sicherheit in einem Mitgliedstaat ernsthaft bedroht sei. Die Kontrollen können im Notfall sogar auf sechs Monate verlängert werden. Allgemein kann die Diskussion um die Reform des Schengener Grenzkodex als exemplarisch für die Notfall-Rhetorik verstanden werden, die zu den ersten Reaktionen Europas auf die Umbrüche in Nordafrika gehörte.

Das Lager Choucha: Wenig europäische Unterstützung für Flüchtlinge aus Libyen

Während Europa 2011 aufgrund von knapp 60.000 Bootsflüchtlingen aus Nordafrika Notstandszenarien an die Wand malte, hatten die Nachbarländer Libyens im Zuge des libyschen Bürgerkriegs Hunderttausenden von Flüchtlingen Schutz geboten. In Europa zeigte man kaum Bereitschaft, Flüchtlinge aus den Nachbarländern Libyens aufzunehmen. Man blockierte nicht nur die zentralen Fluchtrouten über das Mittelmeer, sondern ließ nun auch die geschwächten Staaten in Nordafrika mit der Flüchtlingsaufnahme alleine. Knapp eine Million Menschen war seit der Erhebung der Libyer_innen gegen den langjährigen Diktator Muammar al Gaddafi am 17. Februar 2011 und dem darauf folgenden Bürgerkrieg aus dem Land geflohen.

Allein in Tunesien fanden rund 800.000 Schutzsuchende Aufnahme (UNHCR 2011) und wurden großzügig von der lokalen, selber sehr armen Bevölkerung im Süden des Landes versorgt. Die meisten Flüchtlinge waren libyscher Staatsangehörigkeit, rund 200.000 hatten jedoch zuvor meist als Arbeitsmigrant_innen in Libyen gelebt. Insbesondere die Stadt Ben Guerdane an der libyschen Grenze wurde zu einem Ort der Aufnahme von Flüchtlingen aus Libyen. Vergeblich wartete die lokale Bevölkerung, die sich spontan organisierte und vom Revolutionskomitee koordiniert wurde, auf internationale Hilfe. Unterbringungskapazitäten, Geld und Strukturen wurden dringend benötigt. Ende Februar 2011 wurden vier große Lager unter der Leitung des UNHCR entlang der tunesisch-libyschen Grenze errichtet. Ein Teil der Flüchtlinge kam kurz nach Ausbruch des Krieges im Lager Choucha unter. Von anfangs knapp 20.000 Flüchtlingen in Choucha blieben nach Abschiebungen und Rückführungen vieler Flüchtlinge in Länder wie Mali, Kamerun oder Gambia rund 4.000 zurück, von denen etliche über zwei Jahre in der Wüste ausharren sollten. Die spontane Solidarität der Tunesier_innen mit den Flüchtlingen in den ersten Wochen war nicht selbstverständlich. Der Rassismus, der in vielen arabischen Ländern zu massiven Diskriminierungen von Migrant_innen aus Subsahara-Afrika führte und weiterhin führt, schien für kurze Zeit überwunden. Später kam es jedoch auch in Choucha zu gewalttätigen Übergriffen auf Schutzsuchende. Zahlreiche Flüchtlinge in den Lagern konnten jedoch nicht abgeschoben werden. Viele kamen aus Somalia, Eritrea, Sudan, Elfenbeinküste – Ländern, in denen ihnen Verfolgung droht. Die meisten von ihnen wurden von UNHCR im Rahmen der Refugee Status Determination Procedure (RSD) als Flüchtlinge anerkannt. Einige warten nun seit weit über zwei Jahren auf einen Resettlementplatz (Aufnahmeplatz) in einem sicheren Drittstaat. Rund 3.500 konnten bisher auf diesem Weg das Lager verlassen. Die meisten Aufnahmeplätze wurden von den USA angeboten, über 1.700 Flüchtlinge wurden bereits in die Vereinigten Staaten gebracht. In Europa rangen sich erst sehr zögerlich 14 Staaten durch, insgesamt rund 1.000 Flüchtlingen einen Resettlementplatz anzubieten. Durch den selbstorganisierten Protest der Flüchtlinge in Choucha, aber auch durch solidarische Aktionen in Tunesien und Appelle zur Aufnahme von Flüchtlingen in Deutschland, konnte erreicht werden, dass 201 Menschen aus dem Lager ein Aufnahmeplatz in Deutschland gewährt wurde. Anfang September 2012 konnten sie einreisen.

Aufgrund der verzweifelten Situation im Lager versuchten einige Flüchtlinge auch die gefährliche Überfahrt nach Europa. Ende des Jahres 2013 harren immer noch rund 400 Schutzsuchende in der tunesischen Wüste aus. 135 von ihnen wurden zwar von UNHCR offiziell als schutzbedürftig anerkannt. Sie erhielten jedoch keinen Zugang zum Resettlement-Verfahren, da sie erst nach Dezember 2011 das Lager erreicht hatten. Die Aufnahme in einem sicheren Drittstaat bleibt ihnen damit verwehrt. Viele kommen aus dem Sudan, Eritrea, Äthiopien, Tschad oder Somalia. Die Flüchtlinge sollen über ein lokales Integrationsprogramm in Tunesien bleiben, obwohl das Land nach wie vor über keine Asylgesetzgebung verfügt und die Rechte von Flüchtlingen nicht garantiert sind. Die fehlenden rechtlichen Grundlagen, Perspektivlosigkeit, aber auch die in Tunesien erlittene rassistische Diskriminierung sind der Hintergrund der dringenden Forderung der Schutzsuchenden, Aufnahme in einem sicheren Drittstaat zu finden. Eine zweite Gruppe von 262 Schutzsuchenden, deren Asylgesuch von UNHCR abgelehnt wurde, befindet sich in einer noch aussichtsloseren Situation. Sie verlangen eine erneute Prüfung ihrer Asylgesuche, weil das erste Verfahren mangelhaft war, und einen Schutzstatus für alle, die vor dem libyschen Bürgerkrieg geflohen sind.

Anfang Juli 2013 wurde das Flüchtlingslager Choucha offiziell geschlossen. Die Toiletten sind abgerissen, die Wassertanks wurden geleert, die Versorgungsleistungen komplett eingestellt und die noch übrig gebliebenen Zelte sind kaputt oder nach mehrfacher Reparatur in desolatem Zustand. Die Lebensbedingungen werden immer prekärer, worunter insbesondere die Kinder im Lager zu leiden haben. Für die in Choucha verbleibenden Flüchtlinge gilt es dringend eine humanitäre Lösung zu finden.

Asyl und Flüchtlingsschutz in Tunesien

Nach dem Sturz Ben Alis wurde in Tunesien ein Reformprozess eingeschlagen, der zu einem besseren Schutz der Rechte von Flüchtlingen und Migrant_innen führen soll. Teil dieser Bemühungen ist die Ausarbeitung eines Asylgesetzes – ein Prozess, der in enger Zusammenarbeit mit UNHCR erfolgt. Dennoch existiert in Tunesien nach wie vor kein gesetzlicher Rahmen zur Feststellung der Flüchtlingseigenschaft, obwohl Tunesien die Genfer Flüchtlingskonvention von 1951, das Zusatzprotokoll von 1967 und die Konvention der Afrikanischen Union unterzeichnet hat. Nur in der Verfassung von 1959 ist unter Artikel 17 festgehalten, dass politische Flüchtlinge nicht ausgewiesen werden dürfen und auch Artikel 34 des Gesetzes von 1975 beinhaltet das Non-Refoulement-Prinzip (Ben Jémia 2011: 13). Auch nach dem Umbruch ist allein die Vertretung des UN-Flüchtlingshochkommissariats in Tunis für das Flüchtlingsanerkennungsverfahren zuständig. UNHCR ist seit 1957 in Tunesien präsent, 1968 wurde ein Abkommen unterzeichnet, worin der UNHCR den Status einer amtlichen Vertretung (honorary representation) erhielt (EMHRN 2012: 20). Die von UNHCR anerkannten Flüchtlinge erhielten jedoch nur zum Teil (ca. 40 Prozent) eine Aufenthaltserlaubnis, um sich legal in Tunesien aufzuhalten. Der Rest verblieb in einem halb-legalen Status und in einer äußerst vulnerablen Situation. Insgesamt wurden von 1995 bis 2005 jährlich zwischen 100 und 500 Schutzsuchende von UNHCR als Flüchtlinge anerkannt, wobei die Zahl nach 2000 merkbar abnahm (UNHCR 2005). Der UNHCR-Vertreter hatte außerdem keinen Zugang zu Haftzentren und er konnte nicht feststellen, ob unter den migrantischen Inhaftierten, die von Italien zurückgeschickt oder von der tunesischen Polizei abgefangen wurden, Flüchtlinge waren, die ein Asylgesuch stellen wollten.

Mit Unterstützung des UNHCR sollen nun möglichst bald Asylverfahren von tunesischen Behörden durchgeführt werden. So wichtig die Sicherstellung eines menschenwürdigen Asylverfahrens für Schutzsuchende in Tunesien ist, umso deutlicher muss die Ambivalenz der damit einhergehenden Maßnahmen mit Blick auf die Interessenlage Europas wahrgenommen werden. Denn funktionsfähige Schutzsysteme in Nordafrika liegen auch im Interesse Europas: Flüchtlingen könnte bereits vor den Toren Europas Schutz gewährt werden, eine Weiterreise nach Europa würde somit als nicht notwendig qualifiziert werden. Tunesien würde aus europäischer Perspektive zum „sicheren Drittstaat". Ein Asylsystem in Tunesien darf nicht zu einer Auslagerung von der Verantwortung Europas für den Schutz von Flüchtlingen führen. Bis zur Umsetzung funktionsfähiger Asylsysteme nutzt die EU das Instrument Regionale Schutzprogramme (RPP – Regional Protection Programme[10]). Regionale Schutzprogramme ermöglichen es der EU, Flüchtlingskrisen jenseits von europäischem Territorium zu „managen". Im Dezember 2011 lancierte die Kommission ein solches Programm in Nordafrika (insbesondere in Tunesien und Ägypten). RPPs zielen auf die Stärkung der Kapazitäten im Bereich Flüchtlingsschutz in bestimmten Drittstaaten und werden in enger Kooperation mit UNHCR umgesetzt. Für das Programm wurden 3,6 Millionen Euro bereitgestellt (Europäische Kommission 2012: 11). Vorgesehen in Regionalen Schutzprogrammen ist bei gleichzeitiger Verbesserung des Flüchtlingsschutzes in Transit- und Herkunftsländern auch die Bemühung von Seiten der EU, Resettlement-Plätze zur Verfügung zu stellen. Die tatsächliche Bereitstellung von Resettlementplätzen obliegt jedoch der Entscheidung einzelner Mitgliedstaaten und so kam es 2011 kaum zu Resettlement-Zusagen von europäi-

[10] In den letzten Jahren wurden vier EU-finanzierte Regionale Schutzprogramme, die vom UNHCR mit anderen Akteuren durch spezifische Projekte implementiert wurden/werden, lanciert: Osteuropa (Ukraine, Moldau, Belarus) – 2009-2011 mit einem Folgeprojekt für 2011-2013, Tansania – 2007-2012, Horn von Afrika (Jemen, Djibouti, Kenia) – 2010-2011 mit einer nächsten Phase von 2013-2015 und Nordafrika (Tunesien, Libyen Ägypten) – 2011- 2013 (UNHCR 2012b).

schen Staaten. Die EU-Innenkommissarin Malmström kommentierte die fehlende Solidarität folgendermaßen: *"no European State took any serious initiative to provide shelter on its own soil to those in need of international protection ... Instead of solidarity among Member States, France and Italy quarreled about possible risks for their internal security, with France even reinforcing controls at the internal border with Italy. So, instead of reaching out and protecting, the EU Member States were inward-looking and security oriented"* (Malmström in: Fargues/Fandrich 2012: 10).

Neuverhandlung der Migrationsabkommen

Die Kontrolle von Grenzen und Migration hat Priorität in den Verhandlungen der Europäischen Union mit der neuen Regierung Tunesiens. Die Eckpfeiler zukünftiger Kooperation der EU mit Tunesien sollen im neuen Aktionsplan für die Jahre 2012 bis 2016 festgelegt werden. Der Entwurf enthält die Prioritäten der Europäischen Nachbarschaftspolitik: Unterstützung von Rechtsstaatlichkeit und Demokratie sowie die Kooperation in den Bereichen Menschenrechte und Grundfreiheiten, Justiz und Sicherheit, Migration, Mobilität und Sicherheit, Drogen und Geldwäsche.[11]

Zur Umsetzung dieser Ziele erhält Tunesien hauptsächlich Mittel im Rahmen der europäischen Nachbarschaftspolitik. Außerdem profitierte Tunesien im Jahr 2011 als erstes Land von 20 Millionen Euro aus dem neuen SPRING-Programm (Support for Partnerships, Reforms and Inclusive Growth). Diese Unterstützung wird im Jahr 2012 fortgeführt. Insgesamt erhielt Tunesien im Jahr 2011 fast 160 Millionen Euro im Rahmen der bilateralen Zusammenarbeit mit der EU. Für den Zeitraum 2011 bis 2013 sind zurzeit 400 Millionen Euro vorgesehen. Tunesien erhielt im Jahr 2011 zusätzlich 9,7 Millionen Euro aus anderen Budgetlinien bzw. Instrumenten der EU-Entwicklungszusammenarbeit (Stabilitätsinstrument IfS, Europäisches Instrument für Demokratie und Menschenrechte, EZI Entwicklungshilfeinstrument (Unterinstrument zur Förderung nichtstaatlicher Akteure).[12] Offiziell ausgegeben als „Unterstützung des Transformationsprozesses" werden auch Maßnahmen zur „Reform des Sicherheitssektors" unterstützt.

Dialog über Migration, Mobilität und Sicherheit/ Mobilitätspartnerschaft

Die Europäische Kommission hat im Oktober 2011 einen „Dialog mit den Ländern des südlichen Mittelmeerraums über Migration, Mobilität und Sicherheit" initiiert. Ein Ziel des Dialogs ist die Unterzeichnung von „Mobilitätspartnerschaften". Darin sollen Reiseerleichterungen für Staatsbürger_innen der nordafrikanischen Länder festgelegt werden, die jedoch erst nach Abschluss von Rückübernahme-

[11] Der Aktionsplan legt Prioritäten für die zukünftige Zusammenarbeit fest, darunter auch in Bereichen, die in die Arbeitsfelder der EU-Agenturen Frontex und Europol fallen. Die Einbindung der EU-Agenturen wird in dem Aktionsplan jedoch nicht konkretisiert.

[12] Tunesien wurden auch zusätzliche finanzielle Mittel aus verschiedenen Finanzinstrumenten der Europäischen Union ebenso wie der Weltbank oder nationalen Finanzinstitutionen zugesagt.

abkommen für abzuschiebende Migrant_innen gewährt werden (vgl. Bundestagsdrucksache 17/6431: 18). Die Verhandlungen für eine Mobilitätspartnerschaft zwischen der EU und Tunesien wurden im November 2013 beendet, die Unterzeichnung erfolgte im März 2014. An den Gesprächen nahmen Vertreter_innen der Europäischen Kommission, des EAD, der Ratspräsidentschaft und der Agenturen Frontex, EASO, Europol und ETF (European Training Foundation) teil. Vertreter_innen der besonders interessierten Mitgliedstaaten, unter anderem Deutschland, waren am 26. März 2012 zu einem Treffen nach Tunis gereist. Auf tunesischer Seite nahmen Vertreter_innen des Außenministeriums sowie der Ministerien für Verteidigung, Inneres, Justiz, Arbeit und Entwicklung teil. Zivilgesellschaftliche Gruppierungen und Organisationen wurden an dem Dialog nicht beteiligt, obwohl die Inhalte der Verhandlungen Kernthemen der Arbeit einzelner Gruppen und Menschenrechtsorganisationen darstellen. Dass die Stoßrichtung der Mobilitätspartnerschaft weiterhin auf die Intensivierung der eigenen Grenzkontrollen, eine verstärkte Kooperation mit Frontex und die Unterzeichnung eines Rückübernahmeabkommens zielt, während die Rechte von Flüchtlingen und Migrant_innen in Tunesien keineswegs garantiert sind, ist besorgniserregend. Der UN-Sonderberichterstatter für die Rechte von Migranten, François Crépeau, äußerte sich bereits nach seinem Besuch in Tunesien im Juni 2012 entsprechend besorgt: *„Nevertheless, I learned that a large majority of regional migration initiatives coming from the EU continue to be focused on issues of border control, and do not consider important issues such as the facilitation of regular migration channels"* (Crépeau 2012).

Neben den sicherheitsfokussierten Bestimmungen in der Mobilitätspartnerschaft fallen die versprochenen Mobilitätserleichterungen sehr bescheiden aus: Visaerleichterungen sollen nur für privilegierte und besonders qualifizierte tunesische Staatsbürger_innen erlassen werden. Nicht nur die tunesische Zivilgesellschaft verlangt nach einem Politikwechsel in den Beziehungen zwischen Europa und Tunesien. Auch die tunesische Regierung tritt mit neuen Forderungen an die EU heran. So wird deutlich, dass die Interessen Tunesiens und der EU in Bezug auf die geplante Mobilitätspartnerschaft weit auseinander gehen und das Ergebnis das Kräfteverhältnis zwischen den Vertragsparteien abbildet. Im Januar 2012 benannte der tunesische Botschafter in Brüssel, Mohamed Ridha Farhat, die Prioritäten der tunesischen Regierung: Beschäftigungsmöglichkeiten für Tunesier_innen in Europa, Anerkennung von Qualifikationen und Abschlüssen, Reform des tunesischen Schulsystems, um den Anforderungen des europäischen Arbeitsmarktes zu entsprechen, Stärkung der Rechte von Migrant_innen, Integration in die Aufnahmegesellschaft und Visaerleichterungen für Händler, Beamte und Familienmitglieder von Migrant_innen in Europa. Zum Thema irreguläre Migration forderte Farhat Entwicklungshilfe für benachteiligte Regionen in Tunesien und Unterstützung für Migrant_innen, die freiwillig aus Europa zurückkehren wollen (Fargues/ Fandrich 2012: 7f.). Zivilgesellschaftliche Organisationen aus Tunesien sowie internationale Organisationen und Netzwerke verwiesen wiederum wiederholt darauf, dass die Verabschiedung von Abkommen im Politikfeld Flucht und Migration mit Tunesien solange einer legitimen Grundlage entbehre, bis die Rechte von Schutzsuchenden und Migrant_innen in Tunesien gewährleistet seien. Dazu gehöre nicht nur die Verabschiedung einer umfassenden Asyl- und Migrationsgesetzgebung, sondern auch die tatsächliche Umsetzung nationaler und internationaler menschenrechtlicher Verpflichtungen. Insbesondere ein Rückübernahmeabkommen hätte unter den gegebenen Umständen gravierende Auswirkungen auf die Situation von Migrant_innen und Flüchtlinge. Dass den Bedürfnissen und Ansprüchen aus tunesischer Perspektive im Hinblick auf die Mobilitätspartnerschaft kaum Rechnung getragen wurde, bestätigt bisherige Erfahrungen mit diesem politischen Instrument: Das lose Versprechen auf mehr Bewegungsfreiheit und Mobilität entpuppt sich als Anreizstruktur, um Drittländer weiter in den europäischen Migrationskontrollapparat einzubinden.

Neben den Verhandlungen zur Mobilitätspartnerschaft wurde in diesem Sinne zusätzlich ein „gemeinsames Operationsprojekt" mit Tunesien zur Bekämpfung unerwünschter Migration entworfen. In der Mitteilung der Europäischen Kommission vom 24. Mai 2011 heißt es: *„Start eines gemeinsamen Operationsprojekts der EU und Tunesiens als Teil eines breiteren Maßnahmenpakets zur Bewältigung der illegalen Migration im Mittelmeerraum, um die Kapazitäten der tunesischen Behörden zur Kontrolle ihrer Außengrenzen und zur Bekämpfung der Schlepperei und des Menschenhandels, zur Aufnahme und sozialen und beruflichen Wiedereingliederung von Rückkehrern, zur Förderung legaler Zuwanderungsmöglichkeiten und zu einer internationalen Normen gerecht werdenden Behandlung von Zuwanderern einschließlich des Asylangebots für Schutzbedürftige auszubauen. Parallel dazu sollten auch die lokalen Behörden der am meisten betroffenen EU-Mitgliedstaaten bei der Bewältigung der unmittelbaren Folgen des Flüchtlingsstroms aus Tunesien auf die örtliche Wirtschaft und Infrastruktur unterstützt werden"* (Europäische Kommission 2011d: 4). Auch hier stehen die Zeichen auf Kontrolle anstatt die Ermöglichung legaler Migration.

Migration-Taskforce

Vom 5. bis 6. Oktober 2012 trafen sich nach neunjähriger Pause die Mitgliedstaaten des 5+5 Dialoges auf Malta. Das letzte Treffen hatte 2003 in Tunis stattgefunden. Neu in der Malta Deklaration (Statewatch 2012) sind insbesondere zwei Themen: Die Einführung einer „Taskforce Migration" und die Kooperation zu Sicherheitsthemen (unter anderem Konfliktpräventionen und regionale Sicherheit mit einem Fokus auf „transnationalen Waffenhandel" und Bekämpfung von transnationalem Terrorismus und organisiertem Verbrechen). Nach dem Treffen wird deutlich: Die Politik der Abwehr von Flüchtlingen und Migrant_innen soll weiter voran getrieben werden. So sollen Trainingsaktivitäten durchgeführt werden, Technologietransfers erfolgen, geheimdienstliche Zusammenarbeit intensiviert und Entwicklungshilfe zur Bekämpfung von Fluchtursachen geleistet werden. Wie bereits in den Mitteilungen der Europäischen Kommission von 2011 festgehalten, soll Entwicklungshilfe durch Sicherheitsziele konditionalisiert werden. In der Kommunikation zu einer Partnerschaft im Wandel heißt es „eine strengere Konditionalität sowie Anreize für die beiden Partner, die die besten Ergebnisse erzielen", solle sichergestellt werden. Was die Migrations-Taskforce betrifft, so betont die Deklaration, gehe es um ein verbessertes

Migrationsmanagement und die Bekämpfung irregulärer Migration und deren Ursachen. Die Initiative hatte der tunesische Premierminister Moncef Marzouki ergriffen, der für die Gründung einer „humanitären Taskforce“ zu Migration plädierte, „um diese Migration zu verhindern und um Tragödien auf hoher See zu verhindern“ (Jeune Afrique, 6. Oktober 2012).

„Privilegierte“ Partnerschaft

Am 19. November 2012 unterzeichneten Tunesien und die EU schließlich ein Abkommen über eine privilegierte Partnerschaft. Die Partnerschaft soll den Rahmen bilden, in dem weitere sektorale und thematische Abkommen verhandelt werden, um das umfassende Freihandelsabkommen (DCFTA) zu finalisieren. Auch die Mobilitätspartnerschaft ist Teil der sektoralen Abkommen, die 2013 verhandelt wurden (Boubakri 2013: 2). Knapp vor der Unterzeichnung des Abkommens über eine privilegierte Partnerschaft, wurde am 5. November 2012 ein Konsultationstag mit der tunesischen Zivilgesellschaft einberufen, an dem verschiedene Organisationen teilnehmen konnten. Die Vertreter_innen der Zivilgesellschaft forderten die Beteiligung und Einbeziehung der zivilgesellschaftlichen Organisationen auf allen Stufen des Verhandlungsprozesses – eine Forderung, die kein Gehör finden sollte.

Migrationsmanagementindustrie (IOM, ICMPD)

Europa versucht seine Interessen an der Verhinderung von Migration nicht allein mit den Regierungen sogenannter Drittstaaten durchzusetzen, sondern greift auf die Zusammenarbeit von Akteuren wie der Internationalen Organisation für Migration (IOM) und des Zentrums für die Entwicklung für Migrationspolitik (ICMPD) zurück. Beide Organisationen sind Think-Tanks und Durchführungsorganisationen des Migrationsmanagements und vor allem auch durch Aufträge der Europäischen Union und ihrer Mitgliedstaaten gut im Geschäft (vgl. Georgi 2012; Hess 2010).

IOM: Stabilisierung von „At-Risk Comunities“

Am 19. Dezember 2011 wurde ein Abkommen in Tunis unterzeichnet, in dem die EU die IOM beauftragt, mit 9,9 Millionen Euro ein Projekt durchzuführen, „um auf die Herausforderungen hinsichtlich Migrationsfragen“ in Ägypten, Tunesien und Libyen einzugehen (IOM 2011b). Dabei handelt es sich um ein Drei-Jahres-Programm, das am 1. Januar 2012 startete. Hinter dem Schlagwort „Migrationsmanagement“ verbergen sich insbesondere in Tunesien und Ägypten primär Bemühungen zur Verhinderung sogenannter „irregulärer Migration“: In den Ländern soll die IOM Bemühungen von Regierungs- und Nichtregierungskräften unterstützen, irreguläre Migration zu verhindern und „Risiko-communities“ zu „stabilisieren“. Im Interview definierte eine Vertreterin von IOM die „At-Risk-Communities“ etwas umständlich folgendermaßen: “Risiko im Sinne von *wenn es hier nichts gibt, wähle ich zwischen den Optionen, hier zu sterben oder im Meer, das Sterben im Meer*“(Interview IOM Juli 2012: 6). Diese Haltung potenzieller Migrant_innen gelte es dringend zu ändern und irreguläre Migration zu verhindern.

Die „Stabilisierung" soll insbesondere durch die bereits bekannten Sensibilisierungskampagnen von IOM über die Gefahren irregulärer Migration und die gezielte Unterstützung durch kleine Projekte vor Ort erfolgen. Die Kampagnen sollen Menschen insbesondere in ärmeren Teilen des Landes über diese Gefahren „aufklären", um diese daran zu hindern, Tunesien in Richtung Europa zu verlassen. Insbesondere in den Regionen im Landesinneren sollen junge Menschen von der Überfahrt nach Europa abgehalten werden, denn von hier stammen die meisten Bootsflüchtlinge. Eine Sensibilisierungskampagne der IOM in Tunesien wurde 2011 von Italien finanziert (IOM 2011c).

Zum Selbstverständnis der IOM passt es jedoch nicht, an der Verhinderung von Migration nach Europa mitzuwirken. Auf die Nachfrage, ob das Ziel der Kampagnen somit die Verhinderung irregulärer Migration sei, reagierte die IOM-Vertreterin leicht gereizt und betonte, es handle sich nicht um die Bekämpfung von irregulärer Migration, sondern um „Sensibilisierung", indem sich potenzielle Migrant_innen eben der Gefahr bewusst werden sollten, die eine Überfahrt nach Europa mit sich bringe: *"Nun, es geht um Sensibilisierung! Natürlich kannst du gehen und dein eigenes Projekt verfolgen. Aber dieses Projekt soll nicht eine illegale Herausforderung sein, die Leid mit sich bringt. Es ist wichtig, die Situation zu sehen, wie sie ist und sicherzugehen, dass du dir über die Konsequenzen im Klaren bist und darüber, was auf der anderen Seite passieren wird"* (Interview IOM Juli 2012).

Außerdem ist IOM auch in Tunesien für die umstrittenen „freiwilligen Rückführungen" von Flüchtlingen und Migrant_innen in ihre Herkunftsregionen zuständig. So sorgte die Organisation unter anderem dafür, dass abgewiesene Schutzsuchende aus dem Lager Choucha an der libysch-tunesischen Grenze so schnell und effizient wie möglich außer Landes gebracht und in ihre Herkunftsländer transferiert wurden. Als Anreiz wurden Rückkehrprämien gesetzt, die nach der Ankunft ausbezahlt werden. Über ein weiteres Projekt mit dem Titel „Assistance au Retour Volontaire et à la Réintegration" ist die IOM auch an Maßnahmen zur „Reintegration" zurückgewiesener Tunesier_innen beteiligt (IOM 2013). 2012 unterstützte IOM im Rahmen des Projektes somit die Abschiebung bzw. „freiwillige Rückkehr" von über 180 tunesischen Migrant_innen, die in Europa unerwünscht waren.

ICMPD: „We help them to identify their priorities"

Während die IOM in der praktischen Migrationssteuerung aktiv ist, engagiert sich die ICMPD (International Center for Migration Policy and Development) in Tunesien mehr im Bereich Politikberatung. Der Think Tank ICMPD ist erst seit 2011 in Tunesien präsent und seit Januar 2012 mit der Implementierung eines „technischen EU-Projektes" betraut. Die Projektlaufzeit sollte ICMPD zufolge im Dezember 2013 auslaufen und wurde schließlich bis Dezember 2014 verlängert (ICMPD 2014). Die Finanzierung der ersten Projektphase bis Ende 2013 durch die EU belief sich auf 800.000 Euro (Europäische Kommission 2012: 12). Es sollte insbesondere der Vorbereitung und Umsetzung der Mobilitätspartnerschaft zwischen der EU und Tunesien dienen. Ziel des Gesamtprojektes ist es, die tunesische Übergangsregierung bei der Entwicklung neuer Gesetzgebung im Bereich Migration und Asyl zu „beraten“. Das Projekt zeigt, dass der Einfluss der EU weit in den nationalen Gesetzgebungsprozess Tunesiens hineinreicht. Zunächst gehe es darum, den tunesischen Behörden zu helfen, ihre Prioritäten im Bereich Migrations- und Flüchtlingspolitik zu identifizieren, so führte Jean-Yves Charriou, Leiter des Projektes, im Gespräch aus (Interview Charriou, Juli 2012). Anschließend werde an der konkreten Umsetzung gearbeitet, also an der Erarbeitung einer umfassenden Gesetzgebung im Sinne des Migrationsmanagements, so Charriou (ebd.):

"Our work is directed to provide them [the Tunisian government] with support in the identification of their priorities in terms of migration management (...). And then help them to have a clear overview about what they can do and what are the first steps and the next steps towards the elaboration of their overall policy in terms of migration management."

Mit entsprechenden Finanzmitteln wird so sichergestellt, dass sich die europäischen Interessen in der tunesischen Migrations- und Asylgesetzgebung widerspiegeln. Es werde nun auf allen Ebenen auf einen „balanced approach“ hingearbeitet, betonte der Leiter von ICMPD im Interview im Juli 2012 mehrfach. Es gehe nicht nur um Grenzkontrollen. Vielmehr wolle man Tunesien umfassend, also auch bei der legalen Migration, Reintegration, oder im Bereich Migration und Entwicklung unterstützen. ICMPD hält sich ganz an den Gesamtansatz der EU zu Migrationsfragen und somit an das Programm der Mobilitätspartnerschaft.

Dass ein Bewusstsein für diese sehr weitgehende Beeinflussung der neuen tunesischen Regierung vorhanden ist, wurde in den Interviews deutlich, die mit dem Vertreter des ICMPD und dem zuständigen Vertreter der EU-Delegation, Abdelaziz Lyamouri, in Tunis geführt wurden. Beide betonten mehrfach, dass es sich bei dem Projekt um ein sehr begrenztes und vor allem rein „technisches“ Projekt handle (Interview Charriou, Juli 2012: 3f). Der Begriff „technisch“ verschleiert, dass dabei massive politische Einflussnahme erfolgt.

EUROSUR und technologische Aufrüstung

Tunesien ist einbezogen in die von Europa vorangetriebene Grenzsicherungsarchitektur wie *EUROSUR* und *Seahorse Mediterraneo.* Das Grenzüberwachungssystem EUROSUR soll die Überwachung der mitgliedstaatlichen Behörden und Frontex entlang der südlichen und östlichen Außengrenze der EU weiter perfektionieren. Erklärtes Ziel ist die Bekämpfung „irregulärer Migration“. Frontex koordiniert und betreibt das Netzwerk, das nationale Koordinierungszentren in den Mitgliedstaaten verbindet. Die europäische Grenzschutzagentur ist außerdem für die Überwachung des „vorgelagerten Grenzbereichs“ zuständig – also für die Überwachung der internationalen Gewässer sowie der Küsten der nordafrikanischen Länder. Diese soll über eine „gemeinsame vorgrenzliche Überwachung“ und sogenannte „pre-frontier intelligence pictures“ sichergestellt werden (Deutsche Wirtschafts Nachrichten, 14.

Januar 2013). Eine technische Aufrüstung ist geplant, unter anderem der umstrittene Einsatz von Drohnen. Mehr als 100 Millionen Euro wurden im Rahmen der EU-Sicherheitsforschung bereits in die neuen Überwachungstechnologien von EUROSUR investiert.

Im Dezember 2011 veröffentlichte dic EU-Kommission einen neuen Vorschlag für das Europäische Grenzüberwachungssystem. Die Verhandlungen um den ursprünglichen Vorschlag von 2008 hatten mit der inszenierten „Flucht- und Migrationskrise" von 2011 im Zuge der Umbrüche in Nordafrika neuen Aufwind erhalten. Am 10. Oktober 2013 wurde die EUROSUR-Verordnung schließlich durch das Europäische Parlament verabschiedet. Insbesondere die Fraktion der Grünen im Parlament hatte sich dafür eingesetzt, dass EUROSUR auch der Rettung schiffbrüchiger Flüchtlinge und Migrant_innen dienen soll. Ein Vorschlag, der eine breite Mehrheit im Parlament fand, jedoch keine grundlegende Veränderung der Vorlage bedeutete: Der „Zweck" von EUROSUR bleibt die „Aufspürung, die Verhinderung und Verfolgung illegaler Einwanderung und grenzüberschreitender Kriminalität". Die Verordnung „trägt" lediglich „dazu bei" den „Schutz und die Lebensrettung von Migranten zu gewährleisten." Flüchtlings- und Migrationsabwehr bleibt das oberste Gebot. Am 2. Dezember 2013 nahm das System in zunächst 18 Mitgliedstaaten an den Süd- und Ostgrenzen den Betrieb auf (Europäische Kommission 2013).

Bisher existieren bereits unterschiedliche regionale Kontrollnetzwerke entlang der europäischen Außengrenze, die zum Teil in EUROSUR integriert werden sollen. Für das Mittelmeer soll „Seahorse Mediterraneo" umgesetzt werden (Telepolis, 22. November 2012). Alle EU-Mitgliedstaaten, die an das Mittelmeer angrenzen, und die nordafrikanischen Anrainerstaaten sollen daran beteiligt werden (ebd.). Am 19. September 2013 wurde das Projekt offiziell von der EU-Kommission verabschiedet (EMHRN 2013). Die zentralen Koordinierungsstellen werden in Italien und Malta aufgebaut. Das geplante Projekt soll wie das Seahorse Projekt im Atlantik[13] von der spanischen Guardia Civil federführend geleitet werden. Ein erster Aktionsplan für „Seahorse Mediterraneo" wurde mittlerweile von Spanien und der EU Kommission vorgelegt. Am 29. Juli 2012 unterzeichnete Libyen eine Erklärung, in der das Land seine Mitarbeit daran ankündigt (ebd.) – in einem ersten Schritt soll die libysche Grenzüberwachung über Kommandozentralen in Tripolis und Bengasi an das Koordinierungszentrum Italiens angeschlossen werden. Scheinbar war die EU auch erfolgreich, Druck auf Tunesien, Ägypten und Algerien auszuüben – Presseberichten zufolge wollen sich die Länder ab 2014 an dem Grenzüberwachungssystem beteiligen (Ansamed, 19. September 2013; Konkret, November 2013: 13). Die finanzielle Unterstützung, die den nordafrikanischen Ländern zur technischen Umsetzung angeboten wird, soll hauptsächlich über den Außengrenzen-Fonds der EU laufen. In einem Arbeitsdokument der EU-Innenminister heißt es außerdem, dass auch Gelder aus dem thematischen Programm für die Kooperation mit Drittstaaten (Europe Aid) verwendet werden könnten, das auf Entwicklungshilfemaßnahmen ausgerichtet ist (Rat der Europäischen Union 2012: 3).

[13] „Seahorse Atlantico" ist seit 2006 zwischen Spanien, Marokko und mehreren afrikanischen Ländern an der Atlantik-Küste in Kraft.

Neues Rückübernahmeabkommen mit Italien und Lieferung von Patrouillenbooten

Kurz nach den ersten Anlandungen von Flüchtlingsbooten aus Tunesien auf der italienischen Insel Lampedusa kündigte die italienische Regierung an, sie sei bereit, italienische Polizisten nach Tunesien zu schicken, um das Land bei der Verhinderung weiterer Bootsfluchten über das Mittelmeer zu unterstützen. Der Sprecher der tunesischen Übergangsregierung reagierte entrüstet auf dieses Angebot und nannte den italienischen Vorschlag „inakzeptabel". Das tunesische Volk lehne die Stationierung ausländischer Soldaten auf seinem Territorium ab. Die Überwachung der tunesischen Küstengewässer liege alleine in der Kompetenz der tunesischen Behörden (Le Monde, 14. Februar 2011).

Am 5. April 2011 gelang es Italien jedoch, ein Rückübernahmeabkommen mit der tunesischen Übergangsregierung zu schließen: Damit sollten die in Italien ankommenden tunesischen Bootsflüchtlinge so schnell wie möglich wieder nach Tunesien abgeschoben werden. Als Gegenleistung bot Italien 200 Millionen Euro in Form von Hilfsgeldern und Krediten an, damit Tunesien Flüchtlingsboote aufhalten und weitere Abschiebungen akzeptieren sollte (Reuters, 6. April 2011; La Gazzetta del Mezzogiorno, 5. April 2011). Das Abkommen zeigte schnell Wirkung: Es kam zu einem Rückgang um 75 Prozent von Bootsflüchtlingen aus Tunesien (Frontex 2012). Während die Rückschiebungen von Italien nach Tunesien im Rahmen des Abkommens von 1998 aus Sicht der italienischen Regierung eher zäh verlaufen waren – nur drei bis vier tunesische Staatsangehörige konnten täglich abgeschoben werden –, ermöglichte das neu vereinbarte Kooperationsabkommen „direkte Rückschiebungen" tunesischer Flüchtlinge und Migrant_innen durch ein beschleunigtes Verfahren (Maccanico 2011: 3f). Am 8. April 2011 fanden die ersten Abschiebeflüge von Lampedusa aus nach Tunesien statt. Überprüfungen der Flüchtlingseigenschaft hielt Italien nicht für nötig. Innenminister Roberto Maroni erklärte am 12. April 2011 im Parlament: „diejenigen, die aus Tunesien kommen, sind wirtschaftliche Migranten, die deshalb nicht die Anforderungen erfüllen, um als Flüchtlinge oder Asylsuchende anerkannt zu werden" (Camera dei Deputati 2011).

Am 11. Mai 2011 wurden vier Patrouillenboote an die tunesischen Behörden übergeben. Bei dieser Gelegenheit stellte der italienische Innenminister Maroni fest, das Abkommen mit Tunesien funktioniere nun und weitere Kooperation zwischen Polizei- und Sicherheitskräften zur Bekämpfung illegaler Migration und zur Rettung von Menschenleben werde anvisiert. Er kündigte an, die neuen Boote seien in der „direkten Verantwortung" des tunesischen Grenzschutzes – in Libyen waren gemischte italienisch-libysche Teams im Rahmen der bilateralen Kooperation an Bord gewesen. Weiteres Material wurde überreicht, darunter 60 Computer, 10 Scanner, 20 Drucker, 20 tragbare Metalldetektoren. Weitere 28 Geländewagen, Motorbootmotoren sowie 10 Vierradantriebfahrzeuge wurden in Aussicht gestellt (Maccanico 2011: 4). Maroni erklärte zudem, dass das Abkommen Trainings der tunesischen Grenzschützer und den Einsatz von italienischen Verbindungsbeamten in Tunesien vorsehe. Die italienische Innenministerin Anna Maria Cancellieri kündigte außerdem an, 2012 werde es keine Quoten für tunesische Arbeitskräfte geben aufgrund der hohen Arbeitslosigkeit im Land.

Im Dezember 2012 wurde Tunesien weiter ausgerüstet, um die eigenen Grenzkontrollen zu verbessern: Die italienische Innenministerin Cancellieri übergab ihrem tunesischen Kollegen, Ali Larayadh, zwei Patrouillenboote für die tunesische Nationalgarde. Die Lieferung soll dem „Kampf gegen die klandestine Migration und zur besseren Überwachung der tunesischen Küsten" dienen. Die Übergabe der 16 Millionen Euro teuren Schiffe fand auf der Grundlage eines Abkommens statt, das die tunesische Übergangsregierung unter Beji Caid Essebsi mit dem früheren italienischen Premierminister Silvio Berlusconi im Mai 2011 unterzeichnet hatte.

Entsendung von deutschen Grenzbeamten nach Tunesien

Auch Deutschland beteiligt sich daran, in Tunesien Kapazitäten für ein effektiveres Vorgehen gegen irreguläre Migranten und Flüchtlinge zu stärken. So wurde Anfang 2012 ein „grenzpolizeilicher Verbindungsbeamter" in die deutsche Botschaft in Tunis entsandt. Dieser habe den Auftrag, „Lageerkenntnisse über illegale Migration mit den tunesischen Sicherheitsbehörden auszutauschen sowie bei Fragen der Ausbildungs- und Ausstattungshilfe zu unterstützen", so die Bundesregierung (Bundestagsdrucksache 17/10107: 5). Neben der Bitte Tunesiens um Ausstattungshilfe bestehe darüber hinaus Bedarf an (grenz-)polizeilicher Ausbildungshilfe.

Zivilgesellschaftliche Widerstände

„Die Revolution der Würde muss den Menschen ins Zentrum rücken"

„Diese Revolution des tunesischen Volkes gegen seinen Diktator muss zu einer Revolution im Migrationsansatz Tunesiens gegenüber Europa führen ... Die Diktatur konnte nur ein Recht hervorbringen, das einen sicherheitszentrierten Ansatz der Grenzschließung und Unterdrückung befördert hat ... Die Revolution der Würde muss den Menschen ins Zentrum dieses Rechtes rücken" (Konferenzbericht Chedly 2012: 2).

Unmittelbar nach dem Sturz Ben Alis kam es zur Gründung von Organisationen, die sich für die Rechte von Flüchtlingen und Migrant_innen einsetzen. Angehörige und insbesondere Mütter von vermissten und toten Bootsflüchtlingen organisierten sich öffentlichkeitswirksam und treten nach wie vor lautstark mit Forderungen nach mehr Transparenz und Zugang zu Informationen an die tunesische Regierung heran (u. a. Tunisie Numérique, 26. September 2012, Nawaat, 21. Juli 2012). Proteste gegen das Sterben im Mittelmeer weiten sich aus (Business News, 10. September 2012, Tunisie Numérique, 10. September 2012).

Auch die tunesischen communities im Ausland traten im Zuge des Umbruchs verstärkt an die Politiker heran: Im Juli 2012 wurde die Gründung eines „Hohen Rates der Migration" angekündigt (Business News 9. Juli 2012), in dem Organisationen von Tunesier_innen im Ausland vertreten sein sollen. Der Rat soll sich mit der Überprüfung der aktuellen migrationspolitischen Abkommen befassen und diesbezüglich Vorschläge unterbreiten. Damit haben sich erstmals Vereine und Gruppierungen zusammengeschlossen, um eine zivilgesellschaftliche Koordinationsstelle für die tunesische Diaspora aufzubauen. Ziel ist es, die Diskriminierung gegen Tunesier_innen im Ausland zu bekämpfen; auch die "Solidarität mit Harraga und Papierlosen" in Europa und mit den Internierten in Abschiebelagern in Europa und anderen Staaten wurde ausdrücklich genannt (La Presse de Tunisie, 6. Juli 2012). Die Ereignisse sind zahlreich, die auf eine gesellschaftliche Dynamik hindeuten, die nach einer neuen Migrationspolitik – sowohl im Innern des Landes, als auch in Bezug auf die Kooperation mit Europa – verlangt. Auf Regierungsebene wurde im Dezember 2011 ein Staatssekretariat für Migration und die Tunesier_innen im Ausland gegründet, das dem Sozialministerium untersteht. Damit wurde zum ersten Mal ein Regierungsorgan geschaffen, das sich mit dem Thema Migration befasst.

«Die Menschen wollen Visa, sie wollen Bewegungsfreiheit»

Wie könnte man den Diskurs über das Thema Migration beschreiben und hat er sich stark verändert seit den revolutionären Umbrüchen von 2011?

„In der tunesischen Gesellschaft haben fast alle eine Meinung zum Thema Migration, weil aus jeder Familie jemand migriert ist. Die Arbeit, die wir als Zivilgesellschaft jetzt zu tun haben, besteht in der Umwandlung dieser Bedenken in politische Forderungen. Ansätze dazu gibt es bereits, auch von Menschen, die sich nicht organisiert haben. Als es das Schiffsunglück vom 6. September 2012 vor Lampedusa gab, sind die Familien von El Fahs auf die Straße gegangen, etliche haben vor dem Außenministerium demonstriert und eine Liste der Überlebenden gefordert, eine Liste auch der Vermissten. Es gab an vielen Orten in Tunesien Mobilisierung zum Thema der Migration. Die Herausforderung besteht aktuell nicht darin, den Diskurs zu verändern, der Diskurs ist vielmehr schon da. Die Menschen wollen Visa, sie wollen Bewegungsfreiheit – die Forderungen sind da. Nun müssen wir diese Bewegungen unterstützen, die Regierung mit den Forderungen konfrontieren und uns international vernetzen (...). Das heißt also die Dinge zu bündeln, gemeinsame Forderungen zu formulieren und damit den Menschen Instrumente an die Hand zu geben."

Interview mit Nicanor Haon – Forum Tunisien aux Droits Economiques et Sociaux, Oktober 2012

„Disparu“: Proteste Angehöriger vermisster Bootsflüchtlinge

„D´une rive à l´autre, des vies qui comptent“

„Stell dir vor: Dein Bruder oder Sohn bricht zu einer gefährlichen Reise auf und meldet sich dann nicht mehr. Ist er nicht angekommen? Du weißt es nicht. Womöglich ist er bei seiner Ankunft verhaftet wurden. Denn der Staat, in den er wollte, will nicht, dass man einfach so ankommen kann. Deshalb lässt er die verhaften, die es trotzdem versuchen und steckt sie ins Gefängnis oder in ein Lager. Du wartest ein paar Tage. Du schaust die Fernsehkanäle des Landes in das er wollte, in der Hoffnung, ihn zu sehen. (...) Und du beginnst weiter nachzudenken: Er könnte in Isolationshaft sitzen, er könnte als Schleuser verhaftet worden sein, er könnte in den Lagern Widerstand geleistet haben, er könnte ... er könnte in Italien sein, oder auf Malta, oder in Libyen. Versuchst du dir das vorzustellen? Einige von uns müssen sich das nicht vorstellen – für sie ist das die Realität! Mit Booten sind unsere Verwandten von Tunesien aus aufgebrochen und viele von ihnen haben nie wieder etwas von sich hören lassen“ (Aus einem Offenen Brief von Angehörigen, Januar 2012).

Es sind vor allem Mütter, die seit über einem Jahr immer wieder zusammenkommen und auf ein Lebenszeichen ihrer Angehörigen warten. Aber auch Geschwister und vereinzelt Väter. Angehörige vermisster Bootsflüchtlinge, die im Frühjahr 2011 nach dem Sturz des Diktators Ben Ali das Land in Richtung Europa verlassen hatten. In Holzbooten und in der Hoffnung, dass das „Verbrennen der Grenze“ gelingen werde: „Harragas“ werden diejenigen genannt, die irregulär das Mittelmeer überqueren wollen. Eine Grenze, die schon lange nicht mehr so überwindbar schien wie nach dem 14. Januar 2011. Rund 25.000 Tunesier_innen, meist junge Männer, machten sich in den Folgemonaten auf den gefährlichen Weg in Richtung Europa. Rund 2.000 Menschen verloren im Jahr 2011 ihr Leben auf der Route. Viele hätten gerettet werden können, wie nachgewiesene Fälle unterlassener Hilfeleistung bezeugen. Der Europarat sprach in seinem Bericht von „kollektivem Versagen“, an dem sowohl Mitgliedstaaten, die NATO und die UN beteiligt gewesen seien. Aber von den Toten wird bei den Zusammenkünften der Angehörigen der „Disparus“ nicht gesprochen. Für die Mütter der vermissten Bootsflüchtlinge ist klar: Ihre Söhne müssen es geschafft haben, nach Italien zu gelangen. Der Gedanke an den möglichen Tod wäre nicht auszuhalten.

Aus der Petition der Angehörigen "We demand your knowledge"

"Our sons and daughters have left for Italy and Europe right before or right after our revolution. They left crossing the Mediterranean in the only way allowed to them, namely on small boats, as European policies prevent Tunisians to take a plane or a liner boat with the same freedom allowed to European citizens when they come to our country" (Petition Angehörige, Februar 2013).

Die Schicksale zahlreicher junger Migrant_innen aus Tunesien, die auf der gefährlichen Überfahrt nach Italien ums Leben kamen oder seit ihrer Abreise als vermisst gelten, wurden mit dem Auftreten der Angehörigen vom Raum des Privaten in die Öffentlichkeit gebracht. Familien von rund 300 vermissten Bootsflüchtlingen hatten im Frühjahr 2011 unter anderem das *Tunesische Forum für Ökonomische und Soziale Rechte* (FTDES) kontaktiert. Die Vermissten befanden sich hauptsächlich auf Booten, die im März 2011 die tunesischen Küsten nahe der Stadt Sfax verlassen hatten (FTDES 2012: 6). Seit Frühjahr 2011 organisieren sich die Mütter und Angehörigen dieser vermissten Bootsflüchtlinge und haben mit unterschiedlichen Protestformen auf ihre Anliegen aufmerksam gemacht. Zu diesem Zweck haben einige von ihnen den Verein „Harqua" (*Association des Familles Victimes de l'Immigration Clandestine*) gegründet, der vom *Tunesischen Forum für Ökonomische und Soziale Rechte* unterstützt und so auch in deren Aktivitäten mit einbezogen wird. Eine der wichtigsten Forderungen der Angehörigen besteht in der Einrichtung einer gemischten und unabhängigen Kommission zur Aufklärung des Verbleibs der vermissten Migrant_innen (FTDES 2012: 14). Obwohl die Angehörigen an unterschiedlichen Orten leben (Tunis, Sfax, Zarzis, Kairouan, Kasserine) führten sie immer wieder gemeinsame öffentliche Proteste in Tunis durch. Sit-ins, Kundgebungen, sogar Hungerstreiks fanden statt, meist vor den Amtssitzen entscheidender politischer Organe wie dem Ministerium für soziale Angelegenheiten, dem Außenministerium oder dem Sitz des Präsidenten.

„Nicht mehr nur eine familiäre Frage, sondern eine soziale und politische"

> *„Wenn wir die soziale und soziologische Dimension betrachten, so hat dieses Thema der toten und vermissten Flüchtlinge und Migranten das Bewusstsein in der Gesellschaft für dieses Problem geschaffen. Man wurde sich bewusst, dass die Frage der irregulären Migration nicht nur eine familiäre Frage ist, sondern auch eine soziale und politische. Es muss auch nach den Rechten der Migranten in Europa gefragt werden. Beispielsweise in den Haftzentren – man beginnt, über europäische Politik und ihre Auswirkungen zu sprechen. Das Thema der irregulären Migration ist nicht nur eine sozioökonomische Frage, die Tunesien betrifft – was man Push-Faktoren nennt –, sondern auch eine Frage, die europäische Politik betrifft, also die Abschottung und Bekämpfung von Migration. Die Leute realisieren, dass Europa eine wichtige Rolle spielt. Und zwar eine negative Rolle in dieser dramatischen Entwicklung."*
>
> Interview mit Hassan Boubakri (CETUMA), Juli 2012, Sousse

Proteste von Müttern und Angehörigen vermisster Bootsflüchtlinge während des Weltsozialforums in Tunis. © PRO ASYL

„25 Hochzeiten und 50 Beerdigungen" – Proteste gegen das Sterben im Mittelmeer

Am Abend des 6. September 2012 kenterte ein Boot mit über 100 Flüchtlingen an Bord, rund 12 Seemeilen vor der italienischen Insel Lampedusa. Ein Unglück, das 79 Menschen das Leben kostete – nur 51 Flüchtlinge überlebten. Obwohl die Flüchtlinge um 18 Uhr einen Notruf gesendet hatten, lief die Rettungsaktion durch die italienische Küstenwache erst um 2.30 Uhr nachts an. Außerdem hatten sich drei NATO-Schiffe und ein Frontex-Flugzeug in diesem Seegebiet befunden, das zur Todeszone werden sollte. In den Tagen nach dem dramatischen Unglück formierte sich in Tunesien in neuem Ausmaß eine öffentliche Protestbewegung über die sozialen Medien und auf der Straße. Insbesondere die Untätigkeit der Regierung wurde mit Protesten vor dem tunesischen Außenministerium beklagt. Anstatt sich um die Aufklärung der Todesumstände der rund 80 tunesischen Bootsflüchtlinge zu kümmern, nahmen zahlreiche Regierungsmitglieder an einer Massenveranstaltung mit 25 kollektiv veranstalteten Hochzeiten teil, weshalb über Facebook und andere Medien der Protest unter dem Slogan „25 Hochzeiten und 50 Beerdigungen" Aufsehen erregte. Auch Familien und Angehörige von vermissten Bootsflüchtlingen demonstrierten in unterschiedlichen Städten.

Das Mittelmeer verbindet: Transnationale Solidarität

Transnationale Vernetzung spielt eine immer größere Rolle bei den Kämpfen um eine neue Flüchtlings- und Migrationspolitik Europas gegenüber Tunesien und im Land selber. Neben den Protesten gegen die toten und vermissten Bootsflüchtlinge im Mittelmeer geht es auch um die Forderung nach mehr Bewegungsfreiheit und „das Recht zu gehen". Das Recht, „jedes Land, einschließlich des eigenen, zu verlassen und in sein Land zurückzukehren", das in Artikel 13 Allgemeine Erklärung der Menschenrechte festgeschrieben ist, gewinnt so neu an Gewicht.

Auch italienische Organisationen (insbesondere das feministische Kollektiv „*Le venticinque undici* und ARCI (*Associazione Recreazionale e Culturale Italiana*)) haben sich dem Protest der Angehörigen angeschlossen und eine transnationale Kampagne mit dem Titel „La terra è di tutte/ tutti" initiiert, um das Schicksal der vermissten Migranten aufzuklären. Sie hatten insbesondere den Abgleich von Fingerabdrücken der Vermissten mit den italienischen Datenbanken gefordert, was jedoch lange nicht erfolgte und schließlich zu keinem Ergebnis führte.

Während der transnationalen Kampagne Boats4People, an der sich NGOs und Aktivist_innen aus Europa (Frankreich, Italien, Deutschland, Niederlande) sowie aus Tunesien beteiligten, fanden Aktionen statt, die das Sterben im Mittelmeer anklagten.

Boats4People und Watch the Med

Boats4People ist ein internationales Bündnis von Organisationen aus dem Mittelmeerraum, Afrika und Europa. Es wurde gegründet, um dem Sterben an den Seegrenzen ein Ende zu setzen und die Rechte von Migrant_innen auf dem Meer zu verteidigen. Boats4People tritt für Bewegungsfreiheit für alle ein und fordert unter anderem die Beendigung der gewaltsamen europäischen Kontrollen der Seegrenzen, die Nichtunterzeichnung weiterer Rückübernahmeabkommen zwischen europäischen und afrikanischen Ländern und die Beendigung der Kriminalisierung von Personen, die Flüchtlinge und Migrant_innen in Übereinstimmung mit dem Seerecht retten.

Die Forderung nach einem Ende der Straflosigkeit im Mittelmeer wird nun weiter verfolgt im Rahmen des Projektes **„Watch The Med"**. Dieses ist ein anspruchsvolles, mit neuen Technologien arbeitendes Monitoringprojekt, das auf einer interaktiven Karte basiert, in der Daten über die unterschiedlichen geographischen Verantwortlichkeitsbereiche zur Seenotrettung sowie Einsatzzonen eingezeichnet und mit weiteren Informationen beispielsweise über Windbewegungen und Strömungen kombinierbar sind. Verknüpft mit Satellitenfotos sowie Notrufaufzeichnungen oder – in Küstennähe – auch Handydaten und Zeugenaussagen von überlebenden Flüchtlingen lassen sich Bewegungsbilder von Flüchtlingsbooten erstellen und somit gegebenenfalls auch unterlassene Hilfeleistungen nachweisen und vor Gericht bringen. Mittlerweile umfasst das Projekt ein weites Netzwerk an Organisationen und Aktivist_innen.

Siehe: http://watchthemed.net/

Vom 26. bis 30. März 2013 fand das Weltsozialforum zum ersten Mal in einem arabischen Land statt, worin eine Würdigung der Widerstandsbewegungen des „arabischen Frühlings" zum Ausdruck kam. Neben globalisierungskritischen Fragen waren auch Migration, Flucht und Bewegungsfreiheit stark diskutierte Themen während des Forums auf dem Campus der El Manar Universität in Tunis. In den Forderungen des Abschlussplenums Migration wurde insbesondere Kritik geübt an den anhaltenden Menschenrechtsverletzungen gegen Migrant_innen, an den repressiven und restriktiven Migrationspolitiken und der damit einhergehende Kriminalisierung von Migrant_innen, an der Diskriminierung von und dem Rassismus gegen Migrant_innen und Flüchtlinge sowie an der Situation von Flüchtlingen weltweit. Gefordert wurde unter anderem die Verwirklichung von Bewegungs- und Niederlassungsfreiheit für alle und der Kampf gegen die Prekarisierung, der im Zuge der Finanzkrise besonders Migrant_innen ausgesetzt sind. Die Versammlung war ein weiterer Schritt in der transnationalen Vernetzung von Migrant_innen und Organisationen, die sich mit den Kämpfen der Flüchtlinge und Migrant_innen solidarisieren.

In Tunesien selber bedeutete die große Präsenz migrations- und flüchtlingspolitischer Themen auf dem Weltsozialforum eine Stärkung für Gruppen und Organisationen, die zu Flucht und Migration arbeiten. Auch konnten die Proteste der subsaharaischen Flüchtlinge aus dem Lager Choucha im Süden des Landes auf dem WSF Gehör finden. Dennoch wurde von tunesischen Behörden einiges unternommen, damit die Flüchtlinge ihren Protest nicht zum Weltsozialforum tragen sollten: Drei Busse mit Flüchtlingen aus Choucha sollten eigentlich am 25. März 2013 in Tunis eintreffen – pünktlich zur Auftaktdemonstration des Weltsozialforums. Doch weit kamen sie nicht. Bereits in der Stadt Ben Guardene nahe dem Flüchtlingslager an der libysch-tunesischen Grenze wurden die rund 130 Schutzsuchenden vom tunesischen Militär und der Polizei festgehalten. Alle Vorbereitungen waren eigentlich getroffen worden: Eine internationale Spendensammlung sollte die Fahrt nach Tunis ermöglichen, eine Bewilligung vom Innenministerium lag vor sowie Einladungen zum Weltsozialforum von der tunesischen Nichtregierungsorganisation FTDES, Vorkehrungen, die nicht ausreichen sollten. Viele der Flüchtlinge kehrten nach Choucha zurück. Rund 60 Flüchtlinge schafften es jedoch schließlich mit einem selbst organisierten Transport nach Tunis zu gelangen. Zwei Gruppen von Flüchtlingen trugen ihre Forderungen in Veranstaltungen des Weltsozialforums und vor den Sitz der EU Delegation in Tunis sowie das Büro des UNHCR. Insgesamt führten die verschiedenen transnationalen Initiativen zu einer Dynamisierung in der tunesischen Zivilgesellschaft – trotzdem bleibt die Herausforderung groß, Themen wie Flucht und Migration mit der Forderung nach mehr Rechten und Bewegungsfreiheit für Schutzsuchende und Migrant_innen in die tunesische Gesellschaft und in die politischen Institutionen zu tragen.

Zivilgesellschaftliche Organisationen im Bereich Migrations- und Flüchtlingspolitik

Seit 2011 wurden unterschiedliche zivilgesellschaftliche Organisationen gegründet, die sich mit dem Themenfeld Flucht und Migration befassen (vgl. EMHRN 2012: 53f.). Dazu gehören vor allem:

Tunis Zentrum für Migration und Asyl (**CeTuMA** – Centre de Tunis pour la Migration et l'Asile), eine Nichtregierungsorganisation mit akademischem Hintergrund. Zu den wichtigsten Zielen der Organisation gehören:

- Die Entwicklung eines Diskussionsraums, die Erarbeitung von Vorschlägen und die Durchführung von Aktionen im Bereich Migration und Asyl entlang der Südgrenze des Mittelmeers im Allgemeinen und im Maghreb im Besonderen;
- Beiträge mit Fokus auf Flucht und Migration im Land zu öffentlichen Diskussionen mit institutionellen Akteuren zu leisten;
- Unterstützungsaktivitäten für Schutzsuchende u. a. im Flüchtlingslager Choucha.

Hassan Boubakri, Mitbegründer von CeTuMA beschreibt die Organisation folgendermaßen:

„Die Idee von CeTuMA war es, einen Raum für Reflexion und Aktionen zugleich zu gründen. Die Mehrzahl der Gründungsmitglieder sind Akademiker, aber wir wollten nicht unter uns bleiben. Wir wollen Berichte veröffentlichen, mobilisieren und gleichzeitig Aktionen durchführen, beispielsweise zur Verteidigung der Rechte von Migrant_innen. Es geht auch darum, die Öffentlichkeit über die Rechte von Migrant_innen zu informieren, denn die öffentliche Meinung in Tunesien ist teilweise von einem starken Rassismus geprägt, was zu Diskriminierung führt. All dies gehört zu unseren Zielen. CeTuMA ist somit eine wissenschaftliche und politische Organisation" (Interview Boubakri, Juli 2012).

Tunesisches Forum für ökonomische und soziale Rechte (**FTDES** – Forum Tunisien aux Droits Economiques et Sociaux), eine Nichtregierungsorganisation, die insbesondere in zwei Bereichen sehr aktiv ist (FTDES 2013):

- Koordinierung von Unterstützungsaktivitäten für die Flüchtlinge und Asylsuchenden im Lager Choucha;
- Verteidigung und Unterstützung von Familien von vermissten Bootsflüchtlingen, die 2011 von Tunesien aus nach Italien aufbrachen und seither nicht mehr auffindbar waren.

Einige Organisationen bieten materielle Unterstützung für Migrant_innen an:

Caritas: Die Caritas, der *Service Caritas de la Prélature,* ist ohne rechtlichen Status in Tunesien aktiv, wird jedoch seit 20 Jahren dort toleriert. Sie agiert unter dem rechtlichen und administrativen Dach der Diözese (Caritas 2013). Die Unterstützungsaktivitäten (Beratung sowie materielle Hilfe – Kleidung, Verpflegung etc.) erfolgen daher eher informell und werden über Mund zu Mund Propaganda bekannt gemacht. Die Organisation verfügt über kleine Räumlichkeiten in Tunis, wo Migrant_innen und Flüchtlinge direkt empfangen werden.

Tunesischer Roter Halbmond: Der Tunesische Rote Halbmond ist der operationelle Partner des UNHCR in Tunesien. So nutzt UNHCR das Büro des Roten Halbmondes in der Innenstadt von Tunis, um Flüchtlinge und Asylsuchende zu empfangen und die Asylgesuche zu prüfen. Der Tunesische Rote Halbmond bietet Flüchtlingen und Migrant_innen medizinische und soziale Unterstützung an.

Andere Organisationen beziehen Migrant_innen in ihre politische Arbeit ein, die hauptsächlich auf Menschenrechte (LTDH) oder Arbeitsrechte (UGTT) ausgerichtet ist:

Tunesische Menschenrechtsliga (LTDH): Die Tunesische Liga für Menschenrechte beschäftigte sich bereits vor dem Sturz Ben Alis mit dem Thema Migration – insbesondere im Zuge der vermehrten irregulären Migration aus Tunesien in Richtung Europa. 2002 veröffentlichte die Organisation ein Statement, in dem der Tod von Migrant_innen im Mittelmeer angeklagt wurde. 2003 organisierte die LTDH eine Konferenz zum Thema Migration im Mittelmeerraum. Da die Liga jedoch nicht unabhängig agieren konnte unter dem Regime Ben Alis, konnten keine öffentlichkeitswirksamen Aktivitäten zu dem Thema durchgeführt werden.

Gewerkschaft Tunesischer Arbeiter_innen (UGTT): Die größte Gewerkschaft Tunesiens hat sich die Verteidigung der Rechte von migrantischen Arbeiter_innen als Ziel gesetzt, insbesondere von tunesischen Migrant_innen, deren Rechte in Aufnahmeländern missachtet werden. Seit den 1970er Jahren hat sich die UGTT um die Situation der Tunesier_innen im Ausland und um Rückkehrende gekümmert. Seit 2007 wurden in den Jahreskonferenzen der Gewerkschaft auch Diskussionen über neue Formen der Migration geführt.

Auch transnationale Netzwerke und Organisationen greifen die Forderungen der tunesischen Zivilgesellschaft auf und unterstützen diese solidarisch. Am 5. Dezember 2012 veröffentlichten das Euro-mediterrane Menschenrechtsnetzwerk (EMHRN), die Internationale Föderation für Menschenrechte (FIDH), das Tunesische Forum für ökonomische und soziale Rechte (FTDES), die Europäische Assoziation zur Verteidigung der Menschenrechte (AEDH), Migreurop und das Tunesische Zentrum für Migration und Asyl (CeTuMA) eine Stellungnahme zu den zu diesem Zeitpunkt forcierten Gesprächen zu der Mobilitätspartnerschaft zwischen der EU und Tunesien. Sie forderten, dass jedes Abkommen auf der unbedingten Garantie für die Rechte von Migrant_innen, Flüchtlingen und Asylsuchenden beruhen müsse. Solange eben diese Rechte in Tunesien noch nicht volle Beachtung fänden, solle es auch nicht zum Abschluss eines migrationspolitischen Abkommens kommen.

> *„The EU must now, more than ever, reform its migration policy. Migration policy can and must become an instrument that contributes to the democratic transitions currently taking place. There is a pressing need to allow all residents of partner countries to move freely, without any preconditions."*
>
> EMHRN, FIDH, FTDES, AEDH, Migreurop, CeTuMA, 5. Dezember 2012

Die Organisationen kritisierten die enorme Intransparenz, durch welche die Verhandlungen rund um die Mobilitätspartnerschaft geprägt waren und forderten wiederholt einen tatsächlich partizipativen Ansatz unter Einbeziehung der Zivilgesellschaft. Die EU-Delegation in Tunis schob die Verantwortung für die mangelnde Einbeziehung der Zivilgesellschaft der tunesischen Verwaltung zu:

*"Up to now, the civil society initiatives in the field of migration have no influence on the initiatives of the European delegation here. Because the discussions in the framework of the policy dialogue are still closed. The administration here is not accustomed to involve civil society in the processes. For them they are persons who will create some difficulties for the dialogue and generally they don'*t want the NGOs to participate*" (*Interview Abdelaziz Lyamouri – EU Delegation in Tunesien, Juli 2012).

Zusammenfassung: Auf ausgetretenen Pfaden?

Tunesien liegt in unmittelbarer Nähe zu den europäischen Außengrenzen, nur ein schmaler Streifen des Mittelmeers trennt hier den Maghreb von den italienischen Küsten. Europa hofierte den langjährigen tunesischen Diktator Ben Ali über Jahre hinweg, um das Land in die eigene Grenz- und Migrationskontrollpolitik mit einzubeziehen. Insbesondere Italien pflegte eine enge Kooperation mit dem Tunesien: Aufgrund der Dublin III-Verordnung ist Italien für die Asylanträge aller über sein Territorium eingereisten Schutzsuchenden zuständig. Die Ankunft von Migrant_innen und Flüchtlingen an den eigenen Küsten zu verhindern, ist erklärtes Ziel der italienischen Regierung.

Die Vorverlagerung des Grenzregimes bis weit vor die Tore Europas unter Einbeziehung von Transitstaaten ist auch nach den Umbrüchen im nordafrikanischen Raum eine zentrale Strategie europäischer Migrations- und Flüchtlingspolitik. Die Pfade, die bereits über die Kooperationen mit den Diktaturen Nordafrikas ausgetreten wurden, will die EU nun erneut begehen. Ob der demokratische Umbruch in Nordafrika diese Strategie nachhaltig verändern wird, ist noch offen – die bereits abgeschlossenen Abkommen lassen dies bezweifeln. In die Jubelrufe der Befreiungsbewegungen stimmte man in Europa gerne ein. Aber unter dem Vorbehalt, dass demokratische Freiheit keine Bewegungsfreiheit bedeutet. Die Bemühungen Europas, möglichst schnell weitere Handelsliberalisierungen mit Tunesien durchzusetzen, bergen die Gefahr der Schaffung neuer Abhängigkeiten für Tunesiens Wirtschaft. Der Aufstand in Tunesien hatte sich nicht zuletzt an den gravierenden sozialen Folgen des neoliberalen Wirtschaftsmodells entzündet, das die Ungleichheit im Land immer weiter verschärft und zu einer Prekarisierung von Arbeitsverhältnissen geführt hatte. Die Umsetzung der geplanten Freihandelszone würde dieses Modell weiter stärken und keinen sozialen Wandel im Land herbeiführen.

Wenn Europa den demokratischen Wandel in Nordafrika tatsächlich unterstützen und die Tragödien im Mittelmeer beenden will, muss die Flüchtlings- und Migrationspolitik von Grund auf geändert werden. Die Fortsetzung der Abschottungspolitik ist nicht nur ein Affront gegen die Demokratiebewegungen – sie sabotiert den Flüchtlingsschutz und produziert immer neue Menschenrechtsverletzungen. Mehr Tote sind die Folge.

Abschottung statt mehr Reisefreiheit

Europas Antworten auf den revolutionären Prozess in Nordafrika laufen dem Bestreben der Gesellschaften im Umbruch entgegen, die nach Demokratie und sozialer Gerechtigkeit verlangen. Die Forderung nach demokratischen Freiheitsrechten macht vor dem Anspruch auf mehr Bewegungs- und Reisefreiheit nicht halt. Genau das ignoriert Europa nicht nur durch die Abwehrszenarien, die unmittelbar nach dem Sturz Ben Alis mobilisiert wurden, sondern auch im Hinblick auf die längerfristig geplanten Kooperationen mit Tunesien. Statt den Menschen in Tunesien Perspektiven auf legale Migrationsmöglichkeiten zu eröffnen, setzt Europa auf Abschottung: Frontex soll ein Arbeitsabkommen mit Tunesien abschließen, das Land soll in das Grenzüberwachungssystem *EUROSUR* eingebunden werden, und über die Mobilitätspartnerschaft verfolgt die EU den Abschluss eines Rückübernahmeabkommens. Visaerleichterungen und legale Migration werden nur auf der Grundlage europäischer Bedarfsszenarien in Betracht gezogen. Obwohl nach wie vor keine Garantie für die Einhaltung der Rechte von Migrant_innen, Asylsuchenden und Flüchtlingen in Tunesien besteht, kam es im März 2014 bereits zum Abschluss einer Mobilitätspartnerschaft. In den Verhandlungen zwischen der EU und Tunesien, die ohne die Beteiligung der tunesischen Zivilgesellschaft erfolgten, wurde deutlich, dass diese insbesondere den Rahmen für restriktive Maßnahmen zur Verhinderung irregulärer Migration in Richtung Europa schaffen soll. Ein effizientes Rückübernahmeabkommen, das Tunesien auch zu der Rückübernahme von Drittstaatsangehörigen verpflichtet, die über Tunesien in die EU gelangt sind, stellt die erste Priorität der EU dar. Dies ist fatal, da die klandestine Ausreise in Tunesien nach wie vor ein Straftatbestand ist und abgeschobene Flüchtlinge und Migrant_innen bei ihrer Rückkehr Gefahr laufen, inhaftiert zu werden. Der Mobilitätspartnerschaft liegt der Grundsatz der Konditionalität zugrunde: Erst wenn Tunesien u. a. Fortschritte in der eigenen Grenzsicherung vorweisen kann und ein Rückübernahmeabkommen abgeschlossen wurde, stellt Europa im Gegenzug sehr limitierte Möglichkeiten zur legalen Migration in Aussicht. Die Dauer der Migration soll dabei nicht von den Migrierenden bestimmt werden, sondern orientiert sich an europäischen Bedürfnissen.

- **Weitreichende Einflussnahme Europas**
  Am Beispiel Tunesiens zeigt sich, dass die Einflussnahme der EU bis weit in den nationalstaatlichen Gesetzgebungsprozess hineinreicht. ICMPD ist beauftragt, die tunesische Regierung bei der Ausarbeitung einer neuen Gesetzgebung im Bereich Migration und Asyl zu beraten. Den tunesischen Behörden soll geholfen werden, ihre Prioritäten im Bereich Migrations- und Flüchtlingspolitik zu identifizieren, um anschließend die Erarbeitung einer umfassenden Gesetzgebung im Sinne des von der EU forcierten Migrationsmanagement-Ansatzes durchzusetzen.

- **Bilaterale Abkommen – Italien setzt weiter auf Abschottung**
  Italien verfolgt weiter eine restriktive Politik gegenüber Flüchtlingen und Migrant_innen aus Nordafrika. Die mediale Inszenierung eines Notstandes nach der Ankunft der ersten Bootsflüchtlinge wurde auch auf EU-Ebene mitgetragen, legitimierte einen Frontex-Einsatz und führte zu der zeitnahen Unterzeichnung eines neuen Rückübernahmeabkommens zwischen Tunesien und Italien. Auch Lieferungen von Grenzüberwachungstechnologien an die neue Regierung in Tunesien unterstreichen die einseitige Antwort Italiens auf den demokratischen Umbruch. Mit der im Oktober 2013 von der italienischen Regierung initiierten humanitär-militärischen Operation „Mare Nostrum" soll die Meeresenge zwischen Sizilien und Nordafrika noch intensiver überwacht werden. Italien hatte sich nach der fatalen Bootkatastrophe vom 3. Oktober 2013 vor Lampedusa, als 364 Flüchtlinge starben, zu dem Einsatz entschieden – die immer effizientere Kontrolle des zentralen Mittelmeers erhöht die Gefahr für Migrant_innen und Flüchtlinge weiter.

- **Regionale Grenzaufrüstung**
  Eine konkrete Folge der europäischen Externalisierungspolitik ist die Einschränkung regionaler Reisefreiheit durch eine Verschärfung von Grenzkontrollen zwischen dem jeweiligen Drittstaat und dessen Nachbarländern. Die EU übt Druck auf ihre Kooperationspartner aus, das eigene „Grenzmanagement" zu verbessern. Im Falle von Tunesien lässt sich dies an der Intensivierung der Grenzüberwachung zwischen Tunesien, Algerien und Libyen erkennen. Die Vermischung von Maßnahmen zur Bekämpfung von Menschen-, Drogen- und Waffenhandel und Terrorismus mit der Bekämpfung irregulärer Migration ist zentraler Bestandteil dieser Strategie.

- **Management von Flüchtlingskrisen vor den Toren Europas**
  Der Umgang mit der libyschen Flüchtlingskrise zeigt beispielhaft, wie die EU versucht – unter anderem über das Instrument von Regionalen Schutzprogrammen (RPPs) –, die Verantwortung für den Flüchtlingsschutz an Drittstaaten aus-

zulagern. RPPs sollen die Schutzkapazitäten in bestimmten Drittländern und Regionen stärken, damit Flüchtlinge bereits möglichst nah an ihrer Herkunftsregion – und möglichst weit von europäischem Territorium – ein Schutzgesuch stellen. In Nordafrika wurde im Dezember 2011 ein solches Regionales Schutzprogramm initiiert. Der Kapazitätenaufbau in Herkunfts- und Transitstaaten von Flüchtlingen soll durch ein Aufnahmeverfahren (Resettlement) ergänzt werden, in dem auch europäische Staaten von UNHCR anerkannte Flüchtlinge aufnehmen. Aufgrund der fehlenden Bereitschaft der EU-Mitgliedstaaten, Flüchtlinge aufzunehmen, läuft die Strategie der Abwälzung des Flüchtlingsschutzes auf ärmere Staaten hinaus.

- **Zivilgesellschaftlicher Widerstand:** Seit dem Sturz des langjährigen Diktators Zine el Abidine Ben Ali in Tunesien stellen immer mehr zivilgesellschaftliche Gruppen die Kooperation im Bereich Migration und Flucht zwischen Tunesien und Europa in Frage und fordern eine klare Neuausrichtung. Bereits kurz nach dem 14. Januar 2011 wurden NGOs und aktivistische Gruppen gegründet, die sich die Rechte von Migrant_innen und Flüchtlingen zum Thema machten, aktivistische transnationale Zusammenhänge und NGOs auf beiden Seiten des Mittelmeers verurteilten die fatalen Folgen der europäischen Politik, die zu über 2.000 toten Bootsflüchtlingen 2011 geführt hatte, und auch Angehörige vermisster „Harragas“ gingen mit ihren Forderungen nach Aufklärung und Transparenz an die Öffentlichkeit. Einzelne Bootstragödien haben zu Protesten in mehreren Städten geführt und so weitere Teile der Bevölkerung für das Thema sensibilisiert und politisiert. Es bleibt viel zu tun, damit die veränderten Kräfteverhältnisse eine Neuausrichtung der Migrations- und Flüchtlingspolitik Europas und Tunesiens bewirken können, die auf die Stärkung der Rechte von Migrant_innen und Schutzsuchenden ausgerichtet ist.

Literatur:

Abdelfattah, Dina 2011: Impact of Arab Revolts on Migration. CARIM Analytic and Synthetic Notes 2011/68.

Abdelrazak, Bel Haj Zekri 2011: La dimension sociopolitique actuelle de la migration en Tunisie. CARIM Notes d´analyse et de synthèse 2011/48. S.1.

Abderazak, Bel Haj Zekri, 2011: La gestion concertée de l´émigration entre la Tunisie et l´Union européenne: limites des experiences en cours et perspectives.

Ben Achour, Souhayma/ Ben Jemia, Monia 2011: Révolution Tunisienne et Migration Clandestine vers Europe: Réactions Européennes et Tunisiennes. CARIM Notes daß Analyse et de Synthèse 2011/65.

Bel Hadj Zekri, Abdelrazak2011a: La dimension sociopolitique actuelle de la migration en Tunisie. CARIM Notes d´analyse et de synthèse 2011/48.

Bel Hadj Zekri, Abderazak 2011b: La gestion concertée de l´émigration entre la Tunisie et l´Union Européenne: Limites des espériences en cours et perspectives. CARIM Notes d´Analyse et de Synthèse 2011/49.

Ben Achour, Souhayama/ Ben Jemia, Monia 2011: Révolution Tunisienne et Migration Clandestine vers Europe: Réactions Européennes et Tunisiennes.

Ben Cheikh, Farah/ Chekir, Hafidha 2008: La migration irrégulière dans le contexte juridique tunisien. CARIM Notes d´Analyse et de Synthèse 2008/64.

Ben Jémia, Monia 2011: Le droit tunisien de l´immigration.

Bordermonitoring EU 2011: Tunesien: Zwischen Revolution und Migration: http://content.bordermonitoring.eu/tunesien--revolution.migration--de.pdf

Boubakri, Hassan 2011: Migrations et développement Réflexion et analyse à partir du cas de la Tunisie. CARIM Notes d'analyse et de synthèse 2011/55.

Boubakri, Hassen 2004: Transit migration between Tunisia, Libya and Sub-Saharan Africa: study based on Greater Tunis.

Bundestagsdrucksache 17-9894 vom 6.6.2012: Politik der EU und der Bundesregierung gegenüber Tunesien im Bereich Justiz und Inneres.

Bundestagsdrucksache 17/6212 vom 14.6.2011: Migrationspolitik der Europäischen Union gegenüber Tunesien nach dem politischen Umbruch.

Bundestagsdrucksache 17/7270 vom 4.10.2011: Situation der subsaharischen Flüchtlinge in Libyen und Tunesien.

Bundestagsdrucksache 17/6431 vom 1.7.2011: Migrationspolitik der Europäischen Union gegenüber Tunesien nach dem politischen Umbruch.

Bundestagsdrucksache 17/10107 vom 26.6.2012: Politik der Europäischen Union und der Bundesregierung gegenüber Tunesien in den Bereichen Justiz und Inneres.

Boubakri, Hassan 2013: Revolution and International Migration in Tunisia. MPC Research Report 2013/04

Boubakri, Hassen 2009: La Tunisie et ses migrations. ACCUEILLIR No 249-250.

Boubakri, Hassen 2004: Transit Migration between Tunisia, Libya and Subsaharan Africa: study based on Greater Tunis: http://www.cespi.it/migraction2/FrontSud/Conference%20Migrants%20transit%20countries.pdf

Camera dei Deputati 2011: Seduta di martedì 12 aprile 2011 Audizione del Ministro dell'interno, Roberto Maroni, sui recenti sviluppi degli eccezionali flussi migratori dalla Tunisia e dalla Libia e sulle iniziative che il Governo intende assumere in materia di immigrazione: http://www1.interno.it/mininterno/export/sites/default/it/assets/files/21/0983_Audizione_Ministro_I_e_III_Com_Camera_flussi_migratori.pdf

Carrera, Sergio/ den Hertog, Leonhard/ Parkin, Joanna 2012: EU Migration Policy in the wake of the Arab Spring. What prospects for EU-Southern Mediterranean Relations? MED-PRO Technical Report No. 15/ August 2012.

Carrera, Sergio/ Guild, Elspeth/ Merlino, Massimo and Parkin, Joanna 2011: A Race against Solidarity. The Schengen Regime and the Franco-Italian Affair April 2011

Chedly, Lofti 2012: Konferenzbericht: Rapport générale: Conférence internationale: Quelle politique migratoire de la Tunisie? Enjeux et défis. Tunis, 11-12 Octobre 2012.

Crépeau, *François* 2012: UN Special Rapporteur on the human rights of migrants concludes first country visit in his regional study on the human rights of migrants at the borders of the European Union: Visit to Tunisia: http://www.ohchr.org/en/NewsEvents/Pages/DisplayNews.aspx?NewsID=12231&LangID=E

Cuttitta, Paolo 2010: Readmission in the Relations between Italy and North African Mediterranean Countries In: Cassarino, Jean-Pierre: Unbalanced Reciprocities. Cooperation on Readmission in the Euro-Mediterranean Area. 30-53.

Cuttitta, Paolo 2008: The Case of the Italian Southern Sea Borders: Cooperation across the Mediterranean? In: Documentos CIDOB Migraciones 17, S. 45-62.

Cuttitta, Paolo 2007: The changes in the fight against illegal immigration in teh Euro-Mediterranean area and in Euro-Mediterranean relations. In: CHALLENGE Working Paper Month 24. URL: http://www.libertysecurity.org/article1293.html.

Cuttitta, Paolo 2006: Das Mittelmeer als Wohlstandsgrenze. In: Eigmüller, Monika/ Vobruba, Georg (Hrsg.): Grenzsoziologie. Die politische Strukturierung des Raumes. Wiesbaden: Verlag für Sozialwissenschaften. S.251-257.

De Haas, Hein 2009: Irregular Migration. Bundeszentrale für politische Bildung: http://www.bpb.de/gesellschaft/migration/dossier-migration/58472/irregular-migration

De Haas, Hein 2008: Irregular Migration from West Africa to the Maghreb and the European Union: An Overview of Recent Trends. IOM Migration Research Series: http://www.heindehaas.com/Publications/de%20Haas%202008%20MRS-32_EN.pdf

De Haas, Hein 2007: The myth of invasion. Irregular migration from West Africa to the Maghreb and the European Union. IMI Research Report: http://www.heindehaas.com/Publications/de%20Haas%202007%20Irregular%20migration%20from%20West%20Africa%20.pdf

Euro-Mediterranean Human Rights Network 2013: The Seahorse Mediterraneo Maritime Surveillance Programme: http://www.euromedrights.org/eng/2013/09/27/the-seahorse-mediterraneo-maritime-surveillance-programme/

Euro-Mediterranean Human Rights Network 2012: Asylum and Migration in the Maghreb. Country Fact Sheet: Tunisia.

Euro-Mediterranean Human Rights Network 2011: Tunisia after 14 January. The issues at stake in a reconfiguration of European Policy. http://www.euromedrights.org/files/exe_Ra_tunisie_En_150Dpi_847268817.pdf

Euro-Mediterranean Human Rights Network 2010: Study on Migration and Asylum in Maghreb Countries. Inadequate legal and administrative frameworks cannot guarantee the protection of migrants, refugees and asylum seekers.

Fargues, Philippe/ Fandrich, Christine 2012: Migration after the Arab Spring, MPC Research report 2012/09, Migration Policy Centre, European University Institute, Florence.

Fonds Monetaire International 2012: Tunisie. Conclusions préliminaires de la mission. http://ffm-online.org/wp-content/uploads/2013/01/IWF-Tunesien-2012-11.pdf

Forum Tunisien pour les Droits Economiques et Sociaux (FTDES) 2012a: Les Migrants disparus en Mer en 2011. Rapport du Forum Tunisien pour les Droits Économiques et Sociaux, Septembre 2011.

Forum Umwelt und Entwicklung/ PowerShift/ attac WTO AG 2013: „Weitreichende und umfassende Freihandelsabkommen" – ein Weg zu Demokratie und gemeinsamem Wohlstand?

Eine Kritik der EU-Pläne für „weitreichende und umfassende Freihandelsabkommen" mit Ägypten, Jordanien, Marokko und Tunesien. Berlin: http://power-shift.de/wordpress/wp-content/uploads/2013/02/bp_DFCTA_web.pdf

Georgi, Fabian (2012) „Kritik des Migrationsmanagements. Historische Einordnung eines politischen Projekts," in Kritische Migrationsforschung? Da kann ja jedeR kommen. Edited by Netzwerk MiRa, pp. 153-63. online publication. http://edoc.hu-berlin.de/miscellanies/netzwerkmira-38541/153/PDF/153.pdf

Global Detention Project 2011: Tunisia Detention Profile: http://www.globaldetentionproject.org/countries/africa/tunisia/introduction.html

Hamood, Sara 2006: African Transit Migration through Libya to Europe: The Human Cost.

Hess, Sabine 2010: "We are facilitating states. An ethnographic analysis of the ICMPD," in The Politics of International Migration Management. Edited by M. Geiger and A. Pécoud, pp. 96-118. London: Palgrave Macmillan.

ICMPD/IOM 2010: The Tunisian Experience MTM: A Dialogue in Action. Linking Emigrant Communities for More Development Inventory of Institutional Capacities and Practices Joint ICMPD-IOM Project: http://www.icmpd.org/fileadmin/ICMPD-Website/ICMPD-Website_2011/Migration_Dialogues/MTM/projects/Inventory_EN_2010.pdf

IOM 2011a: 28 February 2011- 27 September 2011. Seven-month report on IOM´s response: http://www.iom.int/jahia/webdav/shared/shared/mainsite/media/docs/reports/MENA-Seven-Month-Report.pdf

IOM 2011b: EU and IOM Expand Cooperation to Stabilize At-Risk Communities and Enhance Migration Management to Support Transitions in Egypt, Tunisia and Libya http://www.iom.int/cms/en/sites/iom/home/news-and-views/press-briefing-notes/pbn-2011/pbn-listing/eu-and-iom-expand-cooperation-to-stabili.html

IOM 2011c: Awareness Campaign in Tunisia Informs Unemployed Youth of the Dangers of Irregular Migration http://www.iom.int/cms/en/sites/iom/home/news-and-views/press-briefing-notes/pbn-2011/pbn-listing/awareness-campaign-in-tunisia-informs-un.html

IOM 2013: Newsletter Januar 2013 : http://www.iom.int/files/live/sites/iom/files/Country/docs/IOM_Tunisia_Newsletter_Jan2013_FR.pdf

La Cimade/GADEM 2011: Rapport de mission. Defis aux Frontières de la Tunisie.

La Cimade 2009: Briefing paper: Fench Agreements concerning the concerted Management of Migration flows and co-development. http://www.aprodev.eu/files/Development_policy/Dev-migration/Cimade%20paper%20on%20readmission%20agr%20-%20eng-May%2009.pdf

Lavenex, Sandra 2002: EU Trade Policy and Immigration Control. In: Lavenex, Sandra; Ucarer, Emek M.: Migration and the externalities of European integration. Lanham (u.a.): Lexington Books. S. 161-178.

Maccanico, Yasha 2011: The EU´s self-interested response to unrest in north Africa: the meaning of treaties and readmission agreements between Italy and north African states. Statewatch Analysis

Martin, Marie 2011: The Arab Spring and the Death Toll in the Mediterranean: the True Face of Fortress Europe. Statewatch Analysis, London.

Ratha, Dilip/ Mohapatra, Sanket/ Silwal, Ani 2011: Migration and Remittances Factbook. Tunisia. Worldbank S. 245: http://siteresources.worldbank.org/INTLAC/Resources/Factbook2011-Ebook.pdf

Schmid, Thomas 2011: Tunesien: Die Jasmin-Revolution. In: Nordhausen, Frank/ Schmid, Thomas (Hg.): Die arabische Revolution. Demokratischer Aufbruch von Tunesien bis zum Golf. Büchergilde Gutenberg

Seattle to Brussels Network 2013: The EU trade and investment agenda: Quashing the aspirations of the Arab Spring?

Seattle to Brussels Network 2012: EU Deep and Comprehensive Trade Agreements: A Threat to the Aspirations of the "Arab Revolutions": http://www.s2bnetwork.org/fileadmin/dateien/downloads/Stand-alone_text_on_Arab_DCFTAs_final_in_layout_plus_authors.pdf
Strik, Tineke 2012: Lives lost in the Mediterranean Sea: Who is responsible? Report Committee on Migration, Refugees and Displaced Persons: http://assembly.coe.int/ASP/Doc/XrefViewPDF.asp?FileID=18095&Language=EN
Strik, Tineke 2010: Readmission agreements: a mechanism for returning irregular migrants. Report Committee on Migration, Refugees and Population Rapporteur: http://assembly.coe.int/ASP/Doc/XrefViewHTML.asp?FileId=12439&Language=en , eigene Übersetzung.
Transnational Institute/ Centre for Research on Multinational Corporations/ Seattle to Brussels Network 2013: The EU trade and investment agenda: quashing the aspirations of the Arab Spring?
UNDP 2013: UNDP International migrant stock by destination and origin 2013: http://esa.un.org/unmigration/migrantstocks2013.htm?mtotals
UNHCR 2012a: Briefing Notes 31.01.2012: Mediterranean takes record as most deadly stretch of water for refugees and migrants in 2011. http://www.unhcr.org/4f27e01f9.html
UNHCR 2012b: UNHCR submission to the House of Lords select committee on the European Union: http://www.unhcr.org.uk/fileadmin/user_upload/pdf/UNHCR_GAMM_House_of_Lords.pdf
UNHCR 2011: Southern Tunisia Weekly Update, August 2011: http://www.unhcr.org/4e37c5356.html
UNHCR 2005: Statistical Yearbook Tunisia: http://www.unhcr.org/4641becd0.html
Weltbank 2012: http://siteresources.worldbank.org/INTPROSPECTS/Resources/334934-1110315015165/Bilateral_Remittance_Matrix_2012.xlsx
Yasha Maccanico 2011: The EU's self-self-interested response to unrest in north Africa: the meaning of treaties and readmission agreements between Italy and north African states. Statewatch Analysis: http://www.statewatch.org/analyses/no-165-eu-north-africa.pdf

EU-Dokumente

De Gucht, Karel 2011 in: EU agrees to start trade negotiations with Egypt, Jordan, Morocco and Tunisia: http://trade.ec.europa.eu/doclib/press/index.cfm?id=766
Europaid 2013: Tunisia co-operation programs 2007-2013 http://ec.europa.eu/europeaid/where/neighbourhood/country-cooperation/tunisia/tunisia_en.htm
Europäische Kommission 2013 : EUROSUR: neue Instrumente zur Rettung von Migranten und zur Verhütung von Straftaten an den EU-Grenzen. Pressemitteilung, 29. November 2013: http://europa.eu/rapid/press-release_IP-13-1182_de.htm
Europäische Kommission 2012: Document de travail conjoint des services. Mise en oeuvre de la Politique Europénne de Voisinage en Tunisie Progrès réalisés en 2011 et actions à mettre en oeuvre accompagnant le document : Communication conjointe au Parlement Européen, au Conseil, au Comité Économiques et Social Européen et au Comité des Régions. Concrétiser les engagements de la nouvelle Politique Europeénne de Voisinage. Bruxelles, le 15.5.2012 SWD(2012) 123 final.
Europäische Kommission 2011a: Bruxelles, le 25/05/2011 SEC(2011) 652 DOCUMENT DE TRAVAIL CONJOINT DES SERVICES. Mise en œuvre de la politique européenne de voisinage en 2010 Rapport pays : Tunisie. COM(2011) 303.
Europäische Kommission 2011b: Mitteilung zur Migration. KOM (2011) 248.
Europäische Kommission 2011c: Commision Press release 2011: The European Commission's response to the migratory flows from North Africa. MEMO/11/226, Brüssel 8. April 2011: http://europa.eu/rapid/press-release_MEMO-11-226_en.htm?locale=fr

Europäische Kommission 2011d: Ein Dialog mit den Ländern des südlichen Mittelmeerraums über Migration, Mobilität und Sicherheit. Mitteilung der Kommission. KOM(2011) 292 endgültig.

Europäische Kommission 2011: Mitteilung zur Migration. Mitteilung der Kommission. KOM(2011) 248 endgültig.

Europäische Kommission 2006: Sustainability Impacts of the EuroMediterranean Free Trade Area. Final Report on Phase 2 of the SIAEMFTA Project. March 2006 (Revision): http://trade.ec.europa.eu/doclib/docs/2006/november/tradoc_131340.pdf

Europäische Kommission 2004a: Vorschlag für einen Beschluss des Rates über den Standpunkt der Europäischen Gemeinschaft und ihrer Mitgliedstaaten in dem durch das Europa-Mittelmeer-Abkommen zur Gründung einer Assoziation zwischen den Europäischen Gemeinschaften und ihren Mitgliedstaaten einerseits und der Republik Tunesien andererseits eingesetzten Assoziationsrat im Hinblick auf die Annahme einer Empfehlung zur Umsetzung des Aktionsplans EU-Tunesien KOM(2004) 792 endgültig.

Europäische Kommission 2004b: Arbeitsdokuments der Kommissionsdienststellen. Europäische Nachbarschaftspolitik Länderbericht. TUNESIEN. SEC(2004) 570.

Europäische Kommission 2011: Gesamtansatz für Migration und Mobilität. Mitteilung der Kommission. KOM(2011) 743 endgültig. Brüssel 18.11.2011.

Europäische Kommission 2010: Rapport de Suivie Tunisie. SEC(2010) 514.

Europäische Kommission 2008: Konsolidierung des Gesamtansatzes zur Migrationsfrage: Für mehr Koordinierung, Kohärenz und Synergie. Mitteilung der Kommission. KOM(2008) 611.

Europäische Kommission 2006a: Arbeitsdokument der Kommissionsdienststellen zur Mitteilung der Kommission an den Rat und das Europäische Parlament über die Stärkung der Europäischen Nachbarschaftspolitik. Fortschrittsbericht ENP Tunesien. SEK (2006) 1510.

Europäische Kommission 2006b: ENPI Tunesien Strategiepapier 2007-2013 & Nationales Richtprogramm 2007-2010 http://ec.europa.eu/world/enp/pdf/country/enpi_csp_nip_tunisia_summary_de.pdf

Europäischer Rat 2013: Schlussfolgerungen. Tagung vom 24./25. Oktober 2013: http://www.consilium.europa.eu/uedocs/cms_data/docs/pressdata/de/ec/139223.pdf

Europäischer Rat 2005: Schlussfolgerungen des Vorsitzes (Brüssel) 15./16. Dezember 2005. 15914/1/05 REV1.

European Neighbourhood and Partnership Instrument: Tunisia. Strategy Paper 2007-2013 and National Indicative Program 2007-2010.

Füle, Stefan: Speech on the recent events in North Africa Committee on Foreign Affairs (AFET), European Parliament Brussels, 28 February 2011: http://europa.eu/rapid/press-release_SPEECH-11-130_en.htm

Frontex 2012: FRAN Quarterly, Issue 3, July-September 2011.

Frontex 2011: Press Release: Hermes 2011 running, 21. Februar 2011: http://www.frontex.europa.eu/news/hermes-2011-running-T7bJgL

Hohe Vertreterin der EU für Außen- und Sicherheitspolitik und Europäischen Kommission 2011: Eine Neue Antwort auf eine Nachbarschaft im Wandel. Eine Überprüfung der Europäischen Nachbarschaftspolitik. JOIN(2012) 14 final

Malmström, Cecilia 2011: Statement by Commissioner Malmström announcing the launch of the Frontex operation "Hermes" in Italy as of 20 February 2011. http://europa.eu/rapid/press-release_MEMO-11-98_en.htm?locale=en

Rat der Europäischen Union 2012: State of play of COSI project group implementing one of the "29 measures for reinforcing the protection of the external borders and combating illegal immigration": "Measure 4". FINAL REPORT. 15906/12

Rat der Europäischen Union 2012: EU Action on Migratory Pressures – A Strategic Response.

ENPI Tunesien Strategiepapier 2007-2013 & Nationales Richtprogramm 2007-2010 http://ec.europa.eu/world/enp/pdf/country/enpi_csp_nip_tunisia_summary_de.pdf

Internet-Ressourcen und Online Agenturmeldungen (letzter Zugriff 11/2013)

Presse:

Ansamed, 19. September 2013: Immigration: 'Seahorse' Mediterraneo for border control http://www.ansamed.info/ansamed/en/news/sections/politics/2013/09/19/Immigration-Seahorse-Mediterraneo-border-control_9324814.html

Business News, 18. Dezember 2012: Tunisie - Baisse des investissements étrangers de 15,3% par rapport à 2010 : http://www.businessnews.com.tn/details_article.php?t=520&a=35194&temp=3

Business News, 9. Juli 2012: Tunisie - Vers la création d'un «Conseil supérieur de l'émigration»: http://www.businessnews.com.tn/Tunisie---Vers-la-création-d'un--Conseil-supérieur-de-lémigration-,520,32207,3#.UKIQY6U-1d0

Business News, 10. September 2012: Tunisie - Grève générale à El Fahs en réaction à la lenteur dans la recherche des disparus, au large de Lampedusa : http://www.businessnews.com.tn/Tunisie---Gr%C3%A8ve-g%C3%A9n%C3%A9rale-%C3%A0-El-Fahs-en-r%C3%A9action-%C3%A0-la-lenteur-dans-la-recherche-des-disparus,-au-large-de-Lampedusa,520,33322,3#.UKIOQqU-1d0

Deutsche Wirtschafts Nachrichten, 14. Januar 2013: Drohnen-Einsatz: EU will nun auch die Nachbarländer überwachen: http://deutsche-wirtschafts-nachrichten.de/2013/01/14/drohnen-einsatz-eu-will-nun-auch-die-nachbarlaender-ueberwachen/

Die Zeit, 3. Oktober 2013: UN-Sonderberichterstatter Crépeau kritisiert EU-Einwanderungspolitik: http://www.zeit.de/news/2013-10/03/uno-un-sonderberichterstatter-crpeau-kritisiert-eu-einwanderungspolitik-03231804

EU Observer, 1. März 2011: Europe 'should have backed democrats not dictators,' commissioner says: http://euobserver.com/news/31894

Euractiv, 15. Februar 2012 : EU to rush trade deal with Tunisia as 'exodus' continues: http://www.euractiv.com/global-europe/eu-rush-trade-deal-tunisia-exodu-news-502150

Jeune Afrique, 6. Oktober 2012: Marzouki annonce la création d'une «task-force» euro-méditerranéenne pour l'immigration : http://www.jeuneafrique.com/Article/DEPAFP20121006160514/

Konkret 2013. Politik & Kultur. 11/2: Monroy, Matthias: Abwehr und Kontrolle. Ein Überblick über das "erkenntnisgestützte" Migrationsregime der Europäischen Union.

La Gazzetta del Mezzogiorno, 5. April 2011: Italy continues talks with Tunis, no halt to migrant flood: http://www.lagazzettadelmezzogiorno.it/english/italy-continues-talks-with-tunis-no-halt-to-migrant-flood-no417116/

La Presse de Tunisie, 6. Juli 2012: Tunisiens à l'étranger. Vers la création d'une Haute instance pour l'immigration: http://www.lapresse.tn/06072012/52284/vers-la-creation-dune-haute-instance-pour-limmigration.html

Le Monde, 14. Februar 2011 : Tensions entre l'Italie et la Tunisie autour des réfugiés. http://www.lemonde.fr/afrique/article/2011/02/14/tensions-entre-l-italie-et-la-tunisie-autour-des-refugies_1479594_3212.html

Libya Herald, 12. Januar 2013: Ghadames summit: Libya, Algeria and Tunisia to intensify border security: http://www.libyaherald.com/2013/01/12/ghadames-summit-libya-algeria-and-tunisia-to-intensify-border-security/#axzz2hgis2QTa

Nawaat, 21. Juli 2012: L'affaire des migrants Tunisiens disparus : D'une rive à l'autre, des vies qui comptent : http://nawaat.org/portail/2012/07/21/laffaire-des-migrants-tunisiens-disparus-dune-rive-a-lautre-des-vies-qui-comptent/

Reuters, 12. Januar 2013: Libya, Algeria and Tunisia to step up border security http://www.reuters.com/article/2013/01/12/us-libya-borders-idUSBRE90B0G220130112

Reuters, 6. April 2012: Italy, Tunisia sign deal to ease migrant crisis. http://www.reuters.com/article/2011/04/06/ozatp-italy-tunisia-immigration-idAFJOE73505T20110406

Security and Defence Agenda, 11. April 2011: Frontex seeks agreement with Tunisia: http://www.securitydefenceagenda.org/Contentnavigation/Library/Libraryoverview/tabid/1299/articleType/ArticleView/articleId/2377/Frontex-seeks-agreement-with-Tunisia.aspx

Spiegel, 20. April 2012: Vorstoß gegen Schengen-Abkommen: Deutschland und Frankreich wollen Europa abriegeln: http://www.spiegel.de/politik/deutschland/schengen-abkommen-berlin-und-paris-wollen-grenzkontrollen-zurueck-a-828655.html

Tagesschau, 25. Oktober 2013: EU-Gipfel berät über Flüchtlingspolitik. Alles beim Alten: http://www.tagesschau.de/ausland/eu-gipfel144.html

Telepolis, 21. November 2013: Festung Europa: EU will Migration im Mittelmeer mit Kriegsschiffen eindämmen: http://www.heise.de/tp/artikel/40/40377/1.html

Telepolis, 22. November 2012: Libyen wird polizeilicher Vorposten der EU. http://www.heise.de/tp/artikel/38/38053/1.html

The Telegraph, 3. September 2011: Libya's lost immigrant souls with nowhere to go: http://www.telegraph.co.uk/news/worldnews/africaandindianocean/libya/8739774/Libyas-lost-immigrant-souls-with-nowhere-to-go.html

Tunisie Numerique, 26. September 2012: Tunisie: Les familles des immigrés clandestins disparus en mars 2011 déposent des documents auprès du tribunal de Tunis: http://www.tunisienumerique.com/tunisie-les-familles-des-immigres-clandestins-disparus-mars-2011-deposent-des-documents-aupres-du-tribunal-de-tunis/146517

Tunisie Numerique, 10. September 2012: Tunisie: El Fahs paralysée par une grève générale: http://www.tunisienumerique.com/tunisie-el-fahs-paralysee-par-une-greve-generale/143056

Andere Internet-Quellen:

Brief der Angehörigen vermisster Bootsflüchtlinge an die Innen- und Außenminister Tunesiens und Italiens: „D´une rive à l´autre, des vies qui comptent", 14. Januar 2012: http://www.storiemigranti.org/spip.php?article1017

Caritas 2013: http://www.caritas.org/worldmap/mona/tunisia.html

CIA World Fact Book: Tunisia: https://www.cia.gov/library/publications/the-world-factbook/geos/ts.html

FTDES 2013: http://www.ftdes.net/

ICMPD 2014: http://www.icmpd.org/Ongoing-Projects.1640.0.html

Statewatch 2012: EU's rejection of migrants during the Arab Spring: a "historical mistake" according to Commissioner Malström: http://www.statewatch.org/news/2012/jun/17-migrants-arab-spring.htm

Statewatch 2011: MALTA DECLARATION concluding the Second Summit of the Heads of State and Government of the Member States of the Western Mediterranean Forum 5+5 Dialogue, Valletta, 5-6 October: http://www.statewatch.org/news/2012/oct/malta-declaration.pdf

Mauretanien

No Transit

Autor: Stephan Dünnwald

Alltagsfragen in einem Experimentierfeld der neuen europäischen Migrationspolitik

Mauretanien gehört zu den Staaten, in denen die Europäische Union und insbesondere Spanien sich erfolgreich bemüht haben, Regierung und Sicherheitskräfte in die Bekämpfung der Migration einzubinden. Die spanischen und europäischen Interventionen in Mauretanien fanden zeitgleich mit der Formulierung einer vor allem auf Afrika gerichteten Auslagerungspolitik der Migrationssteuerung in Europa statt. Die Vorgänge in Mauretanien sind deshalb auch als Experiment anzusehen, wie weit man gehen kann, mit welchen Mitteln die Kooperation afrikanischer Staaten zu gewinnen ist, und schließlich, welche Maßnahmen erfolgreich sind.

Mauretanien, dünn besiedelt und zwischen den starken Nachbarn Marokko und Senegal scheinbar etwas „bedeutungslos“ gelegen, kam im Lauf einer sich auf den afrikanischen Kontinent ausdehnenden europäischen Migrationskontrolle für einen kurzen Moment die Rolle eines Fensters nach Europa zu. Nachdem die Straße von Gibraltar und die spanischen Exklaven an der marokkanischen Küste, Ceuta und Melilla, bis Ende 2005 als Wege in die Europäische Union weitgehend blockiert waren, wurden die Kanarischen Inseln das Ziel von mehreren Zehntausend afrikanischen Auswanderern. Die zu Spanien gehörenden Kanarischen Inseln liegen (je nach Insel) nur 100 bis 400 Kilometer vor der südmarokkanischen Küste. Bald sorgten Sicherheitskräfte für eine engmaschige Kontrolle auch der marokkanischen Atlantikküste, wodurch sich die Lage der Abfahrtsorte der Migrant_innen schnell weiter nach Süden verschob. Vor allem in den Jahren 2005 bis 2007 versuchten deshalb Migrant_innen aus Westafrika von der mauretanischen Küste die Überfahrt auf die Kanarischen Inseln. Jede Nacht stachen Boote von der Küstenstadt Nouadhibou aus in See, mit Kurs auf die Kanaren.

Zugleich nahmen die Europäische Union und vor allem Spanien Einfluss auf die mauretanische Regierung, um den Transit durch Mauretanien zu stoppen und aufgegriffene Migrant_innen wieder nach Mauretanien zurückzuweisen. In Nouadhibou wurden diese Migrant_innen interniert, um dann quer durch die Wüste an die malische oder die senegalesische Grenze abgeschoben zu werden.

Im Dezember 2012 stehen wir vor dem Tor des Abschiebezentrums in Nouadhibou. Die Sonne steht tief, in einer Viertelstunde wird es dunkel sein. Das Gelände der ehemaligen Schule ist verlassen, unser Blick schweift durch das Blechtor, das halb aus den Angeln gehoben ist, über den öden Innenhof, wo 2006 zahllose Inhaftierte unter schlimmen Bedingungen in Zelten untergebracht waren. Auf der anderen Seite des ummauerten Platzes stehen flache Baracken, die Klassenräume der ehemaligen Schule. Früher waren dort die Verwaltung und eine medizinische Versorgung untergebracht, einige der Baracken dienten auch als Zellen für die Internierten. Von hinten nähern sich uns zwei Gendarmen. Wir erfahren, dass das Haftzentrum schon seit Mai 2012 leer steht, Hilfsorganisationen sind abgezogen. Die Gendarmen bewachen nicht die Anlage, sondern den frisch erbauten Palast eines Gendarmeriekommandanten in der Nähe. Gleichwohl haben sie ein wachsames Auge auf uns europäischen Fremden, und wir beschließen, nicht nach den verwitterten Spuren ehemaliger Insassen zu suchen, sondern machen uns auf den Rückweg in die Stadt.

Heute auf die Situation für Migrant_innen in Mauretanien zu schauen, ist nicht allein ein Blick zurück auf die Jahre, in denen Nacht für Nacht mit Migrant_innen überladene Boote von den Küsten Mauretaniens ablegten. Ein Teil ertrank oder verdurstete, ein Teil erreichte die Kanarischen Inseln, mehrere Tausend wurden aufgegriffen und hier auf diesem Gelände bis zur Abschiebung interniert. Unsere Recherche sollte dokumentieren, wie Mauretaniens Migrationspolitik sich unter inzwischen mehrjährigem europäischem Einfluss entwickelt hat. Auf vor allem zwei Fragen suchten wir eine Antwort: War das Experiment, die Küsten zu blockieren, erfolgreich bzw. welche Konsequenzen hatte die Ausdehnung der europäischen Migrationskontrolle für Migrant_innen in Mauretanien? Aber auch: Was tun Migrant_innen in Mauretanien, einem Land, das sie nur als Transitraum wahrgenommen hatten und in dem sie jetzt leben müssen?

Vor dem verlassenen Abschiebezentrum in Nouadhibou liegt die Antwort auf die erste Frage auf der Hand: Es gibt sie nicht mehr, die Transit-Migrant_innen. Nouadhibou's Fenster nach Europa ist geschlossen, es ist sogar so verriegelt, dass das Spanische Rote Kreuz und die meisten spanischen Sicherheitskräfte ihre Zelte in Mauretanien abgebrochen haben. Die europäische Politik der Abwehr von Transit-Migrant_innen und die Kooperation mit mauretanischen Behörden war also eine erfolgreiche Maßnahme. Aber was ist ihr Preis?

Die Frage nach den alltäglichen Auswirkungen europäischer Politik auf Migrant_innen in Mauretanien ist weitaus schwieriger zu beantworten. In Mauretanien leben geschätzt zwischen 65.000 und 200.000 Migrant_innen, vor allem aus den westafrikanischen Nachbarstaaten. Die europäischen Maßnahmen zur Bekämpfung der Transitmigration sind vielschichtig, und ein Teil wird von Europa bezahlt, aber von mauretanischen Behörden und Sicherheitskräften durchgeführt. Auch die Situation von Migrant_innen in Mauretanien ist nicht schnell zu beschreiben. Die Antwort führt zu einer Geschichte der Migration, zu einem komplizierten Verhältnis der Mauretanier zu Migrant_innen, und auch der „maurischen" und „schwarzen" Mauretanier zueinander. Zugleich verweist die Frage auf eine weitere, nämlich: Wer ist das, der Transit-Migrant, gegen den sich die Abwehr richtet? Wo ist er zu finden, wohin verschwand er?

Diesen Fragen wollten wir auf den Grund gehen und so vereinbarten wir einen Besuch mit den beiden Partnern von *medico international* in Mauretanien, der Menschenrechtsorganisation AMDH mit Sitz in Nouakchott und der Caritas in Nouadhibou[1].

[1] Der vorliegende Bericht beruht auf einem neuntägigen Aufenthalt in den Städten Nouakchott und Nouadhibou, eingebettet in eine Literaturrecherche, die sich auf eine von Anna Krämer für medico international angefertigte Deskstudy stützen konnte. Die Recherche wurde von den beiden medico-Partnern vor Ort, der Association Mauretanienne pour les Droits de l'Homme, AMDH, und Mission Catholique à Nouadhibou, unterstützt. Die Arbeit von medico international in Mauretanien und die konkreten Unterstützungsmaßnahmen für die mauretanischen medico-Partner Association Mauretanienne pour les Droits de l'Homme (AMDH) und die Mis-sion Catholique à Nouadhibou finden sich unter www.medico.de

Einwanderungsland Mauretanien

Lange bevor Mauretanien in Europa als Transitland für Migration in Erscheinung trat, war es ein Einwanderungsland. Migrant_innen gehören zum alltäglichen Straßenbild in Mauretaniens Städten. Nahezu alle fliegenden Händler, die die Cafés von Nouakchott abklappern und Kleidung, Sonnenbrillen, Uhren oder Handys anbieten, sind aus dem Ausland, vor allem aus dem Senegal. Ihr Leben ist nicht notwendig prekär, die unterschiedlichen Handelsbeziehungen, Märkte und Währungen in Senegal und Mauretanien sichern einen gewissen Profit. Neben diesen sichtbaren und wirtschaftlich wenig ins Gewicht fallenden Kleinhändlern stützen aber Migrant_innen ganze Wirtschaftszweige. Einwanderung hat schon unter der Kolonialherrschaft Frankreichs begonnen. Noch in den 1950er Jahren war Mauretanien vor allem eine Nomadengesellschaft, die von Viehzucht und Handel lebte. Fischerei gab es kaum; man sagt, Mauretanier lebten mit dem Rücken zum Meer und Fisch findet sich kaum auf ihrer Speisekarte. Durch wiederholte Dürrekatastrophen in den 1970er und 1980er Jahren verloren die Nomaden einen großen Teil ihres Viehbestands und viele wanderten in die Städte. Allerdings brachten nur wenige eine Ausbildung mit. Der Aufbau der Fischerei, die Gründung der Verwaltungsstadt Nouakchott, Infrastrukturprojekte und der Abbau von Erzen brachten einen Bedarf an qualifizierten Arbeitskräften hervor, der aus den südlichen Nachbarländern Mali und Senegal sowie einer Reihe weiterer westafrikanischer Staaten gestillt wurde.

Die Mitgliedschaft Mauretaniens in der westafrikanischen Wirtschaftsgemeinschaft ECOWAS brachte unter anderem eine weitgehende Freizügigkeit und Niederlassungsfreiheit für Migrant_innen aus der Region. Auch nach dem Austritt aus der ECOWAS 1999 behielt Mauretanien diese Freizügigkeit bei und sicherte sie durch bilaterale Verträge, vor allem mit den direkten Nachbarn Mali und Senegal ab. Dies war nicht nur dem Bedarf an Facharbeitern in Mauretanien geschuldet, sondern zugleich auch dem Schutz der geschätzt 200.000 mauretanischen Migrant_innen, die hauptsächlich als Händler in den übrigen westafrikanischen Staaten leben.

Die meisten Migrant_innen in Mauretanien sind regulär und legal eingereist. So stellt der mauretanische Migrationsforscher Bensâad trocken fest: „Diese Einwanderung ist durch den Staat weder formalisiert noch gesteuert noch kontrolliert. Sie ist also weder eine Übertretung noch illegal, sie ist ganz einfach dem Informellen überlassen“ (Bensaâd 2008: 1). Alle westafrikanischen Staaten sind mehr oder minder Nutznießer der Migration, sei es die ihrer eigenen Bevölkerung in die Nachbarstaaten, sei es durch die Einwanderung aus denselben.

Mit dieser weitgefassten Freizügigkeit haben die Staaten Westafrikas einer durch Migration bestimmten gesellschaftlichen Selbstverständlichkeit Raum gegeben. Auch wenn es in einigen Staaten wiederholt zu Massendeportationen und Flucht gekommen ist, so ist doch die Anwesenheit von Migrant_innen in allen westafrikanischen Staaten eine Normalität, die schon allein deshalb nicht irregulär ist, weil sie kaum Regeln unterworfen ist. Bensaâd weist darauf hin, dass Mauretanien inzwischen Gefahr läuft, durch die Anpassung an europäische Kontrollwünsche und Gesetzgebung zu Migration eine künstliche Irregularität zu schaffen, unter Missachtung der tradierten Migrationsbeziehungen zwischen Mauretanien und seinen Nachbarn und unter der Gefahr, das sozio-ökonomische Gleichgewicht zu stören (2008: 1f).

Die Einwanderer aus Westafrika trafen in Mauretanien auf eine Bevölkerung, die ihre Vergangenheit als Sklavenhaltergesellschaft noch immer nicht überwunden hat. Die Spannungen zwischen „schwarzen" und „maurischen" Einwohnern Mauretaniens sind prägend für die sozialen Beziehungen, und haben deutliche Auswirkungen auf die subsaharischen Einwanderer. Sklaverei, wenn auch gesetzlich abgeschafft in den 1980er Jahren und unter Strafe gestellt seit 2007, ist weiterhin verbreitet. Auf die „schwarzen" Mauren (oder *haratin* im Gegensatz zu den hellhäutigen *beidane; beide sprechen* Hassaniyya-Arabisch*)* wird häufig Bezug genommen als „ehemalige" oder „entlaufene Sklaven". Neben direkter Sklaverei scheinen aber informelle Abhängigkeitsverhältnisse heute gesellschaftlich bedeutsamer. Insgesamt bestimmt eine steile Klasseneinteilung das Verhältnis zwischen „schwarzen" und „maurischen" Mauretanier_innen. So sind „maurische" Bewohner trotz Landflucht und grassierender Arbeitslosigkeit oft nicht gewillt, niedere oder schlecht bezahlte Arbeiten zu verrichten. „Schwarzen" Mauretanier_innen und subsaharischen Migrant_innen aber werden Steine in den Weg gelegt, um sie am ökonomischen Aufstieg zu hindern.

Auch eine 1980 verordnete sprachliche Arabisierung des Landes war nicht hilfreich für das Zusammenleben der verschiedenen ethnischen Gruppen. Arabisch ist die Landessprache, andere Sprachen sind als nationale Sprachen anerkannt, Französisch kann als Zweitsprache gewählt werden. Im Süden des Landes leben hauptsächlich „schwarze" Angehörige der Wolof, Soninké und Hal Pulaar, die jeweils eigene Sprachen sprechen.

Ihren Höhepunkt fanden die Auseinandersetzungen zwischen „schwarzen" und „maurischen" Mauretaniern 1989 in der gewaltsamen Vertreibung zehntausender „schwarzer" Mauretanier, die in den Senegal und nach Mali flüchten mussten. Ihre mauretanische Staatsangehörigkeit wurde annulliert. Erst 2008 begann ein inzwischen als abgeschlossen erklärter Rückführungsprozess durch den UNHCR. Die Reintegration und Wiederansiedlung der Flüchtlinge wird dadurch erschwert, dass ihr Land und Besitz nach der Vertreibung konfisziert wurde. Reparationsleistungen sind gering, und trotz der Repatriierungskampagne des UNHCR leben weiter mehrere tausend Mauretanier_innen als Folge der Vertreibungen von 1989 als Flüchtlinge in Senegal und Mali.

Angesichts dieser Geschichte tut sich die mauretanische Gesellschaft schwer mit der Entwicklung einer Identität. Während die Mauren sich eher zum Maghreb zugehörig fühlen, haben viele „schwarze" Mauretanier ethnische und verwandtschaftliche Beziehungen zum subsaharischen Afrika. Einwanderer aus dem Süden verschieben diese Gewichte zusätzlich, doch zugleich wird ihre wirtschaftliche Bedeutung in Mauretanien durchaus erkannt.

Migration als Markt

Dies ist in etwa die Situation, als eine wachsende Zahl Migrant_innen in Mauretanien eintrifft, um sich vor allem von Nouadhibou aus in Richtung Kanarische Inseln, nach Europa einzuschiffen.

Père Jérôme, der energische, aus Nigeria stammende Leiter der katholischen Mission in Nouadhibou, hat die Jahre miterlebt, in denen Nouadhibou zu einem Hotspot der Migration nach Europa wurde. Ab 2004, so berichtet er, hätten die Fahrten auf die Kanarischen Inseln zugenommen. Der Höhepunkt war 2006, mit mindestens vier, fünf Booten mit jeweils gut 100 Passagieren, die jede Nacht ablegten. Nouadhibou liegt als nördlichste Stadt Mauretaniens den Kanarischen Inseln am nächsten und auch die Fertigstellung der geteerten Verbindungsstraße von Nouakchott nach Nouadhibou 2005 erleichterte die Erreichbarkeit. Die Stadt habe geboomt, Fischer, Restaurants, Händler und Vermieter von Zimmern, Küstenwache, Polizei, Transportunternehmen und Verkäufer von Material, Motoren, Treibstoff – alle hätten sehr gut verdient an den Transit-Migrant_innen. Die Vereinigungen der Migranten hätten ihre Foyers, wo Neuankömmlinge erst mal unterkommen konnten, meist gegen gute Bezahlung vermietet. Auch hätten die Vereinigungen bei Behördenkontakten und Schwierigkeiten mit der Polizei vermittelt und sich auch dies oft gut vergüten lassen. Nouadhibou war plötzlich interessant geworden: Politiker, Polizei, Journalisten und Forscher hätten Nouadhibou besucht, allein wegen der Migration. Die Besiedlung im Zentrum von Nouadhibou wurde verdichtet. Mauretanische Geschäftsleute bauten in den Innenhöfen, dort, wo sonst das Wohnzelt der Familie stand, Zimmer für Migrant_innen (Choplin und Lombard 2008b: 155f).

Mit der Zunahme der Migrant_innen gab es auch einen Anstieg von Toten, die am Strand angeschwemmt wurden. Père Jérôme schätzt, dass bis zu einem Drittel der Leute bei der Überfahrt ums Leben gekommen seien. Glücksache sei gewesen, ob Migrant_innen an einen ehrlichen Schiffer geraten seien und an einen, der sein Handwerk verstanden habe (Gespräch 9.12.2012; vgl. auch amnesty_international 2008). Père Jérômes katholische Mission war in dieser heißen Phase der Transitmigration Anlaufstelle nicht nur für die Christen unter den Migrant_innen. Die Mission organisierte Unterstützung, Erste Hilfe, und in der Not auch einen Übernachtungsplatz für Migrant_innen. In einem Briefkasten am Tor konnten Migrant_innen Nachrichten hinterlassen. Für viele Migrant_innen sei aber die Hilfe zu spät gekommen. Auf den beiden kleinen Friedhöfen auf dem Missionsgelände liegen etliche der namenlosen Toten begraben.

Die spanische Grenze in Reichweite

Wer begreifen will, was ab 2005 an der Westküste Afrikas stattfand, muss erst nach Spanien sehen. Die Ankunft irregulärer Migrant_innen aus dem subsaharischen Afrika rief in Spanien ein überreiztes Medienecho und erhitzte politische Debatten hervor. Nach dem „Sturm auf Ceuta und Melilla“ wurde die „Krise der Cayucos“ zu einem der zentralen Themen spanischer Medien und spanischer Politik (vgl. Ruiz

Miguel 2006). Um es vorweg zu nehmen: Die Migration aus dem subsaharischen Afrika nach Spanien kommt bei weitem nicht an die Einwanderung aus dem Maghreb heran, sie ist nur ein Bruchteil der Einwanderung aus Lateinamerika oder auch aus anderen EU Staaten. Dennoch: Die Furcht vor irregulärer Einwanderung in Spanien ist die Furcht vor den „schwarzen" Afrikanern, und vor den vielen die künftig noch kommen könnten.

Eher unbemerkt hatte Spanien sich seit Ende der 1980er Jahre vom Aus- in ein Einwanderungsland gewandelt. Das starke Wirtschaftswachstum nach dem Beitritt zur Europäischen Union hatte zugleich einen starken Arbeitskräftebedarf vor allem im Agrar- und Bausektor hervorgerufen. Ab dem Jahr 2000 unternahm Spanien zahlreiche Reformen und Schritte zur Steuerung von Migration, wozu Regularisierungsprogramme ebenso zählten wie die Überwachung der spanischen Grenzen und, insbesondere unter der Regierung von Zapatero ab 2004, auch eine Intensivierung der Abschiebung und die Einbindung der Herkunfts- und Transitländer in den Kampf gegen Migration (vgl. Casas, Cobarrubias and Pickles 2010, Pinyol 2007).

Im *Plan África* entwickelt Spanien eine enge Verzahnung von Migrationskontrolle mit Entwicklungspolitik und eröffnet mehrere Botschaften in westafrikanischen Staaten. In enger Anbindung an die Europäische Union strebt Spanien eine führende Rolle in der Formulierung von Migrationspolitiken an (Pinyol 2007). Der europäische „Globale Ansatz zu Migration" sieht eine Einbindung der Transit- und Herkunftsländer von Migration vor, die weniger durch Druck geschehen solle, sondern über Angebote. Die spanischen Offerten in der Entwicklungszusammenarbeit waren einer der Köder für eine intensivierte Zusammenarbeit bei der Migrationskontrolle mit und in westafrikanische Staaten.

Die sogenannten „Westroute" vom afrikanischen Festland zu den Kanarischen Inseln existierte seit den 1990er Jahren. Abfahrtsorte lagen vor allem zwischen Tarfaya in Südmarokko und Laayoune in der West-Sahara (Carling 2007: 24f). Doch erst im Herbst 2005, als die Grenzen zum spanischen Festland und den Exklaven Ceuta und Melilla geschlossen wurden, gewannen die Fahrten von der westafrikanischen Küste an Gewicht. Die Ausgangspunkte der Überfahrten wanderten nach Süden, von Marokko und der Westsahara nach Mauretanien, Senegal, und hinunter bis nach Guinea. Dies vervielfachte die Länge des Seeweges, und erhöhte damit die Risiken für übersetzende Migrant_innen.

Überfahrten fanden in der Hauptsache mit hölzernen Fischerbooten, den *pirogues,* oder spanisch *cayucos*, statt, doch kam es immer wieder auch zu Überfahrten von Migrant_innen auf größeren gecharterten Schiffen (Carling 2007: 26f). Zur Attraktivität der Kanaren trug bei, dass die Kosten der Überfahrt mit rund 500 Euro relativ gering waren im Vergleich zu denen an der Straße von Gibraltar und dass die spanische Regierung zunächst die meisten angekommenen Migrant_innen aufs Festland überführte. Spanische Gesetze erlaubten die Inhaftierung von Migrant_innen nur für 40 Tage; wer innerhalb dieser Frist nicht ins Herkunftsland abgeschoben werden konnte, wurde auf freien Fuß gesetzt.

Angesichts der immer zahlreicheren Landungen westafrikanischer Migrant_innen auf den Kanarischen Inseln 2005 und vor allem 2006, ergriff die spanische Regierung zunächst Maßnahmen, die auf die Abwehr der Migrant_innen auf See abzielte. Unterstützt durch Aufklärungsflugzeuge, kreuzten spanische Marine und Guardia Civil-Boote in den Gewässern zwischen dem afrikanischen Festland und den Kanarischen Inseln, um Fischerboote aufzubringen und zur Umkehr zu bewegen. Ab Juli 2006 wurde dies koordiniert durch die Operationen Hera I-III der Europäischen Grenzschutzagentur Frontex. Zu den Frontex Aufgaben zählte nicht nur Aufbringen und sogenannte „Diversion“, die Zurückweisung der Boote auf hoher See, sondern auch die Befragung aufgenommener Migrant_innen, um ihre Herkunftsländer herauszufinden und um Routen, Ausgangshäfen und Schlepper zu identifizieren. Da ein Teil der auf See aufgegriffenen oder geretteten Migrant_innen auf die Kanarischen Inseln gebracht werden musste, verminderte sich die Zahl der Einwanderer zunächst nicht wesentlich durch die Einsätze spanischer Marine und Frontex-Schiffe. Obwohl sich spanische und Frontex Aktivitäten schon 2006 entfalteten, erreichte die Zahl der ankommenden Migrant_innen in diesem Jahr mit mehr als 30.000 Personen ihren Höhepunkt. Insbesondere hierin lag das Interesse begründet, die afrikanischen Küstenstaaten in die Abwehr von Migrant_innen einzubeziehen.

Frontex und Guardia Civil: Die Migration in Afrika bekämpfen

Im selben Jahr schließt jedoch Spanien mindestens zwei Abkommen mit der mauretanischen Regierung und bindet Mauretanien damit in die spanische und europäische Abwehr von Migrant_innen ein. Der Inhalt der Abkommen ist nicht bekannt, jedoch kann von den Folgeaktionen auf den Gegenstand der Vereinbarungen geschlossen werden. Im Sommer und Herbst 2006 wurden die folgenden Maßnahmen durchgeführt:

- In Nouadhibou werden anfangs ca. 150, inzwischen nur noch 50 Angehörige der spanischen Policia und Guardia Civil stationiert (sowie zusätzlich 100 Polizisten in Nouakchott). Die Sicherheitskräfte bringen Ausrüstung mit, darunter ein Flugzeug sowie einen Helikopter zur Luftraumüberwachung. Das Überwachungsflugzeug wurde den mauretanischen Sicherheitsbehörden übergeben. Es verfügt über Nachtsichtgerät und einen speziellen Radar zur Seeraumüberwachung.

- In Nouadhibou wurde die leer stehende „Schule No. 6“ durch die spanische Armee in ein Haftzentrum umgebaut mit der spanischen Bezeichnung „Centro de Estancia Temporal de los Inmigrantes“ (CETI) (Cruz_Roja_Espanola 2008: 14), von den Migrant_innen in Nouadhibou jedoch bald *Guantanamito*, Klein-Guantanamo, genannt.

- Die Einführung gemeinsamer Patrouillen spanischer und mauretanischer Sicherheitskräfte im mauretanischen Küstenbereich und in den Häfen. Die Anwesenheit eines mauretanischen Offiziers an Bord der spanischen und Frontex Schiffe erlaubte die Ausübung von Kontrollen im Küstenbereich. Die Anwesenheit spanischer Sicherheitskräfte bei mauretanischen Patrouillen und an Land hatte das

Ziel, mauretanische Gendarmerie und Küstenwache zu kontrollieren, damit diese nicht gegen Bestechung Boote passieren lassen. Ein weiteres Ziel der spanischen Militärs war die Ausbildung der mauretanischen Küstenwache und die Einführung von Frontex-Überwachungsstandards, die die Kooperation zwischen Kontrollorganen der Europäischen Mitgliedstaaten und Drittländern verbessern sollten.

- Die mauretanische Küstenwache wurde mit Ausrüstung unterstützt, insbesondere Zodiak Schlauchbooten, *Quad* genannten Allradfahrzeugen für die Überwachung der Strände, sowie Überwachungstechnologie und durch Training an den Geräten. Nach Auskunft eines Sergeanten der Küstenwache verfügt man in Nouadhibou 2012 über sechs Zodiak Schlauchboote mit Außenbordmotor, mehrere kleine Überwachungsboote, und ca. 20 Quads. Spaniens Guardia Civil überließ Mauretanien außerdem vier Küstenwachschiffe, von denen drei im Hafen von Nouadhibou stationiert sind.

Diese Maßnahmen dienten dazu, Migrant_innen möglichst noch vor dem Ablegen festzuhalten, zumindest, bevor sie das offene Meer erreicht hatten. Konsequent wurden die Kontrollen im Fischereihafen ausgeweitet, Videoüberwachung und militärische Sperrzonen am Strand eingerichtet. Wer sich innerhalb dieser überwachten Räume aufhielt, war verdächtig und wurde festgenommen, wenn der Aufenthalt nicht gut zu begründen war. Über diese sekurisierten Zonen hinaus wurden jedoch insbesondere die von Migrant_innen bewohnten Stadtviertel regelmäßig kontrolliert, Personen wurden oft wahllos festgenommen, im Polizeigefängnis oder im Centro No. 6 inhaftiert. Nach meist kurzer Aufenthaltsdauer wurden die Migrant_innen in Kleinbussen an malische oder senegalesische Grenzübergänge gefahren und mussten dort das Land verlassen.

Mit diesen ab Sommer 2006 eingeführten Maßnahmen, von denen einige erst im Laufe der nächsten Monate voll zum Einsatz kamen, wurde Transitmigration von mauretanischen Küsten in Richtung Kanarische Inseln praktisch zum Erliegen gebracht. Im Papier der „Nationalen Migrationsstrategie" wird die Eindämmung der Transitmigration als „spektakulär" gefeiert. Vergleichbar mit der vergangenen Kooperation Italiens mit dem ehemaligen libyschen Staatschef Ghaddafi, die ab Mai 2007 gemeinsame Patrouillen in küstennahen Gewässern einführte und die Rücknahme der Aufgegriffenen durch libysche Sicherheitskräfte durchsetzte, hat sich auch in Mauretanien die enge Zusammenarbeit Europas mit dem Drittland als entscheidend erwiesen.

Den spanisch-europäischen Verhandlungen mit Mauretanien kommt entgegen, dass in Mauretanien praktisch keine Migrationspolitik existiert. Dies stellt ein 2007 veröffentlichtes ‚Migrationsprofil Mauretanien' lapidar fest. Der von UNHCR, IOM und der Europäischen Union finanzierte Bericht legt offen, dass die mauretanische Gesetzgebung äußerst sporadisch und inkonsistent ist. Die Haltung der Behörden sei geprägt von einer relativen Gleichgültigkeit, Migration würde mehr toleriert als gesteuert, und nicht nur gebe es keine belastbaren Informationen zur Migration, sondern auch die relevanten Gesetze und Verordnungen zum Aufenthaltsrecht Mauretaniens seien nur unregelmäßig veröffentlicht und sogar Behörden auf regionaler Ebene nicht bekannt (Profil Mig 2007: 127).

Mehrere Migrationsforscher_innen, darunter der Nigerianer Aderanti Adepoju, führen den Erfolg spanischer Migrationsbekämpfung in Afrika auch darauf zurück, dass Spanien im Gegensatz vor allem zu Frankreich durch keine gemeinsame Kolonialgeschichte mit Mauretanien verbunden war (Adepoju 2009: 66). Die im Zuge der spanisch-mauretanischen Verhandlungen freigemachten Mittel, seien es direkte Unterstützung der Behörden mittels Geld oder Material oder Mittel der Entwicklungshilfe, erweisen sich als effektiv, eine weitgehende Kooperation mit mauretanischen Sicherheitskräften durchzusetzen. Ferner scheint für den spanischen Erfolg entscheidend gewesen zu sein, dass das mauretanische Militärregime, das sich erst 2005 an die Macht geputscht hatte, über die Migrationsbekämpfung internationale Anerkennung erzielen konnte. Nach Kräften beförderte auch die mauretanische Regierung die Darstellung einer „crise" der Transitmigration (Poutignat und Streiff-Fénard 2010:206ff).

In Mauretanien kommt hinzu, dass Transitmigrant_innen sehr gut als Fremde zu stigmatisieren waren. Unter denen, die zu den Kanarischen Inseln aufbrachen, waren kaum Mauretanier_innen: Mauretanien hatte es also, anders als Senegal oder Mali, mit einer Transitmigration zu tun, nicht mit einer Auswanderung auch von Teilen der eigenen Bevölkerung. Dies erleichtert es der mauretanischen Politik, sich gegen die Migrant_innen zu wenden und spanisch-europäischen Interessen der Grenzkontrolle und Abschiebung entgegenzukommen.

Diese Situation hat sich auch im Jahr 2012 nicht wesentlich geändert. Rückblickend lässt sich für die vergangenen Jahre feststellen, dass Repression, Kontrolle, Willkür und Abschiebung die zentralen Aspekte mauretanischer Migrationspolitik sind.

Nouadhibou, Stadt der Blockierten

Wann immer von Transitmigration in Mauretanien die Rede ist, fällt der Name der Stadt Nouadhibou. Sie liegt im Norden des Landes, direkt auf der Grenze zur marokkanisch besetzten West-Sahara, fast 500 Kilometer nördlich der Hauptstadt Nouakchott. Die Nähe auch zu den Kanarischen Inseln mag eine Rolle gespielt haben, als ab ca. 2003 die ersten der langen Fischerboote, *pirogues*, mit Migrant_innen in Richtung Kanarische Inseln in See stachen. Auch vorher, so erzählen langansässige Migrant_innen in Nouadhibou, habe es Migration in Richtung Europa gegeben, aber nicht mit *pirogues*, sondern meist in den Frachträumen von Schiffen.

Nouadhibou ist in besonderem Maße eine Stadt der Migrant_innen. Diese Bezeichnung bezieht sich nicht auf Transit-Migranten auf dem Weg nach Europa, sondern vor allem auf die ansässigen Einwanderer vor allem aus den subsaharischen

Nachbarstaaten. Kaum ein westafrikanisches Land, das nicht mit einer größeren (Mali, Senegal, Gambia) oder kleineren (Nigeria, Kap Verde, Guinea Conacry und Bissau, Ghana, Sierra Leone, Liberia) community vertreten ist. Traditionellere und alltäglich verwendete Bezeichung von Nouadhibou ist ‚Capital economique', wirtschaftliche Hauptstadt im Gegensatz zu Nouakchott, dem Sitz der Regierung. Dies verweist auf die Konkurrenz zwischen beiden Städten und auf die Bedeutung Nouadhibous. Hier konzentrieren sich verschiedene Wirtschaftszweige, vor allem der Fischfang und Gewinnung und Umschlag der Minenerze, aber auch eine nicht unerhebliche Handelstätigkeit. Der Hafen zieht sich lang an der Küste hin, es gibt verschiedene Häfen für Handelsschiffe und Erzverladung, sowie je einen Hafen für die größeren Fischtrawler und für die auf bis zu 4.000 geschätzten *pirogues*, meist hölzerne, langgestreckte Boote mit Außenbordmotor. 2004 sollten etwa 20.000 der rund 100.000 Einwohner von Nouadhibou Migrant_innen sein und es ist zu weiten Teilen ihre Arbeit, die aus Nouadhibou ein wirtschaftliches Zentrum gemacht hat. Die Fischerei mit Pirogen ist dominiert von Senegalesen. Senegalesen und Malier arbeiten auch auf den größeren Schiffen und als *docker* in den verschiedenen Häfen. Eine der älteren Fischverarbeitungsfabriken ist ghanaisch und Nigerianer_innen konzentrieren sich auf den Handel mit getrocknetem und gehäutetem Fisch, der ausschließlich für den Export nach Nigeria bestimmt ist. Neueren Datums ist eine chinesisch-mauretanische Fischfabrik, die künftig bis zu 2.600 Arbeiter_innen beschäftigen soll und hauptsächlich dem Export von tiefgefrorenem Fisch nach China dient. Rund um Fischerei und Fischverarbeitung finden sich zahllose kleinere Gewerbe, bis hinunter zum *pousse pousse*, dem Lastenträger, auch dies meist Migrant_innen oder aber *haratim*, „schwarze" Mauretanier. Auch in den Gold, Kupfer und Eisenerz fördernden Minen arbeiten viele Migrant_innen, die meisten leben in Nouadhibou und werden mit Werkbussen der SNIM, der Nationalen Minenindustriegesellschaft, aus ihren Vierteln zur Arbeit abgeholt. Schließlich sind Migrant_innen auch unter den Händlern und Handwerkern stark vertreten und dominieren im Stadtzentrum und in den Vierteln am Hafen mit zahllosen kleineren Restaurants und Imbissen auch die Gastronomie.

Migrant_innen und Mauren

> „Eine der Frauen aus unserem Projekt ist sehr geschickt und produzierte gefärbte Stoffe und Kleidungsstücke, die sich gut verkauften. Sie mietete einen Laden oben im Zentrum, für 15.000 Oughiya. Es lief gut. Nach ein paar Monaten aber erhöhte der Besitzer die Miete erst auf 30.000, dann bald auf 45.000 Oughiya. Sie musste das Geschäft aufgeben. Wenig später vermietete der Besitzer den Laden an einen Mauren, wieder für 15.000" (Gespräch mit Père Jérôme, 8.12.2012).

Bei aller historischen Gewachsenheit der Präsenz von Migrant_innen in Nouadhibou ist das Verhältnis zwischen Zugewanderten und einheimischer Mehrheit schwierig. Es beruht auf einer eingespielten hierarchischen Beziehung, die den Mauren die höhere soziale Position und geschäftliche Vorteile sichert. Es gibt Ausnahmen, aber in der Regel finden die Einheimischen Mittel und Wege, ein Geschäft zu blockieren, wenn sie nicht beteiligt werden. Zu dieser Auffassung gelangen auch die französischen Forscher_innen Choplin und Lombard (2008a: 162), die drei Typen migrantischer Unternehmer unterscheiden: Denjenigen, der sich mit einem Mauren assoziiert und diesen am Geschäft beteiligt, den, der dies nicht tut und in aller Regel scheitert und den pendelnden Händler, der sich nur ein Zimmer in der Stadt hält und nach außen bescheiden auftritt. Wir treffen noch auf einige Migrant_innen, die sich in verschiedener Weise mit Mauren arrangiert haben, darunter einen Flüchtling aus der Elfenbeinküste, der auf eine Serie schlechter Erfahrungen mit der Eröffnung einer Apotheke zurückblicken kann. Der studierte Pharmazeut ist nun mit einer Maurin verheiratet, und formell läuft die neu eröffnete Apotheke auf ihren Namen. Seit er nur Angestellter im Geschäft ist, lassen ihn die Mauren in Ruhe, sagt er (Gespräch mit A.B., 09.12.2012).

Andere, wie zum Beispiel nigerianische Geschäftsleute, haben sich in einer Nische etabliert. Sie trocken und präparieren Fisch ausschließlich für den nigerianischen Markt. Auch räumlich haben sie sich vom üblichen Geschehen separiert, die Plätze zum Trocknen der Fische befinden sich auf einem aufgelassenen Gelände am Ufer, in der Nähe zum Handelshafen. Da der Fisch in Nigeria sehr begehrt ist, erzielen die Händler gute Gewinnspannen. Die großen Gefahren liegen nicht in Nouadhibou, sondern im Transport der Ware nach Nigeria. Früher, so erzählt Ben, der schon seit Jahren im Geschäft ist, habe man den Fisch auf dem Landweg transportieren müssen. Sechzig oder siebzig Kontrollpunkte seien dabei zu überwinden gewesen, an fast jedem wäre ein mehr oder minder großes Geschenk an die Kontrolleure fällig gewesen, so dass der Gewinn, gemessen an den Transportkosten, oft sehr gering ausgefallen wäre. Seit zwei Jahren jedoch verschiffe man die Ware im Container bis zum Hafen von Cotonou. Mehrere Geschäftsleute teilen sich einen Container und reisen dann per Bus über Land, um ihre Ware am Zoll von Cotonou in Empfang zu nehmen. Da seien dann auch Gebühren fällig beim Zoll und bei den sogenannten „garage boys“, der Lagerverwaltung, aber das Geschäft sei sicherer geworden. Die meisten Nigerianer_innen, die derzeit nach Nouadhibou kommen würden, wollten nicht nach Europa, sondern in das Fischgeschäft einsteigen (Gespräch mit Ben, 7.12.2012).

Europa scheint im Dezember 2012, bei unserem Besuch in Nouadhibou, weit entfernt zu sein. Niemanden finden wir, der von sich aus von Transitmigration spricht, wenn wir nicht damit anfangen. Es scheint so, dass es nicht nur keine Transitmigration auf die Kanaren mehr gibt, sondern als ob das Thema ein Tabu sei, ein Schandfleck, und eine Erzählung, die den ansässigen Migrant_innen nur Nachteile bringt.

Nouadhibou nach dem Transit

2012 ist vom durch die Transitmigration hervorgerufenen Boom nichts mehr zu bemerken. Eher schläfrig wirkt die Stadt, erst gegen Abend werden die Märkte geschäftig, gehen Fischer in schwerem wetterfestem Zeug zum Hafen hinunter, um über Nacht aufs Meer hinaus zu fahren. Wenn Lastwagen aus Marokko ankommen, beladen mit frischem Obst und Gemüse, kommen Händler mit Autos und Handkarren, um sich einen Teil der Ware zu sichern. Sonst scheint das Leben ebenso wie die klapprigen Taxis im Schritttempo zu fließen. Auch am Hafen der Kleinfischer ist es still. Zahllose Boote liegen vertäut im Hafen, wir hören, dass viele der Fischer im Senegal sind. Das muslimische Opferfest ist zwar schon vorbei, aber die meisten seien noch nicht zurückgekehrt vom Besuch ihrer Familien. Ein kleines Restaurant mit dem hoffnungsträchtigen Namen Barack Obama ist gepachtet von einem senegalesischen Ehepaar. Es besteht aus nur einem Raum, in dem gekocht und gegessen wird. Die Bänke für die Gäste sind an die Seite geschoben. Die Inhaberin bereitet mit einer Küchenhilfe das Essen für den Abend zu. Mittags gibt es nur Tiebou Dienne, Reis mit Fisch, aber am Abend werden verschiedene Gerichte angeboten, Couscous, Fisch, Hammelfleisch oder Huhn. Sie sind seit sechs Jahren in Nouadhibou. Das Restaurant laufe ganz gut, ihr Mann arbeite als Fischer und mit der Polizei hätten sie keinen Ärger. Nach Nouadhibou seien sie gekommen nicht wegen Europa, sondern weil es geheißen habe, als Fischer könne man hier gut verdienen.

Draußen, auf einem kleinen Platz, sitzen Fischer in der Sonne und flicken Netze. Auch sie kommen aus dem Senegal. Mohamed kommt aus St. Louis, der senegalesischen Stadt an der Mündung des Senegal, der die Grenze bildet zu Mauretanien. Dort sei es schwierig gewesen vor ein paar Jahren: Die Küstenwache Mauretaniens habe oft senegalesische Fischer gestoppt und nicht selten seien die Boote konfisziert worden, wenn sie in mauretanischen Gewässern gefischt hätten. Hier sei es ruhiger, aber auch hier komme niemand an der Küstenwache vorbei. Mohamed geht mit mir zum Hafen hinunter und zeigt in die Mitte der Bucht. Dort liegt eine Barkasse und ein Schlauchboot schwänzelt geschäftig von einer durchfahrenden Piroge zur nächsten. Jedes ausfahrende oder einlaufende Boot muss diese Hafenkontrolle passieren, ein Mann von der Küstenwache kommt an Bord und wenn sie vom Fischen zurückkommen, seien immer 5, 10 oder 15.000 Oughiya fällig, egal, ob und wie viel sie gefangen haben. Wer nicht zahlen kann, dessen Bootsmotor werde konfisziert. Auch hier unten im Viertel am Hafen werde kontrolliert, die Polizeistation sei gleich um die Ecke. Wenn man nicht aufpasst, nimmt dich ein Polizist mit in eine Seitenstraße und du bezahlst ihm 500 oder 1000 Oughiya, erzählt Mohamed. Wer keine Papiere hat, kann auch verhaftet werden, aber inzwischen hätten fast alle ihre Papiere in Ordnung. Seit der großen Razzia im April habe es keine Razzien mehr gegeben. Ob es hier Leute gebe, die nach Europa wollten? Hier würden alle nur sehen, dass sie ihr Geld verdienen. Das sei vor ein paar Jahren anders gewesen. Aber heute gebe es in Nouadhibou wohl kaum noch jemanden, der mit dem Boot hinüberfahren will auf die Kanarischen Inseln (Gespräch 9.12.2012).

Kontrollen und Razzien

> „Bei einer normalen Kontrolle kommen sie und klopfen an die Tür, wollen deine Papiere sehen. Im April aber sind sie gekommen und haben die Türe eingetreten" (Interview Justina, 08.12.2012).

Justina ist die Vorsitzende der nigerianischen Community in Nouadhibou. Wir sitzen auf dem Hof der katholischen Mission, die der Ankerpunkt ist für die Christen in Nouadhibou. Père Jérôme hat das Gespräch arrangiert, Justina ist in einem Kostüm aus geblümter Baumwolle gekommen. Sie ist reserviert. Früher habe es mehr Nigerianer_innen gegeben in der Stadt, auch habe man sich häufiger getroffen. Jetzt sehe sie die anderen nur auf der Arbeit oder in der Kirche. Seit der Razzia am 3. April würden viele nicht mehr auf die Straße gehen aus Angst, verhaftet zu werden. Es gebe vielleicht 200 Nigerianer in der Community, aber sie wisse nicht, wie viele in der Stadt seien, weil nicht alle zu den Versammlungen kämen. Früher seien die Treffen regelmäßig gewesen und es seien viele gekommen, aber das sei nicht mehr so.

Die Küstenwache kontrolliert alle ein- und auslaufenden Boote und erhebt „Gebühren". © Stephan Dünnwald

An der Razzia war nicht nur die normale Gendarmerie beteiligt, sondern es wären vor allem die schwarz uniformierten Gendarmen des Einsatz-Bataillons gewesen. Viele seien auch auf der Straße mitgenommen worden, man habe ihnen keine Zeit gelassen, zu Hause die Papiere zu holen, sondern sie gleich mit zur Polizei genommen. Sie selbst habe ihre Papiere immer in Ordnung, das sei wichtig, und als Vorsitzende müsse sie aufpassen. Sie sei vier Mal nach Nouakchott gefahren für die Papiere und es habe sie viel Geld gekostet.

Jean Baptiste, ein Flüchtling aus Ruanda, führt mich zu einem senegalesischen Freund, Mohamed. Er hat ein Zimmer in der Stadt, teilt sich Dusche und Toilette mit drei anderen Mietparteien. Er verbringt immer nur ein paar Wochen oder Monate in Nouadhibou, dann ist er wieder in Dakar. Mohamed kauft und verkauft, Profit bringen Handys, die von mauretanischen Geschäftsleuten aus den Golfstaaten importiert werden. In Dakar bringen sie weit höhere Preise. Womit genau Mohamed handelt, erzählt er jedoch nicht. Beide, Jean Baptiste und Mohamed, sind im April verhaftet worden, auf Pickups zur Polizeiwache in der Stadt gefahren und eingesperrt worden. Es sei völlig überfüllt gewesen, man habe kaum Platz gefunden um sich zu setzen. Sie hätten nicht einmal Wasser bekommen, geschweige denn etwas zu essen. Wer Geld hatte, konnte sich etwas bringen lassen, bei vielen sei es so, dass sie von den Verwandten versorgt werden. Am zweiten Tag allerdings habe der Rote Halbmond Wasser und Kekse ausgeteilt. Die Männer seien festgehalten worden im Gefängnis, die inhaftierten Frauen habe man sofort abgeschoben. Jean Baptiste hat einen Flüchtlingspass des UNHCR, doch bei der Festnahme hat die Gendarmerie sich nicht darum gekümmert. Am Abend jedoch sei er freigelassen worden, die Vorgesetzten bei der Polizei hätten sich sogar bei ihm entschuldigt. Mohamed blieb im Gefängnis, wurde nach zwei Tagen in einem Bus mit vielen anderen nach Rosso an die senegalesische Grenze gefahren. Er habe Glück gehabt, sagt er. Er konnte bald wieder zurückkehren und seine Habe sei noch da gewesen. Oft würden Migrant_innen ihre Besitztümer und Waren verlieren, wenn sie verhaftet und abgeschoben werden (vgl. auch Poutignat 2011).

Das Lager „Guantanamito"

Maître Niang, der Vertreter des mauretanischen Menschenrechtsvereins AMDH in Nouadhibou, hatte sich bemüht, einige Vertreter von Vereinen für uns zusammenzurufen. Drei Personen sitzen bei unserem Eintreffen im Büro, Adama Doumbia, die Präsidentin von gleich zwei Vereinen, Djibril Ba, ein Journalist und „Chercheur", Forscher, und Gaye Hamadi Samba, ein ehemaliger Mitarbeiter des Centro No. 6.

Das Internierungslager „Guantanamito" in Nouadhibou, ein heute verwaister Ort der Abschiebung.
© Stephan Dünnwald

Wir stellen uns vor und beschreiben die Ziele unseres Besuchs und Djibril Ba hebt seine langjährige Erfahrung in der Recherche zu Migrant_innen hervor. Er ist Generalsekretär eines Vereins für Umwelt und humanitäre Aktion, APEAH, der über einige Jahre den UNHCR in Nouadhibou repräsentierte. Hauptsächlich für den UNHCR und kofinanziert durch die Europäische Union erstellte APEAH mehrere Studien zu Migrant_innen in einer Zeit, bevor sich das Medieninteresse auch auf Nouadhibou richtete (Ba 2005, Ba and Mint Mocthar 2007, Kleib and Ba 2007). Als Repräsentant des UNHCR hatte Ba als einziger Zugang zum Centro No. 6, um festzustellen, ob unter den inhaftierten Migrant_innen auch Flüchtlinge waren. Die Zustände beschreibt er als oft inhuman, die Insassen seien wie Häftlinge gehalten und behandelt worden, obwohl es sich nicht um Kriminelle handelte. Er habe zahlreiche Berichte an den Gouverneur und an die Regierung geschickt, ohne Wirkung.

Adama Doumbia stellt die beiden von ihr geleiteten Vereine vor, die einen Kindergarten betreiben und Unterstützung für Kinder mit Behinderung bieten. Mit Migrant_innen hat sie nichts zu tun und auch sie hält sich zurück mit Auskünften zur derzeitigen Situation in Nouadhibou. Seit von den ehemals 14 internationalen Nichtregierungsorganisationen, die in Nouadhibou tätig waren, nur noch eine übrig geblieben ist, fehlen die Geldgeber und Projektpartner.

Samba Gaye Hamadi war für das Spanische Rote Kreuz und den Mauretanischen Roten Halbmond Kontaktperson zu den Insassen des Haftzentrums. Qualifiziert war er, weil er mehrere gebräuchliche Sprachen beherrscht und weil er selbst Migrant ist. Zwei Mal ist er aus Algerien abgeschoben worden. Das hat ihm im Kontakt mit den festgenommenen Migrant_innen nicht immer geholfen. Häufig sei er von Insassen beschimpft und bedroht worden, berichtet er. Er hatte auch mitgeholfen, die inhaftierten Migrant_innen zu befragen, Material, das das Rote Kreuz dann für eine Publikation (Cruz_Roja_Espanola 2008) benutzt hat. Nun lebt er hier in Nouadhibou, doch seit die Spanier sich zurückgezogen haben, ist er mehr oder minder arbeitslos.

Humanitäre Organisationen haben einen schweren Stand in Mauretanien. Dies wird deutlich am Beispiel des Centro No. 6, das in Nouadhibou schnell „Guantanamito“, „Klein-Guantanamo“, getauft wurde. Die leerstehende Schule wurde im Frühjahr 2006 von der spanischen Armee zum Haftzentrum für Migrant_innen umgebaut. Allein von Mai 2006 bis Juli 2008 wurden 9733 Menschen durch das Lager geschleust, mehr als 5000 von ihnen wurden befragt (Cruz_Roja_Espanola 2008). Mauretanische Gendarmerie bewachte das Lager und organisierte die Abschiebungen, die Betreuung der Insassen oblag dem Mauretanischen Roten Halbmond und dem Spanischen Roten Kreuz. Das Rote Kreuz verweist in seinem Bericht über die Migrant_innen in Nouadhibou die Verantwortung für die Zustände im Lager an die mauretanischen Behörden:

> „Die Interviews mit zurückgekehrten Migranten wurden in diesem Zentrum geführt, wo auch humanitäre Hilfe geleistet wurde durch das Spanische Rote Kreuz und den Mauretanischen Roten Halbmond, die keinerlei Verantwortung tragen für die Verwaltung des Zentrums und die Inhaftierung der Insassen. Diese Hilfe ist äußerst notwendig, wie auch der Bericht des Spanischen Flüchtlingsrats CEAR über das Zentrum anerkennt“ (Cruz_Roja_Espanola 2008: 15).

Die Kommission des Spanischen Flüchtlingsrats hatte allerdings nicht nur die Notwendigkeit der Unterstützung der Migrant_innen im Lager erkannt, sondern wegen eklatanter Verletzungen der Menschenwürde dessen sofortige Schließung empfohlen (CEAR 2008). Weder das Spanische Rote Kreuz noch die Angestellten des Roten Halbmonds haben eine rühmliche Rolle im Centro No. 6 gespielt (amnesty_international 2008, CEAR 2008).

Im Text der mauretanischen Strategie für eine bessere Migrationssteuerung (RIM 2010) wird auch das Centro No. 6 behandelt, doch scheint man sich unschlüssig gewesen zu sein, wie mit diesem Zentrum weiter zu verfahren sei. Im Aktionsplan der *Stratégie* ist festgehalten, dass man im Dialog mit den Herkunftsländern und Spanien zu einer Lösung kommen wolle, da vertragliche Vereinbarungen mit sowohl den Herkunftsländern als auch der Rückübernahmevertrag mit Spanien eng mit dem Haftzentrum verbunden sind. An diesem Dialog will man auch internationale humanitäre NGOs beteiligen. Eine Schließung des Zentrums, so die Strategie, würde aber eine juristisch chaotische Situation für aufgegriffene irreguläre Migrant_innen erzeugen (RIM 2010: 77).

Als wir im Dezember 2012 das Centro No. 6 besuchen, steht es leer, der weite Innenhof, in dem 2006 zahllose Inhaftierte unter schlimmen Bedingungen in Zelten untergebracht waren, ist verwaist. Am 31. Mai 2011 wurde das Lager geschlossen, das Spanische Rote Kreuz hat sich zurückgezogen, der Mauretanische Rote Halbmond ist mit seinem Büro umgezogen und niemand kennt die neue Adresse. Festgenommene Migrant_innen werden nun im Gefängnis der Polizei in der Stadt in Haft genommen und bald darauf abgeschoben.

Das Exempel der *Marine I* – Migrant_innen im extralegalen Limbo

Ein herausstechendes Beispiel für die spanisch-mauretanische Kooperation bei der Abwehr von Flüchtlingen und Migrant_innen ist der Fall des Schiffes *Marine I.* An Bord des aus Guinea Conakry kommenden Schiffes befanden sich mehr als 360 Flüchtlinge aus dem Kaschmir-Gebiet, Myanmar und Sri Lanka, sowie 35 Migrant_innen aus westafrikanischen Staaten. Das Schiff meldete am 30. Januar 2007 einen Motorschaden. Obwohl in der Seenotrettungszone Senegals, wies die dortige Regierung ein Hilfeersuchen mit der Begründung ab, man habe nicht die notwendige Ausrüstung zur Bergung des Frachters. Wenngleich das Schiff nur 12 Seemeilen von mauretanischen Gewässern entfernt lag, lehnte auch Mauretanien Hilfe ab. Schließlich sandte Spanien einen Schlepper aus, der am 4. Februar die *Marine I* erreichte.

Die Migrant_innen mussten allerdings unter schlimmen Bedingungen noch bis zum 12. Februar auf dem Schiff ausharren, bis die Verhandlungen Spaniens mit Senegal und Mauretanien ein Ergebnis erbracht hatten. Senegal hatte ein Einlaufen des Schiffes in einen senegalesischen Hafen verweigert. Mauretanien hatte sich zunächst geweigert, den Frachter in den Hafen zu lassen, weil es keine Kapazitäten zur Rückführung der Flüchtlinge habe. Erst als Spanien zusicherte, Flugzeuge und Mittel für die Abschiebung der Flüchtlinge bereitzustellen, stimmte Mauretanien zu. Die Regierung Mauretaniens gestattete das Einlaufen des Schiffes, damit die Identität der Passagiere überprüft werden und ein Gesundheitscheck durchgeführt werden könne.

Nach dem Anlegen des Frachters im Hafen von Nouadhibou versorgten Medicos del Mundo und das spanische Rote Kreuz die Flüchtlinge, und eine spanische Polizeieinheit, die IOM sowie Repräsentanten Indiens, Pakistans und Guinea-Conacrys versuchten die Identität der Flüchtlinge festzustellen. Eine Gruppe von 35 Personen wurde auf die Kanarischen Inseln ausgeflogen, um ein Asylverfahren durchführen zu können. Neun dieser Flüchtlinge wurden anschließend ohne Verfahren nach Colombo (Sri Lanka) abgeschoben, zum Schicksal der übrigen Flüchtlinge gibt es keine gesicherten Erkenntnisse. Weitere 35 Personen aus Guinea Conacry, Sierra Leone und Liberia sollten mit einem spanischen Militärflugzeug nach Conacry abgeschoben werden. Dort war allerdings der Kriegszustand ausgerufen worden und es herrschten blutige Unruhen. Dennoch wurde ein Schutzverfahren nicht in Erwägung gezogen. Nachdem Conacry die Landeerlaubnis verweigert hatte, landete das Flugzeug zunächst auf den Kapverdischen Inseln, wo die Flüchtlinge inhaftiert wurden. Schließlich gelang es Spanien eine Landeerlaubnis zu erwirken und die Flüchtlinge nach Conacry abzuschieben. Die verbliebenen knapp 200 Flüchtlinge wurden weiterhin identifiziert. Der UNHCR konnte kein Flüchtlingsschutzverfahren durchführen, sondern war lediglich mit zwei „Beobachtern" vor Ort. Etwa 170 Flüchtlinge willigten schließlich am 14. Februar in eine angeordnete Rückführung nach Indien und Pakistan ein, die von der IOM organisiert wurde. Die restlichen 23 Flüchtlinge, die sich einer „freiwilligen" Rückkehr widersetzt hatten, wurden in einer fensterlosen Halle einer ehemaligen Fischfabrik unter unmenschlichen Bedingungen festgehalten (vgl. Buckel 2013: 250ff). Dabei waren sie erheblichen Repressalien ausgesetzt, mit denen sie zur „freiwilligen Rückkehr" gedrängt werden sollten. Bewacht wurden die Flüchtlinge von spanischen Polizeieinheiten. Insgesamt verlegte Spanien zur Durchführung von Identifikation, Überwachung und Abschiebung 1.330 Polizisten und Spezialeinheiten nach Nouadhibou.

Dreizehn der verbliebenen Flüchtlinge wurden schließlich am 23. Juli 2007 mit einem spanischen Flugzeug nach Pakistan deportiert, die übrigen zehn wurden zunächst auf die Kanarischen Inseln verbracht. Vier von ihnen wurden nach Portugal geflogen und erhielten dort schließlich eine Aufenthaltsgenehmigung, sechs wurden nach Melilla in ein Aufnahmezentrum verbracht. Zwei erhielten Asylstatus, die übrigen vier blieben ohne Papiere in Melilla. Erst nach drei Jahren erteilte Spanien auch ihnen Aufenthaltspapiere, und sie wurden nach Barcelona überführt, wo sie psychologische Betreuung erhielten.

Während der Internierung hatten die Flüchtlinge keinen Zugang zu Beratung oder zur Möglichkeit, rechtliche Mittel gegen ihre Inhaftierung einzulegen oder Asyl zu beantragen. Spanien rechtfertigte die Inhaftierung und die Ausübung von Polizeigewalt gegenüber Amnesty International mit den Worten, dass „.... das Eingreifen der spanischen Regierung, obwohl diese in der Angelegenheit keine rechtlichen Befugnisse hatte, mit dem ausschließlichen Ziel der Erfüllung seiner humanitären Verpflichtungen stattfand, das Boot Marine I, seine Passagiere und Besatzung zu retten. Deshalb kann das Verhalten der Regierung nicht in Zweifel gezogen werden und nicht verlangt werden, dass die Regierung Verantwortung übernimmt oder Handlungen vollzieht, die außerhalb seiner rechtlichen Befugnisse liegen." (amnesty 2008. 31)

Die Aktion Spaniens konstruierte auf mauretanischem Boden einen extra-legalen Raum, in dem Migrant_innen und Flüchtlinge völlig rechtlos dem Handeln der spanischen Polizei ausgeliefert waren. Für die massiven und dokumentierten Missachtungen der Flüchtlings- und Menschenrechte wurde die spanische Regierung nie zur Rechenschaft gezogen. Die mauretanische Regierung hatte den Spaniern vollständig die Handlungsvollmacht übertragen. Medienberichte, denen zufolge Mauretaniens Kooperationsbereitschaft durch die Zahlung von 650.000 Euro (genehmigt durch das Spanische Kabinett am 9.02.2007) erkauft worden ist, wurden nie dementiert. Allerdings ließ die spanische Regierung erklären: „Es gab soziale, humanitäre und Gründe des öffentlichen Interesses, die die Gewährung einer direkten Subvention an Mauretanien rechtfertigen, die der Verbesserung der Überwachung ihrer Grenzen dient" (Boletín 2007: 597).

Fern von Europa

Kebba hat schon viel gearbeitet in Nouadhibou, war Fischer, Händler, Bauarbeiter. Er erzählt, dass es in Mauretanien schwierig ist. Viele Jobs, so sagt man ihm, sind für Mauretanier reserviert, nicht nur Fischer, Taxifahrer, auch Maurer werden nicht genommen, wenn sie nicht Mauretanier sind. Oft wird nicht nur nach Aufenthalt gefragt, sondern zusätzlich nach Arbeitserlaubnis, die es nicht gibt. Er ist der Vorsitzende der kleinen gambischen Community in Nouadhibou, ein Amt, das nur Scherereien mache, sagt er. Seine Wohnung liegt, wie das Zimmer von Mohamed, im hinteren Teil eines Hauses im alten Zentrum. An der Straße eine Blechtüre, durch einen langen Gang geht es am Vordergebäude vorbei. Rechts und links von einem etwas breiteren Quergang liegen mehrere Zimmer. Es riecht intensiv nach Waschwasser, Kebba empfängt mich in einem kleinen Zimmer, wir setzen uns auf den Teppich, zwei Landsleute von ihm, beide Fischer, leisten uns Gesellschaft.

„Viele wollten nach Europa. Viele wollen es immer noch", sagt Kebba direkt und blickt mich provozierend an. Kebba ist seit 1992 in Nouadhibou, da war er 18 oder 19, und war auf der Durchreise. Vier Mal hat er versucht nach Europa zu kommen, nie hat es geklappt.

„Wir fürchten uns nicht vor dem Tod auf See. Wir wissen, dass es gefährlich ist." Es habe aber lange keinen mehr gegeben, dem es gelungen sei, die Kontrollen zu überwinden. Auch wenn Europa für viele noch Anziehungskraft besitzt, so ist es doch in weite Ferne gerückt. Wie es in Europa ist, das glaube er erst mal keinem, meint Kebba. „Seeing is believing", eine Anspielung auf die Aufklärungskampagnen, für die einheimische Vereine europäisches Geld bekommen hatten. „Aber es geht nicht. Von Nouadhibou kommt keiner mehr weiter." Einige seiner Landsleute seien verhaftet worden, eine Handvoll wurde auch abgeschoben bei den Razzien im April 2012. Die meisten hätten Glück gehabt. Es gebe nicht mehr viele aus Gambia hier, höchstens 300, früher seien es fast 2.000 gewesen. Doch seit Nouadhibou Endstation sei, seien viele weitergezogen. Früher, meint Kebba, sei es einfacher gewesen nach Europa zu kommen. Ohne die Europäische Union wäre alles besser gewesen.

Die einzelnen europäischen Staaten wären offener gewesen. „We Africans are praying that Europe explodes, because it is this EU that brings difficulties to Africans". Kebba ist geblieben. Er habe ein Restaurant, erzählt er, später erfahre ich, dass er sogar zwei besitzt, und dass es ihm wirtschaftlich ganz gut geht. Für Migranten ist es besser, Wohlstand nicht zu zeigen, um keinen Neid zu wecken.

Schräg gegenüber von Kebbas Wohnung befindet sich das Vereinslokal der Migrant_innen aus Guinea Bissau. Sie laden mich und meinen Begleiter, Ousmane Thibo von der AMDH Nouadhibou, für den Abend ein. Dann schaue man gemeinsam das portugiesische Programm RTP Africa, viele wären da, und wir könnten uns unterhalten. Tatsächlich sind etwa 20 Männer versammelt, als wir am Abend kommen. Auch nachdem sie erfahren haben, dass wir keine Unterstützung mitbringen, bleibt die Atmosphäre sehr freundlich. Ousmane wird als Mauretanier ein wenig skeptisch beäugt, aber auch in seiner Anwesenheit finden die Migrant_innen kritische Worte zu ihrer Situation und zum Verhältnis zu Mauretaniern. Die meisten von ihnen arbeiten am Bau, einige sind Baustellenleiter. Aus dieser Situation heraus hat die Community ein Projekt entwickelt, das sie auch über Père Jérôme der Caritas in Nouakchott zugeleitet haben. Sie wollen die Betonhohlziegel, die für den Bau verwendet werden, selbst herstellen. Zurzeit sind sie darauf angewiesen, diese Ziegel bei Mauretaniern zu kaufen, was diesen einen hohen Profit verschafft. Wenn sie selbst die Ziegel herstellen, dann könnten sie diese für den Bau verwenden und würden gut verdienen, selbst wenn sie unterhalb der Preise der Mauretanier blieben. Ich bin skeptisch, berichte von den Erfahrungen anderer Migrant_innen, die ohne mauretanische Beteiligung ein Geschäft machen wollten, und einige der Guineer schlagen in dieselbe Kerbe. Offenkundig wird das Projekt kontrovers diskutiert, mehrheitlich habe man sich aber entschlossen, es zu versuchen. Sie strahlen ein großes Selbstbewusstsein aus, das aus ihrer Stellung als Facharbeiter herrührt. Gleichwohl nehmen sie in ihrer Kritik an den Verhältnissen in Nouadhibou kein Blatt vor den Mund. Sie schimpfen sehr über die Razzien, wo ganze Straßenzüge blockiert wurden, alle Leute verhaftet wurden und niemand zur Arbeit gehen konnte, nicht einmal zur Boutique an der Ecke. Sie alle haben inzwischen ihre Papiere in Ordnung. Zu 95 Prozent, so sagt Leao Lobo de Pina, der Chef, haben sie ihre Passkopien beigebracht und er habe sie alle angemeldet. So hat nun jeder seine Quittung, dass die Unterlagen abgegeben wurden. Unter den Guineern herrscht Unsicherheit und Wut über diese Maßnahmen, die ganz deutlich nur diejenigen treffen, die schwarze Hautfarbe haben. Und doch wollen diese Migranten nicht zurück nach Guinea, bevor sie nicht einiges Geld auf die Seite legen konnten. Bei allen Schwierigkeiten, denen sie in Nouadhibou begegnen, gibt es dennoch Arbeit und Perspektiven. Nach Europa wollten einige unter ihnen, aber alle halten einen Versuch aktuell für aussichtslos und zu riskant. Also konzentrieren sie sich darauf, sich den Bedingungen in Nouadhibou anzupassen und sie nach Möglichkeit zu ihren Gunsten zu wenden. Von den Communities in Nouadhibou scheint die der Migranten aus Guinea Bissau am besten organisiert und auch am ehesten gewillt, gemeinsam etwas für ihre Zukunft in Nouadhibou zu leisten. Das Vereinslokal, das neben dem Fernseher auch über einen Computer mit Internetanschluss verfügt, sowie ein paar Stühle und Bänke hat, wird aus den Beiträgen der Mitglieder bezahlt.

Endstation Nouadhibou

Obwohl offenkundig in Nouadhibou etabliert, ist Kebba der einzige Migrant, mit dem wir reden, der offen über Europa spricht und darüber, nach Europa zu gehen. Die Migrant_innen, die wir 2012 in Nouadhibou sprechen, meiden das Thema, reden nicht einmal in der Vergangenheitsform über die Transit-Migranten. Man könnte meinen, es sei eine andere Stadt, und all die Ereignisse der letzten Jahre hätten sich nicht hier, in diesem Nouadhibou, zugetragen.

Armelle Choplin und Jérôme Lombard beschreiben das Nouadhibou nach der Epoche des Transits, nach Razzien und Verhaftungen und sie stellen eine Kultur des Misstrauens fest, nicht nur zwischen Migrant_innen und Mauretanier_innen, sondern auch unter den Migrant_innen selbst:

> „Die ‚herzlichen' Beziehungen zwischen Mauretaniern und Migranten haben sich so sehr verschlechtert, dass sie das fragile Gleichgewicht bedrohen. (…) Der Ruf von Nouadhibou als Stadt der Gegenseitigkeit wird in Frage gestellt. Wer früher den Transitmigranten geholfen hat, wahrt heute misstrauisch Distanz. In ihren Augen tragen die ‚Abenteurer' dazu bei, die Position der Fremdarbeiter in Mauretanien zu schwächen, weil sie Schande bringen über alle Migranten, die inzwischen aller möglichen Schandtaten beschuldigt werden und aller möglichen Formen des Schmuggels" (Choplin 2008b: 167).

Dieses Misstrauen habe verschiedene Ursachen, schreiben Choplin und Lombard, darunter aber vor allem die Kriminalisierung Nouadhibous als Stadt der Illegalen, der Schlepper und Schleuser, der Drogenkuriere und Menschenhändler. Die Kriminalisierung der Transit-Migrant_innen hat zu einer Kriminalisierung der Stadt geführt. Gemeinsam mit einer Verschiebung auch der ökonomischen Gewichte zugunsten von Nouakchott hat dies zu einer Krise Nouadhibous geführt.

Ende 2012 ist das Leben in Nouadhibou nach wie vor von Migrant_innen geprägt, doch die Koordinaten haben sich verschoben. Europa ist in weite Ferne gerückt. Migrant_in sein in Nouadhibou, das heißt vor allem, sich mit den Mauretaniern zu arrangieren, mit der Polizei, der Gendarmerie, mit den Geschäftsleuten, die es nicht dulden, wenn Migrant_innen neben ihnen Erfolg haben. Dass das Misstrauen gegenüber Migrant_innen jedoch immer noch vorhanden ist, davon zeugt eine Agenturmeldung vom 18.05. 2012. Hier wird der Wali Mocthar (Gouverneur) des Bezirks Nouadhibou mit den Worten zitiert, dass Einwanderung nicht „obligatoirement positif" sei, denn sie bringe der Gesellschaft „schädliche Dinge, besonders den Drogenhandel, die Kriminalität und Schmuggel aller Art" (ANI 2012). Die Kriminalisierung der Transit-Migrant_innen wird so übertragen auch auf die Einwanderer, die dadurch einen schweren Stand haben. Die Verallgemeinerung von negativen Stereotypen auf Migrant_innen zeigt sich auch in der rücksichtslosen Räumung von mehreren Barackensiedlungen, in denen Migrant_innen sich mangels erschwinglichen Wohnraums an verschiedenen Orten in Nouadhibou niedergelassen hatten. Im Frühjahr 2012 wurde ein hauptsächlich von Migrant_innen bewohntes Stadtviertel, die

Cité SNIF, geräumt und die Häuser niedergerissen. Das der Minengesellschaft SNIF gehörende Gelände soll nun neu bebaut werden, teils als Siedlung für die zunehmende Zahl chinesischer Einwanderer, teils für Angehörige der Minengesellschaft TASIAST. Seitdem hat sich die Wohnsituation weiter verschärft, und die Mieten für Zimmer in Nouadhibou sind deutlich gestiegen (Père Jérôme, 09.12.2012). Die mauretanische Menschenrechtsorganisation AMDH konstatiert 2010 zunehmend fremdenfeindliche Tendenzen: „Die Gesellschaft Mauretaniens läuft Gefahr, in eine Xenophobie abzugleiten, die sie früher nicht gekannt hat“ (Baye Ndiaye 2010).

Zwischen Recht und Eigeninteresse: Akteure der Zivilgesellschaft

Am Tropf internationaler Akteure

Zivilgesellschaftliches Engagement in Mauretanien ist beschränkt und wenig entwickelt. Auch die Rahmenbedingungen sind schwierig. Organisationen, die sich kritisch mit der staatlichen oder lokalen Politik auseinandersetzen, sind gegen willkürliche Verhaftungen, Falschbeschuldigungen und Drangsalierung nicht geschützt. Auch ist es in Mauretanien schwierig, die nötigen Gelder für zivilgesellschaftliche Aktivitäten aufzutreiben; viele der aktiven Nichtregierungsorganisationen sind in unterschiedlichem Maße auf meist projektgebundene Mittel internationaler Organisationen oder Unterstützung aus dem Ausland angewiesen. Entsprechend hoch ist die Bereitschaft, sich die Ziele der Geldgeber zu Eigen zu machen. Dies trifft auch auf die meisten NGOs zu, die sich im Bereich Migration engagieren. In einigen Fällen zählt Migration zu einem Strauß an Themen, in denen sich eine NGO engagiert. Andere Organisationen haben sich erst gegründet, nachdem Migration, insbesondere als unerwünschte irrreguläre Migration, seitens internationaler Organisationen auf die politische Agenda gesetzt wurde. Oft können NGOs ohne internationale Unterstützung nicht einmal ein Büro unterhalten, wirkliche Aktivitäten sind oft nur im Rahmen fremdfinanzierter Projekte zu verzeichnen.

Seit längerem im Bereich Migration aktiv ist insbesondere der UNHCR, der mehrere einheimische NGOs in seine Arbeit eingebunden hat. Diese Organisationen waren dadurch häufig als einzige hinreichend etabliert, um auch anderweitig Mittel einwerben zu können. Ein Beispiel für diese Entwicklung ist die Organisation APEAH (Association pour la protection de l’environnement et l’action humanitaire) in Nouadhibou. APEAH war Partner des UNHCR in Nouadhibou und wurde 2005 als einer von zwei Vertretern der Zivilgesellschaft in die „Groupe d’étude sur les flux migratoire“ (GEFM) berufen, einem Gremium, dem neben dem UNHCR und der IOM die Europäische Vertretung in Nouakchott, die International Labour Organisation ILO, und das mauretanische Innenministerium angehörten. Die Arbeitsgruppe traf sich allerdings lediglich ein einziges Mal. Djibril Ba, Generalsekretär der APEAH, berichtet uns, er habe im Lauf der letzten Jahre rund ein Dutzend Studien zur Migration verfasst bzw. war in die Recherche involviert. Als Vertretung des UNHCR in Nouadhibou hatte die Organisation hinreichend Mittel und auch Kontakte, um sich in diesem Feld zu platzieren. APEAH wurde Ansprechpartner in Nouadhibou für internationale Organisationen, Behörden, Journalisten und Forscher. Bezüglich ihrer Haltung zu Migrant_innen lässt sich keine genaue Positionierung feststellen, eine Zurückhaltung, die eine Kooperation mit sehr unterschiedlichen Mittelgebern ermöglicht. Allerdings flossen die internationalen Gelder zu Migrationsthemen nicht besonders üppig. Schon 2009 hatten Organisationen Mühe bei der Akquise von Projekten zu Migration; laut Armelle Choplin (2012: 179) ist dies „ein weiteres Zeichen dafür, dass die heiße Phase des Transits vorbei ist und das internationale Interesse an Migrant_innen nachgelassen hat. Inzwischen klagte ein Angestellter der Europäischen Delegation darüber, dass 1,2 Millionen Euro für Migrationsprojekte nicht ausgegeben werden könnten, weil das Thema erst mal aufgeschoben ist".

Eine Organisation namens OCEAN, die sich erst 2009 gegründet hatte, um die Öffentlichkeit über die "illegale Migration" aufzuklären, scheiterte bei der Suche nach Geldgebern und konnte 2012 von uns in Nouadhibou nicht mehr lokalisiert werden. Ein weiterer wichtiger Geber im Bereich Migration ist die ILO, die Arbeitsorganisation der Vereinten Nationen, die sich an zahlreichen Studien finanziell beteiligte und in den Bereichen Rechte für Migrant_innen sowie in Verhandlungen zu internationaler Arbeitsmigration aktiv ist. Auf der Basis einer Vereinbarung zwischen der Gewerkschaft CGTM und der spanischen Gewerkschaft UGT wurde (mit Geldern des spanischen Entwicklungshilfeministeriums) im Oktober 2008 das *Centre Guide pour la Migration* in Nouakchott gegründet (Quotidien 2010). Choplin (2012: 177) sieht im Centre Guide einen Hinweis auch auf die starke spanische Präsenz in Mauretanien und Nouakchott. 2009 wurde eine Kooperation mit Gewerkschaften im Senegal begründet und ein weiteres Büro in Dakar eröffnet. Das Ziel ist die Unterstützung der Rechte der Arbeitsmigrant_innen und zu diesem Zweck wurden zahlreiche Seminare zur Sensibilisierung hinsichtlich von Migrationsfragen abgehalten und, in Kooperation mit den Vertretungen der migrantischen Communities in Nouakchott, Information und Beratung für Migrant_innen angeboten. Außerdem ist die Informationsgewinnung und das Sammeln von statistischen Daten zur Migration Ziel des Zentrums.

Am Centre Guide ist der Übergang von einer vorwiegend auf Kriminalisierung der irregulären Migration hin zu einem umfassenden Migrationsregime abzulesen. In einem Interview mit der International Trade Union Confederation grenzt sich der Leiter des Zentrums, Mamadou Niang, deutlich von irregulärer Migration ab und stellt sie in die Nähe von Ausbeutung und Menschenhandel. Hingegen lobt er die Selbstorganisationen der Migrant_innen und unterstreicht die Notwendigkeit, sich für bessere Arbeits- und Lebensbedingungen der Migrant_innen in Mauretanien einzusetzen (David 2009). Uns gegenüber betont Mamadou Niang die Fortschritte, die Mauretanien in der Migrationspolitik gemacht habe, wozu er auch die Registrierung von Migrant_innen zählt. Andererseits betont er auch die Notwendigkeit, mehr für die Rechtssicherheit von Migrant_innen zu tun, weniger, was staatliche Repressalien betrifft, als vielmehr die Situation von ohne Vertrag Beschäftigten und

Hausangestellten. Damit positioniert sich das Centre Guide auf der Seite der legalen Migration und der Rechte migrantischer Arbeitnehmer_innen, eine Aufstellung, die durchaus mit der neuen, von der EU geförderten Migrationspolitik in Mauretanien im Einklang ist.

Weitgehend unabhängig von internationalen Finanzgebern und ihrer Politik ist die Association Mauritanienne pour les Droits de l'Homme, AMDH. Sie bekommt Zuschüsse unter anderem von medico international und nimmt auch gelegentlich Aufträge des UNHCR entgegen, so zum Beispiel für die Beobachtung der Situation malischer Flüchtlinge in den Flüchtlingslagern an der malisch-mauretanischen Grenze. Die Vertretung der Interessen von Migrant_innen und Flüchtlingen findet im allgemeinen Auftrag des Eintretens für Menschenrechte des Vereins statt, ist aber in den letzten Jahren zu einem immer wichtigeren Betätigungsfeld geworden. Die AMDH bemüht sich vor allem um Verbesserungen der Situation für Migrant_innen und Flüchtlinge im rechtlichen Bereich, und ist zugleich eine der wenigen unabhängigen und kritischen Stimmen in Mauretanien.

Communities: Selbstorganisationen von Migrant_innen

Die Geschichte einer breiteren Einwanderung subsaharischer Migrant_innen nach Mauretanien geht bis in die 1950er Jahre zurück. Migrant_innen leben vor allem in den Städten Nouakchott und Nouadhibou, wo sie jeweils in ethnisch-nationalen Vereinigungen organisiert sind. In der Struktur sind diese Vereinigungen unterschiedlich, stützen sich jedoch in der Regel auf etablierte Muster aus der Arbeitsmigration. So besaßen malische Migranten im Senegal schon im 19. Jahrhundert sogenannte *foyers,* gemeinsame Wohnhäuser, die meist von einem *jatigi*, einem Vorsitzenden, geleitet wurden und in denen Neuankömmlinge einstweilen oder dauerhaft wohnen konnten (Manchuelle 1997). Die Community hat oft eine gemeinsame Kasse, aus der soziale Ausgaben (z. B. im Falle von Krankheit oder Tod) bestritten werden. Ähnliche Foyers gibt es in den Vororten von Paris ebenso wie in den migrantischen Vierteln von Nouakchott und Nouadhibou.

In beiden mauretanischen Städten sind die Migrant_innen organisiert in ethnisch-nationalen Vereinen, die zuweilen nach Herkunftsorten weiter untergliedert sind. Die Vorsitzenden dieser Vereine treten auch als Vermittler und Ansprechpersonen gegenüber den eigenen konsularischen Vertretungen und gegenüber mauretanischen Behörden auf. Häufig sind die Vorsitzenden Migrant_innen, die seit langem vor Ort sind, geschäftlich erfolgreich sind und über ein ausgedehntes soziales Netzwerk verfügen. Dies erlaubt es ihnen, bei Problemen einzelner Migrant_innen auch mit den Behörden zu verhandeln.

Diese exponierte Rolle der Vorsitzenden bringt, wie die Community Vertreter in Nouadhibou betonten, eine Menge Probleme und Ausgaben mit sich, zugleich ist sie auch eine Quelle der Macht, die von einigen der Vorsitzenden missbraucht wurde. So wurde uns in Nouadhibou berichtet, dass der Chef einer Community Beiträge gesammelt hat, um die örtliche Polizei zu schmieren und von Kontrollen abzuhalten, die Hälfte der Beiträge jedoch für sich behalten hat. Hartnäckige Gerüchte, dass die Vorsitzenden von Migranten Geld für ihre Dienste genommen hätten, wurden von den Vorsitzenden zurückgewiesen. Mindestens einer der Community-Vertreter wurde jedoch aus diesem Grund abgelöst. Die Rolle von Community-Vorsitzenden ist also ambivalent, gerade was die Beziehungen zu mauretanischen Behörden anbelangt. Gleichwohl haben sie gerade hier eine wichtige Funktion, denn als zumeist alteingesessene Migrant_innen sind sie mit den sozialen Verhältnissen und Hierarchien in Mauretanien vertraut und wissen sich darin zu bewegen. Dies macht sie gerade für Neuankömmlinge und für Migrant_innen mit weniger Einfluss zu einer wichtigen Institution.

Ein Dachverband

Seit 2011 haben sich die Communities in Nouakchott zu einer gemeinsamen Plattform zusammengeschlossen, der *Fédération des Associations des Migrants de l'Afrique de l'Ouest en Mauritanie*, FAMAM. Dieses Forum hat das Ziel, Migrant_innen in Mauretanien in ihrer Gesamtheit gegenüber den mauretanischen Behörden und internationalen Organisationen zu vertreten. Es steht zu vermuten, dass dieser Zusammenschluss nur wenig auf die Communities selbst zurückwirkt, sondern im Wesentlichen im Vertretungsanspruch nach außen begründet ist. So wissen z. B. nicht alle Vertreter von Communities in Nouadhibou von dem Zusammenschluss der Vertreter in Nouakchott, und es ist zu bezweifeln, dass FAMAM außerhalb von Nouakchott als gemeinsame Vertretung der Migrant_innen in Mauretanien anerkannt wird. 2001 gab es eine Dachorganisation von Migrant_innen in Nouadhibou, die sich jedoch 2005 wieder auflöste. Verschiedene Versuche, unterstützt insbesondere durch die Caritas in Nouadhibou, einen solchen Dachverband 2006 neu zu begründen, scheiterten an unterschiedlichen Interessen und Vorbehalten insbesondere der Vorsitzenden der Communities.

Dass sich nun ein Dachverband in Nouakchott gegründet hat, ist zumindest auch darauf zurückzuführen, dass der Migrationsdiskurs internationaler Vertretungen und Organisationen im Wesentlichen in Nouakchott geführt wird. In verschiedenen, von oder unter Mitarbeit der ILO, dem UNHCR, der IOM oder der Europäischen Delegation in Mauretanien publizierten Papieren wird auf die Einbeziehung der Migrant_innen in eine mauretanische Migrationspolitik gedrungen. Die Einbeziehung der Zivilgesellschaft (in Form einiger weniger Vereine) und der Migrant_innen in die Formulierung der mauretanischen Migrationspolitik wird als ein wesentlicher legitimierender Aspekt gesehen, auch wenn nach eigenem Bekunden weder die FAMAM noch die beteiligten mauretanischen Vereine einen Einfluss auf die Gestaltung der Migrationspolitik in Mauretanien haben, sondern lediglich zur Präsentation des fertigen Strategiepapiers eingeladen worden sind. Es bleibt abzuwarten, ob die Vertretungen der Migrant_innen in die Umsetzung von Teilen der Strategie einbezogen werden, oder ob sich ihre Beteiligung auf die Alibifunktion beschränkt. Die Gründung des Dachverbands FAMAM ist auch im Zusammenhang mit dem Interesse der Europäischen Union zu sehen, Migrant_innenverbände aus Legitimierungsgründen in die Gestaltung eines Migrationsregimes einzubeziehen. Weil hier künftig auch Gelder zu vergeben sind, versuchen sich die Migrant_innenverbände so zu organisieren, dass sie an den künftigen Aufgaben einer europäisch beeinflussten und finanzierten Migrationssteuerung teilhaben können.

Die Landschaft der Migrant_innenvereine ist insgesamt unübersichtlich und es bleibt unklar, wie repräsentativ Zusammenschlüsse sind. 2009 soll es allein 23 migrantische Vereinigungen der Malier in Mauretanien geben (David 2009: 5). Auch die Rolle und Kompetenz des Dachverbands hinsichtlich einer Bündelung der Kräfte auf Seiten der Migrant_innen ist zurückhaltend zu bewerten. Die Migrantengruppen in Mauretanien sind von Größe, Zusammensetzung und Struktur zu heterogen, als dass sie kraftvoll gemeinsam auftreten könnten. Die Interessen von Händlern, die meist zwischen Mauretanien und ihren Herkunftsländern pendeln und ansässigen Geschäftsleuten, Arbeiterinnen oder Handwerkern mögen unterschiedlich sein. Konfessionelle Unterschiede zwischen muslimischen und christlichen Migrant_innen spielen eine Rolle und auch der unterschiedliche Grad der Integration in die mauretanische Gesellschaft kann zu Divergenzen führen. All dies erschwert eine Abstimmung zwischen den Communities und ein gemeinsames politisches Auftreten.

Schwindender Zusammenhalt

Die Gespräche mit Migrant_innen in Nouadhibou zeigten überdies, dass der Zusammenhalt der Communities unter den massiven Kontrollen durch die mauretanische Polizei und der allgemeinen Stigmatisierung von Migrant_innen stark gelitten hat. Die Communities sind geschrumpft, in manchen Gruppen finden Zusammenkünfte nur noch sporadisch oder unregelmäßig statt. Die Geographin Armelle Choplin weist darauf hin, dass der Prozess des Rückgangs der Migrantenzahlen in Nouadhibou schon ab 2007 festzustellen ist (2012: 174ff).

Choplin berichtet auch von einer zumindest ambivalenten Haltung der eingesessenen Communities gegenüber Neuankömmlingen, die in Richtung Europa wollten. Zum Teil reagierten die ansässigen Migrant_innen abgrenzend gegenüber Transit-Migrant_innen und der mit diesen verbundenen Stigmatisierung und Kriminalisierung und „propagieren ihre Rechte als ‚ehrliche Fremdarbeiter'" (Choplin 2012: 178f). Zum Teil gründeten eingesessene Migranten auch Vereine, welche die Integration von gescheiterten Transit-Migrant_innen in die Gesellschaft unterstützen sollten, so der Verein AIDE SIGUI (der Präsident des Vereins ist derzeit zugleich Präsident des FAMAM) in Nouakchott oder OCEAN (Organisation für Kultur, Bildung und die Zukunft der Nationen) in Nouadhibou. Beide Vereine betonten den Einsatz wenn nicht gegen irreguläre Migration, so doch für deren Opfer und lehnten sich damit deutlich an die von der EU bestimmte Darstellung von Transitmigration an. Obwohl insbesondere AIDE SIGUI eine Satzung besitze, die auf die Förderfähigkeit durch die Europäische Union zugeschnitten sei, haben es beide Vereine nicht geschafft, Fördermittel zu bekommen (Choplin 2012: 179). Der Verein OCEAN konnte 2012 in Nouadhibou nicht mehr lokalisiert werden.

Diese Sorge, dass das negative Bild von krimineller illegaler Migration auch auf die ansässigen Migrant_innen zurückfallen würde, war nicht unberechtigt, denn die in Medien und von lokalen Politikern vorangetriebene Ausgrenzung umfasste nicht allein die subsaharischen Migrant_innen in ihrer Gesamtheit, sondern richtete sich in der Tendenz ebenso gegen „schwarze" Mauretanier, die „arabische Identität" Mauretaniens ins Feld führend (ebd. 180f). In den meisten Gesprächen mit Community Vertretern, die wir 2012 führten, war Transitmigration kein Thema: Von den Vertretern wurde vor allem mit Sorge betrachtet, dass sie sich einem hohen Kontrolldruck seitens der Polizei und Gendarmerie ausgesetzt sahen und dass das Verhältnis zwischen Mauretaniern und Migranten zunehmend als schwierig betrachtet wurde.

Migrantische Organisationen in Mauretanien haben keinen leichten Stand, sind verhältnismäßig schwach und ohne Einfluss auf die mauretanische Politik und sie scheinen insgesamt in der Defensive. Zwar betonen Migrantenvertreter auch den Kampf gegen die Verletzung ihrer Rechte, doch insgesamt ist ihr Handeln von Pragmatismus diktiert. Sie sind keine Organisationen, die sich für die Rechte von Migrant_innen einsetzen, sondern sie treten für das Wohlergehen der Angehörigen ihres Zusammenschlusses oder ihrer Nationalität ein. Dies bedeutet meist die Suche nach Lösungen bei Konflikten mit mauretanischen Behörden, wo ein allzu forderndes Auftreten im Zweifelsfall eher negativ ausgelegt wird. Auch deshalb ist es für die Organisationen wichtig, eine Zusammenarbeit mit anderen mauretanischen NGOs zu suchen, wie zum Beispiel mit dem *Centre Guide pour la Migration* der Gewerkschaft CGTM oder mit der Menschenrechtsorganisation AMDH.

Gesetze und Kontrolle der Migration

Migrant_innen in Mauretanien leben zumeist in einer unsicheren Situation. Dies gilt auch und vor allem hinsichtlich der Rechtslage, die im Folgenden zusammengefasst werden soll. Die Systematik des Migrationsrechts ist widersprüchlich und Unkenntnis der Gesetze fördert die Willkür von Ordnungskräften. Die Europäische Union drängt auf eine Regulierung der Migration, die umfassender ist als die bisher dominierende Kontroll- und Abschreckungspolitik des mauretanischen Staates. Aber auch Mauretanien weiß um die wirtschaftliche Rolle der Migrant_innen im Land. Welche Perspektiven zum staatlichen und gesellschaftlichen Verhältnis zu Migrant_innen sind zu erwarten?

Die Gesetze und Dekrete bezüglich Migration und Migrationskontrolle

Die mauretanische Verfassung vom 20. Juli 1991 garantiert regulär eingereisten Ausländern die gleichen Rechte wie Bürgern Mauretaniens (RIM 2010: 17). Nach dem Austritt Mauretaniens aus der westafrikanischen Wirtschaftsgemeinschaft ECOWAS 1999 wurde insbesondere der Aspekt der Bewegungsfreiheit in der Praxis beibehalten und durch bilaterale Verträge bekräftigt. Außerdem, so die Autoren des Profil Migratoire 2007, habe sich insbesondere der Aspekt der Bewegungs- und Niederlassungsfreiheit in vielen mauretanischen Rechtsvorschriften niedergeschlagen (Profil Migratoire 2007: 125). Mauretanien ist Mitglied in der Union du Maghreb Arabe (UMA), die ebenfalls vertraglich die Bewegungsfreiheit der Staatsangehörigen der Mitgliedstaaten festschreibt.

Ein Dekret vom 15.12.1964, ergänzt 1965, führt drei Kategorien von Ausländern ein, die 'Nicht-Einwanderer', worunter Botschaftspersonal, Mitarbeiter internationaler Organisationen oder Touristen gefasst werden, ferner die 'privilegierten Ausländer', Angehörige von Staaten, mit denen bilaterale Vereinbarungen zur Bewegungsfreiheit bestehen, und schließlich die Angehörigen übriger Staaten als 'gewöhnliche Ausländer'. Die Kategorie ‚privilegierte Einwanderer' hat Anspruch auf einen Aufenthaltstitel, sofern die erforderlichen Dokumente vorliegen (zu denen ein Impfnachweis, ein Führungszeugnis, eine Arbeitsfähigkeitsbescheinigung und ein Arbeitsvertrag gehören); den ‚gewöhnlichen Ausländern' kann ein Aufenthalt verweigert werden. Sie müssen zusätzlich zu den Erfordernissen der ‚privilegierten Ausländer' digitale Fingerabdrücke abgeben. Auch kann ihnen untersagt werden, bestimmte Gebiete Mauretaniens zu betreten (Profil Migratoire 2007: 123f).

Im Gesetz No. 65 046 werden Strafen festgesetzt für unerlaubte Einreise oder Aufenthalt und deren Unterstützung. Dies umfasst insbesondere auch die Informationspflicht über Aufenthalt und Wohnsitz und die Beherbergung und Beschäftigung von Ausländern ohne Aufenthaltstitel. Zuwiderhandlungen werden mit einem Bußgeld oder einer Gefängnisstrafe zwischen zwei und sechs Monaten geahndet. Missachtung der Einreise- und Aufenthaltsvorschriften kann zudem mit Enteignung, Ausweisung und Abschiebung bestraft werden (Profil Migratoire 2007: 126). Der Zutritt wie auch das Verlassen des mauretanischen Territoriums hat an einem der offiziellen Grenzübertrittsorte stattzufinden (wobei das Profil Migratoire 2007 allerdings festhält, dass es keine offizielle Liste dieser Orte gibt). Dies bedeutet, dass das Verlassen Mauretaniens auf dem Seeweg ohne Autorisierung geahndet werden kann.

Zahlreiche straf- oder verwaltungsrechtliche Maßnahmen im Namen der öffentlichen Ordnung oder der nationalen Sicherheit, so fasst das Profil Migratoire 2007 zusammen, können im Prinzip die Bewegungsfreiheit einschränken. Ihre Anwendung könne sich insbesondere auf Flüchtlinge und Asylantragsteller negativ auswirken, wenn sie der Willkür unterworfen ist. Die umständliche Formulierung weist darauf hin, dass Verwaltungsorganen und Sicherheitskräften viel Spielraum gelassen wird, nach Belieben Maßnahmen gegenüber Migrant_innen durchzusetzen. Allen Gesetzen und Dekreten ist zu Eigen, dass sie nie systematische Umsetzung erfahren haben, andererseits allerdings willkürlich umgesetzt werden können. In einigen Fällen sind Gesetze und Dekrete nicht bekannt, weil sie zwar verabschiedet, aber nicht veröffentlicht wurden.

Ein umfassendes Ausländergesetz, das die verschiedenen Einzelgesetze zusammenführen und ergänzen soll, wird seit 2008 debattiert. Unter anderen fordert der UNHCR eine separate Ausführung des Flüchtlingsschutzes, in einer Parlamentsdebatte wurden auch Bedenken wegen zu laxer Regelungen geäußert; das Gesetz wird weiter überarbeitet.

Der Jurist der AMDH, Mohamadou Elid, stellt fest, dass Polizei und Gendarmerie und sogar die meisten Richter und Staatsanwälte nicht die notwendigen Kenntnisse der nationalen Gesetze, geschweige denn der Implikationen internationaler Konventionen besitzen. Häufig führe deshalb schon ein Gespräch mit den zuständigen Behörden dazu, dass inhaftierte Migrant_innen wieder auf freien Fuß gesetzt würden. Hier sei dringende Aufklärungsarbeit nötig. Eine Recherchereise der AMDH an die südliche Grenze im Herbst 2012 habe gezeigt, dass viele der Inhaftierungen entweder grundlos seien oder anfechtbar. Allein aus dem Gefängnis der Stadt Selibaby hat Elid zehn Fälle zur Bearbeitung mit nach Nouakchott genommen. Es sei sehr problematisch, dass es in den kleineren Städten keine Rechtsanwälte gebe und dass die Distanzen sehr groß seien. Unter den Inhaftierten seien nur wenige Migrant_innen gewesen: Die allermeisten würden bei Problemen entweder an der Grenze abgewiesen oder nach der Einreise zurückgeschoben. Beides habe nach seiner Einschätzung zugenommen (Gespräche 4. und 5. 12.2012).

Die Autoren der Strategie kommen zu dem Schluss, dass die mauretanische Gesetzgebung der derzeitigen Situation wenig angepasst sei. Viele Regelungen würden den eingegangenen bilateralen Konventionen widersprechen, was die Möglichkeiten der öffentlichen Hand bei der Steuerung der Migration stark beschneide. Schließlich sei der Gesetzeskorpus weder Migranten noch Sicherheitskräften bekannt (RIM 2010: 19). Entsprechend ist die Einschätzung Amadou Mbow's von der AMDH zu werten, es sei zwar vieles angelegt im mauretanischen Recht, aber zwischen Gesetz und Umsetzung klaffe eine große Lücke. Dies sei eine enorme Quelle der Unsicherheit insbesondere für Migrant_innen (Gespräch 5.12.2012).

Internationale Verträge

Mauretanien hat zahlreiche internationale Abkommen ratifiziert, die für Migration relevant sind, so die Genfer Flüchtlingskonvention (1987), die Konvention zum Schutz der Wanderarbeiter und ihrer Familien (2007) und eine Reihe weiterer ILO Konventionen (vgl. Di Bartolomeo, Fahkoury and Perrin 2010). Übereinstimmend beschreiben verschiedene Autoren mauretanische Migrationspolitik als bezogen auf zwei Felder: Zum einen will Mauretanien Nachbarschaftspolitik betreiben, vor allem die Beziehungen zu Mali und Senegal sind wichtig. Zum anderen aber strebt Mauretanien nach Anerkennung und Kooperation mit dem Westen, insbesondere über die mauretanisch-spanischen Beziehungen. Mauretanien muss, zum Schutz seiner Staatsangehörigen in anderen westafrikanischen Staaten und um die Wirtschaftsleistung der westafrikanischen Migrant_innen in Mauretanien nicht zu gefährden, an der offenen Migrationspolitik festhalten. Zugleich jedoch will Mauretanien auch europäische und spanische Wünsche nach Kontrolle berücksichtigen.

Mauretanien ist aktiv in verschiedenen Euro-Mediterranen Foren, so seit 2004 Mitglied der 5 + 5 Konsultationen, Teilnehmer im Barcelona Prozess und in den Euro-Mediterranen Konsultationen und Dialog seit 2007, 2008 war Mauretanien Gründungsmitglied der Mediterranen Union. Mauretanien hat sich in der Kooperation mit Spanien und der Europäischen Union mustergültig verhalten – jedenfalls so weit es die Interessen der Migrationsverhinderung betrifft. Insbesondere 2006 ist ein Schlüsseljahr für die spanisch-mauretanische Zusammenarbeit, doch markiert dieses Jahr der „Krise der Cayucos“ nicht den Beginn der spanisch-mauretanischen Partnerschaft hinsichtlich Migration. Schon 2003 wurde ein Rückübernahmeabkommen zwischen Spanien und Mauretanien geschlossen, das auch die Rücknahme von Drittstaatenangehörigen einschließt. Seit 1989 gibt es eine spanisch-mauretanische Zusammenarbeit in Verteidigungsfragen (RIM 2010: 38).

Biopolitische Kontrollen

In Mauretanien greifen mehrere Prozesse ineinander, die insgesamt in ein repressives und Migrant_innen abwehrendes System münden. Die Abwehr „irregulärer“ Migration im Auftrag der Europäischen Union ist eingerahmt durch weitere Maßnahmen, die nicht primär oder ausschließlich der Abwehr von (Transit-) Migrant_innen dienen, denen in diesem Zusammenhang jedoch spezifisches Gewicht zukommt, oder die als Kontrollinstrumente besonders gegen Migrant_innen eingesetzt werden.

Vor allem die Städte sind von diesen Kontrollen betroffen. Nouadhibou hat in den letzten zehn Jahren durch die Phase der Transitmigration zwei große Umbrüche erfahren. Zum einen den Übergang von einer Einwanderungsstadt in eine Stadt, die vom Transit und zunehmend vom Kampf gegen Transit-Migrant_innen geprägt wurde. Während nach 2007 die Zahlen derjenigen, die es bis zu den Kanarischen Inseln schaffen, drastisch zurückgehen, nehmen die Kontrollen in Stadt und Hafen weiter zu, umfassen sesshafte wie durchreisende Migrant_innen, sowie alle, die wegen ihrer Hautfarbe verdächtigt werden, aus den südlichen Nachbarstaaten zu kommen. Mit den Kontrollen geht eine Stigmatisierung der Migrant_innen einher, sie werden mit kriminellen Machenschaften in Verbindung gebracht; die Versuche der etablierten Migrant_innen, sich von den Transit-Migrant_innen abzusetzen, bleiben ohne Wirkung. Während der Transit zunehmend andere Routen einschlägt, bleiben die Vorurteile und die Kontrollen, die sich nun vor allem gegen ansässige Migrant_innen richten. Verschiedene Autoren vermuten hier, dass Mauretanien durch die Kontinuität der Festnahmen und Abschiebungen seine Kooperationsbereitschaft mit Europa ebenso signalisiert wie den bestehenden Bedarf an europäischer Unterstützung. Dies mag stimmen, in diesem Prozess ist aber auch eine Verselbständigung und Verstetigung der Kontrolle zu sehen, in der sich auch Vorbehalte gegen Migrant_innen verfestigen. Tatsächlich hat sich das Kriterium der Kontrolle verschoben von der Transitabsicht hin zum dokumentierten Aufenthaltsstatus.

Dazu zählt insbesondere die Überwachung und Kontrolle der Bevölkerung. Mauretanien ist ein autoritärer Staat, in dem Polizei, Gendarmerie und Militär weitreichende Befugnisse haben. Hinzu kommt die durch westliche Geberländer unterstützte Dezentralisierungspolitik in westafrikanischen Staaten, die in vielen Fällen eine (auch biometrische) Erfassung der Bevölkerung einschließt. Neben der Erstellung von Wählerregistern und der verbesserten Anmeldung von Neugeborenen dienen diese 2011 eingeführten Maßnahmen der Festlegung der Nationalität und einer der befürchteten Effekte ist die Ausgrenzung von mehreren zehntausend mauretanischen Flüchtlingen im Senegal und in Mali, was zu heftigen gesellschaftlichen Debatten über Rassismus und die „Maurisierung" der Bevölkerung Anlass gab sowie Demonstrationen, die von der Polizei niedergeschlagen wurden (Auskunft Mahamadou Elid, AMDH, 5.12.2012).

> "A national census launched in 2011 about civil status (enrolment) and aimed at providing people with biometric documents caused social tension. Negro-Mauritanians said it was discriminatory and violence broke out in the capital and in majority Negro-Mauritanian areas" (OECD 2012: 10).

Vor allem jedoch erleichtern diese Erfassungsmaßnahmen die Identifizierung von Ausländern und Migrant_innen. Durch ein Dekret im Frühjahr 2012 wurde die Registrierung auch von Migrant_innen zur Pflicht gemacht, die überdies Nachweise über ihre Arbeit oder Händlerlizenz sowie ihren Wohnsitz zu liefern hatten. Die biometrische Registrierung war Voraussetzung für den Erhalt einer nunmehr auf ein Jahr befristeten Aufenthaltserlaubnis (carte de séjour). Wer ohne diese Aufenthaltserlaubnis angetroffen wird, kann sofort abgeschoben werden. Der Nachweis eines Arbeitsplatzes ist bei den vielen informell beschäftigen Migrant_innen schwierig. Hinzu kommt, dass zunächst nur ein einziges Büro in Nouakchott Anträge entgegennahm und Andrang und Wartezeiten enorm waren. Zudem wurde von Migrant_innen die hohe Gebühr von 30.000 Oughiya verlangt, etwa 80 Euro. Dies war vor allem für Familien nur schwer aufzubringen. Gleichzeitig durchgeführte Kontrollen und Razzien führten erneut zur Inhaftierung und Deportation von mehreren hundert Personen.

Viele Migrant_innen in Nouadhibou bestätigten die enormen Schwierigkeiten, die sie mit dem Erwerb der Aufenthaltserlaubnis hatten. Die Regierungen mehrerer westafrikanischer Staaten protestierten scharf gegen diese Maßnahmen und intervenierten in Nouakchott (es wurde kolportiert, dass der Präsident von Guinea Bissau persönlich beim Regierungschef Mauretaniens vorstellig wurde und angekündigt habe, die Gebühren für seine Landsleute sofort und in bar zu entrichten). Auf die Drohung von Nachbarstaaten, mauretanischen Migrant_innen in ihren Ländern ein ähnliches Verfahren aufzuzwingen, bequemte sich die mauretanische Regierung zu Änderungen im Verfahren. So wurden mehrere weitere Registrierungsbüros eröffnet, darunter auch eines in Nouadhibou. Die biometrische Erfassung wurde zunächst fallengelassen, ebenso die horrende Gebühr. In Nouadhibou wurden die Vorsitzenden der Migrantencommunities aufgefordert, mit Ausweiskopien die Angehörigen ihrer Communities gesammelt anzumelden und so das Verfahren zu beschleunigen. Diese Änderungen entschärften die Prozedur deutlich und führten zugleich dazu, dass zahlreiche Migrant_innen inzwischen über die erforderliche Aufenthaltsgenehmigung verfügen. Die Registrierung von Migrant_innen ist auf einen Stichtag bezogen, der allerdings mehrfach verschoben worden ist. Der letzte Stichtag war der 31.12.2012 und manche Nichtregierungsorganisationen befürchteten, dass es zu einer Abschiebewelle kommen könnte.

Diese Kontrollmechanismen und die ausgedehnten Befugnisse der Sicherheitskräfte tragen zu einer verbreiteten Korruption und erhöhten Vulnerabilität von Migrant_innen bei. Je nach Situation können Polizei oder Gendarmerie Geldforderungen erheben. Nach Auskunft von Migrant_innen dienen zahlreiche Kontrollen in den Straßen lediglich dazu, kleinere oder größere Schmiergelder einzutreiben, auch Geschäftsinhaber oder Transportunternehmen leisten Zahlungen um unbehelligt zu bleiben.

Mehr als nur eine Grenzkontrolle

Zu den Kontrollen an der Küste und im Land kommt die Einrichtung von 45 Grenzkontrollposten im Rahmen des durch die EU finanzierten West-Sahel-Projektes. Noch 2006 verfügte Mauretanien über lediglich 17 Grenzkontrollposten, davon 12 entlang der dichtbevölkerten senegalesisch-mauretanischen Grenze und drei Grenzübergänge zu Mali, je einer zu Algerien und zur Westsahara (Profil Migratoire 2007: 113). Die Errichtung und Ausstattung neuer Grenzposten im Rahmen des West-Sahel-Projektes ist darauf angelegt, die mauretanischen Binnengrenzen zu Kontrollzonen auszubauen. Nicht erst in den Städten und an der Küste, sondern schon bei der Einreise sollen grenzüberschreitende Bewegungen registriert und kontrolliert werden. So verlagert sich die Kontrolle von den mauretanischen Küsten an die Landgrenzen. Mit Unterstützung der Europäischen Union soll Mauretanien nicht nur die Migration kontrollieren, die sich im Transit befindet, sondern ganz generell jede Bevölkerungsbewegung über mauretanische Grenzen. Die Europäische Union finanziert den Bau von Gebäuden und die Ausstattung mit Strom durch Solaranlagen, die Digitalisierung und elektronische Vernetzung der Posten, sowie Geländewagen und Quads zur Grenzkontrolle. Selbst Essens- und Hygieneartikel sowie warme Kleidung für Migrant_innen, sowie grenzüberschreitende Kooperation zur verbesserten Rückführung von Grenzgängern gehören zu den finanzierten Maßnahmen. Teil des Pakets ist vor allem auch die Schulung der mauretanischen Gendarmerie durch die Guardia Civil (vgl. Europäische Delegation 2012). Es ist inzwischen obligatorisch, die Grenze an den offiziellen Grenzposten zu passieren, andere Übertritte gelten als illegal (Auskunft Mohamadou Elid, AMDH, 06.12.2012). An den Grenzübergängen kommt es häufig zu mehr oder minder willkürlichen Zurückweisungen von Migrant_innen und in Einzelfällen auch zu Inhaftierungen.

Zu diesen gezielt auf Migrant_innen gerichteten Maßnahmen kommen Kooperationen im Sicherheitsbereich. Seit August 2012 ist Mauretanien in die EU Mission EUCAP Sahel Niger eingebunden. Hauptsächlich im Niger, aber auch in Mauretanien werden Ausbildungsmaßnahmen der Gendarmerie und des Militärs durch 50 Berater der EU durchgeführt. Die vom spanischen Oberst Francisco Espinoza Navas, ehemals Geheimdienst der Guardia Civil, geleitete Maßnahme zielt vor allem auf Maßnahmen gegen Islamistische Terroristen und organisierte Kriminalität, aber auch „irreguläre Migration" zählt zu definierten Zielen (Rouppert 2011).

Nationalisierung des Arbeitsmarktes

Wiederholte Dürre hat dazu geführt, dass dic früher zu großen Teilen nomadische Bevölkerung Mauretaniens einen starken Urbanisierungsschub erfuhr. Zugleich verzeichnete Mauretanien ein hohes Bevölkerungswachstum und eine dadurch sehr junge Bevölkerung. Auch wenn die Wirtschaft kontinuierlich wächst, konnte der Arbeitsmarkt mit diesen Entwicklungen nicht Schritt halten. Dies verschafft Mauretanien eine außerordentlich hohe Jugendarbeitslosigkeit, wobei markant ist, dass diese bei Mauretaniern deutlich höher ist als bei Eingewanderten (vgl. Marfaing 2009: 79).

Ein Teil der mauretanischen Politik zielt deshalb darauf, Mauretanier in Erwerbszweige zu integrieren, die bislang hauptsächlich von Migrant_innen besetzt sind und den Arbeitsmarktzugang für Migrant_innen zu erschweren. Ein Dekret vom 29.10.2009 verpflichtet Migrant_innen zum Erwerb einer Arbeitserlaubnis, die nur erteilt werden soll, sofern für die Tätigkeit kein Mauretanier zur Verfügung steht (RIM 2010: 18).

So kam es 2011 zur Arbeitsniederlegung der Kleinfischer in Nouadhibou, weil eine neue Regelung verlangte, dass die Hälfte der Bootsbesatzung aus Mauretaniern bestehen sollte. Da diese aber kcine Erfahrung im Fischfang hatten, sahen die meist senegalesischen Fischer keine Chance, mit diesen Crews auch arbeiten zu können. Schließlich wurde die Quote auf zwei Mauretanier pro Boot herabgesetzt und auch dies wurde nach einer Weile nur mehr sporadisch kontrolliert.

Ähnlich gelagert ist die Situation für Taxifahrer, von denen eine Lizenz eingefordert wurde, die allerdings nur von Mauretaniern zu erwerben ist. Nach anfänglichen Protesten und Eingaben wurde die Rcgelung zwar beibehalten, die Kontrollen wurden aber eingestellt und so scheint es weiterhin Möglichkeiten auch für Migrant_innen zu geben, ihrem Gewerbe nachzugehen.

Strategie einer mauretanischen Migrationspolitik

Im Jahr 2008 wurde, auf Drängen und mit finanzieller Unterstützung durch die Europäische Union, mit dem Entwurf einer nationalen Strategie zur Migrationssteuerung begonnen, ein Projekt, das im Jahr 2010 abgeschlossen wurde (RIM 2010). Die Strategie umfasst eine Darstellung der aktuellen Migrationssituation in Mauretanien, einen Aktionsplan und eine Budgetierung für die Umsetzung der einzelnen Aktivitäten.

Die Autoren der Strategie sehen wenig zusätzlichen Bedarf in der Kontrolle der Migration, abgesehen vom beschlossenen und in Umsetzung befindlichen Aufbau von 45 Grenzkontrollposten. Sie stellen fest, dass die Regulierung der Migrationsströme in Mauretanien, durchgeführt durch verschiedene öffentliche Organe Mauretaniens und unterstützt durch die internationalen Partner hervorragende Resultate erbracht habe. Der Seeweg sei für Migranten so gut wie blockiert (RIM 2010: 42).

Die projektierten Aktionen sind vier Achsen zugeordnet: Achse 1 umfasst den legislativen Rahmen der Migration und die Stärkung der Datenerhebung; Achse 2 den Bereich Migration und Entwicklung, Achse 3 Maßnahmen zur Stärkung der Rechte von Migrant_innen, Flüchtlingen und Asylsuchenden, Achse 4 schließlich die Steuerung der Migrationsströme. Unter Achse 1 ist im Wesentlichen das schon entworfene Ausländergesetz zu verstehen, sowie der Aufbau einer systematischen statistischen Datenbasis über Migrant_innen. Achse 2 betont die positiven Effekte von Migration, insbesondere der Migration mauretanischer Staatsangehöriger ins Ausland. Auch über deren Zahl und Situation sind kaum Informationen vorhanden. Insbesondere sollen aber durch Unterstützung und Information positive Effekte bei den Rücküberweisungen erzielt werden. Achse 3 umfasst drei Aktivitäten: Die Einrichtung eines Systems der Anerkennung und Integration von Asylantragstellern und Flüchtlingen, die Information der Bevölkerung bezüglich Migration und die Sensibilisierung der Bevölkerung und Institutionen bezüglich der Opfer von Kinderhandel. Unter Achse 4: Steuerung der Migrationsströme, wird eine effektive Ein- und Ausreisekontrolle vorgesehen, inklusive des Aufbaus eines nationalen Informationssystems. Ein weiterer Aktionsbereich ist die Information sich irregulär im Land aufhaltender Personen über Möglichkeiten der Rückkehrförderung.

Der Aktionsplan ist auf vier Jahre, 2011 bis 2015, ausgelegt und hat ein Budget von 12,2 Mio Euro, die im Rahmen europäischer und spanischer Entwicklungszusammenarbeit zur Verfügung gestellt werden.

Am Entwurf des Strategiepapiers waren die wesentlichen mauretanischen Ministerien beteiligt, neben dem Innenministerium das Außen-, das Arbeits-, das Familien-, Verteidigungs-, Justizministerium sowie das Kommissariat für Menschenrechte. In regelmäßig tagenden Arbeitsgruppen wurden parallel mehrere Bereiche bearbeitet (RIM 2010: 19ff). Die Grundlage dafür bot eine im Frühjahr 2010 erstellte Studie zum Bestand des Ausländerrechts, zur migrationsrelevanten Situation und zu migrationsbezogenen Aktionen und ihren Budgets in Mauretanien, die in überarbeiteter Form in die Strategie übernommen wurde. Neben den „finanziellen Partnern", das sind vor allem die Europäische Union und Spanien, zu einem kleinen Teil auch Frankreich, nennt das Papier die „technischen Partner" IOM, UNHCR, UNDP, UNFPA, ILO und Rotes Kreuz. Alle Partner waren an der Erstellung der Studie beteiligt.

Die mauretanische Zivilgesellschaft in Form von ca. 40 Nichtregierungsorganisationen, ebenso Vertreter von zehn Migrantenorganisationen, wurden separat von den ministeriellen Arbeitsgruppen während der Erarbeitung der Strategie angehört. Hier hält das Papier jedoch fest, dass lediglich die Anhörung und Diskussion mit diesen Organisationen keine hinreichende Form der Einbindung gewesen sei und dass künftig Ansätze entwickelt werden müssten, beide Gruppen stärker in die Umsetzung migrationspolitischer Anliegen zu integrieren.

Deutlich ist an der Strategie die europäische Handschrift zu erkennen. Das Papier unterstreicht die positiven Effekte von Migration und orientiert sich sowohl an einer

Unterstützung der Integration (und sogar Legalisierung) von Arbeitsmigrant_innen in Mauretanien als auch an einer Inwertsetzung mauretanischer Migrant_innen im Ausland. Eine positive Wertung der Migration soll verankert werden und Informationskampagnen sollen fremdenfeindlichen Tendenzen entgegenwirken. Mehrfach wird auch betont, dass eine effektivere Kontrolle der Grenzen nicht zu einer Abwehr von Migration führen dürfe, sondern dass Mauretanien nach wie vor einen hohen Bedarf an Migration habe.

So finden sich in der Strategie wesentliche Aspekte des „global approach" der Europäischen Union wieder, die neben (bzw. nach) den repressiven und kontrollierenden Elementen eines Kampfes gegen irreguläre und unerwünschte Migration die Stärkung der Migrantenrechte und eine positiv konnotierte Beziehung zwischen Migration und Entwicklung umfasst (vgl. Commission 2006). Auch die Forderung nach einer stärkeren Einbindung der Zivilgesellschaft und von Migrantenorganisationen kann als eine Anlehnung an europäische Vorstellungen von Migrationsmanagement betrachtet werden.

Folgte man der Rhetorik der Strategie, dann bedeutet das Papier nicht weniger als eine Kehrtwende bisheriger mauretanischer Migrationspolitik, die bislang beinah ausschließlich im repressiv-kontrollierenden Bereich verortet ist. Es ist allerdings nicht zu erwarten, dass der Tenor des Strategiepapiers sich in die Praxis übertragen lässt. Zudem wird die bisherige repressive Tendenz der Migrationspolitik nicht entkräftet, sondern lediglich durch andere Elemente einer umfassenden Migrationssteuerung ergänzt. Amadou Mbow von der Menschenrechtsorganisation AMDH hat Zweifel an der Umsetzbarkeit dieser Maßnahmen. Bislang habe sich Mauretanien nicht um die Rechte von Migrant_innen und Flüchtlingen gekümmert. Bis dies geschehe, sei es noch ein langer Weg (Gespräch 8.12.2012).

Die bisherigen repressiven Maßnahmen wurden weitgehend vom mauretanischen Innenministerium organisiert und über Sicherheitskräfte ausgeführt. Die konzertierten Maßnahmen der Migrationsstrategie machen die Kooperation verschiedener Ministerien und die Einbeziehung von Zivilgesellschaft und Migrantenorganisationen notwendig. Hier ist zu bezweifeln, ob der nötige politische Wille vorhanden ist, die geplanten Maßnahmen auch in die Praxis umzusetzen. Es ist zu befürchten, dass die Maßnahmen eher eine Alibifunktion erfüllen werden.

Migration, Entwicklung, Sicherheit: Wie finanziert man Migrationskontrolle?

Es bleiben Lücken im Wissen um die Finanzierung von Migrationsbekämpfung. Viele der spanischen und europäischen Mittel, die praktisch in Migrationsverhinderung fließen und der mauretanischen Polizei, der Küstenwache, der Armee oder Verwaltungseinrichtungen überwiesen werden, sind nicht auffindbar, sondern verschwinden in allgemeinen Budgettiteln wie z. B. „Unterstützung guter Regierungsführung". Einige Angaben jedoch lassen sich finden, einige Ausgaben rekonstruieren und mit konkreten Maßnahmen in Beziehung setzen. Entwicklungshilfe spielt eine besondere Rolle in der Finanzierung von Migrationsbekämpfung. Zum einen ist, neben der Vergabe von Einreiseerleichterungen für Angehörige des Kooperationslandes, Entwicklungshilfe die Gegenleistung für die Kooperationsbereitschaft von Herkunfts- und Transitstaaten. So stieg die spanische Entwicklungshilfe für Mauretanien in den kritischen Jahren 2007 bis 2009 deutlich an, um dann stark abzufallen.

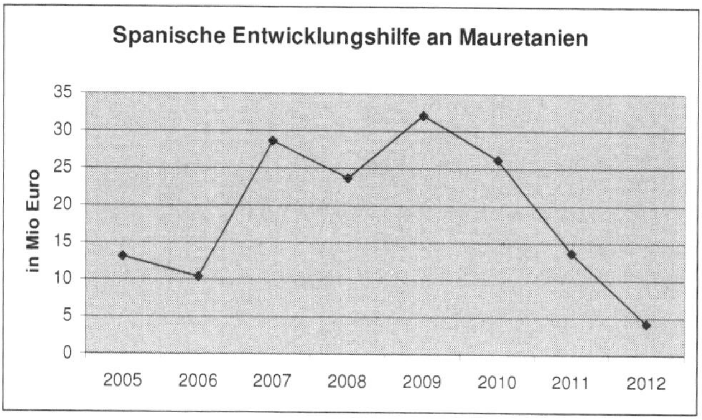

Tabelle 1 (Daten aus MAEC 2012)

Weiter ist das Budget des spanischen Entwicklungshilfeministeriums aber auch ein Topf, aus dem ungeniert Mittel in die Migrationsbekämpfung geleitet werden. In Mauretanien wurde der Bau des Internierungslagers Centro No. 6 wie auch die Betreuung der Inhaftierten durch das Spanische Rote Kreuz aus Entwicklungshilfemitteln bezahlt. Auch die Aktivitäten von spanischen Nichtregierungsorganisationen, die sich mehr oder minder traditionellen Entwicklungshilfemaßnahmen zuwenden, stehen im Kontext der Migrationsverhinderung. Deutlich wird dies zum Beispiel am Projekt HabitÁfrica der Stiftung CEAR, das sich einsetzt „für die menschliche Entwicklung der afrikanischen Länder, vor allem denjenigen, die unter den negativen Konsequenzen interner und internationaler Migration leiden. [Die Strategie und Ursprung von Habitáfrica sei es,] die Ursachen von Migration anzupacken und die Lebensbedingungen in den Ursprungsländern der Migration zu verbessern“ (FCEAR 2008: 8). Hier wird, deutlicher als im Plan África, das Generalkonzept spanischer Außenpolitik und Entwicklungsintervention in Afrika, der Kern spanischen Engagements angesprochen: Entwicklung und Entwicklungshilfe werden in den Dienst der Migrationsverhinderung und der Bekämpfung von Flucht- und Migrationsursachen gestellt (vgl. auch Romero 2008).

Europa zahlt für Vorkontrolle

Der finanzielle Löwenanteil für das Migrationsmanagement in Mauretanien kommt allerdings von der Europäischen Union. Nicht nur werden gut 50 Prozent der spanischen Ausgaben für Migrationsbekämpfung aus dem Europäischen Fonds für Außengrenzen zugeschossen (Ministerio del Interior ES 2008), sondern die EU ist auch größter direkter Geldgeber für Projekte in Mauretanien.

Der Plan einer nationalen Strategie für eine bessere Steuerung der Migration in Mauretanien (RIM 2010) zählt insgesamt 33 Projekte im Bereich Migration auf, die seit 2005 in Mauretanien realisiert wurden, bzw. (11 Projekte) 2010 noch durchgeführt wurden. Finanziert wurden die Projekte zu 77 Prozent von der Europäischen Kommission und zu 20 Prozent von Spanien (vgl. Tabelle 2). Durchführende Akteure (bzw. Mittelempfänger) waren mauretanische Behörden, die IOM und die ILO mit insgesamt 66 Prozent der Mittel, sowie spanische Organisationen mit 11 Prozent (vgl. Tabelle 3). Weitere kleinere Mittelempfänger waren Universitäten, UNODC (Büro für Drogen- und Kriminalitätsbekämpfung der Vereinten Nationen) und UNHCR. Unter den spanischen Organisationen erhielt die FIIAPP (Fundación Internacional y para Iberoamérica de Administración y Políticas Públicas), die zuständig ist für die Umsetzung des Aktionsplans der Rabat Konferenz in Mauretanien, die größte Summe.

Mauretanische Nichtregierungsorganisationen erhielten der Aufstellung nach etwa 160.000 Euro, das sind 0,8 Prozent der Mittel. Die Mittel gingen an APEAH und ALPD, zwei lokale Partnerorganisationen des UNHCR.

	Nombre de projets	**Montant (en euros)**	**Contribution (%)**
Union européenne	13	15 874 477	77,3%
Fonds espagnols	6	4 200 000	20,5%
Organisations Internationales	8	160 201	0,8%
ONG	4	77 000	0,4%
France	1	180 000	0,9%
Italie	1	46 154	0,2%
Totaux	**33**	**20 537 832**	**100 %**

Tabelle 2: Geldgeber für Migrationsprojekte (aus: RIM 2010: 22)

Maîtres d'œuvre	**Nombre de projets**	**Montant (en euros)**	**Contribution (%)**
Autorités nationales	5	6 230 000	30%
OIM	8	5 290 326	26%
BIT	3	2 000 000	10%
ONG locales	7	162 250	1%
Prestataires de services	1	150 000	1%
Agences de coopération espagnoles	3	2 184 000	11%
Institut/Universités des E.M	2	1 542 000	8%
UNHCR	3	940 000	5%
UNODC	1	1 932 000	9%
TOTAUX	**33**	**20 430 576**	**100%**

Tabelle 3: Durchführende Akteure der Migrationsprojekte (aus: RIM 2010: 22)

Eine weitere Tabelle der Stratégie unterteilt die Projekte in die drei Bereiche Migration und Entwicklung, Migration und Bevölkerung in prekärer Situation, sowie Steuerung der Migrationsströme. 56 Prozent der EU Mittel und 48 Prozent der spanischen Hilfen fallen in den Bereich Steuerung, gut 50 Prozent des spanischen Beitrags fallen unter die Rubrik Migration und Entwicklung (vgl. Tabelle 4).

Sources de financements	**Migration et développement**	**Migration et population en situation précaire**	**Régulation des flux migratoires**
Union européenne	32%	12%	56%
Fonds Espagnols	50%	2%	48%
Organisations Internationales	100%	0%	0%
ONG	56%	44%	0%
France	0%	0%	100%
Italie	100%	0%	0%
Totaux	**36%**	**10%**	**54%**

Tabelle 4: Verteilung der Finanzierung nach Themen (aus RIM: Stratégie 2010: 23)

Weitere acht Mio Euro stellt die Europäische Union 2012 im Rahmen des Projektes zur Unterstützung der Migrationssteuerung und der Grenzen zur Verfügung (Europäische_Delegation 2012)[1]. Auch Projekte, die primär dem Kampf gegen islamistische Gruppen und Terrorismus gewidmet sind und häufig eine Komponente des Kampfes gegen irreguläre Migration haben, sind in dieser Liste nicht aufgeführt.

Insgesamt lässt sich feststellen, dass die hauptsächlich von der EU und Spanien angesetzten Mittel relativ niedrig sind und dennoch in Mauretanien eine im repressiven Bereich erhebliche Wirkung entfalten. Es ist zu bezweifeln, dass Projekte im Bereich Migration & Entwicklung auch nur annähernd so erfolgreich sind, bedingen sie doch die Einbeziehung verschiedener lokaler Partner und der Bevölkerung. In einem nach wie vor stark vom Militär geprägten Staat sind repressive Maßnahmen allemal leichter durchzusetzen.

Es bleibt abzuwarten, wie Mauretanien sich in seiner zwiespältigen Position – zwischen Westafrika und Europa, zwischen dem Bedarf an Einwanderung und Kontrolle – behaupten wird.

[2] Eine Liste von 48 Projekten wird auch auf der Webseite des von ICMPD gesteuerten Rabat Prozesses bereitgestellt (http://www.dialogueuroafricainmd.net/web/index.php/initiatives-in-the-region). Hier wird ebenfalls die Europäische Union als mit Abstand größter Geldgeber ausgewiesen. Zusätzlich wird deutlich, dass ein großer Teil der Projekte dem Kampf gegen irreguläre Migration zugeordnet wird.

Literatur

amnesty_international (2008) *Mauretania: "Nobody wants to have anything to do with us". Arrests and collective expulsions of migrants denied entry into Europe*. International Secretariat

ANI (2012) *La ville de Nouadhibou accueille un grand flux migratoire qui n'est pas toujours positif* http://ong-apeah.org/index.php/site/articles/article-categories/77-demo/78-flux-migratoire-nouadhibou

Ba, D. A. (2005) *Migration et emploi, communication, santé et éducation à Nouadhibou*. ONG APEAH http://www.carim.org/public/polsoctexts/PS2MAU003_FR.pdf.

Ba, D. A., and E. G. Mint Mocthar (2007) *Migration et Environnement à Nouadhibou*. APEAH.

Bensaâd, A. (2008) *L'»irrégularité» de l'immigration en Mauritanie: une appréhension nouvelle, conséquence d'enjeux migratoires externes*. Robert Schuman Centre for Advanced Studies.

Boletín official de las cortes generales (2007). Congresso de los Diputados, Serie D, No 553. No. 184/115860, 17.05.2007

Buckel, S. (2013): 'Welcome to Europe'. Die Grenzen des europäischen Migrationsrechts. Bielefeld: Transcript

Carling, J. (2007) Unauthorized Migration from Africa to Spain. *International Migration* 45:3-37.

Casas, M., S. Cobarrubias, und J. Pickles (2010) Stretching Borders Beyond Sovereign Territories? Mapping EU and Spain's Border Externalisation Policies. *Geopolitica(s)* 2:71-90.

CEAR (2008) *Informe de evaluación del Centro de Detención de migrantes en Nouadhibou (Mauritania)*.

Choplin, A. (2008a) L'immigré, le migrant, l'allochtone: circulations migratoires et figures de l'étranger en Mauritanie. *Politique Africaine* 109:73-90.

Choplin, A. (2012) Mauritania and the New Frontier of Europe. From Transit to Residence. In: *Saharian Frontiers. Space and Mobility in Northwest Africa*. Edited by J. McDougall and J. Scheele, pp. 165-84. Bloomington: Indiana University Press.

Choplin, A. und Lombard. J. (2008b) *Migrations et recompositions spatiales en Mauritanie: 'Nouadhibou du monde': ville de transit et après?* Vol. 228.

Cruz_Roja_Espanola (2008) *Migraciones africanas hacia Europa. Estudio cuantitativo y comparativo. Anos 2006-2008. Centro no. 6 de Nouadibou, Mauritania*. Cruz Roja Espanola.

David, N. (2009) *Spotlight Interview with Mamadou Niang (CGTM-Mauritania)*. International Trade Union Confederation http://www.ituc-csi.org/spotlight-interview-with-mamadou.html?lang=fr.

Di Bartolomeo, A., T. Fahkoury, and D. Perrin (2010) *CARIM Migration Profile Mauritania*. Robert Schuman Centre for Advanced Studies http://www.carim.org/public/migrationprofiles/MP_Mauritania_EN.pdf.

Europäische Delegation 2012: Projet d'Appui à la Gestion de la Migration et des Frontières. Dossier de Presse. http://eeas.europa.eu/delegations/mauritania/documents/press_corner/20121010_dossier_de_presse_migration_bb_fr.ppt

FCEAR (2008) *Memoria 2008*. Fundación CEAR habitáfrica http://archivos.habitafrica.org/documentos/FCEAR_memoria08.pdf.

Kleib, A., and D. A. Ba (2007) *Monographie sur la migration et la clandestinité à Nouadhi-*

bou. APEAH - Association pour la protection de l'environnement et action humanitaire.

MAEC (2012) *Seguimento del Paci 2005 - 2012*. Ministerio de Asuntos Exteriores y de Cooperación, Espana http://www.maec.es/es/MenuPpal/CooperacionInternacional/EstadisticasAOD/Documents/111129%20Seg%20PACI%202010%20-%20Final.pdf

Manchuelle, F. (1997) *Willing Migrants: Soninke Labor Diasporas 1848-1960*. Athens, Ohio: Ohio University Press.

Marfaing, L. (2009) ‚Vom Transitraum zum Ankunftsland. Migranten im Sahara-Sahel-Raum als Entwicklungspotential: der Fall Mauretanien'. *Sociologus* 1:67-88.

Ministerio del Interior ES (2008) *Programa Solidaridad y Gestión de Flujos Migratorios, Fondo de Fronteiras Exteriores, Programa Plurianual* Ministerio del Interior http://www.interior.gob.es/file/54/54271/54271.pdf.

Baye Ndiaye, B. (2010) La Mauritanie ‚est en train de devenir une société xénophobe', révèle Amadou Mbow. www.cridem.org. Nouakchott: cridem.

OECD (2012) *Africa Economic Outlook: Mauritania.*

Pinyol, G. (2007) The external dimension of the European immigration policy: a Spanish perspective. In: T*he Euro-Mediterranean Partnership (EMP): Perspective from the Mediterranean EU Countries*. Rethimnon, Crete.

Poutignat, P., und J. Streiff-Fénart (2010) "Migration Policy Development in Mauritania: Process, Issues and Actors," In: The Politics of International Migration Management. Edited by M. Geiger and A. Pécoud, pp. 202-19. Basingstoke: Palgrave Macmillan.

Poutignat, P. (2011) Migration at the Level of Individuals. *The Challenge of the Threshold.* Edited by J. Streiff-Fénart and A. Segatti. Maryland: Lexington.

Profil Migratoire (2007) *Profil Migratoire de la Mauritanie*. UNHCR, Europäische Union, IOM.

Quotidien (2010) *Centre Guide pour la Migration: une journée d'auto évaluation et de stratégie. Quotidien de Nouakchott.* Nouakchott.

RIM, Republique Islamique de Mauritanie (2010) *Document de Stratégie nationale pour une meilleure gestion de la migratoire.*

Romero, E. (2008) ‚El Plan África, la política migratoria espanola de ‚nueva generación' y la guerra contra los pobres'. *virus fronteira sur.*

Rouppert, B. (2011) *The European Strategy for the Sahel*. Groupe de Recherche et d'Information sur le Paix et la Sécurité GRIP.

Ruiz Miguel, C. (2006) ‚La ‚Crisis de los Cayucos' o el naufragio de una política'. *Análisis* 142.

Senegal

Ende der Seemigration: Eine europäische Erfolgsgeschichte?

Autorin: Anna Krämer,
unter Mitarbeit von Dr. Mariame Sow und Elsa Benhöfer[1]

[1] Die Studie stützt sich auf eine von Dr. Mariame Sow im Juli 2013 in Dakar durchgeführte Feldstudie und die BA-Abschluss Arbeit von Elsa Benhöfer, die sich mit der externen Dimension der EU-Migrationspolitiken am Beispiel von Senegal beschäftigt. Im Rahmen einer vertiefenden Recherche wurden von Anna Krämer die Ergebnisse zusammengeführt, ausgewertet und kontextualisiert. Forschungslücken konnten zudem durch weitere Expert_innengespräche geschlossen werden.

Einleitung

Die Bilder der überfüllten Pirogen und der Leichname von Ertrunkenen, die an den Stränden der Kanarischen Inseln angespült werden, haben sich tief in das kollektive Gedächtnis von Europa, und erst recht im Senegal eingeprägt. Um die kaum zu kontrollierende Einreise von Migrant_innen und Geflüchteten von den westafrikanischen Küsten zu stoppen, wurde das ganze europäische Arsenal an Überwachungsgerät mobilisiert und über gemeinsame Meeresoperationen von Frontex und der spanischen Guardia Civil mit den Regierungen von Senegal und Mauretanien in Stellung gebracht. Senegal gilt der EU als Erfolgsgeschichte für die Bekämpfung von „irregulärer Migration“ (vgl. Abrahams 2013: 2). Befragt man die Statistiken der Grenzschutzagentur Frontex, geht die Zahl der heute auf den Kanaren ankommenden Boote gegen Null. „Very low numbers of illegal migrants arriving to the Canary Islands and more than a thousand of human lives saved [...]“[2] („HERA III Operation“). Dies sei, so der ausführende Direktor von Frontex, Ilkka Laitinen, das Ergebnis der gemeinsamen Seeoperationen „HERA“ im Meer zwischen westafrikanischer Küste und den Kanaren.

Innerhalb der senegalesischen Gesellschaft hat sich der Blick auf Migration verändert. Das Bild des „Eldorado Europa“ verblasst gegenüber den Geschichten von verschwundenen und ertrunkenen Familienangehörigen und Freunden. Neben der europäischen Grenzschutzagentur Frontex, der Internationalen Organisation für Migration (IOM) und dem senegalesischen Staat beteiligen sich an Kampagnen gegen die so genannte „klandestine Migration“ Überlebendenorganisationen, Zusammenschlüsse von Rückkehrern und Abgeschobenen sowie Verbände von Familien der Vermissten. Wenn sich schließlich selbst ein Hip Hop-Kollektiv, unterstützt durch die IOM, am Kampf gegen „illegale Migration“ beteiligt, macht das stutzig.

Waren die EU-Politiken tatsächlich so erfolgreich? In welchem Verhältnis stehen zivilgesellschaftliche Kampagnen gegen „irreguläre“ Migration zu den EU-Politiken? Welche gesellschaftlichen Veränderungen und Phänomene können auf die europäische Einflussnahme zurückgeführt werden? Gibt es tatsächlich keine Migrationsbewegungen mehr oder haben sich nur Wege und Ziele verändert?

Zur Beantwortung dieser Fragen betrachtet die Studie zunächst die historische Rolle von Migration für Senegal. Im zweiten Schritt geht es darum, die formale Ebene der multi- und bilateralen Abkommen und Verträge bezüglich der Thematik Migration zwischen EU(-Staaten) und Senegal zu erfassen, sowie im Land durchgeführte Programme darzustellen. Der dritte Teil widmet sich den Auswirkungen der EU-Politiken auf senegalesische Gesetzgebung und politische Praxen. Zum Schluss fragt die Studie nach Verschiebungen der Wahrnehmung von Migration in der senegalesischen Gesellschaft.

---

[2] „Sehr niedrige Zahlen von auf den Kanarischen Inseln ankommenden illegalen Migranten und mehr als Tausend Menschenleben gerettet“.

Senegal – eine Geschichte der Migration

Senegal ist historisch zunächst ein Einwanderungsland. Die größten migrantischen Communities sind die aus Mauretanien (40.955), Guinea (39.594), Mali (26.103), gefolgt von Guinea Bissao (22.670), Sierra Leone (11.453) und Frankreich (10.652) (UNPD 2013). Aufgrund der Verschlechterung der ökonomischen Situation und klimatisch-ökologischer Probleme einerseits und dem Erfolg erster Emigrant_innen andererseits, kehrt sich der Migrationstrend ab Mitte der 1970er Jahre um. Ab jetzt überwiegt die Zahl der Auswanderungen (vgl. ebd.: 32).

Vier Phasen der Migration

Die Migrationsgeschichte Senegals wird in drei Phasen unterteilt (vgl. Sakho 2013: 5), der man eine weitere Phase – die der so genannten „illegalen Migration" – beginnend spätestens ab den 2000er Jahren, hinzufügen kann. Die erste Phase bezieht sich auf die Kultur der Mobilität der Haalpulaar und Soninké, im Norden und Osten Senegals. Die hier praktizierten Formen der Mobilität waren bedingt durch die Ausbreitung der großen Königreiche Ghanas und Malis (ca. 15.-18. Jh.) und die strategische Lage Senegals auf der transsaharischen Handelsroute (vgl. Sakho 2013: 5; Tall/Tandian 2011: 2).

Die zweite Phase steht im Kontext der französischen Kolonisierung Senegals. Mit der kolonialen Eroberung erfuhr die Mobilität weitere Impulse. Zwangsarbeit und die Einforderung von Steuern durch die koloniale Verwaltung führten zu einer Verstärkung von saisonaler Migration. Im Rahmen von Zwangsarbeit kam es zu erzwungener temporärer Migration. Durch die Fertigstellung der Eisenbahnlinie von Dakar nach Bamako 1904 wurde der Transport von Arbeitskräften von einer Region in die nächste zudem erleichtert (vgl. Tall/Tandian 2011: 2f.). Die Steuereinforderungen durch die koloniale Regierung machten bisweilen Saisonarbeit in anderen Gebieten notwendig. Mit Aufstellung der kolonialen Truppe der „Tirailleurs Sénégalais" wurden bereits seit Beginn des 20. Jahrhunderts westafrikanische Einheiten in die anderen französischen Kolonialgebiete verschickt (vgl. Echenberg 1991: 77). Im Rahmen des ersten und zweiten Weltkriegs kam es zur massenhaften Rekrutierung von Senegalesen für die französische Armee, die dann auf den Schlachtfeldern in Europa zum Einsatz kamen (vgl. ebd.: 88). Gleichzeitig kam es auch zu Ortswechseln, um Steuern, Wehrpflicht und (Zwangs-)Rekrutierungen zu entgehen (vgl. ebd.: 70ff.). Daneben etablierte sich bereits eine Arbeitsmigration in andere westafrikanische und zentralafrikanische französische Kolonien, in denen Senegales_innen im Bereich des Eisenbahnbaus, der kolonialen Verwaltung, des Handels sowie der Diamantensuche und -förderung tätig waren (vgl. Sakho 2013: 6; Tall/Tandian 2011: 2f.). Nach dem Ende der Weltkriege ließen sich einige der Veteranen in Frankreich nieder und entsprachen damit der gesteigerten Nachfrage nach Arbeitskräften im Rahmen des Wiederaufbaus und des Wirtschaftsaufschwungs im Nachkriegsfrankreich (vgl. Echenberg 1991: 80ff.; Tall/Tandian 2011: 2). Ihnen folgten weitere Arbeitsmigrant_innen, die von der zu diesem Zeitpunkt noch gültigen Einreisefreiheit nach Frankreich profitierten. Verstärkt wurde die senegalesische Migration nach Frankreich zu diesem Zeitpunkt durch gezielte Förderungsprogramme für Arbeitsmigration (vgl. Tall/Tandian 2011: 2).

Die dritte Phase markiert den Wendepunkt in der senegalesischen Migrationsgeschichte. Ab Mitte der 1970er Jahre überwiegen die Zahlen der Emigrant_innen gegenüber der Immigration (vgl. Some 2009: 32). Grund dafür sind insbesondere klimatische Einflüsse, etwa die Abnahme der Regenfälle, die zu Einbußen im Bereich der landwirtschaftlichen Produktion führten. Migration wird zu einer neuen Strategie der Familien im Rahmen der Diversifizierung von Einkommensmöglichkeiten. Gleichzeitig kommt es mit der Ölkrise 1973 auch in Europa zu einer wirtschaftlichen Stagnation. Frankreich setzt als hauptsächliches Zielland der senegalesischen Migration den Rekrutierungspolitiken ein Ende und führt Einreisebeschränkungen ein (vgl. Tall/Tandian 2011: 3). Damit verändern sich auch die außerafrikanischen Zielländer. Neue Ziele sind Italien, Spanien und die USA. Während die Überseemigration nach Europa bis in die 1970er Jahre größtenteils zirkulär verlief, kommt es mit der Verkomplizierung der Einreisebestimmungen vermehrt zur Niederlassung im neuen Land (vgl. ebd.).

Von einer vierten Phase kann man ab Mitte der 1990er, spätestens aber ab den 2000er Jahren sprechen. Charakterisiert ist sie durch das Aufkommen des Phänomens der so genannten „illegalen", „irregulären" oder „klandestinen" Migration nach Europa, welche nur im Zusammenhang mit den neuen EU Grenzpolitiken überhaupt als solche benannt werden kann. Eine weitere ökonomische Verschlechterung in Senegal, Deflationspolitiken, die Entwertung des Franc CFA – der westafrikanischen Währung – im Jahr 1994, sowie die Strukturanpassungsmaßnahmen im Rahmen der Entwicklungsstrategien von IWF und Weltbank, führten zu einem Anstieg der Auswanderung. Während der öffentliche Sektor aufgrund der Stellenreduzierung durch die Strukturanpassungsmaßnahmen kaum mehr Karrierechancen bereithielt, erschien die Migration nach Europa nun als „der soziale Aufzug", der es ermöglichte „die soziale Treppe" in Senegal mit all ihren religiösen und kulturellen Hierarchien zu umgehen (Tall/ Tandian 2011: 6f.).

Aber erst die Einführung von restriktiven Migrationspolitiken durch Frankreich und die anderen europäischen Staaten schafft das Phänomen der „illegalen Migration", das in den Jahren 2006/2007 mit der so genannten „Krise der Cayucos"[3] einen seiner medialen Höhepunkte findet (siehe auch Dünnwald 2013: 10). Die Betonung liegt dabei auf der extremen Medialisierung. Diese vermittelte das rassistisch geprägte Bild einer „Invasion" Europas durch Schwarze Migrant_innen, die sich auf „illegalen" Wegen in Europa einschlichen. Das von den Medien geschaffene Bild stimmt allerdings kaum mit der Realität überein. Insgesamt stellen Migrant_innen aus den afrikanischen Ländern südlich der Sahara in Europa weiterhin eine minoritäre Gruppe dar (vgl. Beauchemin/Lessault 2009). Der Anstieg von Migrationen in den 1990er Jahren kann neben der ökonomischen Krise auch auf Familienzusam-

[3] Cayucos heißen im Spanischen (im Französischen *pirogues*)die etwas größeren meist hölzernen Fischerboote, die zur Überfahrt genutzt wurden.

menführungen zurückgeführt werden. Auch ist es keineswegs so, dass die Migrant_innen mehrheitlich heimlich die Grenzen der EU überwinden. Unter denjenigen, die ohne gültige Papiere in Europa leben, überwiegen weiterhin die Zahlen derjenigen, die regulär mit einem Visum einreisen und das jeweilige Land nach Ablauf des Visums nicht verlassen (vgl. ebd.: 175).

Die senegalesische Migrationspolitik beschränkte sich bis in die Mitte der 2000er Jahre lediglich auf die Ermöglichung von Arbeitsmigration. Es wurden diverse Abkommen mit europäischen Ländern unterzeichnet, die den Austausch von Wissenschaftler_innen, Techniker_innen und Auszubildenden förderten.[4] Die Kontrolle von Migration sowie die Wiedereingliederung von Rückkehrenden in die senegalesische Gesellschaft standen bis 2005 nicht auf der politischen Agenda.

Innersenegalesische und -afrikanische Migration

Gegenüber der Migration nach Europa und in die USA dürfen die innersenegalesische und innerafrikanische Migration nicht vergessen werden, die in den Darstellungen oftmals vernachlässigt werden. Bis heute bleiben die Migrationswege innerhalb von Senegal (bedingt durch Urbanisierung/ Saisonarbeit im Bereich der Landwirtschaft und Fischerei etc.) und innerhalb der Region von großer Bedeutung, wie auch ein Blick auf die Hauptzielländer senegalesischer Migrant_innen zeigt. Laut den aktuellsten Statistiken der Vereinten Nationen kann inzwischen davon ausgegangen werden, dass die Emigration von Senegales_innen innerhalb des Kontinentes etwa mit der nach Europa gleich auf ist (vgl. UNPD 2013). Damit handelt es sich um eine neue Tendenz. Bisher überwogen immer klar die Zahlen derjenigen, die auf dem Kontinent migrierten.[5] Gleichzeitig relativieren die Zahlen weiterhin die Vorstellung der in Europa ankommenden Flut von Migrant_innen aus Afrika oder in diesem Fall aus Senegal. Demnach wird für Senegal von einer migrantischen Bevölkerung von 532.569 Personen ausgegangen. 251.003 davon hielten sich, so die UN-Statistik, in afrikanischen Ländern auf, 264.635 in Europa und der Rest verteile sich auf andere Regionen der Welt. Hauptzielland ist mit 115.393 senegalesischen Migrant_innen weiterhin Frankreich, gefolgt von Gambia mit 100.736, Italien mit 79.102, Spanien mit 59.072 und Mauretanien mit 45.775 (ebd.). Weitere wichtige Zielländer für Senegales_innen sind die Elfenbeinküste und Mali. Ein neues Zielland könnte, so Tall und Tandian, Argentinien werden, das seit der Überwindung der Wirtschaftskrise im Jahr 2000 erhöhte Zahlen einer senegalesischen Einwanderung verzeichnet (vgl. Tall/Tandian 2011: 1/5).

---

[4] Z. B. 1962 mit der Schweiz, 1974 mit Spanien und Frankreich (vgl. Panizzon 2008: 31; Benhöfer 2012:21).

[5] Wahrscheinlich dürfte nach wie vor die Migration in der Region weitaus höher sein als die transkontinentale Migration, da sich die Statistiken von UNDP auf offizielle nationale Statistiken stützen. Diese sind insbesondere in Afrika eher defizitär und erfassen nur einen Teil der tatsächlichen Migration. Die Zahlen verraten im Weiteren nichts darüber, ob es sich um permanente Migration oder lediglich um temporäre Aufenthalte handelt.

Bereits während der Kolonialzeit beginnen die Trends der Landflucht und Verstädterung. Heute ist die ehemalige Agrargesellschaft Senegals stark urbanisiert. 2011 lebten 42,5 Prozent der senegalesischen Bevölkerung in Städten (CIA World Factbook 2012). Die Migration in die Stadt ist oftmals auch nur die erste Etappe für die darauffolgende Emigration ins Ausland (vgl. Tall/Tandian 2011: 1). Bereits in der ersten Hälfte des 20. Jahrhunderts bildete sich eine Stadtbevölkerung heraus, die kaum Bildung genoss, lediglich prekären Beschäftigungen vor allem im informellen Sektor z. B. im Handel nachging und über diese Tätigkeiten, etwa auf den großen Märkten in Dakar, in Kontakt mit transnationalen Netzwerken der Migration kam. Erst mit der Formulierung der europäischen Migrationspolitiken wird dieses Phänomen mit dem Begriff der „Transmigration" fassbar gemacht. Dieser suggeriert jedoch, dass die Bevölkerungsbewegungen immer Europa als Ziel hätten. In Wirklichkeit sind die Wege der Migration allerdings viel weniger geradlinig, eingebettet in Lebenswege und die oben beschriebene Kultur der Mobilität. Die Bewegungen im Innern von Senegal sind auch durch den separatistischen Konflikt in der Provinz Casamance beeinflusst (vgl. Benhöfer 2012: 20). Binnenflüchtlinge zählen je nach Situation 10.000 bis 40.000 Menschen (CIA World Factbook 2012).

Die innerafrikanische Migration ist vor allem durch saisonale Migration in den Grenzregionen bestimmt und verschiebt sich je nach ökonomischer und politischer Stabilität in den Herkunfts- und Zielländern. Die Grenzmigration zwischen Mauretanien und Senegal ist mit dem Konflikt von 1989 zurückgegangen (vgl. Tall/Tandian 2011: 1). Gleichzeitig nahm Senegal ca. 14.000 Flüchtlinge aus Mauretanien auf. Lange Zeit war die Elfenbeinküste eines der Hauptzielländer der regionalen Migration. Diese Rolle kam mit dem bürgerkriegsähnlichen Konflikt um die ivorische Regierung ab dem Jahr 2002 immer stärker Senegal zu (vgl. ebd.). Ebenfalls aufgrund des Konfliktes in der Casamance hielten sich, so der Hohe Flüchtlingskommissar der UN (UNHCR), noch 2008 um die 15.000 Senegales_innen in den Grenzregionen der Nachbarstaaten Gambia und Guinea Bissau auf (vgl. Some 2009: 20).

Migration spielt für Senegal sowie für die ganze Subregion historisch eine sehr wichtige Rolle. Auch die Freizügigkeitsregelungen der CEDEAO/ECOWAS (s.u.) verdeutlichen, dass Migration und grenzüberschreitender Handel historisch wichtige Pfeiler des senegalesischen und westafrikanischen Selbstverständnisses sind und als ein wichtiger Entwicklungsmotor für die Region begriffen werden müssen.

Migrationsmanagement: Senegal und die EU

Multilaterale Abkommen und Verträge mit der EU

Bis in die Mitte der 2000er Jahre hatte Senegal keine wirkliche Migrationspolitik vorzuweisen. Dennoch kündigte sich die Thematik in internationalen Abkommen bereits früher an. Senegal hat, wie weitere 78 AKP-Staaten im Jahr 2000 das mit der Europäischen Gemeinschaft geschlossene „Cotonou-Abkommen" unterzeichnet, das mit dem Artikel 13 die Rückführung von Migrant_innen, die sich „illegal" in

Europa aufhalten, als Ziel definiert (vgl. Benhöfer 2012: 11). Das Abkommen sieht vor, dass die Umsetzung der Rückführung zudem in bilateralen Verträgen ausgehandelt werden soll. Von der Rückführung sind nicht nur Staatsangehörige des unterzeichnenden AKP-Staates betroffen, sondern die Unterzeichner verpflichten sich gleichzeitig zur Aufnahme von Staatsangehörigen aus Drittstaaten, wenn diese über das jeweilige Land eingereist sind (Cotonou Abkommen: Art.13. Abs.5 c ii/iii).

Den konzeptionellen Rahmen für die heute vorherrschenden Politiken und die daraus resultierenden Abkommen definiert der vom Europäischen Rat, in Folge auf die Ereignisse von Ceuta und Melilla (siehe auch Dünnwald 2013: 9), im Dezember 2005 beschlossene „Global Approach to Migration" (vgl. Benhöfer 2012: 12). Neben der Bekämpfung von „illegaler Migration" rückte mit diesem Papier die Idee der gezielten Steuerung von Migration in den Fokus der Politik. Zielsetzung der neuen Herangehensweise sind neben der Verhinderung von „illegaler Migration", die Verbesserung der Möglichkeiten von legaler Migration sowie die Erzeugung von Synergieeffekten in den Bereichen Migration und Entwicklung.[6] Die entwickelten Strategien zielen vor allem auf afrikanische Länder und den Mittelmeerraum als Entsendeländer und Transitzonen ab. Die neue Herangehensweise geht über die bloße Sicherheitspolitik hinaus. Angestrebt wird eine stärkere Zusammenarbeit mit Drittstaaten in Sachen Grenzkontrollen und Rücknahme von durch diese Politiken illegalisierten Migrant_innen. Im Gegenzug dafür wirbt die EU mit verbesserten Möglichkeiten der legalen Migration sowie mit Investitionen im Entwicklungsbereich (vgl. Kabbanji 2013: 417). Mit dem „Global Approach" erhält der Begriff des „Migrationsmanagement" Einzug in den Diskurs, der schnell hegemonial geworden ist und auch für die senegalesische Politik ab 2006 zentral wird. Der technokratische Begriff gibt vor, die „Ströme" der Migration zum Profit aller – Entsendeländer, Migrant_innen und Aufnahmeländer – steuern zu können, wobei oftmals grundsätzliche Menschenrechte und andere Rechte von Migrant_innen durch Rück- und Abschiebungen von innerhalb der Effizienzlogik ungewollten Personen sowie generell durch die Einschränkung der Bewegungsfreiheit ignoriert werden (vgl. Kabbanji 2013: 416). 2011 wurde der „Global Approach to Migration" um den Aspekt der Mobilität ergänzt, womit ein Schwerpunkt auf die Förderung von Mobilitätspartnerschaften gelegt wurde. Senegal hat allerdings abgelehnt, eine Mobilitätspartnerschaft mit der EU abzuschließen (vgl. Benhöfer 2012: 13).

Ein Resultat aus der neuen Herangehensweise ist der so genannte „Rabat Prozess", in den Senegal mit der Teilnahme an der ersten Ministerkonferenz in Rabat 2006 eintrat (vgl. ebd.). Senegal hat auch die daran anschließenden Strategiepapiere von 2008 (Paris) und 2011 (Dakar) unterzeichnet. Der „Rabat Prozess" baut auf den drei Säulen „irreguläre Migration", „legale Migration" und „Entwicklung und Migration" auf. Die meisten Projekte, die von Senegal oder in Senegal mit Unterstützung der Partnerstaaten durchgeführt werden, finden unter dem Schirm des „Rabat Prozesses" statt. Ebenso werden die Grenzschutzmaßnahmen im Rahmen der

[6] Selbstdarstellung der neuen Strategie auf Home Page der Europäischen Kommission: http://ec.europa.eu/dgs/home-affairs/what-we-do/policies/international-affairs/global-approach-to-migration/index_en.htm → Zugriff: 02.10.2013.

Frontex Operationen, des „Seahorse Projektes“ oder der regionalen Vernetzung im Kontext des „West Sahel Projektes“, wie der Abschluss von bilateralen Abkommen mit EU Mitgliedstaaten und eine ganze Reihe von an Migrationsfragen gekoppelten Entwicklungs- und Forschungsprojekten dem Rabat-Prozess zugeordnet (vgl. Rabat Prozess. Initiatives in the Region).

Bilaterale Abkommen und Verträge mit EU Mitgliedstaaten

Bilaterale Abkommen zum Thema Asyl und Migration gibt es insbesondere mit Frankreich und Spanien (vgl. Benhöfer 2012: 24f.). Die Migrationsgeschichte zwischen Frankreich und Senegal reicht weit zurück. Auch wenn es gerne so dargestellt wird, als sei der vermeintliche „Exodus“ nach Europa und insbesondere nach Frankreich ein neues Phänomen, so muss man die Wurzeln der Emigration, wie oben gesehen, in der Kolonialzeit und insbesondere in der (Zwangs-)Rekrutierung von Senegalesen für die französische Armee in den beiden Weltkriegen suchen. Mehrere hunderttausend Senegalesen kämpften in den beiden Kriegen an der Seite der französischen Armee gegen Deutschland.[7] Nach dem Ende der Kriege ließen sich einige der Veteranen in Frankreich nieder, was den Weg der senegalesischen Migration nach Frankreich langsam etablierte. Bis nach der Unabhängigkeit im Jahr 1960 war für Senegales_innen kein Visum zur Einreise nach Frankreich nötig. 1964 gab es erste bilaterale Verträge mit den ehemaligen Kolonialstaaten Westafrikas, um die Arbeitsmigration zu regulieren. Ab 1975 brauchten Senegales_innen in Frankreich eine Aufenthalts- und Arbeitsgenehmigung, doch erst ab 1985 wurde ein Visum zur Einreise notwendig. Während die frühen Formen der Migration nach Frankreich meist lediglich temporär waren, setzt mit der Einschränkung der Einreise eine Tendenz zur Niederlassung in Frankreich ein (vgl. Tall/Tandian 2011: 3). Es folgte eine Reihe von Kooperationsverträgen, die die Rückkehr von senegalesischen Arbeitsmigrant_innen nach Senegal erleichtern sollten (vgl. Abkommen zur Migrationssteuerung zwischen Senegal und Frankreich 2006: 2). Am 25. September 2006 unterzeichnen Senegal und Frankreich ein bilaterales Abkommen zur Steuerung der Migration („Accord relatif à la gestion concertée des flux migratoire entre la France et le Sénégal“). Dieses gemeinsame Papier umfasst den Austausch qualifizierter Arbeitskräfte gegen punktuelle Rückführungsabkommen sowie gemeinsame Entwicklungsprojekte. Es gliedert sich in drei fundamentale Bereiche: (1) Die Verbesserung der regulären Migration durch die Erleichterung der Einreisemöglichkeiten für bestimmte Kategorien von Migrant_innen, (2) den Kampf gegen irreguläre Migration über die Rückführung so genannter „illegaler Migrant_innen“ sowie (3) Investitionen im Entwicklungssektor über einen Betrag von 2,5 Millionen Euro (Abkommen zur Migrationssteuerung zwischen Senegal und Frankreich 2006; vgl. La Cimade

[7] Insgesamt kann davon ausgegangen werden, dass die französische Armee in den beiden Weltkriegen von um die 375.000 Soldaten aus den französischen Kolonien Westafrikas unterstützt wurde. Diese stellten damit im ersten Weltkrieg 3 % der französischen Truppen und im Zweiten bis 1940 9%. In den darauffolgenden Jahren stieg die Zahl noch weiter an, wobei Afrikaner sowohl auf Seiten des Vichy-Regimes eingesetzt wurden, als auch von den freien französischen Kräften. Konservative Schätzungen gehen von bis zu 55.000 toten und verschwundenen westafrikanischen Soldaten in den beiden Weltkriegen aus (vgl. Echenheim 1991: 88).

2008: 33f.). Im gleichzeitig unterzeichneten Zusatz zu dem Abkommen wird die Umsetzung der Erleichterung der Immigration und der Rückführung so genannter „irregulärer Migrant_innen" genauer ausgeführt (vgl. Zusatz zu Abkommen zur Migrationssteuerung zwischen Senegal und Frankreich 2006).

Die Migrationsgeschichte zwischen Spanien und Senegal beginnt wesentlich später. Erst der wirtschaftliche Aufschwung Spaniens im Zuge des Beitritts zur Europäischen Wirtschaftsgemeinschaft (1986) zog zunehmend senegalesische Migrant_innen an (vgl. Tall/Tandian 2011: 4). Mit dem Beitritt zum Schengen-Regime 1991 wurde Spanien zudem für afrikanische Migrant_innen interessant, weil die Einreise nach Spanien zugleich den Eintritt in europäisches Rechtsgebiet bedeutete (vgl. Buckel 2013: 188). Arbeitsplätze boten sich den Migrant_innen im Bausektor, in der Fischerei und im Bereich der landwirtschaftlichen Saisonarbeit. Im gleichen Zeitraum entwickelt Spanien eine neue Migrationspolitik, die sich insbesondere durch die Externalisierung der Grenzüberwachung und die Zusammenarbeit mit Transit- und Herkunftsländern auszeichnet (vgl. Buckel 2013: 186). Erst die Regierungsübernahme durch die spanische Sozialdemokratie 2004 verhalf den Politiken des Migrationsmanagements wirklich zum Durchbruch (vgl. ebd.). Die Einbindung der afrikanischen Partner gelang insbesondere durch finanzielle Zugeständnisse in Form von Entwicklungshilfe (vgl. ebd.).[8] Nach den „Ereignissen von Ceuta und Melilla" im Jahr 2005 und der Verschiebung der Migrationsrouten nach Europa hin zu den Küsten Mauretaniens und Senegals als Start- und den Kanarischen Inseln als Zielpunkt, sieht Spanien einen erweiterten Handlungsbedarf. Mit der Initiierung des „Plan África" verstärkt es seine Bemühungen Rücknahmeabkommen mit Senegal und anderen westafrikanischen Staaten abzuschließen. Im August 2006 unterzeichnen Senegal und Spanien ein „Memorandum of Understanding", mit welchem die „klandestine Migration" auf die Kanarischen Inseln gebremst werden sollte. Es ermöglicht gemeinsame Grenzoperationen, den Informationsaustausch und auch Rückführungen im Rahmen des „Seahorse Projektes" und der Interventionen von Frontex (vgl. Gázquez et al. 2011: 75). Diese Memoranden stellen laut Sonja Buckel rechtsstaatlich eine besonders problematische Kategorie von Abkommen dar, da sie als informelle Abkommen jenseits der verfassungsmäßig notwendigen parlamentarischen Autorisierung ausgehandelt werden können (vgl. dies. 2013: 195). Sie sind damit rechtlich nicht bindend, stellen aber dennoch – wie im Fall von Senegal – bei einem Scheitern weiterer Verhandlungen die Basis für migrationskontrollpolitische Maßnahmen dar (vgl. ebd.). Im Februar 2007 folgte eine gemeinsame Absichtserklärung zur Verbesserung der Möglichkeiten von legaler Arbeitsmigration (vgl. Gázquez et al. 2011: 76). Mit einem weiteren Memorandum im November 2007 sollten temporär begrenzte legale Einreisemöglichkeiten für 2.700 senegalesische

[8] Sonja Buckel bezeichnet die daraufhin implementierten Strategien als „Offshoring" und „Outsourcing" der Grenzpolitiken, um sie als konkrete raum-zeitliche Strategien innerhalb des neoliberalen Sicherheitsdispositivs zu benennen. „[...] Offshoring [bedeutet demnach] die weitgehende Verlagerung der spanischen Grenzkontrolle in die Küstengewässer und Grenzgebiete Nord- und Westafrikas oder auf die Hohe See, während Outsourcing für die Übertragung dieser Politiken – bzw. ihrer Umsetzung – an die afrikanischen Regierungen steht." (Buckel 2013: 188)

Arbeiter_innen im Fischerei- und Landwirtschaftssektor geschaffen werden (vgl. ebd.). Im Jahr 2008 wurde zudem ein Abkommen zur Rücknahme von unbegleiteten minderjährigen Migrant_innen abgeschlossen. Obwohl es 2009 von beiden Staaten ratifiziert wurde, wird es bisher nicht vollständig umgesetzt, da Senegal keine Maßnahmen zum Schutz der Jugendlichen ergreift (vgl. ebd.: 75). Zum Abschluss eines formellen und kontinuierlichen Rücknahmeabkommens kam es trotz finanzieller Zugeständnisse durch die spanische Regierung nicht. Die Abschiebung von Flüchtlingen war in der senegalesischen Öffentlichkeit mit starkem Protest aufgenommen worden, weshalb der damalige Präsident Abdoulaye Wade um einen Imageschaden fürchten musste, wäre er weitere Übereinkünfte dieser Art mit Spanien eingegangen (vgl. Buckel 2013: 200). Über Rückführungen von Spanien nach Senegal wird dementsprechend weiterhin auf Basis der unterzeichneten Memoranden entschieden. Die Ablehnung eines Abkommens erkläre sich, so Sonja Buckel, aber auch aus der senegalesischen Verhandlungsstrategie, bei jeder Rückführung gezielt über neue Gegenleistungen zu verhandeln (vgl. ebd.).

Migration, Entwicklung und Sicherheit: Migrationsmanagement in der Umsetzung

In der Praxis verbindet sich die Thematik der Migration insbesondere mit den Politikfeldern Entwicklung und Sicherheit. Die Bekämpfung so genannter „illegaler Migration“ durch verstärkte Grenzkontrollen, die sich bisweilen wie eine Jagd auf Migrant_innen darstellt, wird damit mit Entwicklungsprogrammen gekoppelt. Das Argument der Befürworter_innen der Verbindung der Bereiche von Migration und Entwicklung basiert auf der Annahme, dass der Hauptgrund für Migration Armut sei (vgl. Kabbanji 2013: 419). Ergo wird innerhalb der Logik des Managements der Migration die Entwicklung der Entsenderegionen zu einem Mittel gegen unerwünschte Formen der Migration erklärt. Andererseits basiert die Verbindung der Themenfelder auf der Annahme, dass Migration gut für die Entwicklung sowohl von Entsende- als auch von Aufnahmeländern sein kann. Die Verknüpfung von Migration und Entwicklung ist spätestens seit 2000 in den Fokus internationaler Politiken und Verträge gerückt. Bereits das Abkommen von Cotonou stellt hier eine Konditionalität her. Armutsbekämpfung solle zu einer „Normalisierung“ der Migrationsströme beitragen (Cotonou Abkommen: Art. 4). Bestrebungen insbesondere gegen so genannte „illegale Migration“ vorzugehen, sollen demnach Eingang in nationale Entwicklungsstrategien finden. Vertieft wurde die Verbindung der Politikfelder Migration und Entwicklung durch den „Global Approach to Migration“ sowie durch den so genannten „Rabat Prozess“. Neben der Verhinderung von „illegaler“ Migration legt das letzte Strategiepapier (Dakar-Strategie 2012-2014) einen Schwerpunkt auf die Ermöglichung legaler (Arbeits-)Migration.[9]

[9] Das Papier konzentriert sich in seinen Ausführungen allerdings insbesondere auf innerafrikanische Migration, was als Ausdruck der Besorgnis der CEDEAO/ECOWAS Mitgliedstaaten gewertet werden darf, dass aufgrund der repressiven von der EU angeleiteten Politik die Mobilität in der Region mehr und mehr eingeschränkt wird. Dies aber läuft den regionalen Integrationsbestrebungen und den damit verbundenen Entwicklungsstrategien zuwider (mehr dazu weiter unten).

Programme und Projekte in Senegal

Wie und mit welchen Konsequenzen die Bereiche Migration, Sicherheit und Entwicklung in der Praxis verschmelzen, kann anhand der konkreten Programme in Senegal nachvollzogen werden. Den Rahmen für die Umsetzung einer großen Zahl von Projekten im Zeitraum 2004 bis 2007 stellt das AENEAS Programm dar – ein Finanzierungsprogramm der EU (vgl. Benhöfer 2012: 27). Mit dem breit angelegten und von der EU mit 250 Millionen Euro ausgestatteten Programm werden Fragen der Migration Teil einer gemeinsamen Außenpolitik der Gemeinschaft. Es vereint zahlreiche und sehr vielfältige Projekte, die entweder in direkter Zusammenarbeit der Gemeinschaft mit Drittstaaten oder aber durch multi- und bilaterale Kooperationen der Mitgliedstaaten mit Drittländern sowie durch internationale Organisationen, wie die „Internationale Organisation für Migration" (IOM), durchgeführt wurden (vgl. AENEAS Programme 2004). Das wohl prominenteste Projekt ist die so genannte „Seahorse Operation" (ebd.: 12ff.). Es handelt sich dabei um ein multilaterales Projekt zwischen Spanien, Mauretanien, den Kap Verden, Marokko und Senegal. Unter Führung der spanischen Guardia Civil ging es um den Ausbau der Seekontrollen in der Region, was insbesondere das Training, die Ausrüstung sowie gemeinsame Patrouillen mit den Drittstaaten beinhaltete. Ein weiteres Ziel war der verbesserte Informationsaustausch zwischen den Ländern, um Kontrollen effektiver durchführen zu können (vgl. Dünnwald 2013: 9). Im Rahmen des „Seahorse Projektes" wurden für 20 Millionen Euro Koordinationszentren in Madrid sowie in Mauretanien, Senegal, Guinea und auf den Kap Verden zum Informationsaustausch zwischen den einzelnen Seeoperationen eingerichtet (vgl. Buckel 2013: 211). Andere Projekte, die in Senegal unter dem Schirm des AENEAS Programms stattfanden, umfassen etwa ein Trainingsprogramm für Elitenmigration unter Beteiligung der senegalesischen Handelskammer, die Erstellung eines Migrationsprofils durch die IOM oder aber die Vorbereitung eines kohärenten Ansatzes im Umgang mit Migration für Senegal und andere Länder der Region, welches gleichfalls von der IOM durchgeführt wurde (vgl. AENEAS Programme 2004). Ebenfalls im Rahmen des AENEAS Programms kam es zu einer vom „Büro der Vereinten Nationen gegen Drogen und Kriminalität" (UNODC) gemeinsam mit Europol durchgeführten Mission zum Ausbau der Gesetzgebung und Strafverfolgung im Kampf gegen Menschenhandel (vgl. AENEAS Programme 2004: 31ff; Benhöfer 2012: 27). Mit dem Schwerpunkt auf Menschenhandel legitimiert dieses Projekt die Einschränkung der Bewegungsfreiheit von Migrant_innen aus humanitären Gründen. Das von Senegal 2005 beschlossene Gesetz gegen Trafficking (s. u.) kann als ein Resultat dieser Mission gewertet werden.

Eine neue Grundlage finden die Maßnahmen in dem 2007 verabschiedeten gemeinsamen Strategiepapier zwischen Senegal und Europäischer Union (vgl. Benhöfer 2012: 25f.).[10] Die Strategie zielt darauf ab, das von der senegalesischen Regierung ausgearbeitete zweite Strategiepapier zur Armutsbekämpfung (Poverty Reduction Strategy Paper II; PRSP II) zu unterstützen. Langfristige Ziele sind ein

[10] République du Sénégal-Communauté européenne: Document de stratégie pays et programme indicatif national pour la période 2008-2013, Lisbonne, 09/12/2007; http://ec.europa.eu/development/icenter/repository/scanned_sn_csp10_fr.pdf → Zugriff: 04.10.2013; im Weiteren: Strategiepapier Sn_EU 2007.

jährliches Wirtschaftswachstum von mindestens 7 Prozent und das Erreichen der „Millenium Development Goals" (MDP). Die Thematik der „illegalen Migration" wird in dem Dokument an verschiedensten Stellen als einer der Schlüsselfaktoren für die Notwendigkeit der Zusammenarbeit zwischen EU und Senegal benannt (vgl. etwa Strategiepapier Sn_EU 2007: 20/ 26). Das Strategiepapier wird vom Europäischen Entwicklungsfonds mit knapp 300 Millionen Euro finanziert. 23 Millionen können für die Bereiche Migration, Kultur und verbesserte Regierungsführung aufgewendet werden, wobei das Dokument nicht ganz eindeutig darüber ist, wie viel Geld für welchen Bereich aufgewendet werden soll (vgl. Strategiepapier Sn_EU 2007, Part II: 2). Gefördert werden sollen Projekte in den Bereichen der Jobbeschaffung für junge Menschen und der Reintegration von Rückkehrern, sowie der Verbesserung der Steuerung von Migration. Mit dem Papier erklärt die senegalesische Regierung zudem die Absicht eine einheitliche Migrationspolitik auszuarbeiten, um der klandestinen Auswanderung ein Ende zu bereiten und bestimmte Senegales_innen aus dem Ausland zurückzuholen (vgl. ebd.: 88). Das AENEAS Programm wird als Finanzinstrument dabei vom „Thematischen Programm für die Zusammenarbeit mit Drittländern in den Bereichen Migration und Asyl" abgelöst, das über den 10. Europäischen Entwicklungsfonds (EEF) die Umsetzung des Strategiepapieres für die Periode 2008 bis 2013 finanziell sicherstellt.

Im Kontroll- und Sicherheitsbereich agieren die EU und die interessierten EU Mitgliedstaaten in Senegal über die „Seahorse Operation" hinaus mit Hilfe von zwei Instrumenten.[11] Die erste Reaktion auf die ankommenden Boote auf den Kanarischen Inseln bestand in der Entsendung einer Frontex Mission (HERA I-III) auf Anforderung Spaniens, um die Seemigration zu stoppen und Ankommende zurückzuschicken (vgl. Benhöfer 2012: 28f.). Die zweite Operation ist die Finanzierung von Projekten im Kampf gegen die so genannte „illegale Migration" im Rahmen des 2001 ins Leben gerufenen Krisenreaktionsmechanismus – „Rapid Reaction Mechanism" (RRM) (vgl. ebd.: 23f.). Senegal und Mauretanien waren ab 2007 die ersten Drittländer in denen dieses europäische Instrument auch zur Finanzierung von Projekten im Migrationsabwehrbereich verwendet wurde.

Die erste Frontex Mission – HERA I – beschränkte sich auf eine so genannte „Risikoanalyse". Von Juli bis Oktober 2006 führten Expert_innen aus sieben EU Mitgliedstaaten Befragungen von „illegal" über den Seeweg Eingereisten auf den Kanarischen Inseln durch. Ziel der Datensammlung war die Informationsgewinnung über Migrationsrouten, um diese effektiver kontrollieren zu können, sowie Herkunftsland und Migrationsgründe der Ankommenden herauszufinden, um die Rückführung zu organisieren und „Schlepper" zu identifizieren. Dennoch kamen im Jahr 2006 mehr als 30.000 Migrant_innen auf den Kanaren an, 18.987 davon alleine während der ersten Frontex Mission (vgl. Dünnwald 2013: 9; „Longest Frontex coordinated operation"). Die zweite Frontex Mission in der Region – HERA II, die von August bis Dezember 2006 andauerte, widmete sich der Koordination der Kontrolle des Meeres zwischen der westafrikanischen Küste und den Kanaren, sowie der Rückführung von

[11] Detaillierte Ausführungen zur Organisation und Durchführung der Kontrolle der senegalesischen Seegrenze finden sich in Sonja Buckel 2013: 209ff.

„illegal“ Gelandeten. Laut Frontex ließ sich bereits zu diesem Zeitpunkt ein erheblicher Rückgang der Überfahrten feststellen. Während noch im Zeitraum von August bis September 11.000 Migrant_innen auf den Kanaren ankamen – 2.300 Personen wären bereits an den Küsten von Mauretanien und Senegal zurückgedrängt worden, sei im Oktober lediglich ein Boot mit 52 Personen angekommen („Hera II Operation to be Prolonged“). Auf Grundlage der „Erfolgszahlen“ wurde die Anschlussmission HERA III ab Februar 2007 gestartet. Angesichts der zwischen Senegal und Spanien inzwischen abgeschlossenen Kooperationsabkommen sind ab diesem Zeitpunkt auch senegalesische Einheiten von Militär und Polizei Teil der gemeinsamen von Frontex organisierten Aktionen. Mit der Einbeziehung senegalesischer Einheiten zur Grenzüberwachung und der Einrichtung einer ständigen Arbeitsgruppe zur Koordination der gemeinsamen Meeresoperationen im senegalesischen Innenministerium, kann von einer permanenten Präsenz von Frontex in Senegal ausgegangen werden.[12] Auch die Errichtung eines festen Stützpunktes der spanischen Guardia Civil und der Policía Nacional, die auf dem Flughafen von Dakar Hubschrauber und ein Erkennungsflugzeug stationiert haben, sichert Frontex eine fortdauernde Anwesenheit in Senegal (vgl. Buckel 2013: 223). Des Weiteren behält Frontex über die Gründung der „African Frontex Intelligence Community“ (AFIC), einem Netzwerk zum verbesserten Informationsaustausch, dem neben Senegal 17 nord- und westafrikanische Staaten beigetreten sind (vgl. Rabat Prozess, AFIC), in Afrika einen Fuß in der Tür.

Die Zahl der Verschwundenen und Ertrunkenen bleibt in den Frontex Statistiken unerwähnt. La Cimade (2008: 33) beziffert alleine die Zahl der Toten, die sich bei Unfällen bei den im Rahmen der Frontex Missionen durchgeführten Abdrängungsmanöver auf hohem Meer ereigneten, für den Zeitraum Februar bis September 2007 auf ca. 200. Dagegen inszeniert sich Frontex als humanitäre Einsatzagentur, die der Rettung von Leben dient (vgl. Frontex 2010: 31ff.). Wenn von Toten die Rede ist, dann in dem Sinn, dass diese „armen Menschen“ nicht von den Frontex Patrouillen aufgegriffen wurden (ebd.: 36f.). Alleine die Kosten für die Operationen von 2006 bis 2007 belaufen sich auf um die 12 Millionen Euro (vgl. La Cimade 2008: 33).

Weitere Maßnahmen wurden ab April 2007 unter dem für Senegal von der Europäischen Kommission in Zusammenarbeit mit dem senegalesischen Innenministerium, dem Jugendministerium sowie der spanischen Regierung und der IOM ausgearbeiteten Krisenlösungsansatz „Rapid Reaction Mechanism“ (RRM) durchgeführt. Die unter dem Ansatz zusammengefassten Maßnahmen setzen sich aus drei Bereichen zusammen: Erstens wurden in diesem Rahmen Equipment und Training für die senegalesischen Seestreitkräfte finanziert. Zweitens wurden Projekte zur Reintegration von Abgeschobenen ins Leben gerufen. Drittens unterstützt der RRM-Senegal die von der IOM durchgeführten „freiwilligen Rückführungen“ im Rahmen des „Assisted voluntary return“ Programms der gleichen Organisation. Die IOM führte 2008 im Rahmen des RRM zudem eine landesweite Informationskampagne durch, um auf die physischen Gefahren und finanziellen Risiken irregulärer Migration aufmerksam zu machen. Die Kampagne umfasste allerdings keine Erläuterung zu den legalen

[12] Informationen hierzu sind nur schwer zugänglich; ich danke für ihren Tipp diesbezüglich Nannette Abrahams (Expert_innengespräch, Frankfurt 07.10.2013).

Bedingungen und Möglichkeiten der Migration (vgl. Benhöfer 2012: 24; Panizzon 2008: 25f.; Van Criekinge 2010: 9). Allgemein kann für die Projekte der IOM in Senegal gesagt werden, dass sie hauptsächlich von der EU oder Mitgliedstaaten der Gemeinschaft finanziert werden und somit der EU größten externen Einfluss auf die durchgeführten Aktivitäten sichern (vgl. Benhöfer 2012: 29).

Ein verhältnismäßig neues Programm im Kontext der Bekämpfung von „irregulärer Migration“ stellt das Projekt „Migration EU Expertise“ (MIEUX) dar (vgl. ebd.). Die ausführenden Akteure dieses Projektes sind die EU in Zusammenarbeit mit dem „International Center for Migration Policy Development“ (ICMPD). Seit 2011 findet die senegalesische Regierung Unterstützung durch das MIEUX Projekt bei der Formulierung einer nationalen Strategie des Grenzmanagements. Nachdem die Strategie Ende 2012 auf einer interministeriellen Konferenz präsentiert wurde, sollte sie laut Plan ab Mitte 2013 implementiert werden (vgl. MIEUX Projekt). Eine Umsetzung scheint allerdings noch nicht begonnen worden zu sein.

Bilaterale Kooperationen

Jenseits der multilateralen EU-Projekte sind Spanien und Frankreich derzeit die wichtigsten Kooperationspartner bezüglich der Thematik der Migration – aber auch Italien engagiert sich zunehmend, insbesondere im Bereich der temporären Arbeitsmigration. Die im Rahmen der bilateralen Zusammenarbeit durchgeführten Projekte illustrieren nochmals die Verbindung zwischen den Bereichen Migration, Sicherheit und Entwicklung.

Exemplarisch wird dies am Beispiel des französischen „Codéveloppement“ deutlich. Die Kooperation zwischen Frankreich und Senegal bezüglich des Managements der Migration findet im Rahmen des so genannten „Codéveloppement“ (CODEV) statt. Auf dieser Grundlage bedient sich die Migrationspolitik der öffentlichen Entwicklungshilfe als Mittel zur Bekämpfung von Migration (vgl. Audran 2008: 107). Diese Form der Entwicklungszusammenarbeit bildete sich mit den Tendenzen der Dezentralisierung und der Regionalisierung in einigen frankophonen westafrikanischen Ländern im Laufe der 1980er Jahre heraus (vgl. Ba 2010: 207). Kontext war zudem der Sieg der Sozialisten in Frankreich, die eine solidarische Entwicklungszusammenarbeit anstrebten. Diese Utopie scheiterte allerdings schon bald an der Realpolitik (vgl. Audran 2008: 109). Festgeschrieben wurde der neue Modus – zunächst noch als „Coopération décentralisée“ bezeichnet – mit dem französischen Gesetz vom 6. Februar 1992. Mit diesem Gesetz ist der Zentralstaat nicht mehr privilegierter Ort der Entwicklungszusammenarbeit. An Stelle der nationalen Kooperation treten Projekte der lokalen Vernetzung (vgl. ebd.). Migrationsfragen rückten erst Ende der 1990er Jahre in den Fokus der französischen Entwicklungspolitik. Aber schon zu Beginn der 1990er Jahre kam es zu einem Modellprojekt, bei dem rückkehrwillige Migrant_innen durch NGOs eine finanzielle Unterstützung zum Aufbau einer Wirtschaftstätigkeit im Senegal-Tal bekamen (vgl. ebd.).

Heute bezeichnet man als „Codéveloppement“ alle Entwicklungshilfemaßnahmen, bei welchen Immigrant_innen in die Entwicklung ihrer Herkunftsländer mit einbezogen werden (vgl. ebd.: 110). Im Februar 2005 verabschiedeten Senegal und Frankreich eine gemeinsame Initiative im Rahmen des „Codéveloppement“. Das CODEV Projekt ausgestattet mit 1,8 Milliarden Franc CFA (ca. 2,8 Millionen Euro) widmete sich insbesondere der lokalen Entwicklung der Entsenderegionen durch die gezielte Investition von Rücküberweisungen, sowie der Mobilisierung der hochqualifizierten Diaspora (vgl. Strategiepapier Sn_EU 2007, Part II, Annex 4). Die verschiedenen Projekte des „Codéveloppement“ werden zudem über das bilaterale Abkommen zwischen Frankreich und Senegal aus dem Jahr 2006 koordiniert (vgl. Audran 2008: 111). Hier wird auch die Kopplung der finanziellen Unterstützung von Projekten der solidarischen Entwicklung an Rücknahmeabkommen von illegalisierten Migrant_innen deutlich. Mit der Einrichtung des französischen Ministeriums für Immigration, Integration, nationale Identität und solidarische Entwicklung („Ministère de l'Immigration, de l'Intégration, de l'Identité nationale et du Codéveloppement“) im Jahr 2007 wurde laut Audran (2008: 107) die Instrumentalisierung der Entwicklungshilfe zum Zwecke der Eindämmung von Migration noch offensichtlicher.

Das „Programme 301: Développement solidaire et migration“ ist der jüngste finanzielle Rahmen für Entwicklungsprojekte im Bereich Migration. Im Haushalt 2012 waren für das Programm 28 Millionen Euro vorgesehen, wobei Senegal der Staat ist, der am stärksten von dem Programm profitiert (vgl. Kabbanji 2013: 421).

Spanien realisiert seine Projekte in Senegal vorwiegend auf Grundlage des „Plan África“, der 2006 als Reaktion auf das Ansteigen der Ankunftzahlen auf den Kanaren erarbeitet wurde. (2006-2008 und 2009-2012). Die spanisch-senegalesische Zusammenarbeit und das Engagement in Senegal werden in dem Plan als prioritär definiert (vgl. Plan África 2009-2012: 69). Allerdings hatte Senegal für Spanien schon früher den Status eines privilegierten Partners in der Entwicklungspolitik. 2003 eröffnete Spanien ein Büro für technische Entwicklungszusammenarbeit in Dakar. Dies war die Grundlage für eine entwicklungspolitische Zusammenarbeit der beiden Staaten, die in ihrer Ausrichtung auf Migrationsverhinderung die Ziele des spanischen „Plan África“ vorwegnahm. Auch in der zweiten Phase des Planes strebt Spanien mit Ziel 4 eine verbesserte Steuerung der Migration an (vgl. ebd.: 58ff.). Die Umsetzung erfolgt im Sinne des „Global Approach to Migration“ nach den drei Strategien: (1) Organisation von legaler Migration, (2) der Kampf gegen illegale Migration sowie (3) die Verbindung von Migration und Entwicklung.[13] Letzterer Bereich ist erst im letzten Plan zum ersten Mal aufgetaucht. Der Plan sieht auch über den Bereich der Migration und der Bewachung der Grenzen hinausgehend noch weitere militärische Zusammenarbeit mit Senegal vor (vgl. ebd.: 42). Dabei argumentiert Spanien mit der Bekämpfung der grenzüberschreitenden Kriminalität, wie etwa Drogen- und Menschenhandel. Im Rahmen des „Plan África“ engagiert sich Spanien auch regional mit der Finanzierung des Spanien-ECOWAS Fonds für Migration und

[13] Für eine umfassende Darstellung der von spanischer Seite in Senegal durchgeführten Projekte siehe Plan África 2009-2012: 95ff.

Entwicklung, der u. a. dazu dienen soll, eine gemeinsame Herangehensweise der ECOWAS-Länder an die Steuerung der Migration voranzubringen (vgl. Kabbanji 2013: 421). Er wurde 2007 ins Leben gerufen und zunächst mit 10 Millionen Euro ausgestattet (vgl. Plan África 2009-2012: 78). Das jüngste Projekt, welches von der Finanzierung durch den Fonds in Senegal profitieren konnte, ist das Reintegrationszentrum für rückkehrende senegalesische Migrant_innen, CARIMA („Centres de ressources visant à accompagner la réinsertion et l'insertion des migrants sénégalais de retour"), welches durch ein breites Bündnis von Akteuren der staatlichen und der dezentralisierten Verwaltung in Zusammenarbeit mit der NGO ENDA und anderen zivilgesellschaftlichen Organisationen, wie etwa der „Fédération des Associations des Sénégalais de l'Extérieur de Retour", unterhalten wird. Zudem hat das spanische Ministerium für Arbeit und soziale Angelegenheiten im Jahr 2007 ein Büro in Dakar eröffnet, das die legale Arbeitsmigration über gezielte Rekrutierungsmaßnahmen organisieren soll (vgl. Buckel 2013: 208).

Italien finanziert in Senegal u. a. gemeinsam mit der IOM das MIDA-Senegal Projekt („Migration for Development in Africa"). Die italienische Kooperation zielt insbesondere auf die Inwertsetzung von Rücküberweisungen der senegalesischen Community in Italien sowie auf die Unterstützung von Rückkehrerprogrammen ab (vgl. Kabbanji 2013: 422).

Grundsätzlich muss an dieser Stelle angemerkt werden, dass es sehr schwierig ist genau nachzuvollziehen, wie viele Gelder exakt in welchen Bereich fließen. Auf der Agenda Europas, wie auch der genannten Mitgliedstaaten, steht die Verhinderung von „illegaler Migration" auf jeden Fall immer noch sehr weit oben. Über die Verbindung der Thematik mit dem Entwicklungsbereich sowie mit humanitären Belangen wurde eine weitaus populärere Legitimationsstrategie gefunden als die reinen Repressionsdiskurse. Ein Blick auf die Zahlen lässt die Prioritäten erkennbar werden. So legt z. B. das Euro-senegalesische Strategiepapier bei Weitem nicht alle von der EU finanzierten Projekte offen. Zwar sind nur 12 Millionen Euro für den Bereich Migration und technische Hilfe vorgesehen – im Gegensatz zu 150 Millionen für den Bereich der Armutsbekämpfung – aber die bedeutende Rolle, die der Migration in dem Papier zugedacht wird und die das Papier wie ein roter Faden durchzieht, macht deutlich, dass auch in nicht explizit die Migration betreffenden Teilbereichen Migrationsthemen berührt werden können – wie etwa bei Projekten im Bereich der Bekämpfung der Jugendarmut. Bedenkt man zudem, dass bereits in die HERA-Operationen um die 12 Millionen Euro geflossen sein müssen und rechnet hier die Ausbildungsprogramme von Grenzpersonal und die gemeinsamen Patrouillen im Rahmen des AENEAS Programms hinzu, so verschiebt sich der finanzielle Schwerpunkt tendenziell hin zu dem Bereich der Bekämpfung der „irregulären" Migration (vgl. Benhöfer 2012: 32). Dieser Trend innerhalb der EU bestätigt sich auch, wenn man die Verteilung der Gelder des international eingesetzten Finanzinstrumentes „Solidarität und Steuerung der Migrationsströme" betrachtet. Die höchsten Summen sind nicht im Integrationsfonds oder dem Rückkehrfonds eingestellt, sondern im Außengrenzenfonds (vgl. ebd.).

Auswirkungen der EU-Politik auf senegalesische Gesetze und Politik

Internationale Rahmengesetzgebung für Migration in Senegal

Senegal hat die Genfer Flüchtlingskonvention und das Protokoll von 1967 unterzeichnet. Zudem enthält auch die Konvention der Afrikanischen Union, die von Senegal unterzeichnet und 1971 ratifiziert wurde, Klauseln zum Schutz afrikanischer Flüchtlinge. Des Weiteren unterzeichnete Senegal die von den Vereinten Nationen verabschiedete und 1999 ratifizierte „Internationale Konvention zum Schutze aller Wanderarbeiter und ihrer Familienangehörigen". (vgl. Benhöfer 2012: 15)

2003 ratifizierte Senegal das „Übereinkommen der Vereinten Nationen gegen die grenzüberschreitende organisierte Kriminalität" („United Nations Convention against Transnational Organized Crime", A/RES/55/25, Palermo 15.11.2000 – in Kraft getreten 29.09.2003) (vgl. Benhöfer 2012: 16f.). Dies ist insofern relevant für die Thematik von Migration und Flucht, als der hier anvisierte Kampf gegen transnationale organisierte Kriminalität auch den Bereich des Trafficking – Schleusungskriminalität und Menschenhandel – umfasst. Konkretisiert wird dies in dem ebenfalls von Senegal unterzeichneten „Zusatzprotokoll gegen die Schleusung von Migranten auf dem Land-, See- und Luftweg" („UN Protocol against the Smuggling of Migrants by Land, Sea and Air", A/55/383). Die Vertragsstaaten des Protokolls sollen in Zusammenarbeit die Schleusung von Migrant_innen verhindern und dabei die Rechte der geschleusten Migrant_innen schützen (ebd.: Art. 2). Artikel 5 des Zusatzprotokolls betont zudem, dass Migrant_innen, die Opfer von Schleusungskriminalität geworden sind, dafür nicht strafrechtlich verfolgt werden dürfen. Die Vertragsstaaten sollen ihre Gesetzeslage gemäß den Straftatbeständen anpassen (vgl. ebd.: Art. 6. Abs. 3). Ohne den freien Personenverkehr zu gefährden, sollen Grenzkontrollen verstärkt werden (vgl. ebd.: Art. 11. Abs. 1). Das Protokoll sieht des Weiteren eine verbesserte Zusammenarbeit auf dem Gebiet der Schulung, Operationalisierung und technischen Ausstattung von Kontrollen zur Bekämpfung von Schleusungskriminalität vor – abgesichert durch multi- und bilaterale Abkommen. Die Umsetzung der Konvention, respektive der Zusatzprotokolle, in senegalesisches Recht erfolgte mit dem Gesetz Nr. 2005/06.

Darüber hinaus unterzeichnete Senegal als Mitgliedstaat der Westafrikanischen Wirtschaftsunion (CEDEAO/ECOWAS) mehrere Papiere, die die Migration und Bewegungsfreiheit in der Subregion betreffen (vgl. Benhöfer 2012: 15f.). Bereits das Gründungsdokument (ECOWAS Gründungsvertrag (1975): Art. 3. 2. d) iii)) formuliert die Bewegungs-, Aufenthalts- und Niederlassungsfreiheit als eine notwendige Bedingung zum Erreichen der ökonomischen und politischen Ziele der Union. Des Weiteren legt der Text in Artikel 59 bezüglich der Thematik der Immigration fest, dass allen Staatsbürger_innen der Union von den Mitgliedstaaten das Recht auf Einreise, Aufenthalt und Niederlassung gewährt werden soll. Die Mitgliedstaaten müssen dafür Sorge tragen, dass die Rechte der Staatsangehörigen anderer Mitgliedstaaten anerkannt werden (vgl. ebd.: Art. 59.1.). Ebenso hält der Artikel fest, dass die Umsetzung der unter 59.1 formulierten Maßnahmen durch Implementieren in nationales Recht garantiert wird (vgl. ebd.: Art. 59.3).

Der Gründungstext der Union erkennt damit die wichtige historische Rolle der Personenfreizügigkeit für die Verwirklichung eines gemeinsamen Handels- und Wirtschaftsraums für Westafrika an. Migration und internationaler Handel haben in der Region eine lange Tradition, die sich auch durch die kolonialen Grenzziehungen – die kaum effektiv durchgesetzt wurden – nicht unterbinden ließen (vgl. Gans 2006: 147; Hauck 2001: 23).

Die Umsetzung der Personenfreizügigkeit innerhalb der Subregion wurde schließlich auf Ebene der CEDEAO/ECOWAS in mehreren zusätzlichen Protokollen konkretisiert. Zu nennen sind hier das „Protocole sur la libre circulation des personnes et le droit de résidence et d'établissement" von 1979 (A/P1/5/79), sowie Zusatzprotokolle aus den Jahren 1985 – die Abschaffung von Visa betreffend (A/SP1/7/85) und 1989 – das Aufenthaltsrecht betreffend (A/SP1/6/89) sowie aus dem Jahr 1990 – bezüglich der Niederlassungsfreiheit (A/SP2/5/90). Das Protokoll von 1979 sieht die Umsetzung der Bewegungs- und Niederlassungsfreiheit in drei Phasen innerhalb eines Zeitraumes von 15 Jahren vor (A/P1/5/79, Art. 2). Zudem wird in Artikel 3 festgelegt, dass die Einreise mit einem gültigen Ausweisdokument vorgenommen werden muss. Bei einem Aufenthalt, der 90 Tage überschreitet, müssen sich Immigrant_innen aus den ECOWAS Staaten in dem Aufenthaltsland registrieren lassen. Durch das Zusatzprotokoll von 1986, welches Phase II der Umsetzung einleitete, wurde die „ECOWAS Residence Card" oder „der Residence Permit" eingeführt, der diese Registrierung erleichtern sollte (A/SP/.1/7/86, Art.5). Das Zusatzprotokoll von 1985 widmet sich ab Artikel 3ff dem Tatbestand der „irregulären" Migration, die dann eintritt, wenn die betreffende Person keine gültigen Papiere besitzt, nicht über einen offiziellen Grenzposten eingereist ist oder sich nicht innerhalb der vorgegebenen Frist hat registrieren lassen (A/SP1/7/85: Art. 3ff.). Hier werden auch die Bedingungen für Abschiebung und Zurückweisung festgelegt.

Einen weiteren Schritt zur Umsetzung der Personenfreizügigkeit innerhalb der CEDEAO/ECOWAS Region stellt der „Common Approach on Migration" von 2008 dar. Dieser beinhaltet, neben weiteren Absichtserklärungen bezüglich der Umsetzung des Protokolls zur Bewegungsfreiheit von 1979, Überlegungen zur Homogenisierung von Politiken im Kampf gegen ‚irreguläre' Migration und Menschenhandel. Ein weiterer zentraler Punkt ist die Annäherung regionaler Strategien an die Zusammenführung von Migration und Entwicklung. Mit diesem Abkommen wird das Spannungsfeld zwischen den Politiken der Externalisierung der EU-Grenzen, die schärfere Kontrollen auch an den afrikanischen Binnengrenzen fordert, und der Forderung nach regionaler Integration der CEDEAO/ECOWAS deutlich. Gleichzeitig markiert der „Common Approach on Migration" den Eintritt der CEDEAO/ECOWAS in den Diskurs des Migrationsmanagements, der in der Folge auch für die nationalen Politiken relevant wird (vgl. Kabbanji 2013: 418).

Bei dem ordentlichen Treffen der Staatschefs der CEDEAO/ECOWAS in Ouagadougou 2008[14] bestätigten die anwesenden Staatsoberhäupter zuletzt die Politik der Bewegungsfreiheit innerhalb der Region (vgl. Ndiaye/ Robin 2010: 50). Die praktische Umsetzung der CEDEAO/ECOWAS Vorgaben in nationale Gesetze bleibt allerdings oftmals nur schwer nachvollziehbar. Ziele wie Abbau von Polizeisperren und die nicht-diskriminierende Vorgehensweise bei Grenzkontrollen werden im Falle von diplomatischen Krisen zwischen den Ländern oftmals zurückgestellt (vgl. Gans 2006: 152 ff.). Die vorgesehene Homogenisierung der Ein- und Ausreiseformulare lässt weiterhin auf sich warten und nur einige der Mitgliedstaaten haben Komitees zur Überwachung der Umsetzung der Protokolle zu Einreise- Aufenthalts- und Niederlassungsfreiheit eingerichtet – darunter auch Senegal (vgl. ebd.: 154). Zur Umsetzung von Phase III, die ab 1990 vorgesehen war und die tatsächliche Niederlassungsfreiheit umfasste, kam es bisher noch nicht (vgl. ebd.: 152). Gans vermutet, dass dies auf Probleme der irregulären Niederlassung und der asymmetrisch verlaufenden Migration von ärmeren in reichere Länder der Region zurückzuführen ist, die in Folge der Realisierung von Phase I und II auftraten (vgl. ebd.). Nur der Blick in die nationale Rechtsprechung gibt also Aufschluss über die tatsächliche Situation bezüglich der regionalen Migration.

Obwohl es mit Marokko (1964) und mit Mauretanien (1978) privilegierte Verträge zur Bewegungs- und Niederlassungsfreiheit gibt (vgl. Bartolomeo et al. 2010: 5), sind Rückführungen aus den beiden Ländern gängige Praxis. Die senegalesische Regierung arbeitet bei Rückführungen vermeintlicher „illegaler Migrant_innen" insbesondere aus den Regionen um Laayoune und Dakhla mit der marokkanischen Regierung zusammen (vgl. La Cimade 2008: 30). Gleichzeitig sieht Senegal sich mit Rückführungen aus Mauretanien konfrontiert. Alleine im Jahr 2006 kamen mehrere tausend abgewiesene Migrant_innen und Geflüchtete in der nordsenegalesischen Stadt Rosso an.[15] Umgesetzt wurden die Abschiebungen laut Amnesty International zumeist in informellen Schnellverfahren ohne Rechtsschutzmöglichkeiten (Amnesty International 2008: 27f; vgl. Buckel 2013: 204). Der Rückführung ging zumeist der kräfteraubende Migrationsversuch über das Meer, sowie ein Aufenthalt im Haftzentrum von Nouadhibou voraus (siehe auch Dünnwald 2013: 29f). Dementsprechend kommen die Personen in sehr schlechter physischer und psychischer Verfassung in Senegal an (vgl. La Cimade 2008: 30).

Akteure des Migrationsmanagements in Senegal

Entsprechend der spätestens mit dem „Global Approach to Migration" für die EU-Politiken hegemonial gewordenen Rhetorik vom „Migrationsmanagement" versuchen sich auch die senegalesischen Regierungen mehr und mehr in der Steuerung und Regierung von Migration. Das heißt, neben dem Kampf gegen „illegale Migration" stehen die Organisation von legaler Arbeitsmigration und die Inwertsetzung

[14] 33e session ordinaire de la conférence des chefs d'Etat et de gouvernement, Ouagadougou, 18.01.2008.
[15] Unter Berufung auf Amnesty International beziffert Sonja Buckel die in den Jahren 2006/2007 von Mauretanien nach Mali oder Senegal abgeschobenen illegalisierten Drittstaatsangehörigen auf 18.700 (vgl. Buckel 2013: 204).

von so genannten „Remittances“[16] im Rahmen der Verbindung der Politikfelder der Migration und Entwicklung auf der politischen Agenda. Allerdings kann im Fall von Senegal nicht von einer kohärenten Migrationspolitik gesprochen werden (vgl. Kabbanji 2013: 418; Some 2009: 85). Die Akteure sind vielfältig und die Gesetzeslage nicht immer klar. Oftmals sind multiple Akteure in die Durchführung von Projekten, die die Thematik Migration betreffen, verwickelt. Verschiebungen innerhalb der ministerialen Strukturen, aufgrund von Regierungsumbildungen und Wahlen, machen die institutionellen Verantwortlichkeiten noch undurchsichtiger. Die Betrachtung einzelner Projekte ist in diesem Sinne aufschlussreicher, wenn man die involvierten Akteure kennen möchte. Auf diese Art und Weise kann auch die Dimension der zeitlichen Begrenztheit der Gültigkeit der Aussagen über die Akteur-Konstellationen mit einbezogen werden.[17]

Ein zentraler Akteur ist zunächst das Innenministerium („Ministère de l'Intérieur“). Nach außen hin ist es der Verhandlungspartner für die Verträge über legale Arbeitsmigration. Nach innen ist es der Kontrollarm über Bewegungen der „illegalen Migration“ und als oberste Instanz der verschiedenen Polizeieinheiten mit der Überwachung von Grenzen und Territorium betraut. In Zusammenarbeit mit dem Verteidigungsministerium („Ministère des Forces Armées“) ist es auch für die Küstenüberwachung in den gemeinsamen Operationen mit Frontex verantwortlich.[18] Die Betreuung der senegalesischen Emigrant_innen war seit 2003 im neu geschaffenen Ministerium für Tourismus und Auslandssenegalesen („Ministère du Tourisme et des Sénégalais de l'Extérieur“) angesiedelt. Dieses Ministerium war auch für die Durchführung von Programmen zum Anreiz für Entwicklungsinvestitionen durch die senegalesische Diaspora verantwortlich. Mit der Regierung Macky Sall wurde die Betreuung der Auslandssenegales_innen dem Außenministerium zugeordnet, welches sich auch um Visumfragen kümmert (jetzt: „Ministère des Affaires Etrangères et des Sénégalais de l'Extérieur“). Außerdem ist das Außenministerium Verhandlungspartner für alle internationalen, multi- und binationalen Rahmenverträge bezüglich der Thematik der Migration. Das Jugendministerium (jetzt: „Ministère de la Jeunesse, de l'Emploi et de la Promotion des Valeurs Civiques“; dt. Ministerium für Jugend, Arbeit und zur Förderung gesellschaftlicher Werte) ist sowohl mit der Organisation der legalen Arbeitsmigration nach und der Betreuung von Rückführungen aus Spanien betraut, als auch mit Entwicklungsprojekten im Rahmen von Präventionsprogrammen gegen „irreguläre Migration“. Dies beinhaltet auch Programme, die auf die Eindämmung der Jugendarbeitslosigkeit abzielen, die als eine der Hauptursachen für Migration gesehen wird. Das Justizministerium

[16] Auch Rücküberweisungen; Gelder, die von Migrant_innen zurück ins Entsendeland überwiesen werden.

[17] Da die institutionelle Struktur sehr unübersichtlich ist, wird hier nur versucht die wichtigsten involvierten Institutionen zu erfassen. Aufgrund der Kurzlebigkeit der Projekte, Kommissionen etc. muss auch immer wieder aktuell das tatsächliche Fortbestehen überprüft werden. Für weitere Ministerien und staatliche Instanzen, die Projekte ausführen, die mit Migration in Verbindung stehen, siehe etwa Some 2009: 77ff.

[18] Hierzu besteht innerhalb des Innenministeriums eine permanente Arbeitsgruppe, bestehend aus Vertreter_innen des Ministeriums, Vertreter_innen der beteiligten Einheiten von Militär und Polizei sowie den Frontex Expert_innen (Expert_innengespräch mit Nannette Abrahams, Frankfurt 07.10.2013).

(„Ministère de la Justice“) ist insofern involviert, als es z. B. in Zusammenarbeit mit dem Büro der Vereinten Nationen gegen Drogen und Kriminalität (UNODC) mit der Erarbeitung einer nationalen Strategie gegen grenzüberschreitende Kriminalität und Trafficking betraut ist. Daneben gibt es z. B. kleinere dezentrale Projekte, wie Mikrokredite für Migrantinnen, die im Rahmen des „Fonds national de la promotion de l'entreprenariat féminin“ vom Familienministerium vergeben werden. Des Weiteren wurden zur Durchführung konkreter Projekte Kommissionen eigesetzt, wie etwa 2008 die „Commission nationale de la gestion et de suivi des offres d'emploi“ (CNGSOE), die über die Transparenz der Vergabe der von Spanien und Frankreich ausgestellten Arbeitsvisa wachen sollte. An dieser Kommission waren u. a. Innenministerium, Jugendministerium, Außen- und Auslandssenegalesenministerium sowie das Arbeitsministerium und weitere Unterstrukturen der damaligen Regierung beteiligt (vgl. ENDA 2010; Kabbanji 2013: 421; Some 2009: 69f./77f.).

Senegalesische Gesetzgebung hinsichtlich der Thematik Migration

Den rechtlichen Rahmen für die Immigration in den Senegal stellt zunächst das Gesetz Nr. 71-10 vom 25.01.1971 dar, sowie das dazugehörige Dekret Nr. 71-860 aus dem gleichen Jahr. Hier werden die Bedingungen für Einreise, Aufenthalt und Niederlassung in Senegal definiert. Daneben legt das Dekret die Konditionen für Ab- und Rückschiebungen fest.

Vor dem Hintergrund der Umsetzung des 2003 von Senegal ratifizierten „Übereinkommen der Vereinten Nationen gegen die grenzüberschreitende organisierte Kriminalität“ wurde 2005 das „Gesetz Nr. 2005-06 hinsichtlich des Kampfes gegen Menschenhandel und damit verbundenen Praktikenen und des Opferschutzes“ („Loi n° 2005-06 relative à la lutte contre la traite des personnes et pratiques assimilées et à la protection des victimes“) verabschiedet, das 2009 in Kraft trat (vgl. Benhöfer 2012: 17f.). Gleichzeitig stellt das Gesetz laut Zielsetzung, definiert im Gesetzestext selbst, die Umsetzung des regionalen Handlungsplanes gegen Menschenhandel („Plan d'action régional sur la traite des personnes“) der CEDEAO/ECOWAS dar, welcher auf einer Ministerkonferenz 2002 in Dakar verabschiedet wurde. Neben dem grenzüberschreitenden Menschen- und Drogenhandel widmet sich das Gesetz auch dem Kampf gegen die so genannte „klandestine Migration“. Artikel 4 des Gesetzes legt eine Haftstrafe von fünf bis zehn Jahren sowie eine Geldstrafe für denjenigen fest, der irreguläre Migration durch die Luft oder auf dem Land- und Seeweg organisiert. Das gleiche Strafmaß gilt für die Fälschung von Visa und anderen Ausweisdokumenten. Der von der UN Konvention vorgesehene Opferschutz wird nur eingeschränkt umgesetzt. So sieht Artikel 12 des Gesetzes zwar einen gewissen Opferschutz vor, davon ausgenommen sind allerdings Erwachsene, die im Bewusstsein des Tatbestandes an der Realisierung des Vergehens beteiligt sind. Damit ermöglicht das Gesetz die strafrechtliche Verfolgung von erwachsenen Migrant_innen, die nicht die Bedingungen der legalen Migration erfüllen. Auch wenn nicht nachweisbar ist, dass das Gesetz von 2005 unter dem Druck der europäischen Grenzpolitiken und der Kriminalisierung von „illegaler Migration“ verabschiedet wurde, kommt es der

EU entgegen und fügt sich in die im Kontext von „Cotonou Abkommen", „Rabat Prozess" und dem gemeinsamen Strategiepapier formulierten repressiven Politiken ein. Angesichts der Tatsache, dass eines der unter dem Finanzschirm des AENEAS Programms durchgeführten Projekte zur Verbesserung der Rechtslage bezüglich der „illegalen Migration" auch die Anwesenheit von beratenden Expert_innen u. a. von Europol vorsieht, kann von einer europäischen Einflussnahme ausgegangen werden.

Die Ausreise aus Senegal unterliegt keinen Beschränkungen – weder für Senegales_innen noch für andere Staatsangehörige. Das Ausreisevisum wurde 1981 abgeschafft (vgl. Bartolomeo et al. 2010: 4). Die in dem Euro-senegalesischen Strategiepapier von 2007 erwähnte „klandestine Emigration" ist somit rechtlich nicht eindeutig abgesichert (Strategiepapier Sn_EU 2007, Part II: 7). Einen Anhaltspunkt bietet lediglich das Gesetz von 2005, in dem es beides, die organisierte klandestine Ein- und Ausreise, bestraft (vgl. Bartolomeo et al. 2010: 4).

Die tatsächliche Umsetzung von Gesetzen und der Umgang mit Migrant_innen ist nur schwer nachvollziehbar. Die im Rahmen der Feldstudie durchgeführten Interviews zeichnen ein heterogenes Bild (vgl. Sow 2013). Teilweise werden Migrant_innen, die im Meer aufgegriffen werden, einfach an Land gebracht und freigelassen, teilweise werden sie in Haft genommen. Awa Dieng, die später die Organisation „Mbeuk-Mi" gegen „illegale Migration" gründete, erzählt ihre Erfahrung wie folgt:

> „Am Hafen von Dakar erwarteten uns bereits die Polizeiwagen. Sie haben uns auf das Kommissariat des vierten Arrondissements gebracht, wo wir 48 Stunden in Gewahrsam verbrachten. Danach wurden wir direkt einem Richter vorgeführt. Die Passagiere, es waren ca. 50 Personen, darunter 3 Frauen, wurden zu 8 Tagen Gefängnis auf Bewährung verurteilt, während der Kapitän 3 Monate Haft bekam." (Awa Dieng im Interview in Dakar, 21.07.2013; Sow 2013: 15)

Welches Gesetz Grundlage dieser Verurteilung war, ist unklar. Den improvisierten Umgang mit Gesetzen in der Rechtsprechung gegen die Kandidat_innen zur Migration sowie gegen die vermeintlichen Schlepper bestätigt auch ein senegalesischer Jurist, der lieber anonym bleiben möchte:

> „Bis zu dem Auftauchen des Phänomens der „klandestinen Immigration", was ein relativ neues Phänomen für das senegalesische Recht darstellt, gab es keine Gesetzgebung diesen Tatbestand betreffend. Die Urteile die von den Richtern getroffen werden, dienen mehr der Abschreckung, als dass sie bestehendes Recht anwenden." (Interview in Dakar, 16.09.2013; Sow 2013: 24)

In den meisten Fällen scheint allerdings das oben beschriebene Anti-Trafficking-Gesetz Nr. 2005-06 Grundlage für die Urteile zu sein. Unter Berufung auf Artikel aus der spanischen Zeitung „El País" (23.05.2006) und der „Tageszeitung" (25.05.2006) berichtet Sonja Buckel, dass es im Mai 2006 zu großangelegten Razzien und Massenfestnahmen kam. Dabei wurden 1.500 illegalisierte Migrant_innen, die versucht hätten auf die Kanaren zu gelangen, sowie 60 vermeintliche Menschenschmuggler festgenommen und in Schnellverfahren auf Grundlage des senegalesischen Trafficking-Gesetzes verurteilt. Die Migrant_innen erhielten Bewährungs- und Haftstrafen von bis zu zwei Monaten (vgl. Buckel 2013: 203).[19]

Abdoulaye Wade: Beginn einer senegalesischen Migrationspolitik

Es ist vermutlich etwas gewagt zu behaupten, dass der plötzliche Anstieg der Überfahrten von Pirogen von den Küsten Senegals hin zu den Kanarischen Inseln Abdoulaye Wade in die Hände gespielt hat. Gesagt werden kann allerdings, dass er mit der Thematik international und national eine weitaus bedeutendere Position gewann (vgl. Dahou/Foucher 2011: 15). Senegal und damit auch sein Präsident standen aufgrund der hohen Medienpräsenz der so genannten „Krise der Cayucos" auf einmal im Mittelpunkt der Aufmerksamkeit der internationalen Presse und Politik. Migration war auch eines der Wahlkampfthemen in der zweiten Kampagne, die zu Wades Wiederwahl im Jahr 2007 führte. Während sich die senegalesische Politik bis dahin kaum für die Thematik der Migration interessiert hatte, taucht sie ab 2005 in fast allen Politikbereichen auf.

International wurden während Wades Amtszeit die wohl wichtigsten Gespräche bezüglich der Neuausrichtung der Migrationspolitiken in Absprache mit den europäischen Partnern aber auch im regionalen Dialog geführt. In diesem Zeitraum wurden auch die wegweisenden Abkommen und Verträge unterzeichnet, sowie internationale Programme implementiert. Laut Dahou und Foucher ist es Wade in dem Rahmen gelungen, mehr Hilfsgelder für Senegal von internationalen Gebern einzuwerben als je zuvor, was der externen Orientierung des senegalesischen Staates weiter Vorschub leistete (vgl. ebd.: 18). Die senegalesische Regierung reagierte auch mit eigenen Programmen, mit dem Ziel die Arbeitslosigkeit in den Reihen der „Dagebliebenen" einzudämmen und die Reintegration von Rückkehrenden zu verbessern. Ein weiteres Ziel war die Ausrichtung der Wirtschaft auf die Rücküberweisungen der ‚erfolgreichen' Migrant_innen, die bereits im Jahr 2007 12 Prozent des Bruttoinlandsproduktes ausmachten (vgl. Dahou/Foucher 2011: 15/16ff; Some 2009: 59f). In der zweiten Amtsperiode von Wade wurde die Thematik der Migration in die wichtigsten Entwicklungspläne aufgenommen (vgl. Sow 2013: 16). So finden sich z. B. in dem zweiten Strategiepapier zur Armutsbekämpfung (PRSP II, September 2007) vermehrt Verweise auf die notwendige Berücksichtigung der Thematik der Migration für Entwicklungsfragen. Unter dem Punkt der für die Periode 2006-2010 vorgesehenen Maßnahmen im Bereich der Entwicklung der Diaspora werden ebenso Aktivitäten hinsichtlich einer Strategie zur besseren Erfassung der im Ausland befindlichen Senegales_innen angekündigt, wie Informationskampagnen über die

[19] Auch La Cimade (2010: 84) berichtet davon, dass zwischen März und Dezember 2006 1.149 Personen von den Gerichten in Thiès, Dakar, Saint Louis und Zinguinchor auf Grundlage des Gesetzes verurteilt wurden. La Cimade liefert keine Daten dazu welche Art von Strafen die Verurteilten erhalten haben.

Risiken der „klandestinen Emigration“ (ebd.: 72). Ein weiteres ebenfalls hier berücksichtigtes Feld ist die Inwertsetzung von Rücküberweisungen.[20]

Um die von Wade proklamierte „Emigration clandestine Zéro“ zu erreichen, implementierte seine Regierung ab Juli 2006 den so genannten „Plan REVA“ („Retour vers l'agriculture“; dt.: „Rückkehr zur Landwirtschaft“). Nach der hinter dem Programm steckenden Idee sollten Rückkehrende aus dem Ausland – also auch Abgeschobene – und potenzielle Migrant_innen, wie die arbeitslosen Jugendlichen sowohl aus den Städten als auch aus den ländlichen Regionen, mit der „Rückkehr“ [sic!] zur Landwirtschaft eine Zukunftsperspektive finden. Gleichzeitig soll mit der Umsetzung des Planes größere Nahrungsmittelsicherheit für das stark importabhängige Land hergestellt werden. Ehrgeiziges Ziel des Planes war die Schaffung von 300.000 neuen Arbeitsplätzen (vgl. Martínez Bermejo/ Rivero Rodriguez 2008: 36). Spanien stellte schon 2006 für die Umsetzung von REVA im Rahmen des „Plan África“ einen Kredit in der Höhe von 10 Millionen Euro zur Verfügung (Plan África 2009-2012: 86). Die zeitliche Koinzidenz zwischen der spanischen Bereitstellung von 10 Millionen Euro für das Projekt und der Bereitschaft des senegalesischen Präsidenten zur Rücknahme von Abgeschobenen aus Spanien im Sommer 2006 legt die Vermutung nahe, dass Spanien sich diese Bereitschaft mit Entwicklungshilfe erkauft hat (vgl. Martínez Bermejo/ Rivero Rodriguez 2008: 60).

Die Verhinderung von Migration durch die Schaffung von Arbeitsplätzen ist eine der von der senegalesischen Regierung mit Unterstützung ausländischer Geber verfolgten Strategien zur Minimierung von Migration. Weitere Initiativen in diesem Bereich sind etwa das Büro für die Beschäftigung von Jugendlichen aus der Banlieu („Office pour l'emploi des jeunes de la banlieu“ – OFEJBAN), der nationale Fonds für die Förderung von Jugendlichen („Fonds national pour la promotion de la jeunesse“ – FNPJ) oder aber die Nationale Agentur für die Beschäftigung von Jugendlichen („Agence nationale pour l'emploi des jeunes“ – ANEJ) (vgl. Some 2009: 70; Sow 2013: 16). Das mit Hilfe der Internationalen Arbeitsorganisation (ILO) entwickelte Informationssystem SIGEM („Système d'information pour la gestion efficace de la migration“) verdeutlicht, dass aus Perspektive der Politik jede_r junge Arbeitslose auch potenziell Migrant_in ist. Mit Hilfe dieser Software sammelt das senegalesische Jugendministerium landesweit Daten über Jugendliche und junge Menschen, die einen Arbeitsplatz suchen und damit gleichzeitig als potenzielle Kandidat_innen für die Migration eingeschätzt werden. Alleine von Mai bis Juni 2008 wurden laut dem Ministerium 44.711 Personen in dem System erfasst (vgl. Some 2009: 71). Auch diejenigen, die von der legalen Möglichkeit zur Migration nach Spanien profitierten, wurden von dieser Liste ausgewählt. Die Vergabe der Visa für temporäre Arbeitsverträge im Ausland gehört zu einem Bereich des „Migrationsmanagements“, den man als Verwaltung der legalen Migration bezeichnen könnte (vgl.

[20] Allerdings findet sich unter den Maßnahmen für die Inwertsetzung der Remittances nicht die Idee einer eigenständigen senegalesischen Entwicklungsbank, die die Rücküberweisungen gewinnbringend für die senegalesische Wirtschaft kanalisieren könnte. Eine solche Bank wird von der „Fédération des Sénégalais de la Diaspora“ (FSD) als ein zentrales Instrument zur Entwicklung durch Remittances gesehen (Expert_innengespräch mit Manga Diagne (FSD), Frankfurt 10.11.2013).

ebd.). Weitere die Migrationsthematik berührende Bereiche in denen der senegalesische Staat aktiv ist, sind

1 Programme die Investitionen in die Entwicklung des Landes durch Rücküberweisungen aus der Diaspora begünstigen, wie etwa MIDA-Senegal (unterstützt durch die italienische Entwicklungshilfe und IOM) oder aber der ans Außenministerium angegliederte Fonds für die Unterstützung von Investitionen der Auslandssenegalesen („Fonds d'appui à l'investissement des Sénégalais de l'extérieur – FAISE"),
2 Initiativen, die dem Wissenstransfer von der Diaspora zurück ins Herkunftsland dienen sollen, wie z. B. TOKTEN-Senegal („Transfer of Knowledge Through Expatriate Nationals"), durchgeführt vom Außenministerium in Zusammenarbeit mit dem UNDP Senegal, und
3 nationale Informationskampagnen, die der Abschreckung potenzieller Kandidat_innen zur Migration und der Förderung der freiwilligen Rückkehr dienen sollen. In diesem Bereich arbeiten staatliche Akteure mit zivilgesellschaftlichen Organisationen und NGOs zusammen. Der hier aktivste internationale Akteur ist die Internationale Organisation für Migration (IOM), die seit 1998 ein Büro in Dakar unterhält. [21]

Mit seiner von Korruption und Vetternwirtschaft geprägten Regierungsweise hat Abdoulaye Wade schließlich die Erwartungen insbesondere vieler junger Senegales_innen enttäuscht. Der Anstieg der Überfahrten ab dem Jahr 2006 kann auch im Kontext seiner gescheiterten Politik gelesen werden, auch wenn dem Argument der Südverschiebungen der Grenzen aufgrund der Ereignisse von Ceuta und Melilla sowie der anwachsenden Präsenz von europäischen Grenzkontrolleinheiten an den nördlichen Hot Spots der Seemigration sicherlich die größere Bedeutung beigemessen werden muss. Dennoch kann als Grund für die vermehrte Suche nach einer besseren Zukunft auf der anderen Seite des Meeres auch die Enttäuschung und Perspektivlosigkeit angeführt werden, die sich bereits 2006/2007 für viele mit der zu erwartenden Wiederwahl von Wade verband (vgl. Abrahams 2013: 3).

Verfassungsgemäß verfügt der Präsident in Senegal gegenüber der Nationalversammlung über große Autonomie (vgl. Benhöfer 2012: 18). Er kann internationale Abkommen ohne die parlamentarische Zustimmung aushandeln und ratifizieren. Obwohl eine Demokratisierung der Verteilung von Kompetenzen Teil von Abdoulaye Wades Wahlkampf war, setzte er dieses Versprechen nie in die Tat um (vgl. Cernicky 2007: 345). Seit dem Boykott der Nationalversammlung nach den Wahlen 2007 durch die Opposition, die dem wiedergewählten Präsidenten Wahlbetrug vorwarf, konnte Abdoulaye Wade quasi ohne parlamentarische Kontrolle regieren. Vor diesem Hintergrund erscheint die ohnehin schon kritikwürdige Zusammenarbeit der EU, z. B. im Rahmen der Frontex-Missionen, mit der Regierung Wade noch problematischer (vgl. Benhöfer 2012: 38).

[21] Die hier angeführten Beispiele können lediglich als Indiz dafür dienen, welche Art von Aktivitäten die senegalesischen Regierungen im Bereich der Migration im letzten Jahrzehnt entwickelt haben.

Macky Sall: Bruch oder Kontinuität?

Als Wade sich 2012 erneut zur Wahl stellen lassen wollte, und die Exitoption über das Meer nicht mehr oder zumindest, aufgrund der verstärkten Kontrollen, nur noch eingeschränkt bestand, entschieden sich aufgebrachte Jugendliche dazu, ihre Rechte und einen politischen Wandel auf der Straße einzufordern (vgl. Abrahams 2013: 3). Die breite Bewegung, bei welcher als zentrale Akteure insbesondere das aus dem aktivistischen Hip Hop Milieu agierende „Y'en a marre"-(„Es reicht")-Movement sowie die „Bewegung des 23. Juni"[22] in Erscheinung traten, konnte dann schließlich bei den Wahlen 2012 einen Regierungswechsel erzwingen. Für die Bewegung spielte Migration, so Nannette Abrahams, nur am Rande eine Rolle (Expert_innengespräch mit Nannette Abrahams in Frankfurt, 07.10.2013). Zentrale Forderungen betrafen vielmehr Veränderungen im Hier und Jetzt.

Auch Macky Sall bemühte das Thema Migration nicht im Wahlkampf. Seit seinem Amtsantritt lässt sich kein wirklicher Wandel in den senegalesischen Migrationspolitiken feststellen. Die Abschaffung des Ministeriums für Auslandssenegalesen bzw. dessen Eingliederung in das Außenministerium lassen sich zunächst als Zeichen deuten, dass Sall der Migration keine zu große Bedeutung zukommen lässt. Es darf allerdings auch nicht vergessen werden, dass Macky Sall unter Abdoulaye Wade unter anderem Innenminister und von 2004 bis 2007 Ministerpräsident war und in diesen Funktionen die Maßnahmen der Regierung Wade im Bereich der Migration über viele Jahre hinweg mitgetragen hat.[23] Für eine ungebrochene Weiterführung von Wades Migrationspolitik spricht zudem die Fortsetzung der Arbeit an einer nationalen Strategie des Grenzmanagements und der Migration, die mit Unterstützung des MIEUX-Projektes im Jahr 2010 aufgenommen wurde. Mit dem Verweis auf die Sicherheitsrisiken einer ungenügenden Kontrolle der Grenzen bleibt die Regierung Sall der bisherigen Rechtfertigungslinie für den Ausbau von Grenzkontrollen treu. Im Rahmen der Eröffnung eines interministeriellen Dialogs über die kommende Strategie argumentierte der amtierende senegalesische Innenminister Pathé Seck, dass es nicht darum ginge sich in die eigene Gesellschaft zurückzuziehen, aber dass die eigene Bevölkerung und die natürlichen Ressourcen gegenüber externen Einflüssen geschützt werden müssten (vgl. APS 14.12.2012). Laut Sandra Zech, die die Ausarbeitung dieser Strategie von Seiten des Büros der Europäischen Delegation in Dakar begleitet, hat Senegal zu diesem Anlass bei der EU weitere 3 Millionen Euro für den Ausbau des Grenzmanagements beantragt (vgl. ebd.).

Gerade bei Betroffenenorganisationen hat Macky Sall mit der ungebrochenen Fortführung der Migrationspolitiken für große Enttäuschung gesorgt. Dies formuliert Boubacar Sèye, der Vorsitzende der Organisation „Horizon sans frontières" wie folgt:

[22] benannt nach einer an diesem Datum im Jahr 2011 durchgeführten erfolgreichen Mobilisierung gegen eine von Wade initiierte Verfassungsveränderung.

[23] Für diesen Hinweis danke ich ebenfalls Nannette Abrahams (Expert_innengespräch, Frankfurt 07.10.2013).

„Wir haben uns für den Regierungswechsel eingesetzt, weil wir mit Macky Sall große Hoffnungen verbanden. Die Signale, die wir nun bekommen sind nicht überzeugend. Und dabei spreche ich nicht einmal von der Abschaffung des Ministeriums für Auslandssenegalesen. Was es bräuchte, ist ein Super-Ministerium für die internationale Migration, das die Bewegungsfreiheit für Menschen und Güter durchsetzt. Alle Versprechungen, die man uns vor der Wahl gemacht hat, werden nicht eingehalten.“ (Boubacar Sèye im Interview in Dakar, Juni 2013; Sow 2013: 27).

Jenseits der Grenzen: Die Reichweite der Thematik Migration

Neben Entwicklung und Sicherheit zieht sich die Thematik der Migration durch fast alle Bereiche der senegalesischen Gesellschaft. Interessant wäre es etwa der Frage nachzugehen, inwiefern auch Fischer, die sich aufgrund sinkender Fischbestände mehr und mehr zu temporärer Migration in die Gewässer der Nachbarstaaten gezwungen sehen, in Konflikt mit den Grenzkontrollen geraten (vgl. etwa Binet/ Faillet 2010). Ein anderer sehr interessanter Bereich, den es zu befragen gäbe, ist der Handel – insbesondere der grenzüberschreitende Handel mit Anrainerstaaten und den Mitgliedstaaten der CEDEAO/ECOWAS. Die Grenzpolitiken der EU laufen in weiten Teilen den regionalen Integrationsbemühungen der CEDEAO/ ECOWAS-Staaten entgegen. Es drängt sich damit die Frage auf, inwiefern Einschränkungen der Freizügigkeitsregelungen in der Region den Entwicklungsstrategien entgegenlaufen. Einen Hinweis darauf liefern die wiederholten Forderungen in allen aktuellen Papieren der ECOWAS, dass die Maßnahmen im Bereich der Migration nicht die Freizügigkeitsregelungen in der Region einschränken dürften. In einem dem Strategiepapier mit der EU angehängten Migrationsprofil äußert die senegalesische Regierung – damals noch unter Wade – Bedenken hinsichtlich der Vereinbarkeit der EU-Maßnahmen mit den regionalen Interessen des Wirtschaftsverbandes (vgl. Strategiepapier Sn_EU 2007, Part II, Annexe 4: 46; Benhöfer 2012: 26). Senegal sieht sich, so die Einschätzung im Migrationsprofil, zwischen dem freien Personen- und Warenverkehr, den die ECOWAS anstrebt, und den Kontrollmaßnahmen, die der Schengen-Raum fordert, in eine schwierige Situation gebracht. Wenn Senegal als Transitzone die von der EU im Kontext des Kampfes gegen „illegale“ Migration geforderten Kontrollmaßnahmen durchsetzen würde, so das Dokument, würde das auf eine Beschneidung des Freizügigkeitsrechts für Angehörige aus den CEDEAO/ ECOWAS Mitgliedstaaten hinauslaufen. Bewegungsfreiheit sei aber die notwendige Grundlage für die politische und ökonomische Stabilität der Subregion. Die Schaffung einer Zone der Bewegungs- und Niederlassungsfreiheit sei zudem, so Badara Ndiaye, Koordinator des „pôle migratoire“ der senegalesischen Entwicklungsorganisation ENDA, eine Errungenschaft der Unabhängigkeiten der vormals kolonisierten westafrikanischen Staaten. Sie markiere einen Akt der Emanzipation gegen die kolonialen Grenzziehungen, die die historische Bedeutung von Mobilität in der Region ignorierte.[24] In diesem Sinne wäre es notwendig der Frage nachzugehen, wie es in der Praxis mit der Bewegungsfreiheit an den CEDEAO/ECOWAS-Grenzen tatsächlich aussieht und ob es hier zu restriktiveren Praxen aufgrund der europäischen Einflussnahme kommt.

Diskursive Verschiebungen: «Tukki» (immigrer) n'est plus synonyme de «Tekki» (réussir dans la vie)[25]

> „All eure schönen Wörter,
> All eure schönen Versprechungen,
> Wir warten noch immer darauf.
> Ihr habt mir versprochen, ich würde Arbeit haben.
> Ihr habt mir versprochen, ich würde keinen Hunger mehr haben.
> Ihr habt mir versprochen, dass ich eine wirkliche Anstellung haben würde und eine Zukunft.
> In Wirklichkeit sehe ich bis heute noch nichts davon.
> Deshalb habe ich entschieden zu fliehen, deshalb hau' ich ab in der Piroge.
> Ich schwöre es! Ich kann hier keine Sekunde länger bleiben.
> Besser ist es zu sterben, als in dieser Hölle unter diesen Bedingungen zu leben.
> Wie auch immer es kommt,
> Lieber sterben als bleiben.
> („Sunugaal", Didier Awadi, 2006)[26]

Während 2006 kaum ein Tag vergeht, ohne dass in den spanischen und senegalesischen Medien von den Pirogen berichtet wird, die auf den Kanaren ankommen, erscheint das Album „Sunugaal" von Didier Awadi. Im gleichnamigen Titel denunziert Awadi die leeren Versprechungen der Regierung von Abdoulaye Wade. Gleichzeitig geht es ihm nicht um eine Idealisierung der Migration. Er besingt nicht das „Eldorado" Europa, sondern seine Kritik richtet sich gegen die Verhältnisse in Senegal, die es zu verändern gelte.

Das Album von Awadi erscheint zu einem Zeitpunkt, als der Blick auf Migration im Senegal sich gerade zu verändern beginnt. Christine Ludl analysiert, dass Migration bis zu diesem Moment stark mit der Hoffnung auf Erfolg verbunden war. Erfolgsvorstellungen waren im vom intellektuellen Dichter-Präsidenten Léopold

[24] Badara Ndiaye bei einem Workshop im Rahmen des Weltsozialforums in Dakar, Februar 2011, zum Thema: „Die Politiken der EU, deren Effekte auf den gemeinsamen Raum der Westafrikanischen Union (CEDEAO/ ECOWAS) und die Konsequenzen für die Individuen und ihre Familien".
[25] Dt. Übersetzung: „Tukki" (immigrieren/reisen) ist nicht mehr Synonym für „Tekki" (Erfolg haben); zitiert aus Interview mit Maguette Sarr, Generalsekretär der „Association de la baie de Soumbédioune et environs" (ABSE) in Sow 2013: 19.
[26] Originaltext in Wolof. Dt. Übersetzung durch Autorin auf Grundlage einer französischen Übersetzung in Ludl 2008: 98.

Sédar Senghor[27] geprägten Senegal lange Zeit an Bildung und Abschlüsse geknüpft (vgl. Harvard 2001: 63). Mit der Verschlechterung der ökonomischen Situation und der Zunahme von Arbeitslosigkeit auch unter Hochschulabsolvent_innen gerät diese Vorstellung in die Krise. Die Unzufriedenheit, insbesondere der jungen Generation, richtet sich gegen den damaligen Präsidenten, Abdou Diouf, und das seit der Unabhängigkeit herrschende System der Sozialistischen Partei Senegals. Auch damals ist es Didier Awadi, der mit seinem Hip Hop Kollegen, Amadou Barry, mit der Formation „Positive Black Soul" (PBS) einen Song lanciert, der zum Motto einer ganzen Generation werden wird. „Bul Faale" auf Deutsch am besten mit „Mach dir nichts draus" übersetzt, ist Ausdruck eines individualisierten Erfolgsmodells, vom Typen, der es schafft, auch ohne von familiären oder religiösen Strukturen zu profitieren, die die senegalesische Gesellschaft prägen. Genau diesen Erfolgstyp verkörpert der senegalesische Lutteur[28] Mohammed Ndao, alias „Thysen", der sich den Slogan „Bul Faale" zu igen macht (vgl. Harvard 2001: 67). Getragen vom Erfolg dieses Kämpfers entsteht eine breite städtische Jugendbewegung, die an Veränderungen glaubt und diese erreichen will. Doch die Hoffnung der Bewegung mit der Abwahl von Diouf und der Wahl von Wade Veränderungen zu erreichen, wird enttäuscht. Die desolate Situation im Inland und die Geschichten von Migrant_innen, die mit Geld und Geschenken zurückkehren, schaffen ein neues Erfolgsmodell – das Modell des/der erfolgreichen Migrant_in (vgl. Ludl 2009; Ricchio 2005). Doch das Bild ist nicht ungebrochen. „Barça ou Barzakh" – Barcelona oder (wolof) der Tod – enthält eben beide Seiten. Das positive Bild der Migration wird immer schon kontrastiert durch das Bild vom Ertrunkenen, oder aber erfolglosen Rückkehrer, der zwar nicht physisch, jedoch sozial vom Tod bedroht ist (vgl. Ludl 2009: 111.). Und so ruft Awadi mit dem Lied „Djow sa gaal", ebenfalls im Album von 2006, die senegalesische Jugend dazu auf dazubleiben und das Land gemeinsam aufzubauen (vgl. ebd.: 112).

Kampagnen gegen „illegale" Migration und die Rolle der Medien

Die Kampagnen gegen „illegale Migration" von IOM und Frontex weisen in ihrer Argumentation eine gewisse Ähnlichkeit mit Awadis Texten auf. Mit der Neuigkeit von der Zunahme der Bootsfahrten von Senegal zu den Kanarischen Inseln lanciert IOM eine Informationskampagne gegen „illegale" Migration, in welche auch Akteure der Zivilgesellschaft mit einbezogen werden. Abschreckung, z.B. durch Fotos der von den Überfahrten gezeichneten Migrant_innen und von Ertrunkenen, ist das höchste Ziel. Aufklärung über die (spärlichen) legalen Migrationsmöglichkeiten geschieht kaum.

Auch die senegalesischen Medien werden in die Kampagnen integriert. „Vollkommen übertrieben" sei die mediale Vermittlung gewesen, so Babacar Sall, vom privaten Radio Sender RFM (zit. nach Casadebaig 2009). Regierung und die Grenzschutzagentur selbst halten die Journalist_innen auf dem Laufenden. Medienver-

[27] Senghor war von 1960 bis 1980 der erste Präsident des unabhängigen Senegal. Neben seiner Karriere als Politiker ist er bekannt als Dichter und Mitbegründer der Schwarzen Literaturbewegung der „Négritude".

[28] In Senegal populäre Kampfsportart – auch senegalesisches Ringen.

treter_innen werden eingeladen, im Helikopter der senegalesischen Gendarmerie „live“ bei Patrouillen über dem Meer dabei zu sein (vgl. ebd.). Im Interview mit der Journalistin Marie Casadebaig gesteht Oumar Gnuingue, Chefredakteur des Fernsehsenders „Walf TV“, dass sie das Spiel eben mitgespielt haben. Andere Journalisten betonen, dass es dabei aber nicht darum ging, sich der Regierung gegenüber zu fügen. Aziz Seck von der Oppositionszeitung „Le Populaire“ erzählt, dass kaum ein Tag verging, an dem sie nicht über die Ertrunkenen berichteten. Die öffentliche Skandalisierung der Ereignisse sollte die Regierung zwingen ihre Verantwortung wahrzunehmen und dem Sterben ein Ende zu bereiten (vgl. ebd.). Und Aziz Seck weiß auch Positives von Frontex zu berichten, deren Ansehen in der Bevölkerung nicht gut gewesen sei. Die Bevölkerung über die Gefahren des Meeres aufzuklären sei Aufgabe der Medien. Er selbst habe Jugendliche in Empfang genommen, die von Frontex aufgegriffen und zurückgebracht worden seien und in diesem Sinne sei es eine gute Einrichtung (vgl. ebd.). So ganz überzeugt scheinen die Journalisten im Gespräch mit Casadebaig allerdings nicht vom Erfolg von Frontex. Mittlerweile ist es ruhig geworden um die Agentur. Die „klandestine“ Migration sei aus den Medien wieder verschwunden. Die Thematik der Migration hingegen sei weiterhin omnipräsent. Ihre eigene Rolle hinsichtlich des Rückgangs der Abfahrten von Pirogen bewerten die von Casadebaig interviewten Journalisten als sehr bedeutsam. Neben Reportagen über die Überfahrten und Patrouillen, berichteten senegalesische Medien auch von Prozessen gegen Migrant_innen und vermeintliche Schlepper. Das habe, so Mamadou Wane vom „Observateur“, sehr abschreckend gewirkt (vgl. ebd.).

Zivilgesellschaft zwischen Anpassung, Kooptierung und Widerstand

Heutzutage besteht innerhalb der senegalesischen Gesellschaft scheinbar ein Konsens gegen „illegale“ Migration. Doch diese Position ist nicht so ungebrochen und homogen, wie es auf den ersten Blick erscheinen mag. Zwischen den verschiedenen Akteuren bestehen große Differenzen. Gerade bei den Themen Bewegungsfreiheit und Verschärfung der Grenzkontrollen weichen die Positionen zivilgesellschaftlicher Akteure von denen der Internationalen und der senegalesischen Regierung ab.

Zwei Tendenzen scheinen den Diskurs der zivilgesellschaftlichen Akteure im Kampf gegen die „illegale“ Migration zu dominieren. Einerseits lässt sich eine Tendenz der Anpassung an die Rhetorik von EU, IOM und der senegalesischen Regierung erkennen, die sich auch gemeinsamen Projekten niederschlägt. Andererseits verbindet sich der Kampf gegen die Migration mit Kritik sowohl an der senegalesischen Regierung als auch an der EU.

Fischer berichten Mariame Sow über die Zeit, als ihre Söhne die Pirogen benutzten, um Menschen nach Spanien zu bringen.
© Brot für die Welt

Ein Beispiel für die erste Strategie stellt die „Association national des rapatriés d'Espagne" dar (vgl. Pian 2012). Der Vorsitzende der Organisation war nach seiner Abschiebung aus Spanien Teil einer militanten Straßenbewegung von Abgeschobenen aus einem Vorort von Dakar, Yarakh, die mit Demonstrationen und Blockaden gegen die Abschiebepraxis und die Politik von Abdoulaye Wade protestierte. Nach einer Einladung vom Präsidenten höchst persönlich veränderte sich die Haltung der Protestierenden. Die daraufhin gegründete „Association" sei, so Pian (2012: 59), von Beginn an durch die Regierung Wade kooptiert gewesen. Alle Vorstandsmitglieder des Vereins profitierten von dem Programm der Vergabe von legalen Arbeitserlaubnissen nach Spanien, die sie an Familienangehörige weitergeben konnten (vgl. ebd.). Des Weiteren, so Pian, waren die Vorstandsmitglieder unter den wenigen Abgeschobenen, die eine Unterstützung im Rahmen des IOM Programms zur „Sozialen Reintegration von Abgeschobenen und von potenziellen Kandidaten zur Migration" erhielten (vgl. ebd.: 60). Die Intransparenz bei der Vergabe von Geldern und Plätzen in Reintegrationsprogrammen begünstigt darüber hinaus klientelistische Verteilungsstrukturen. Einen Tag nach der Gründung der Organisation wurde mit Unterstützung der Regierung die erste Kampagne gegen „illegale Migration" initiiert. Ziel war es u. a. die Bevölkerung von der Regierungspolitik zu überzeugen (vgl. ebd.). In ihren offiziellen Statements unterstützt die Organisation die Analysen für die Gründe der „klandestinen Migration" und preist Entwicklung als Lösung der Migrationsproblematik (vgl. ebd.: 61). Privat äußern die Vorstandsmitglieder allerdings durchaus Kritik an der Regierung. Diese Doppelstrategie wird in den Äußerungen eines Vorstandsmitgliedes deutlich, wenn er sagt:

> „Auch wenn ich die Regierung kritisiere, arbeite ich mit ihr [...]. Wir wollen nichts Dummes sagen, was die Regierung verärgern könnte, aber die senegalesische Regierung hat in Wirklichkeit keine ... gar keine Anstrengungen unternommen seit wir wieder da sind. Manchmal werden dann so Projekte, wie REVA oder GOANA[29] initiiert [...]. Aber die haben nichts mit der Realität zu tun [...]." (zit. nach Pian 2012: 61; Übersetzung ins dt. durch Autorin)

Jenseits der direkten Beeinflussung durch Politiker_innen und andere Institutionen kann diese Tendenz der Anpassung auch als Strategie gewertet werden, mit Hilfe der Übernahme der Rhetorik von Staat und EU Zugang zu Ressourcen zu gewinnen. Ein Beispiel dafür stellt laut Emmanuelle Bouilly (2008) das „Collectif des femmes pour la lutte contre l'immigration clandestine de Thiaroye-sur-mer" (COFLEC) dar. Thiaroye ist ein Fischerort in der Banlieu von Dakar. Der Rückgang der Erträge aus traditioneller Fischerei – bedingt durch Fischereiverträge mit u. a. der EU – hat zu einer hohen Arbeitslosigkeit geführt. Thiaroye wurde aufgrund der Lage am Meer, aber auch, weil hier das nötige nautische Wissen zur Überfahrt zur Verfügung stand, 2006 zu einem der Hot Spots der Migration über das Meer. Schlepper boten den arbeitslosen Fischern sogar an, die Überfahrt umsonst zu bekommen, wenn sie die Boote lenkten, oder Fischer organisierten selbst die Überfahrten. Mit dem Untergang von zwei Pirogen im März 2006, bei dem 162 Menschen starben, wendete sich das Frauenkollektiv, welches 2005 als Initiative für die lokale Entwicklung gegründet worden war, der Thematik der „klandestinen Migration" zu. Damit wandten sich die Frauen nicht nur gegen das vorherrschende Motto, „Barça oder der Tod", sondern auch gegen ihr eigenes früheres Handeln. Oftmals waren es zuvor die Frauen, die die Überfahrt von einem oder mehreren männlichen Verwandten finanzierten. Bouilly analysiert, dass COFLEC so erfolgreich war, weil die Frauen es verstanden hätten den Erwartungen von Journalist_innen und anderen Akteuren, wie etwa der IOM zu entsprechen und sich ihrer Politik anzupassen (vgl. Bouilly 2008).

Die Übermedialisierung der humanitären Katastrophe im Meer zwischen Senegal und den Kanaren hat darüber hinaus Phänomene hervorgerufen, wie etwa das Angebot von Pirogentouren für Journalist_innen in den Vororten von Dakar, Yarakh oder Thiaroye. Auch haben es sich Jugendliche hier zur Aufgabe gemacht Journalist_innen durch das Viertel zu führen und zu den Büros der Betroffenenorganisationen zu bringen. In den gleichen Orten erzählen Personen, die nie zur Reise aufgebrochen sind, Medienvertreter_innen gegen ein Entgelt ihre „Geschichte" von der missglückten Überfahrt (vgl. Pian 2012: 63; Bouilly 2008). Bei der Erschließung dieser neuen Einkommensquellen kann es allerdings passieren, dass dahinter die Belange der wirklich Geschädigten und Traumatisierten, derer, die ihre Lebensgrundlage aufgrund der misslungenen Überfahrt zerstört haben oder die Familienangehörige

[29] „Grande Offensive agricole pour la nourriture et l'abondance"; dt. „Große landwirtschaftliche Offensive für Nahrung und Wohlstand". Ein von der Regierung Wade 2008 lanciertes Entwicklungsprogramm im Bereich der Landwirtschaft.

verloren haben, verschwinden. Laut La Cimade (2008: 31) gibt es von anderen Betroffenenorganisationen durchaus Kritik an den Organisationen, die sich am Kampf gegen die „klandestine" Migration beteiligen und damit die Stigmatisierung von Migrant_innen vorantreiben.

Manche verschwanden für immer. Andere wurden zurück geschickt und legten für ein neues Boot zusammen. Sie fischen wieder in Kayar.
© Brot fur dle Welt

Auf der anderen Seite gibt es in Senegal Aktionen gegen „illegale Migration", die sich gleichzeitig als Kritik an der eigenen Regierung, sowie an den neokolonialen Beziehungen mit der EU manifestieren. Als Beispiel für diese zweite Tendenz möchte ich das Hip Hop Kollektiv „Africulturban" anführen, ein Zusammenschluss von senegalesischen Rappern. Hip Hop hat in Senegal oftmals eine aktivistische Komponente. Damit verbindet sich ein Selbstverständnis der Rapper als Akteure in Prozessen des demokratischen Wandels und als Stimmen des Widerstandes (vgl. Abrahams 2013: 2). Das Kollektiv „Africulturban" wurde 2006 von dem Rapper „Matador" aus Thiaroye gegründet. Seitdem verstehen sich seine Mitglieder nicht lediglich als Musikkollektiv, sondern als Förderer einer urbanen Jugendkultur und als politische Aktivisten.[30] Auf dem Weltsozialforum 2011 in Dakar trat das Kollektiv gemeinsam mit der Rap-Formation „KeurGui" aus Kaolack und anderen Mitbegründern der „Y'en a marre" Bewegung in Erscheinung. Bei einer Versammlung mit um die 1000 Teilnehmer_innen stellten sie ihre Kritik an der senegalesischen Regierung in einen Antiglobalisierungskontext und riefen ihre Mitbürger_innen zum

[30] Für mehr Informationen über „Africulturban" siehe http://africulturban.wordpress.com/africulturban/.

Widerstand gegen das Regime Abdoulaye Wade auf. Gleichzeitig kursierte ein Flyer des Kollektivs, in welchem ein Hip Hop Festival angekündigt wurde mit politischen Botschaften gegen „illegale Migration“ und Aids, gefördert durch die IOM (vgl. ebd.: 3). Bereits 2008 hatte „Africulturban“ mit einem von der IOM geförderten CD-Projekt gegen „klandestine Migration“ auf sich aufmerksam gemacht. Die Compilation „Les Pirogues du Hip Hop se mobilisent contre la migration clandestine“[31] wurde von der IOM finanziert, wobei die Initiative von den Rappern selbst kam. Auf der Konzerttournee zur Promotion der CD verteilte IOM T-Shirts mit dem Slogan „Le bon choix, c'est de prendre la voie normale“[32] (vgl. ebd.: 10).

Auf den ersten Blick scheinen die Rapper die europäischen Sicherheitsdiskurse unkritisch zu reproduzieren, zumal der oben angeführte Flyer nicht nur der Illegalisierung von Migration durch die Verwendung der Terminologie „klandestine Migration“ das Wort redet, sondern eine implizite Gleichsetzung mit der lebensbedrohlichen Krankheit Aids vornimmt (vgl. ebd.: 3). Nannette Abrahams, die sich dem Phänomen des Kampfes der Rapper gegen „illegale Migration“ aus Perspektive der kritischen Geographie annähert, argumentiert dagegen, dass es sich zum einen eben nicht um eine Reproduktion europäischer Sicherheitsnarrative, sondern vielmehr um eine geopolitische Kritik an Europa handle. Zum anderen träten die Rapper, auch wenn sie das von migrantischen Aktivist_innen formulierte Recht auf Migration nicht in ihre Forderungen aufnähmen, für eine Welt ohne Grenzen ein (vgl. ebd.).

> „[...] Sein Kind loszuschicken, auf dass es sich in der Piroge selbst umbringe, ist als ob man einen Schuss in das Herz der Familie abgibt. Warum zurückkommen? Es ist so beschämend – in Europa unterwegs, auf der Suche nach einem besseren Leben, ohne Arbeit, ohne Papiere, ausgebeutet und auf der Flucht. [...] Die klandestine Migration ist das neue Business des Ozeans. Aber es ist auch der Tod des Kindes im Spiegelbild des Okzidents.“ (Compilation „Les pirogues du Hip Hop“, Titel 2; zit. nach Abrahams 2013: 13)

Die Lieder reproduzieren insofern nicht den reinen EU-Sicherheitsdiskurs, weil neben dem Aufzeigen der Gefahren der Überfahrt auch Kritik an dem dualen Diskurs Europas laut wird, mit dem sich die EU einerseits als Beispiel für das Einhalten von Menschenrechten inszeniert und gleichzeitig die Rechte der vermeintlichen „illegalen“ Migrant_innen ignoriert (vgl. ebd.: 12). Des Weiteren, so Abrahams, äußerten die Rapper Kritik daran, dass Europa gewollte und ungewollte Migrant_innen definiere und gleichzeitig gestützt durch die afrikanischen Regierungen seine neokolonialen Strategien in Afrika ungebremst weiterverfolge (vgl. ebd.: 14).

Migration ist für die Rapper nicht nur ein Thema ihrer Texte, sondern auch ein Teil ihrer Erfahrungswelten (vgl. ebd.: 6). Dass die Rapper bei ihrem Kampf gegen Migration keineswegs auf ihr eigenes Recht auf Bewegung und die Forderung nach Bewegungsfreiheit verzichten, zeige sich, so Abrahams, auch an ihren eigenen transnationalen Praxen (Expert_innengespräch mit Nannette Abrahams, Frankfurt

[31] Dt.: Die Hip Hop Pirogen mobilisieren sich gegen die klandestine Migration.

[32] Dt.: Die gute Wahl ist der normale Weg.

07.10.2013). Das Thema der Migration gewinnt für die Rapper eine so gewichtige Rolle, da es auch ihre eigene gesellschaftliche und künstlerische Positionierung als Musiker, die nicht ins Ausland gegangen sind, bestimmt. Für Abrahams sind die Jugendlichen, die die Pirogen nahmen, und die Rapper der „Y'en a marre“ Bewegung nicht Teil von zwei einander entgegengesetzten Strömungen. Sie repräsentieren vielmehr zwei Optionen für die Lösung der Probleme dieser „wartenden“ Jugend, die keine Perspektive für sich sieht und sich nach mehr Demokratie und einer verbesserten ökonomischen Situation sehnt (vgl. Abrahams 2013: 9). „Africulturban“ prägt in diesem Sinne keinen Gegendiskurs gegenüber aktivistischen Kämpfen für das Recht auf Migration. Der europäische Sicherheitsdiskurs werde nicht mit der Intention der Diskriminierung derjenigen, die das Land verließen reproduziert, sondern die Exitstrategie wird hier ersetzt durch die Wahl da zu bleiben und zu kämpfen (vgl. ebd.: 12).

Bewegungsfreiheit ohne Kompromisse

Didier Awadi schlägt heute kritischere Töne an. Im Interview mit Jonathan Fischer (Awadi 2013, in Süddeutsche Zeitung, 2./3.11.2013) sagt er, dass er heute die Jugendlichen verstehe, die lieber den Tod riskierten „als an der Armut zu ersticken“. Er unterstützt auch nicht mehr die Forderung zum „Dableiben“. Über sich selbst sagt er, dass er früher zu sehr von der westlichen Propaganda beeinflusst gewesen sei. Die wirkliche Botschaft Europas sei, dass die Afrikaner_innen in ihrer Armut bleiben und Europa keine Schwierigkeiten bereiten sollten. Gleichzeitig profitierten die Afrikaner_innen selbst kaum von den Ressourcen ihrer Länder, weshalb es selbstverständlich sei, dass sie „dem Strom der Profite“ nach Europa folgten. Im gleichen Zuge denunziert er die Zusammenarbeit Europas mit den korrupten afrikanischen Regierungen, die für den Norden oftmals die bequemsten Partner seien. Viele der Gelder, die der Steuerung der Migration dienen sollten, seien in die privaten Taschen der Politiker_innen geflossen, die sich nicht gegen die Einschränkung der Bewegungsfreiheit ihrer Bürger_innen zur Wehr setzten. Seinen früheren Kampf gegen die Seemigration bezeichnet er heute als naiv. Natürlich tritt er weiterhin für eine Verbesserung der Situation in Senegal ein, aber solange die internationalen Hilfen an die Forderungen nach der Öffnung der Märkte gekoppelt seien, könne sich die senegalesische Wirtschaft nicht erholen. Trotz des mit der Wahl von Macky Sall eingetretenen demokratischen Wandels, bleibt Awadi ein kritischer Beobachter seiner Regierung. Daneben setzt er sich nun dafür ein, „dass jeder Mensch ohne Gefahr für Leib und Leben reisen darf“ (ebd.).

In die gleiche Kerbe schlägt Sadikh Niass, Koordinator des Programmes „Droits des réfugiés, personnes déplacées et migrants“, im Rahmen des senegalesischen Netzwerkes für Menschenrechte RADDHO („Rencontre africaine de défense des droits de l'homme“) (vgl. Sow 2013: 27). Seine Kritik richtet sich vor allem gegen die Menschenrechtsvergehen, die durch europäische Grenzpolitik geschehen:

„Frontex verletzt die Rechte der Migranten mindestens auf zwei Ebenen. Erstens führt das Dispositiv zur Schließung der Grenzen bestimmter Länder nach außen.

Zweitens erlaubt es den gleichen Staaten nach Afrika zu kommen und hier die Menschen zu verbarrikadieren. Diese Machenschaften sind gegen die Bestimmungen der CEDEAO, für die das Prinzip der Bewegungsfreiheit von Menschen und Waren in der Region ein fundamentales Recht ist, welches durch die Verfassung garantiert wird. [...] Darüber hinaus werden die grundlegendsten Menschenrechte der Migranten im Rahmen ihrer Rückschiebung z. B. im Haftzentrum von Nouadhibou (Mauretanien) missachtet.“ (Interview, 16.09.2013; Sow 2013: 27)

Fazit

Migration ist auch (k)eine Lösung

„Illegale Migration“ ist heute nur noch selten Thema in der senegalesischen Presse. Das heißt nicht, dass es sie nicht mehr gibt. Routen haben sich geändert. Die Organisation der Reise wird noch diskreter durchgeführt. Die im Rahmen dieser Studie von Mariame Sow interviewten Personen in Dakar sind sogar der Meinung, dass Frontex dabei keine so große Rolle spiele:

> „Wenn sie es nur wollten, würden die Migranten ohne Probleme durch die Maschen des von Frontex aufgespannten Netzes durchkommen. Aber man muss erkennen, dass Europa auch nicht mehr das „Eldorado“ ist, das es einmal war. Und noch schlimmer! Mit der Wirtschaftskrise sind die Toubabs[33] noch strenger mit ihren Kontrollen geworden [...], diejenigen die durchkommen werden verfolgt und oftmals werden sie Opfer von Folter und Fremdenhass.“ (Awa Dieng, Vorsitzende der Organisation „Mbeuk-Mi“, Dakar 21.07.2013; Sow 2013: 26)

Für Frontex hingegen sind die HERA Operationen vor der senegalesischen Küste mit den senegalesischen Kräften eine wichtige Erfolgsgeschichte. In den Darstellungen der Grenzschutzagentur nimmt HERA eine ganz zentrale Position ein. Es sei die Geburtsstunde der Seeoperationen gewesen und zudem der erste und erfolgreiche Versuch der Zusammenarbeit mit Drittstaaten in diesem Bereich (Frontex 2010: 30ff.). Damit stellt diese Intervention ein wichtiges Modell für weitere Aufträge der Agentur dar.

Für den Rückgang der auf den Kanaren ankommenden Pirogen kann somit der Wandel in der Haltung gegenüber Migration innerhalb der senegalesischen Gesellschaft in gleichem Maße als Erklärung herangezogen werden wie das Sicherheitsdispositiv. Das frühere Erfolgsmodell „Migration“ wird heute in Senegal nicht mehr so positiv bewertet. Ob dafür die Kampagnen von IOM, der senegalesischen Regierung und anderer europäischer Akteure am einflussreichsten waren oder aber die Aktivitäten der Betroffenenverbände, lässt sich nur vermuten. Vielleicht bedarf es auch überhaupt keiner Kampagnen dieser Art, wenn in jeder Familie und Nachbarschaft die Geschichten kursieren über jene, die bei dem Versuch der Überfahrt ertrunken,

[33] Toubab ist eine in Senegal und anderen westafrikanischen Ländern bereits seit der Kolonialzeit gängige Bezeichnung für weiße Europäer_innen.

auf anderen Wegen verschwunden oder psychisch gebrochen und ökonomisch ruiniert wieder zurück gekommen sind.[34] Und damit sind noch lange nicht alle Gründe genannt, die die Jugendlichen heute davon abhalten in die Boote zu steigen. Neben Abschreckung und Repression, spielen die Erfahrungen der sozialen Stigmatisierung beim Scheitern der Reise und die psychischen und ökonomischen Folgen für ganze Familien sicherlich eine bedeutsame Rolle dafür, dass weniger Senegales_innen versuchen die Festung Europa auf diesem Wege zu bezwingen (vgl. Sow 2013: 26). Man dürfe aber auch nicht vergessen, so Manga Diagne von der „Fédération des Sénégalais de la Diaspora" (FSD), dass Europa seit dem Beginn der Wirtschaftskrise nicht mehr so attraktiv für Migrant_innen ist, wie etwa Ende der 1990er Jahre.

> „Ich kenne viele Senegalesen, die sich auf den Weg nach Europa gemacht haben. Erst waren sie in Deutschland. Dort haben sie keine guten Jobs gefunden. Dann sind sie nach Italien, aber auch dort war es nicht besser. So sind sie am Ende nach Senegal zurückgekehrt, weil sie dort immer noch besser verdienen konnten als in Europa." (Manga Diagne (FSD), Frankfurt 10.11.2013)

Die Wirtschaftskrise in Europa ist in Senegal nicht unbekannt geblieben. Die bitteren Realitäten, mit denen die verarmenden Bevölkerungen Griechenlands, Spaniens und Italiens konfrontiert sind und von denen auch die senegalesischen Migrant_innen betroffen sind, sowie rassistische Gewalt und Diskriminierungen gegenüber Migrant_innen im krisengebeutelten Europa werden in den senegalesischen Medien thematisiert (vgl. Expert_innengespräch mit Manga Diagne, Frankfurt 10.11.2013).[35] In der Folge sind andere Zielorte, wie die Golfstaaten, USA und Argentinien in den Fokus der Ausreisewilligen geraten.

Auf der anderen Seite müssen auch die innenpolitischen Veränderungen in Senegal als Erklärung für einen Rückgang der Zahlen von illegalisierten Migrant_innen herangezogen werden. Ein wichtiger Grund für den Anstieg der Zahlen von Bootsmigrant_innen in der Mitte der 2000er Jahre war die enttäuschende Politik von Abdoulaye Wade, die selbst für Hochschulabsolvent_innen keine Perspektiven bereithielt. 2007 kam es zur Wiederwahl von Wade für eine zweite Amtszeit. Bis zur so genannten „Krise der Cayucos" sah die Regierung kaum Handlungsbedarf hinsichtlich der Thematik der Migration. Das heißt, es wurden weder die notwendigen Anreize geschaffen, die potenziellen Migrant_innen zum Bleiben zu bewegen, noch

[34] Dieses Argument findet sich einerseits im Interview mit Didier Awadi (2013). Andererseits war dies – formuliert als Frage – die Antwort von Nannette Abrahams, als ich sie nach den Gründen für den Rückgang der Pirogenüberfahrten fragte.

[35] Dagegen gibt Sonja Buckel unter Berufung auf den Journalisten Gil Arías zu bedenken, dass auch Italien von der Wirtschaftskrise betroffen sei, was – wie das verheerende Schiffsunglück im Oktober 2013 erneut zeigte (Anm. Anna Krämer) – nicht zu einem Rückgang der ankommenden Migrant_innen und Flüchtlinge auf Lampedusa beigetragen habe. Sie führt den Rückgang der ankommenden Boote auf den Kanaren vielmehr auf die Zusammenarbeit zwischen EU, Spanien und den senegalesischen Sicherheitskräften zurück, wodurch die Ausreisewilligen bereits vor ihrer Abfahrt gestoppt würden (Buckel 2013: 223). Dazu muss allerdings angemerkt werden, dass die Mehrzahl der auf Lampedusa ankommenden Geflüchteten aus Ländern wie Somalia, Eritrea und Sudan kommen. Die Lebensbedingungen, die diese Menschen zur Reise bewogen haben mögen, sind nicht mit denen von migrierenden Senegales_innen zu vergleichen.

engagierte sich die Regierung in Sachen legaler Migration. Auch wenn Macky Sall nicht all den Hoffnungen, die sich mit seiner Wahl verbanden, nachgekommen ist, so stehen alleine schon die Abwahl von Abdoulaye Wade und die politischen Bewegungen um die Wahl von Macky Sall als Symbol dafür, dass demokratische Veränderungen in Senegal möglich sind. Das mache, so Manga Diagne, vielen Hoffnung auf weitere positive Entwicklungen im eigenen Land (vgl. Expert_innengespräch mit Manga Diagne, Frankfurt 03.11.2013).

Eine sehr existenzielle Veränderung hat sich bereits für viele Küstenbewohner_innen Senegals ergeben. Nach seiner Wahl hat Macky Sall im April 2012 die illegalen Fanglizenzen der Vorgängerregierung für russische und baltische Fischtrawler zurückgezogen. Diese Fangboote fischten vor allem die für die lokale Ernährung wichtigen Arten, wie Sardinen und Makrelen. Sie wurden deswegen rar und teuer auf den Märkten. In Thiaroye, dem medialen Hot Spot der Migration von 2006, könnten heute, so Manga Diagne, die Fischer wieder von ihrem Fang leben (Expert_innengespräch mit Manga Diagne, Frankfurt 03.11.2013). Allerdings befindet sich Senegal derzeit im Verhandlungsprozess mit der EU für ein neues Protokoll im Rahmen des 2006 ausgesetzten Fischereiabkommens. Die Kleinfischer werden in die Entscheidung nun einbezogen und befürworten nur ein Abkommen über Tunfisch. Eine Öffnung der senegalesischen Gewässer für andere Fischarten würde den Erfolg gegen die russischen Schiffe wieder zunichtemachen.

Europas Einfluss: Eine Einschätzung

Der europäische Einfluss auf die senegalesische Gesetzgebung, auf die Verschärfung von Grenzkontrollen sowie auf die nationalen Politiken der Migration und der Entwicklung soll allerdings nicht heruntergespielt werden. Wie gesehen ist das Trafficking Gesetz von 2005 u. a. auch Resultat europäischer Beratungstätigkeiten durch Expert_innen von Europol. Die neue nationale Strategie des Migrationsmanagements wird unter Beteiligung des von der EU finanzierten „International Center for Migration Policy Development“ (ICMPD) ausgearbeitet. Die europäische Migrationspolitik tritt den senegalesischen Politiker_innen nicht mehr nur in Form von internationalen Abkommen und Konferenzen entgegen, sondern hat sich in die Entwicklungspläne des Landes eingeschrieben. Darüber hinaus haben sich die EU und Spanien im Rahmen der gemeinsamen Kontrolle der Seegrenze mit dem regionalen Koordinationszentrum und dem spanischen Stützpunkt in Dakar eine permanente Präsenz in Senegal geschaffen. Das asymmetrische Verhältnis zwischen EU, EU-Mitgliedstaaten und Senegal, das den gemeinsamen Migrationspolitiken zu Grunde liegt, beschreibt Sonja Buckel mit Shalini Randerias Konzept des „listigen Staates“:

> „Die gemeinsamen Seepatrouillen, die Stützpunkte und Internierungslager im Senegal, in Mauretanien und Libyen sowie die Rückübernahme von Transitmigrant_innen zeigen eine kollaborative Grenzkontrolle, in der die afrikanischen Regierungen keinesfalls passive Opfer, sondern eher »listige« postkoloniale Akteurinnen sind – wenn auch mit beschränkten Handlungsoptionen angesichts ihrer Positionierung in Bezug zur imperialen Lebensweise.“ (Buckel 2013: 336)

Besonders zeigt sich die Verhandlungsmacht Senegals darin, dass bis heute kein formales Rücknahmeabkommen mit Spanien abgeschlossen wurde. So kann sich der senegalesische Staat weiterhin Zugeständnisse an Spanien finanziell vergüten lassen.

Dass die rein funktionalen Politiken des Migrationsmanagements nicht die gewünschten Erfolge hervorbringen, kann exemplarisch an dem aus der senegalesisch-spanischen Kooperation hervorgegangenen „Plan REVA“ verdeutlicht werden. Er steht für eine Politik, für die aus ihrer technokratischen Logik heraus die Einbeziehung der Bedürfnisse der Bevölkerung irrelevant bleiben muss, woran die Realisierung des Projektes letztlich auch gescheitert ist. Das Ziel des unter der Beteiligung von spanischen Entwicklungsorganisationen durchgeführten Projektes war ehrgeizig: Die landwirtschaftliche Entwicklung Senegals sollte einen entscheidenden Impuls bekommen, und sowohl die Selbstversorgung des Landes mit Lebensmitteln als auch den Export von Lebensmitteln beleben. Die Landflucht sollte gestoppt werden, indem jungen Menschen attraktive Verdienstmöglichkeiten auf dem Land geboten werden, und auch die Auswanderung nach Europa sollte das Projekt aufhalten, indem es inländische Alternativen aufzeigt. Schließlich sollten auch Rückkehrer_innen und Abgeschobene aus Spanien in die landwirtschaftliche Produktion eingebunden werden und so eine Chance auf Reintegration erhalten. Eine von der Universidad Autónoma in Madrid durchgeführte Studie stellte allerdings fest, dass vom „Plan REVA“ bis Anfang 2008 lediglich ein Modellprojekt in Djilakh umgesetzt wurde. An den übrigen der anvisierten Standorte wiesen lediglich Schilder auf die geplante Einrichtung von Farmen hin. Auch das Projekt in Djilakh wies so viele Defizite auf, dass die Madrider Forscher_innen zu dem Urteil kamen, dass die hochfliegenden Ziele so nicht zu erreichen seien. Der Versuch, die senegalesische Jugend für die Landwirtschaft zu begeistern, scheiterte schon im Modellprojekt, weil eine der zentralsten Fragen nicht gestellt wurde: Wollen senegalesische Jugendliche überhaupt in der Landwirtschaft arbeiten und haben sie dazu die notwendigen Kenntnisse und Fähigkeiten (vgl. Martínez Bermejo/Rivero Rodriguez 2008: 62)? Die durch Martínez Bermejo und Rivero Rodriguez durchgeführten Interviews zeugen von dem Unverständnis der Bevölkerung für die Maßnahme. Solch ein Projekt, so ein Interviewter, mache Sinn für die Landbevölkerung, die nicht in die Städte migrieren wolle. Es sei aber nicht attraktiv für diejenigen, die in den Metropolen lebten und noch weniger für die, die nach Europa gegangen seien, um das „schnelle Geld“ zu machen (vgl. ebd.: 62f). Weitere von den Forscher_innen aus Madrid identifizierte Gründe für das Scheitern von REVA sind die zentralistische Kontrolle, Missmanagement sowie die mangelnde Einbindung der lokalen Bevölkerung, geringe Verdienstmöglichkeiten, Ausfälle der Ernteerträge und eine einseitige Ausrichtung auf Exportprodukte. Auch die Integration von Abgeschobenen in das Projekt wurde nicht realisiert. Die Interviewten sind sich darüber einig, dass erfolgreiche Projekte nur unter Einbeziehung der lokalen Bevölkerung in alle Schritte der Realisierung von Projekten möglich sind (vgl. ebd.: 63). Grundlage für erfolgreiche Projekte sei zudem ein Verzicht auf agroindustrielle Großprojekte, die nicht viele Arbeitsplätze bereithielten, zugunsten einer Anerkennung und Aufwertung der bestehenden lokalen Märkte und des Wissens der Landbevölkerung. Erfolgsversprechender sei somit die Investition in bestehende Projekte oder aber die an die Bedingungen angepasste Entwicklung von kleineren dezentralen Projekten. Auch die Abgeschobenenorganisationen halten die Einbeziehung der Rückkehrer_innen in die Planung und Umsetzung von Reintegrationsprojekten für ausschlaggebend. Trotz des Scheiterns der bisherigen Durchführung des „Plan REVA" hält die Regierung Macky Sall bisher an dem Projekt fest.

Mit den Menschen, nicht über ihre Köpfe hinweg

Ein erfolgreiches Beispiel für dezentrale Projekte zur Schaffung von Einkommensmöglichkeiten stellt die Fraueninitiative COFLEC aus Thiaroye dar (Sow 2013: 19ff.). Viele der Familien, die eine oder mehrere Angehörige auf die Reise nach Europa geschickt hatten, haben nicht nur die Familienmitglieder, sondern auch ihr gesamtes Erspartes verloren. Ein Ziel des Frauenkollektivs war somit, laut der Vorsitzenden Yaye Bayam Diouf, „Möglichkeiten zu schaffen, die Würde in der eigenen Umgebung wiederherzustellen" (Interview, Dakar 22.07.2013; Sow 2013: 20). Die Jugendlichen müssten durch die Schaffung von Alternativen „zu Hause gehalten werden" (ebd.). Dazu mussten neue Einnahmequellen gefunden werden. Projekte der Frauen kommen u. a. aus den Bereichen der Verarbeitung von Getreide, der Färberei von Textilien und der Weiterverarbeitung von Produkten aus der Fischerei. Darüber hinaus hat COFLEC ein Ausbildungszentrum (CAFT) insbesondere für abgeschobene junge Frauen geschaffen, die hier unter anderem den Beruf der Frisörin oder aber die Färberei erlernen können.

Wenn auch die einfache Gleichung „Kampf gegen Armut als Kampf gegen Migrationsursachen führt zu weniger Migration" mit Skepsis zu betrachten ist, so zeigt das Beispiel von COFLEC, dass eine auf Arbeitsplätze ausgerichtete Entwicklungspolitik, die die potenziellen Migrant_innen und ihre Bedürfnisse mit einbezieht, Alternativen schaffen kann. Eine Entwicklungspolitik, die über die Köpfe und Interessen der Menschen hinweg agiert, kann dies jedoch nicht leisten und wird den Zwang zur Emigration aufrechterhalten.

Literatur

Abrahams, Nannette (2013): Euroscapes in Senegal Seen Through the Lense of HipHop Movement. In: L'Espace Politique, Nr. 19 (2013/1), http://cspacepolitique.revues.org/index2584.html → Zugriff: 20.09.2013.

Amnesty International (2008): Personne ne veut de nous. Arrestations et expulsions collectives de migrants interdits d'Europe, http://www.amnesty.org/fr/library/asset/AFR38/001/2008/fr/6c063719-46be-11dd-9dcb-1bbf1ead8744/afr380012008fra.pdf → Zugriff: 11.11.2013.

Audran, Jérôme (2008): Steuerung der Migrationsströme: Überlegungen zur französischen Politik des „codéveloppement". In: Schweizerisches Jahrbuch für Entwicklungspolitik, Nr. 27 (2), S. 107-121.

Awadi, Didier (2013): „Unser Leben ist euch nichts wert". Interview mit Jonathan Fischer, In: Süddeutsche Zeitung, 2./3.11.2013, S. 13.

Ba, Abdoul Hameth (2010): Reconstitution territoriale et codéveloppement - L'exemple de la diaspora sénégalaise. In: Hommes & Migrations, Nr. 1286-1287, S. 200-211.

Bartolomeo, Anna di et al. (2010): Sénégal. CARIM – Profile migratoire, http://www.carim.org/public/migrationprofiles/MP_Senegal_FR.pdf → Zugriff: 05.10.2013.

Beauchemin, Cris/ Lessault, David (2009): Ni invasion, ni exode. Regards statistiques sur les migrations d'Afrique subsaharienne. In: Revue européenne des migrations internationales, Nr. 25 (1), S. 163-194.

Benhöfer, Elsa (2012) : Die Migrationspolitik der EU und die Eindämmung der irregulären Migration. eine Analyse der externen Dimension dieser Politik in Senegal. BA-Abschlussarbeit, eingereicht am Institut für Politikwissenschaft der Friedrich-Schiller-Universität, Jena.

Binet, Thomas/ Failler, Pierre (2010): Sénégal. Les pêcheurs migrants: réfugiés climatiques et écologiques. In: Hommes & Migrations, Nr. 1284, S. 98 – 111.

Bouilly, Emmanuelle (2008): La couverture médiatique du Collectif pour la lutte contre l'immigration clandestine de Thiaroye-sur-Mer (Dakar- Sénégal). Une mise en abîme du discours produit au «Nord» sur le «Sud». In: Revue Asylons, Nr. 3, Migration et Sénégal, http://www.reseau-terra.eu/article721.html → Zugriff: 13.10.2013.

Buckel, Sonja (2013): „Welcome to Europe" – Die Grenzen des europäischen Migrationsrechts. Juridische Auseinandersetzungen um das „Staatsprojekt Europa". Bielefeld.

Casadebaig, Marie (2009): Immigration: Frontex ne fait plus la «Une» au Sénégal. In: Grotius International (25.12.2009), http://www.grotius.fr/immigration-frontex-ne-fait-plus-la-%C2%AB-une-%C2%BB-au-senegal/ → Zugriff: 13.10.2013.

Cernicky, Jan (2007): Senegal. In: Gieler, Wolfgang (Hg.): Die Außenpolitiken der Staaten Afrikas. Ein Handbuch: Ägypten bis Zentralafrikanische Republik. Paderborn, S. 343-349.

Dahou, Tarik/ Foucher, Vincent (2011): Senegal since 2000: Rebuilding Hegemony in a Global Age. In: Mustapha, Abdul Raufu/ Whitfield, Lindsay (Hg.): Turning Points in African Democracy. Woodbridge [u.a.], S. 13-30.

Dünnwald, Stephan (2013): Mauretanien. No Transit. Report für medico international im Rahmen des Gemeinschaftsprojektes von Brot für die Welt, EED, Pro Asyl und medico international zu den Auswirkungen der europäischen Migrations- und Flüchtlingspolitik auf Drittstaaten.

Echenberg, Myron (1991): Colonial Conscripts. The Tirailleurs Sénégalais in French West Africa, 1857-1960. London [u.a.].

Gans, Christiane (2006): Die ECOWAS: Wirtschaftsintegration in Westafrika. Berlin.

Gázquez, José Luis/ Jolivel, Audrey/ Serón, Gema/ Serrano Martín de Vidales, María (2011): Coherencias de políticas españolas hacia África: Migraciones. Studienbericht, http://www.uam.es/otros/gea/Documentos%20adjuntos/INFORME_MIGRACIONES_FULL_OK.pdf

→ Zugriff: 31.10.2013.
Harvard, Jean-François (2001): Ethos „bul faale“ et nouvelles figures de la réussite au Sénégal. In: Politique Africaine, Nr. 82, S. 63-77.
Hauck, Gerhard (2001): Gesellschaft und Staat in Afrika. Frankfurt (Main).
Kabbanji, Lama (2013): Towards a Global Agenda on Migration and Development? Evidence from Senegal. In: Population, Space and Place, Nr. 19, S. 415-429.
La Cimade (2010): Les prisonniers du désert. Enquête sur la situation des migrants à la frontière Mali-Mauritanie. Hrsg. von de Jacquelot, Gwénaëlle/ Wender, Anne-Sophie, Paris.
La Cimade (2008): Maroc, Algérie, Mali, Sénégal, Mauritanie – Situation des migrants 2008, http://www.lacimade.org/documentationgenerales?page=9 → Zugriff: 27.09.2013.
Ludl, Christine (2008): „To Skip a Step”: New Representation(s) of Migration, Success and Politics in Senegalese Rap and Theatre. In: Stichproben. Wiener Zeitschrift für kritische Afrikastudien, Nr. 14, 8.Jg., S. 97-122.
Martínez Bermejo, Eva/ Rivero Rodriguez, Juan (2008): Migración y cooperación. El plan REVA y la ayuda española. Studienbericht.
Ndiaye, Mandiogou/ Robin, Nelly (2010): Les migrations internationales en Afrique de l'Ouest. Une dynamique de régionalisation renouvelé. In: Revue Hommes & Migrations, Nr. 1286-1287, S. 48-61.
Panizzon, Marion (2008): Labour mobility: A win-win-win Model for Trade and Development. The Case of Senegal, http://www.ideascentre.ch/documents/2.35_Backgroundstudy-labourmobility-Senegal-final.pdf → Zugriff: 07.10.2013.
Pian, Aikin (2012): The Discursive Framework of Development and the Repertoire of Actions of Senegalese Deportee Associations. In: Streiff-Fénart, Jocelyne/ Segatti, Aurélia (Hg.): The Challenge of the Threshold. Border Closures and Migration Movement in Africa, S. 57-69.
Ricchio, Bruno (2005): Talkin' About Migration - Some Ethnographic Notes on the Ambivalent Representation of Migrants in Contemporary Senegal. In: Stichproben. Wiener Zeitschrift für kritische Afrikastudien, Nr. 8, 5.Jg., S. 99-118.
Sakho, Papa (2013): New Patterns of Migration Between Senegal and Europe (France, Italy and Spain), MAFE working paper 21, http://perso.uclouvain.be/marie-laurence.flahaux/files/wp21.pdf → Zugriff: 25.09.2013.
Some, Aymar Narodar (2009): Migration au Sénégal. Profile migratoire. Angefertigt für IOM, http://publications.iom.int/bookstore/free/Senegal_Profile_2009.pdf → Zugriff: 25.09.2013.
Sow, Mariame Racine (2013) : Etude des Conséquences des politiques de migration et de demande d´asile de l´Union Européenne au Sénégal ; im Auftrag von Brot für die Welt.
Tall, Serigne Mansour/ Tandian, Aly (2011): Cadre général de la migration internationale sénégalaise: historicité, actualité et prospective. CARIM Analytic and Synthetic Notes, 2011/54, http://cadmus.eui.eu/handle/1814/18480 → Zugriff: 29.09.2013.
Van Criekinge, Tine (2010): The EU-Africa Migration Partnership: A case study of the EU's Migration Dialogue with Senegal and Ghana, http://www.ies.be/files/VanCriekinge-B2.pdf → Zugriff: 07.10.2013.

Abkommen, Gesetzestexte und offizielle Papiere:

Abkommen zur Migrationssteuerung zwischen Senegal und Frankreich [fr. „Accord relatif à la gestion concertée des flux migratoire entre la France et le Sénégal“] (2006): http://www.immigration-professionnelle.gouv.fr/sites/default/files/fckupload/Accord%20SENEGAL%20du%2023%20septembre%202006.pdf → Zugriff: 05.10.2013.
AENEAS Programme (2004): http://ec.europa.eu/europeaid/what/migration-asylum/documents/aeneas_2004_2006_overview_en.pdf → Zugriff: 04.10.2013.

Cotonou Abkommen (2000), überarbeitete Version von 2010: http://ec.europa.eu/europeaid/where/acp/overview/documents/devco-cotonou-consol-europe-aid-2012_en.pdf → Zugriff: 27.09.2013.
Dakar Strategie 2012-2014: http://www.dialogueuroafricainmd.net/web/uploads/cms/Dakar-strategy_-Ministerial-declaration-migration-and-development_-EN.pdf → Zugriff: 11.11.2013.
ECOWAS Gründungsvertrag (1975): http://www.comm.ecowas.int/sec/index.php?id=treaty&lang=en → Zugriff: 27.09.2013.
ECOWAS Common Approach on Migration (2007): http://www.oecd.org/swac/publications/41400366.pdf → Zugriff: 27.09.2013.
Plan África 2009-2012: http://www.casafrica.es/casafrica/Inicio/PlanAfrica2009-2012.pdf → Zugriff: 08.10.2013.
PRSP II (2007): http://www.imf.org/external/pubs/ft/scr/2007/cr07316.pdf → Zugriff: 09.10.2013.
Strategiepapier Sn_EU 2007: http://ec.europa.eu/development/icenter/repository/scanned_sn_csp10_fr.pdf → Zugriff: 04.10.2013.
„United Nations Convention against Transnational Organized Crime“, A/RES/55/25, Palermo 15.11.2000: http://www.unodc.org/documents/treaties/UNTOC/Publications/TOC%20Convention/TOCebook-e.pdf → Zugriff: 29.09.2013.
UN „Protocol against the Smuggling of Migrants by Land, Sea and Air“, Zusatzprotokoll zu „United Nations Convention against Transnational Organized Crime“: http://www.unodc.org/documents/treaties/UNTOC/Publications/TOC%20Convention/TOCebook-e.pdf → Zugriff: 29.09.2013.
Zusatz zu Abkommen zur Migrationssteuerung zwischen Senegal und Frankreich 2006: http://www.immigration-professionnelle.gouv.fr/sites/default/files/fckupload/Avenant%20%C3%A0%20l%27accord%20SENEGAL%20du%2025%20f%C3%A9vrier%202008.pdf → Zugriff: 05.10.2013.

Online Publikationen:

APS 14.12.2012: Sénégal: Une stratégie nationale annoncée pour une meilleure gestion des frontières. http://aps.sn/articles.php?id_article=106811 → Zugriff: 29.10.2013.
CIA World Factbook. Senegal 2013: https://www.cia.gov/library/publications/the-world-factbook/geos/sg.html → Zugriff: 11.11.2013.
ENDA 2010: Migration, Diaspora et Dévellopement. http://www.endadiapol.org/IMG/pdf/Migrations_diasporas_et_developpement.pdf → Zugriff: 02.10.2013.
Frontex (2010): Beyond the Borders. Frontex: The first five years: http://www.frontex.europa.eu/assets/Publications/General/Beyond_the_Frontiers.pdf → Zugriff: 07.10.2013.
„HERA II Operation to be Prolonged“, 13.10.2006: http://www.frontex.europa.eu/news/hera-ii-operation-to-be-prolonged-iWMEF9 → Zugriff: 07.10.2013.
„HERA III Operation“: http://www.frontex.europa.eu/news/hera-iii-operation-It9SH3 → Zugriff: 12.10.2013.
„Longest Frontex coordinated operation“ – HERA, the Canary Islands, 19.12.2006: http://www.frontex.europa.eu/news/longest-frontex-coordinated-operation-hera-the-canary-islands-WpQlsc → Zugriff: 07.10.2013.
MIEUX Projekt: http://www.icmpd.org/Ongoing-Activities.1674.0.html → 07.10.2013.
Rabat Prozess. Initiatives in the Region: http://www.dialogueuroafricainmd.net/web/index.php/initiatives-in-the-region → Zugriff: 12.10.2013.
Rabat Prozess. AFIC: http://www.dialogueuroafricainmd.net/web/index.php/initiatives-in-the-region/the-afic-africa-frontex-intelligence-community → Zugriff: 11.11.2013.

UNPD International migrant stock by destination and origin (2013): http://esa.un.org/unmigration/migrantstocks2013.htm?msdo → Zugriff: 30.10.2013.

Westerhaus, Sara (2012): „Fischerei: Riesenerfolg in Senegal" (30.08.2012). http://www.greenpeace.de/themen/meere/nachrichten/artikel/fischerei_riesenerfolg_im_senegal/ → Zugriff: 12.11.2013.

Die Autor_innen

Elsa Benhöfer, ehemalige Praktikantin beim Evangelischen Entwicklungsdienst (EED), studiert im Master "Europa: Integration und Globalisierung" an der Philipps-Universität Marburg.

Dr. Stephan Dünnwald arbeitet beim Bayerischen Flüchtlingsrat und beim Labor für Kritische Migrations- und Grenzregimeforschung der Universität Göttingen. Einer seiner Arbeitsschwerpunkte sind die Effekte von Migration auf Herkunftsgesellschaften.

Dr. Franck Düvell ist leitender Wissenschaftler am Centre on Migration, Policy and Society (COMPAS), University of Oxford, Mitglied im Exekutivkomittee der Platform for International Cooperation on Undocumented Migrants (PICUM, Brüssel) und Leiter der Turkish Migration Studies group (TurkMiS, Oxford).

Martin Glasenapp, Studium der Geschichts- und Politikwissenschaft an der Universität Bielefeld, stellvertretender Leiter der Öffentlichkeitarbeit von medico international. Fachreferent für Migration und den Nahen und Mittleren Osten.

Judith Kopp studierte Kulturwissenschaften und Soziologie in Luzern, Genf und Frankfurt am Main. Seit 2011 arbeitet sie in der Abteilung Europa und Internationales in der Bundesgeschäftsstelle von PRO ASYL.

Karl Kopp studierte Soziologie und Pädagogik in Frankfurt am Main und arbeitet seit 1992 in der Bundesgeschäftsstelle von PRO ASYL. Seit 1999 ist er Europareferent der Organisation und aktuell Vorstandsmitglied des europäischen Flüchtlingsrates ECRE.

Anna Krämer promoviert derzeit an der Goethe Universität Frankfurt. Daneben macht sie Auftragsarbeiten für u.a. medico international und Pro Asyl. Arbeitsschwerpunkte sind postkoloniale Theorie, materialistische Staatstheorie und staatstheoretische Debatten im afrikanischen Kontext.

Francisco Marí studierte Rechtswissenschaften und Psychologie in Frankfurt und Berlin. Seit 2004 Projektreferent bei Brot für die Welt-Evangelischer Entwicklungsdienst für Agrarhandel und Fischerei mit Schwerpunkt Afrika und Pazifik. Zuvor selbständiger Leiter von Forschungsprojekten in der Entwicklungszusammenarbeit. Veröffentlichungen zu Handels- und Ernährungsfragen.

Dr. Mariame Racine Sow studierte Soziologie und Pädagogik in Frankfurt am Main und arbeitet seit 2004 für den Evangelischen Entwicklungsdiente (EED) - Brot für die Welt als Migrations-Expertin.

Alex Stathopoulos studierte Politikwissenschaften und Soziologie in Stuttgart, Singapur und Lille. Seit 2009 arbeitet er in der Geschäftsstelle von PRO ASYL und ist für die Koordinierung der Projekte im Bereich Europa und Internationales zuständig.

Sophia Wirsching studierte Politische Wissenschaften und Soziologie. Seit 2009 arbeitet sie als Referentin für Migration und Entwicklung im Referat Menschenrechte und Frieden von Brot für die Welt.

Brot für die Welt

Brot für die Welt – Evangelischer Entwicklungsdienst ist das weltweit tätige Hilfswerk der evangelischen Landes- und Freikirchen in Deutschland. In mehr als 90 Ländern unterstützt Brot für die Welt Partnerorganisationen, die sich für eine Verbesserung der Lebenssituation von armen und ausgegrenzten Menschen einsetzen.

Über 232 Millionen Menschen weltweit sind internationale Migrantinnen und Migranten, weitere 740 Millionen haben innerhalb ihrer Landesgrenzen ihre Herkunftsregion verlassen. Migration kann freiwillig oder erzwungen geschehen, kann dauerhaft oder befristet sein und sie kann sich positiv wie negativ auf Entwicklung auswirken. In unseren Partnerländern ist Migration häufig eine Reaktion auf sich verschlechternde Lebensbedingungen. Die Entscheidung zu migrieren sollte nicht aus einem Mangel an Lebensalternativen erzwungen werden. Gemeinsam mit seinen Partnerorganisationen setzt sich Brot für die Welt dafür ein, den Menschen ein Bleiben in ihren Herkunftsregionen zu ermöglichen, aber auch den Menschenrechtsschutz für Migrantinnen und Migranten in Transit- und Zielländern zu verbessern. Auf gesellschaftlicher und politischer Ebene versucht Brot für die Welt auf Entscheidungsträger Einfluss zu nehmen, die Bedürfnisse und Rechte von Flüchtlingen und Migrantinnen und Migranten zu berücksichtigen.

Durch eine Spende können Sie dazu beitragen, dass wir unsere Projektpartner auch weiterhin in ihrer wertvollen Arbeit unterstützen können. Brot für die Welt trägt das DZI Spendensiegel, eine Garantie dafür, dass Ihre Spende sachgerecht und wirkungsvoll verwendet wird.

Brot für die Welt

Evangelischer Entwicklungsdienst,
Evangelisches Werk für Diakonie
und Entwicklung
Caroline Michaelis Straße 1
10115 Berlin
www.brot-fuer-die-welt.de

Zentrales Spendenkonto:

Brot für die Welt
Konto-Nr. 500 500 500
BLZ 1006 1006
Bank für Diakonie und Kirche
IBAN: DE10 1006 1006 0500 5005 00
BIC: GENODED1KDB

Globale soziale Rechte. Gesundheit. Nothilfe. Psychosoziale Arbeit. Aktionen und Kampagnen.
Denn es gibt nur eine einzige Welt und damit die Gleichheit aller Menschen an jedem Ort.
Informieren Sie sich und werden Sie Fördermitglied bei medico international: www.medico.de

medico international | Burgstr. 106 | D-60389 Frankfurt | Tel. (069) 944 38-0 | info@medico.de

PRO ASYL – Flüchtlinge haben Rechte und Anspruch auf Schutz!

PRO ASYL ist eine unabhängige Menschenrechtsorganisation, die sich seit mehr als 25Jahren für die Rechte verfolgter Menschen in Deutschland und Europa einsetzt. Weltweit sind 45 Millionen Menschen auf der Flucht: vor Krieg, Verfolgung und Gewalt oder vor der Vernichtung ihrer Lebensgrundlage. Dabei schaffen es nur relativ wenige Flüchtlinge, die durch Hochsicherheitsmaßnahmen immer dichter abgeriegelten Grenzen Europas zu überwinden. Mehr als 19.000 Menschen fanden bislang beim Versuch, Europa zu erreichen, den Tod. Nur ein Bruchteil der weltweit gezählten Flüchtlinge kommt nach Deutschland, wo ihre Rechte oft schon im Asylverfahren missachtet werden. Soziale Schlechterstellung, vielerorts auch Ausgrenzung und die Angst vor rassistischer Gewalt prägen ihre Situation.

Engagieren Sie sich mit uns für verfolgte Menschen und deren Recht auf Schutz und Hilfe. Werden Sie Mitglied bei PRO ASYL. Auch Ihre Spende ist herzlich willkommen.

PRO ASYL setzt sich für eine demokratische und offene Gesellschaft ein, in der Flüchtlinge die Chance auf ein menschenwürdiges Leben haben. Neben Öffentlichkeitsarbeit, Recherchen und der Unterstützung von Initiativgruppen begleitet PRO ASYL Flüchtlinge in ihren Asylverfahren und steht ihnen mit konkreter Einzelfallhilfe zur Seite. Gemeinsam mit internationalen Partnern dokumentiert PRO ASYL die Menschenrechtsverletzungen gegen Flüchtlinge an Europas Außengrenzen und kämpft gegen Europas unmenschliche Flüchtlingspolitik.

Förderverein PRO ASYL e.V.
Postfach 160624, 60069 Frankfurt/M.
Telefon 069 – 242 314 10
Fax: 069 – 242 314 72
proasyl@proasyl.de
www.proasyl.de

Spendenkonto
Konto 8047300
Bank für Sozialwirtschaft Köln
BLZ: 370 205 00
IBAN: DE62 3702 0500 0008 0473 00
BIC: BFSWDE33XXX

Stiftung PRO ASYL
Postfach 16 06 24
60069 Frankfurt/M.
Telefon: 069 - 242 314 13
stiftung@proasyl.de
www.stiftung-proasyl.de

Spendenkonto
Konto 1013701012
KD Bank eG
BLZ 350 601 90
IBAN: DE17 3506 0190 1013 7010 12
BIC: GENODED1DKD

PRO ASYL
DER EINZELFALL ZÄHLT.

stiftung
PRO ASYL

Weitere wichtige Bücher zum Thema aus dem von Loeper Literaturverlag

PRO ASYL (Hg.)
Aufnehmen statt abwehren
Flucht, Asyl und zivilgesellschaftliches Engagement
Der kommentierte Bildband ist ein Plädoyer für eine solidarische und menschenwürdige Aufnahme von Flüchtlingen. „Aufnehmen statt abwehren" richtet sich an politisch Interessierte, an Lernende und Lehrende sowie an all jene, die die Asylbewegung in Deutschland über viele Jahre begleitet und unterstützt haben. Mit einem Vorwort von Ilija Trojanow. 120 Seiten, kart., ISBN: 978-3-86059-325-7
Weiter Infos unter: http://www.vonloeper.de/PROASYL

Gabriele del Grande: Das Meer zwischen uns
Flucht und Migration in Zeiten der Abschottung

Drei Jahre Recherchen, eine atemberaubende Reise zwischen Erinnerungen und Aktualität, von der ersten bis zu letzten Seite spannungsgeladen. Eine Sammlung von Zeugenaussagen und Geschichten, die Geschichte schreiben. Unsere Geschichte. Auf seiner Reise begegnet Gabriele del Grande bewegenden menschlichen Schicksalen: Menschen, die geliebte Angehörige bei der Flucht übers Mittelmeer verloren haben; Menschen, die seit Jahren in Abschiebungshaftzentren und Gefängnissen ohne Kontakt zu ihren Familien eingesperrt sind; und Behörden, die sich keinerlei Schuld am Schicksal dieser Menschen bewusst sind. Del Grande geht bis an seine Grenzen, er deckt Missstände bei Behörden und in den nationalen Gesetzgebungen auf, prangert sie öffentlich an; er versucht, den Inhaftierten und Verfolgten zu helfen, verleiht ihnen eine Stimme. 216 S., kart., ISBN 978-3-86059-525-1
Ausführliche Infos unter www.vonloeper.de/delGrande

Leona Goldstein: displaced
Flüchtlinge an Europas Grenzen

Wer Europa kennen lernen will, dem sei eine Reise an seine Grenzen empfohlen. Leona Goldstein hat diese Reise gemacht, es ist die Reise von Flüchtlingen. Sie beginnt in drei westafrikanischen Ländern, wo korrupte Politiker ihre Wahlkampagnen von französischen Unternehmen führen lassen, wo gleichzeitig bittere Armut die Menschen in die Flucht zwingt. Auf der Suche nach den Meinungen von der anderen Seite der Grenze folgt Leona Goldstein der Ausbeutung der Rohstoffe und der Menschen, spricht mit Oppositionellen und verarmten Frauen, die in Flüchtlingslagern und Steinbrüchen arbeiten. Sie sucht die Menschen unmittelbar vor den kaum überwindbaren Mauern der „Festung Europa" in Marokko und in der Ukraine auf. Schließlich geht sie hinein in ein isoliertes Flüchtlingslager in deutschen Wäldern, Exklave im Inneren Europas, in dem Flüchtlinge auf sechs Quadratmetern Niemandsland vegetieren, ohne Arbeit, ohne Zukunft, und in der Regel ohne Chance auf Asyl. 128 Seiten, Hardcover, vierfarbig, mit DVD (enthält 2 Filme), ISBN 978-3-86059-021-8

Wolfgang Benz, Claudia Curio, Heiko Kauffmann (Hg.):
Von Evian nach Brüssel
Menschenrechte und Flüchtlingsschutz 70 Jahre nach der Konferenz von Evian

Mit der Erinnerung an die Konferenz von Evian werden in diesem Band Fragen an die gegenwärtige Praxis und die Zukunft des Schutzraumes Europa gestellt. Ein Schwerpunkt liegt dabei auf der Gruppe der unbegleiteten minderjährigen Flüchtlinge, die zu allen Zeiten die verletzlichsten und somit schutzbedürftigsten Flüchtlinge waren. 270 S., kart., ca. € 24,90
ISBN 978-3-86059-523-7

VON LOEPER LITERATURVERLAG

Daimlerstr. 23, 76185 Karlsruhe
Tel. 0721-464729-0
E-Mail: Bestellservice@vonloeper.de
www.vonloeper.de